黃慶萱 注譯

新譯周易六十四卦經傳通釋（下）

三民書局 印行

新譯周易六十四卦經傳通釋 目次

下冊

震卦經傳通釋第五十一

艮卦經傳通釋第五十二

漸卦經傳通釋第五十三

歸妹卦經傳通釋第五十四

豐卦經傳通釋第五十五

旅卦經傳通釋第五十六

巽卦經傳通釋第五十七

兌卦經傳通釋第五十八

渙卦經傳通釋第五十九

節卦經傳通釋第六十

中孚卦經傳通釋第六十一

小過卦經傳通釋第六十二

既濟卦經傳通釋第六十三

未濟卦經傳通釋第六十四

震卦經傳通釋第五十一

卦辭

䷲震下震上 震❶：亨❷。震來虩虩❸，笑言啞啞❹；震驚百里，不喪匕鬯❺。

注釋

❶ ䷲震下震上震

震，是六畫之卦的卦名。由兩個三畫之震由下向上重疊而成。帛書本省筆作「辰」。從辰得聲之字每有動義，如：娠為「女妊身動也」，䟴為「動也」，脣為「口耑也」，飲食說話，雙脣皆動。振為「舉救也」。皆見於《說文》。震從雨辰聲，為劈歷振物者，故亦有動義。震卦其象為雷，其德為動，為懼。就卦爻言，乾初入坤，一索而得男，又有長男之象；一陽起於二陰之下，更有向上行動之德。王夫之《易內傳》：「此卦二陰凝聚於上，亢而怠於資生。陽之專氣，自下達上，破陰而直徹於其藏。以揮散停凝之氣，動陰而使不即於康。陰愈聚則陽愈專，陽愈孤則出愈烈，乃造化生物之大權，以威為恩者也。故其象為雷。而凡氣運之初撥於亂，人心之始動以興，治道之立本定，而趨時急者，皆肖其德焉。」在筮法上，當震六爻皆少，也就是本卦、之卦都是震；或巽䷸六爻皆老，也就是由巽之震：這兩種情形，都以震卦辭占。

❷亨

占也。《集解》引鄭玄《周易注》：「震為雷。雷，動物之氣也。雷之發聲，猶人君出政教以動中國之人也。故謂之震。人君有善聲教，則嘉會之禮通矣。」此是據卦象雷發揮，並依〈文言傳〉釋乾卦辭「亨」字：「亨者，嘉之會也。……嘉會足以合禮。」作出的解釋。弼《注》：「懼以成，則是以亨。」則由卦德懼發揮。孔《疏》：「震既威動，莫不驚懼。驚懼以威，則物皆整齊。由懼而獲通，所以震有亨德。故曰『震亨』也。」《疏》不破《注》，大體承弼意。然「威動」之說，與鄭玄「出政教以動人」說不無關聯，蓋皆本雷象也。程頤《周易傳》：「陽生於下而上進，有亨之義。又震為動，為恐懼，為有主；震而奮發，動而進，懼而修，有主而保大，皆可以致亨，故震則有亨。」「陽生於下而上進」，卦象也。「有亨之義」，由象明義也。「震為動為恐懼」，卦德也。「為有主」，卦象也。合而言之，卦象、卦德，可分而不宜強分也。「震而奮發，動而進，懼而修，有主而保大。」即象即德，即德即象，而說其變化應用也。所言最為周延。此據卦德發揮，而不棄象。

❸震來虩虩

象也。今傳《集解》、《注》、《疏》、《傳》、《義》，字皆作「震來虩虩」，《釋文》：「虩虩，許逆反。馬（融）云『恐懼皃』，鄭（玄）同。荀（爽）作『愬愬』」。帛書作「辰來朔朔」。「朔」當為「愬」，音ㄙㄨˋ；虩，音ㄒㄧˋ。愬愬、虩虩，皆恐懼貌。以虩虩為正，愬愬則假借字。履九四虩虩，各本多作愬愬。證明其可通假。以象言，指九四。《集解》引虞翻曰：「臨二之四，天地交，故通。虩虩，謂四也。來應初，初命四變而來應已。四失位多懼，故虩虩。」虞翻言卦變，有以爻位消息推卦之所由來者。以為二陽四陰之卦，皆自臨䷒、觀䷓來。震自臨來，故臨二之四成震。三畫之震☳，由乾初入坤，是天地交。六畫之震初九得位，九四失位，故得位之初可命失位之四，由陽變陰，得正以應己。以義言，有「臨事而懼」的意思。弼《注》：「震之為義，威至而後乃懼也。故曰：『震來虩虩』，恐懼之貌也。」程《傳》：「當震動之來，則恐懼不敢自寧，旋顧周慮，虩虩然也。」王夫之《易內傳》：「陰方積而在上，其勢不易動也，雖剛直銳往之氣無所阻撓，而抑豈恣睢自任者之足以震之哉？固必有竦惕而惟恐不勝之情，則震之來，陰虩虩也，陽亦未嘗不虩虩也。」船山之言最詳，所言陰陽皆虩虩，尤當注意。

❹笑言啞啞

象也。帛書作「笑言亞亞」。以象言，指初九得位，在震善鳴；陽出於地，萬物和樂。《集解》引虞翻曰：「啞啞笑且言，謂初也，得正有則。」以理言，當「震來虩虩」之時，雖宜恐懼戒慎；但是表現於言行，仍宜「笑言啞啞」，保其樂觀鎮定之常態。猶下文所言，當「震驚百里」之時，而能「不喪匕鬯」也。王夫之《周易內傳》：「陽之震陰，非傷陰也，作其惰歸，使散蔽固以受交，成資生之用也。則陽之志得陰之功，成物之生以榮，而笑言啞啞，二陰之所以安於上而無憂也。」以天地化育之理言之，尤為精當。

❺震驚百里，不喪匕鬯

象也，高亨《周易古經通說・周易筮辭分類表》則以震卦辭「亨。震來虩虩，笑言啞啞；震驚百里，不喪匕鬯」全為「記事之辭」。帛書作「辰敬百里，不亡釓鬺」。匕，匙也，舀取鼎中食物之器；鬯，鬱香釀酒，此指酒器。《古文苑・酈炎對事》：「『《易》震為雷，亦為諸侯。雷震驚百里。』曰：『何以知之？』炎曰：『以其數知之。夫陽動為九，其數三十六；陰靜為八，其數三十二。震一陽動，二陰靜，故曰百里。』」此以數言之，不必以為正確。鄭玄《周易注》云：「雷發聲聞於百里，古者諸侯之象。諸侯出教令，能警戒其國內，則守其宗廟社稷，為之祭主，不亡匕與鬯也。」此以象言之，並據天象來解釋人事。程《傳》云：「匕以載鼎實升之於俎；鬯以灌地而降神。方其酌祼以求神，薦牲而祈享，盡其誠敬之心，則雖雷震之威，不能使之懼而失守。故臨大震懼，能安而不自失者，唯誠敬而已，此處震之道也。」王夫之《易內傳》：「以學《易》者言之，震巽者，天地大用之幾也，君子以之致用；艮兌者，天地自然融結之定體也，君子以之立體。人莫悲於心死，則非其能動，萬善不生。而惡積於不自知，欲相暱，利相困，習氣相襲以安，皆重陰凝滯之氣閉人之生理者也。而或以因而任之，恬而安之，謂之為靜，以制其心之動，而不使出與物感，則拘守幽曖，而喪其神明，偷安以自怡，始於笑言，而卒於恐懼。甚哉！致虛守靜之說以害人心至烈也。初動之幾，惻隱之心介然發於未有思未有為之中，則忿與欲劃然分裂，而漸散以退，由是而羞惡恭敬是非之心，怵惕交集，而無一念之敢康。雞鳴而起，孳孳以集萬善，而若將不逮，其情虩虩也，則其福笑言也。其及者遠也，則其所守者定也。王道盡於無逸，聖學審於研幾，震之為用，賢智所以日進於高明，愚不肖所以救牿亡而違禽獸，非艮之徒勞而僅免於咎者所可匹也。」程頤以為能誠敬則不懼不失；王夫之更綜合震巽艮兌四卦，指出萬善出於能動，意義就更積極了。

語譯

三畫的震在下，三畫的震在上，重疊成六畫的震卦。代表雷聲發動，也代表諸侯政教。聽到雷聲而奮發反省，發布政教得到民心擁護，這就是美滿的溝通。當令人震撼的情況來到，雖然心存恐懼，謹慎戒備，但言行卻要保持喜笑的常態。即使雷聲驚動著百里，憑著誠懇敬畏的心，和積極行動的精神，也不會在主祭中掉落湯匙和酒器。

附錄古義

劉熙《釋名・釋天》：「卯於《易》為震，二月之時雷始震也。」

王充《論衡・雷虛篇》：「夫千里不同風，百里不同雷。《易》曰：『震驚百里。』

荀悅《漢紀・二十八・哀帝紀論》：「州牧數變易，非典也。古者，諸侯之國，百里而已。故《易》曰：『震驚百里』；以象諸侯之國也。」

宋人輯《古文苑・酈炎對事》：「問者因又謂炎曰：『古者聖人封建諸侯，皆云百里，取象于雷，雷何取也？』炎曰：『《易》震為雷，亦為諸侯，雷震驚百里。』曰：『何以知之？』炎曰：『以其數知之。夫陽動為九，其數卅六；陰靜為八，其數卅二。震一陽動，二陰靜，故曰百里。』」

象傳

震，亨。震來虩虩，恐致福也❶；笑言啞啞，後有則也❷；震驚百里，驚遠而懼邇也❸，出可以守宗廟社稷，以為祭主也❹。

注釋

❶恐致福也

震來而能恐懼，自我反省，敬慎行事，進德修業，反可獲福也。《論語・述而》云：「必也臨事而懼」，即此「恐」的意思；接以「好謀而成」，即此「致福」之因。船山《易內傳》：「恐者，非有畏於物；使人恐者，亦非威以懾之。但專氣以出，惟恐理不勝欲，義不勝利，敬不勝怠。發憤內省，志壹氣動，而物自震其德威之道也。」

❷後有則也

恐懼之餘，仍能笑言啞啞，必如是，而後行為合乎法則，不以恐懼而失常。來知德《周易集註》：「後者，恐懼之後也，非震驚之後也。則者，法則也。不違禮，不越分，即此身日用之常度也。」《周易折中》引李過曰：「有則，謂君子所履，出處語默，皆有常則，不以恐懼而變也。」船山《易內傳》：「有則者，如其震動恪共（恭也）之初幾以行之，自不違於天則。」

❸驚遠而懼邇也

一方面要建立德威，親民新民，感化遠方，此為驚遠；一方面要恐懼修省，自明明德，有惕於中，此為懼邇。來知德《集註》：「驚者，卒然遇之而動乎外；懼者，惕然畏之而變其中。遠者，外卦；邇者，內卦。內外皆震，遠邇驚懼之象也。」

❹出可以守宗廟社稷，以為祭主也

此釋卦辭「不喪匕鬯」。今本〈彖傳〉此句之上脫「不喪匕鬯」四字。程《傳》、朱熹《本義》皆已指出。唐郭京《周易舉正》已補之。出，謂君出。震為長子，故君出時可以留守而為祭主。程《傳》：「〈彖〉文脫『不喪匕鬯』一句。卦辭云『不喪匕鬯』，本謂誠敬之至，威懼不能使之自失。〈彖〉以長子宜如是，因承上文用長子之義通解之。謂其誠敬能不喪匕鬯，則君出而可以守宗廟社稷為祭主也。」王夫之《易內傳》：「凡人之情，怠荒退縮，則心之神明閉而不發，自謂能保守其身，以保家保國。不知心一閉塞，則萬物交亂於前，利欲乘之，而日以偷窳，惟使此心之幾，震動以出，而與民物之理相為酬酢而不寧，然後中之所主，御萬變而所守常定，孟子之以知言養氣不動其心者，如此嗣子定阼而孽邪之黨自戢，乃保其國而為人神之主，亦此道也。卦一陽上承二陰，故有主祭之象。」義更深入。案：《禮記．大學》釋正心脩身，云：「所謂脩身在正其心者，身有所忿懥，則不得其正；有所恐懼，則不得其正；有所好樂，則不得其正；有所憂患，則不得其正。心不在焉：視而不見，聽而不聞，食而不知其味。此謂脩身在正其心。」與震之〈彖傳〉異同，讀者試自較論之。

語譯

雷聲震動，帶來亨通的後果。當令人震撼恐懼的雷聲來到，這種警惕、恐懼，是可以使人獲致幸福的。不為恐懼所困，必須態度樂觀，談笑風生，然後言行更合乎原則啊。雷聲驚動著百里土地上的人民，使遠近都能夠警惕恐懼啊。保持鎮定，積極行動，不會掉落湯匙和酒器；當國君外出視察時，才夠條件留守宗廟和國家，擔任主祭啊。

象傳

洊雷，震❶；君子以恐懼修省❷。

注釋

❶洊雷，震

洊，再也。震卦由震下、震上重疊而成，〈說卦傳〉：「震為雷。」所以「震下震上」有「洊雷」之象。

❷君子以恐懼修省

雷聲連續不斷，麻木者雖震而不動，如此無亨可言；鎮定者不失其常，心存誠敬，可以致亨；恐懼者，自我反省修正，也可以致亨。程《傳》：「君子畏天之威，則脩正其身，思省其過咎而改之。不唯雷震，凡遇驚懼之事，皆當如是。」來知德《集註》：「惟此心恐懼，所以修省也。恐懼著，作于其心；修省者，見于行事。」釋義甚是。案：徐幹《中論・虛道》：「昔衛武公年過九十，猶夙夜不怠，思聞訓道，命其羣臣曰：『無謂我老耄而舍我，必朝夕交戒。』凡興國之君，未有不然者也。故《易》曰：『君子以恐懼修省。』」引史說《易》，可作參考。

語譯

連續不斷出現了雷聲，構成「震」卦；君子受這種現象啟示，也當內心感到恐懼，省察自己的過錯，修正自己的行為。

附錄古義

徐幹《中論・虛道》：「昔衛武公年過九十，猶夙夜不怠，思聞訓道，命其群臣曰：『無謂我老耄而舍我，必朝夕交戒。』又作〈抑〉詩以自儆也。衛人誦其德，為賦〈淇澳〉，且曰睿聖。凡興國之君，未有不然者也。故《易》曰：『君子以恐懼修省。』」

說卦傳

雷以動之❶。……帝出乎震❷。……萬物出乎震。震，東方也❸。……神也者，妙萬物而為言者也❹。動萬物者莫疾乎雷❺。……震，動也❻。……震為龍❼。……震為足❽。……震，一索而得男，故謂之長男❾。……震為雷，為龍，為玄黃，為旉，為大塗，為長子，為決躁，為蒼筤竹，為萑葦❿。其為馬也，為善鳴，為馵足，為作足，為的顙⓫。其於稼也，為反生⓬。其究為健，為蕃鮮⓭。

注釋

❶雷以動之

此句孔（穎達）本在第四節，朱（熹）本在第四章。章旨在闡八卦之功能，本句言震卦之功能。雷是震的現象，也就是卦象；動是震的功能，也就是卦德。以，用以、用來之意。動之之「之」，指萬物。《集解》引荀爽曰：「謂建卯之月，震卦用事，天地和合，萬物萌動也。」《纂疏》：「雷，震也。建卯之月，震位東方，用事之時。春陽方盛，故天地和合。〈月令〉曰：『雷乃發聲，蟄蟲咸動。』故曰『雷以動之』。」案：《禮記・月令》：「仲春之月，……是月也，日夜分，雷乃發聲，始電。蟄蟲咸動，啟戶始出。」孔穎達《禮記正義》：「『日夜分』，謂晝夜漏刻。馬融云：『晝有五十刻，夜有五十刻。』據日出日入為限。』……『雷乃發聲』者，雷是陽氣之聲，將上與陰相衝。……電是陽光，陽微則光不見。此月陽氣漸盛，以擊於陰，其光乃見，故云『始電』。『蟄蟲咸動，啟戶始出』者，戶謂穴也，謂發所蟄之穴。蟄蟲早者孟春乃出，……晚者則二月始出，故此云『蟄蟲咸動』。則正月未皆動。」

❷帝出乎震

此句孔穎達《正義》本仍屬第四節，朱熹《本義》析孔本第四節為四、五兩章，此句在第五章之首。章旨，《本義》云：「上言帝，此言萬物之隨帝以出入也。」孔氏《正義》云：「『帝出乎震』至『故曰成言乎艮』者，康伯於此无注。然〈益卦・六二〉：『王用亨于帝，吉。』王輔嗣《注》云：『帝者，生物之主，興益之宗，出震而齊巽者也。』王之《注》意，正引此文（萱案：指此段『帝出乎震，齊乎巽……』），則輔嗣之意，以此帝為天帝也。帝若出萬物，則在乎震；絜齊萬物，則在乎巽。……」王弼所謂「天帝」，猶言上天之主宰，自然之規則也。唐人崔憬《周易探玄》謂之「天之王氣」。《集解》嘗引崔憬曰：「帝者，天之王氣也。至春分，則震王，而萬物出生。」崔憬所謂「天之王氣」，蓋言上天領導、興旺萬物化育成長之氣勢也。宋儒張載《橫渠易說》：「造化之功，發乎動，畢達於順。……」劉絢〈師訓〉記伊川之言曰：「天者，理也；神者，妙萬物而為言者也；帝者。以主宰事而名。」張栻《南軒易說》：「帝者，神之應，而生物之所宗也。帝出乎震，於方為東，於時為春，萬物從之而出。」朱熹《本義》：「帝者，天之主宰。」又《朱子語類》記林學蒙所錄朱子語曰：「帝出乎震，萬物發生便是他主宰從這裏出。」其詳略異同，讀者宜自切磋較析之。明季大儒王夫之《易內傳》：「前言『帝』，後言『萬物』者：帝者，萬物之君主，運物而終始之者也。萬物無體，以帝之用為其體；帝無用，以萬物之體為其用。帝其顯仁，而物其藏用，所謂體物而不可遺也。」船山此說，似對民國熊十力「體用不二」說有大啟發。

❸萬物出乎震。震，東方也

此句孔穎達本仍屬第四節，朱熹本屬第五章。言萬物隨造化之主宰出入之方位也。朱震《漢上易傳》引鄭康成（玄）曰：「萬物出乎震，雷發聲以生之也。」孔穎達《周易正義》：「『萬物出乎震，震東方』者，解上『帝出乎震』，以震是東方之卦，斗柄指東為春，春時萬物出生也。」郭雍《傳家易說》：「天道始於震，萬物從之皆出而有生。」

❹**神也者，妙萬物而為言者也**

此句孔本在第五節，為首句。朱本為第六章首句。主旨：《正義》曰：「此一節別明八卦生成之用。」韓康伯《注》：「於此言神者，明八卦運動，變化推移，莫有使之然者。神則无物，妙萬物而為言也。明雷疾、風行、火炎、水潤，莫不自然相與為變化，故能萬物既成也。」《正義》疏之曰：「八卦運動，萬物變化，應時不失，无所不成，莫有使之然者。而求其真宰，无有遠近，了无晦跡，不知所以然而然，況之曰『神』也。然則『神』也者，非物，妙萬物而為言者。神既範圍天地，故此之下，不復別言乾坤，直舉六子以明神之功用。」《集解》於本句，亦僅引「韓康伯曰」，即本條上引韓《注》文。李道平《篹疏》云：「八卦運動，變化推移，莫有使之然者，神之為也。神非物，而妙乎物者也。《說文》：『神』字下云：『天神引出萬物者也。』妙萬物者，引出萬物也。明乎神之所為，則雷之所以疾，風之所以行，火之所以炎，水之所以潤，莫不自然相與，而極變化之妙。惟其神妙萬物，故能萬物既成也。愚案：〈繫上〉曰：『陰陽不測之謂神。』陰陽謂乾坤也。又曰：『知變化之道者，其知神之所為乎。』虞彼注云：『至神謂易隱初入微，知幾其神乎。』蓋陽隱陰初，即乾坤之元。妙即微也。《申鑒》曰：『理微謂之妙。』是也。乾坤之元，變化不測，故曰：神妙萬物而為言也。下文言六子之功用，而不及乾坤，以神即乾坤也。」又《周易折中》此句於引《本義》後，有《集說》，所引首條亦為「韓氏伯曰」之《注》。《集解》、《注疏》、《折中》三家皆引者甚夥，可見韓此《注》之為學者接受之程度也。綜而觀之，「神」字不見於卦爻辭，只出現在〈文言傳〉、〈彖傳〉、〈繫辭傳〉、〈說卦傳〉中。〈文言傳〉「與鬼神合其吉凶」、「況于鬼神乎」，二次地均合「鬼神」而言之。鬼為生命歸終結束的情況；神為天神引出萬物使生命伸展的情況。參見乾九五〈文言傳〉注釋❽。〈彖傳〉於謙卦提到「鬼神害盈而福謙」，於豐卦提到「天地盈虛，與時消息，而況於人乎！

況於鬼神乎！」此外，還提到「神道」。於觀卦提到「觀天之神道，而四時不忒；聖人以神道設教，而天下服矣！」「神道」之「神」，兼具名詞、形容詞雙重詞性。〈繫辭傳〉除「鬼神」連文外，還有作為名詞的「神」字。如「神无方而易无體」，神與易對揚並舉。參見乾卦〈繫辭傳上・易準天地章〉注釋⑫。「陰陽不測之謂神」，是〈繫辭傳上〉「一陰一陽之謂道」章的結語。使首尾兩句產生了呼應的關係。並把「神」與「道」緊密地綰合在一起。參見乾卦〈繫辭傳上・一陰一陽之謂道章〉注釋⑦。「顯道，神德行，是故可與酬酢，可與佑神矣。子曰：『知變化之道者，其知神之所為乎！』」這裡「佑神」之「神」，與「知神之所為」之「神」，也都是名詞。而「神德行」之「神」是動詞。把「顯道」和「神德行」聯繫起來，認為是「佑神」的方式。並確定「變化之道」是「神之所為」。「神以知來，知以藏往」，把「神」與「知」（智）合在一起說。虞翻《注》云：「乾神知來，坤知藏往。」於是「神」即「乾」，為陽，是「知來」的；「知」（智）即「坤」，為陰，是「藏往」的。這個「神」也是名詞。又謂「是興神物以前民用」，句中「神」、「民」二字皆名詞。「神物」是通神之物，也就是蓍草。下文「天生神物」同此。〈繫上〉嘗云「蓍之德圓而神」，「神物」之神帶有形容詞的性質。「民咸用之謂之神」，此神為名詞。「民咸用之」尤能顯示「神」在民生日用上普遍的功能價值。「鼓之舞之以盡神」，這個「神」仍是名詞，指的是「天道生生之妙」（吳怡《新譯易經繫辭傳解義》語）。以上「神」字皆見於〈繫辭傳上〉，作為名詞而見於〈繫下〉的還有「精義入神」、「窮神知化」、「知幾其神乎」三句中三個「神」字。作為動詞而見於〈繫上〉的，有「顯道神德行」之「神」，前已述之。還有「以神明其德夫」之「神」，與「神而明之，存乎其人」之「神」，這個「神」與下文「明」都是動詞。見於〈繫下〉的，有「神而化之」之「神」，也是動詞。作為形容詞而見於〈繫上〉的，有「非天下之至神」、「唯神也」、「蓍之德圓而神」、「神武而不殺者夫」句中四個「神」字。兼具名詞、形容詞雙重性質的「神」，在〈繫上〉有「是興神物」、「天生神物」兩個「神」字。〈繫下〉兩次說到「以通神明之德」，一次說到「幽贊於神明而生蓍」。「神明」亦兼具名、形雙重詞性。〈說卦傳〉：「神也者，妙萬物而為言者也。」之「神」，在古十二卷本是最後出現的「神」字，故作綜述如上。《通釋》

全書完成後，當另撰「《周易》鬼神觀」一文，補入《周易縱橫談》中。

❺**動萬物者莫疾乎雷**

此句《正義》在第五節，《本義》在第六章。言雷在萬物生成上之功用。《集解》引崔憬曰：「謂春分之時雷動，則草木滋生，蟄蟲發起，所動萬物，莫急于此也。」《纂疏》：「〈月令〉：『仲春之月，雷乃發聲。』故謂春分之時雷動也。又曰：『桐始華，萍始生。』是草木滋生也。又曰：『蟄蟲咸動。』是蟄蟲發起，所動萬物，莫急于此。故曰：動萬物者莫疾乎雷也。」案：《纂疏》所引《禮記‧月令》，文字有增刪，且多誤字。如「桐始華萍始生」，《禮記》原作「桃始華」，下無「萍始生」三字。即其一例也。韓康伯《注》惟言：「神既範圍天地，故此之下，不復別言乾坤，直舉六子以明神之功用。」（全文已見注釋❹）。震一索而得男，為六子中長男也。故既言六子，即以震為首。孔《疏》：「鼓動萬物者，莫疾乎震，震象雷也。」《橫渠易說》：「造化之功發乎動。」張載重震而主動，異於後儒重艮而主靜。

❻**震，動也**

震字「从雨辰聲」，辰聲字每有動意。已見震卦辭注釋❶，又〈說卦傳〉前文嘗言「雷以動之」，見本卦〈說卦傳〉注釋❶。《集解》：「陽出動行。」《纂疏》：「陽出震初，始動而行。」蓋三畫之震☳，陽爻在初位出動；六畫之震，乃震下震上重疊而成，震下、震上之初位仍為陽爻也。邵雍〈觀物外篇〉：「震，起也；一陽起也。起，動也；故天下之動莫如雷。」本句孔本在第六節，《正義》曰：「此一節說八卦名訓。」朱本在第七章，《本義》：「此言八卦之性情。」

❼**震為龍**

《正義》：「震動象龍動物，故為龍也。」《集解》亦取其意，曰：「震象龍動，故為龍。此上孔《正義》。」邵雍〈觀物外篇〉：「一陽動於二陰之下，震也。重淵之下，有動物者，豈非龍乎？」孔本此句在第七節，說明震卦奇獸之象，略明「遠取諸物」也。朱本在第八章，《本義》：「遠取諸物如此。」

❽**震為足**

本句孔本在第八節，朱本在第九章。《正義》曰：「此一節說八卦人身之象，略明『近取諸身』也。……震為足，足能動用，故為足也。」張栻《南軒易說》：「足在下而善動，震一陽而在乎二陰之下，善動者也。故震為足。」《本義》：「近取諸身如此。」

❾**震，一索而得男，故謂之長男**

此條孔本在第九節，朱本在第十章。《正義》引王氏（王肅）云：「索，求也。以乾坤為父母而求其子也。得父氣者為男，得母氣者為女。坤初求得乾氣為震，故曰長男。」《釋文》：「一索，色白反，下同。馬云數也。王肅云求也。」故知《正義》所引「王氏」為「王肅」。《郭氏傳家易說》記「白雲」曰：「震自坤變而得陽畫於初。」朱熹所著《本義》：「索，求也，謂揲蓍以求爻也。男女，指卦中一陰一陽而言。」及後朱門弟子所編《語類》，有㬈淵所錄：「『震一索而得男』一段，看來不當畀作揲蓍看。揲蓍有不依這序時，便說不通。大概只是乾求於坤而得震、坎、艮，坤求於乾而得巽、離、兌。一、二、三者，以其畫之次序言之。」又有林學蒙所錄：「『震一索而得男，索字訓求字否？』曰：『是！』又曰：『非震一索而得男，乃是一索得陽爻，而後成震。』又曰：『一說是就變體上說，謂乾坤上求得一陽爻而成震卦。一說乃是揲蓍求卦，求得一陽後面二陰便是震，求得一陰後面二陽便是巽。』」此可見朱熹之言前後不一，模稜兩可。此處宜深思體會。朱熹又著《易學啟蒙》，於〈原卦畫第二〉云：「坤求於乾，得其初九而為震。」最為簡明。案：《本義》成書於宋孝宗淳熙四年丁酉（一一七七）。《啟蒙》作於「淳熙丙午暮春既望」，為淳熙十三年（一一八六）。㬈淵從朱熹學在宋光宗紹熙四年癸丑（一一九三）。林學蒙從朱熹學在紹熙五年甲寅（一一九四）以後。特列其撰作或口述年代，以作研判其說演進之參考。

❿**震，為雷，為龍，為玄黃，為旉，為大塗，為長子，為決躁，為蒼莨竹，為萑葦**

《正義》曰：「此一節廣明震象。為玄黃，取其相雜而成蒼色也。為旉，取其春時氣至，草木皆吐旉，布而生也。為大塗，取其萬物之所生也。為長子，如上文釋震為長子也。為決躁，取其剛動也。為蒼筤竹，竹初生之時色蒼筤，取其春生之美也。為萑葦，萑葦，竹之類也。」案：《正義》言「此一節」，指「震為雷為龍」以至於「其究為健為蕃鮮」，為〈說卦傳〉第十二節。朱本合上文之言乾、坤兩節，下文之言巽、坎、離、艮、兌五節，共八節為第十一章。又《集解》云：「『震為雷』，虞翻曰：『太陽火得水有聲故為雷也。』『為駹』，駹，蒼色。震，東方，故為駹。舊讀作龍，上已為龍，非也。『為玄黃』，天玄地黃，震，天地之雜物，故為玄黃。『為尃』，陽在初隱靜，未出觸坤，故尃，則乾靜也尃。延叔堅說以尃為旉，大布：非也。此上虞義也。『為大塗』，崔憬曰：『萬物所出在春，故為大塗，取其通生性也。』『為長子』，虞翻曰：『乾一索，故為長子。』『為決躁』，崔憬曰：『取其剛在下動，故為決躁也。』『為蒼筤竹』，《九家易》曰：『蒼筤，青也。震陽在下，根長堅剛。陰爻在中，使外蒼筤也。』『為萑葦』，《九家易》曰：『萑葦，蒹葭也。根莖叢生，蔓衍相連，有似雷行也。』」逐句說解，已甚簡明。《經典釋文》引《荀爽九家集解》本，謂「震後有三：為王，為鵠，為鼓」補其逸象，錄作參考。又《集解》所言延叔堅，名篤，字叔堅，東漢時南陽犨人也。少從潁川唐溪典受《左氏傳》，旬日能諷之，典深敬焉。又從馬融受業，博通經傳及百家之言，能著文章，有名京師。桓帝以博士徵，拜議郎，遷左馮翊，又徙京兆尹。其政用寬仁，憂恤民黎，擢用長者，與朱穆、邊韶共著作東觀。《後漢書・卷六十四》有〈延篤傳〉，錄延篤〈與李文德書〉，自謂：「吾嘗昧爽櫛梳，坐於客堂。朝則誦羲、文之《易》，虞、夏之《書》，歷公旦之典禮，覽仲尼之《春秋》。夕則消搖內階，詠《詩》南軒。百家眾氏，投間而作。」云云。則其精研五經，閒及百家，可得而知。《隋書・經籍志》著錄有〈後漢京兆尹延篤集〉。至於「以尃為旉」，考延篤、王肅、干寶字皆作「旉」，今傳阮刻《注疏》本亦作旉。而鄭玄、虞翻、姚信字皆作「尃」，今傳《集解》本亦作尃。個人以為字當作「尃」。《說文》：「尃，布也。从寸，甫聲。」〈說卦傳〉：「震為雷。」雷聲尃布百里，故震又為尃也。尃形變為旉，故延叔堅等字如此作。經籍多借敷為尃，桂馥《說文義證》言之詳矣。余之博士論文《魏晉南北朝易學書考佚》（一九七二）於〈王肅章〉、〈干寶章〉皆有所討論，此不贅。又震為「大塗」，為大片泥溼地也。《詩・小雅・角弓》「如塗塗附」，孔安國《傳》：「塗，泥；附，著也。」泥土為草木植根成長之所，故《正義》曰：「大塗，取其萬物之所生也。」崔憬亦曰：「萬物所出在春，故為大塗，取其通生性也。」後之注《易》家頗有以「大塗」為「大道」、「大路」者，蓋以塗為路途之途也。「道路」非草木生長之處，非也。歧義留作參考。至於「萑葦」，殆蘆葦之屬。

⓫其為馬也，為善鳴，為馵足，為作足，為的顙

《正義》曰：「『其為馬也為善鳴』，取其象雷聲之遠聞也。『為馵足』，馬後左足白為馵，取其動而見也。『為作足』，取其動而行健也。『為的顙』，白額為的顙，亦取動而見也。」案：《爾雅・釋畜》：「（馬）後右足白，驤；左白，馵。」《說文》：「馵，馬後左足白也。从馬，二其足。讀若注。」《正義》以「馬後左足白為馵」，殆據《爾雅》、《說文》。又「其為馬也為善鳴」，《集解篹疏》云：「乾為馬，震得乾之初。雷有聲，故善鳴。」「為作足」，《集解篹疏》引王劭云：「馬行先作弄四足。作，起也。震足起，故作足。〈魯頌〉曰『思馬斯作』，是也。」「為的顙（《注疏》本作「的顙」，《集解》本作「的顙」。）」，《篹疏》引《博雅》：「的，白也。」又引《玉篇》：「顙，額也。」更云：「初陽白，故為的顙。『有馬白顛』，《詩・秦風》文。毛《傳》：『白顛，的顙也。』」《正義》、《篹疏》，訓詁已明。

⓬其於稼也，為反生

「稼」，猶今言布種插秧。《尚書・洪範》：「土爰稼穡。」孔安國《傳》：「種曰稼，斂曰穡。」《史記・宋微子世家》：「土曰稼穡。」《史記集解》引王肅曰：「種之曰稼，斂之曰穡。」是稼為布種插秧，穡為稻麥收穫也。「反生」，言種子先朝下生根，再向上生芽也。《周易集解》引宋衷曰：「陰在上，陽在下，故為反生。謂枲豆之類戴甲而生。」《篹疏》：「陰為形在上，陽為氣在下，故為反生。枲豆之類戴甲而生。鄭氏（玄）以為『生而反出』是也。……又『反』，虞作『阪』。《注》（指虞翻《周易注》）云：『陵阪也。』陵阪所生，則枲豆之屬也。」孔氏《正義》曰：「『其於稼也為反生』，取其始生戴甲而出也。」《折中》引蔡清曰：「凡稼之始生，皆為反生。蓋以其初閒生意，實從種子中出，而下著地以為根，然後種中萌芽，乃自舉。」蔡清所言最明。蔡清，明人，著有《周易蒙引》等。又案：《說文》：「稼，禾之秀實曰稼，莖節為禾。从禾，家聲。」秀指花，實為種子。則稼指稻麥之花、稻麥之種子。張栻《南軒易說》：「凡五穀草木之實必倒生焉，言其陽自下而生，在人亦然。」南軒之說雖與眾異，然釋「稼」合於《說文》。異說錄之以作比較參考。

⑬**其究為健，為蕃鮮**

究，追究到底。蕃，蕃生。鮮，鮮明。《集解》引虞翻曰：「震巽相薄，變而至三，則下象究，與四成乾。故其究為健為蕃鮮。巽究為躁卦，躁卦則震。震雷巽風無形，故卦特變耳。」《篹疏》：「震巽雷風相薄，震變至三成巽。究于三，故下象言『究』也。下象已變，二與四互成乾。乾，健也，故為健。蕃鮮，白也。究成巽白，故為蕃鮮。震究為蕃鮮，蕃鮮謂巽也；巽究為躁卦，躁卦謂震也。震雷巽風，變化无形，且陰陽之始，故皆言『究』。他卦不言究，此獨言究，故云：『特變』。」對虞《注》疏釋已詳。孔氏《正義》：「『其究為健』，究，極也。極於震動，則為健也。『為蕃鮮』，鮮，鮮明也，取其春時草木蕃育而鮮明。」言簡意賅。《釋文》：「荀爽《九家集解》本：『震後有三：為王，為鵠，為鼓。』」《本義》亦引之，蓋逸象也。」

語譯

雷，用來啟動生物的生機，和驚醒冬眠的生物。……自然的法則，萬物的主宰，祂的名字叫作帝，在春天從東方開始出發。……萬物的生機，生命的覺醒，都由於震的震撼和警惕。震在方位上代表東方。……「神」這個詞彙呢，指涉的是祂生育萬物並使萬物變化、成長、演進的奇妙功能而說的呀。促動萬物化育，從來沒有比雷更迅速的。……震，是震撼、促動的意思。……在遠取物象方面，震代表龍。……在近取人體方面，震代表腳。……震，是乾坤交合求到的第一個男孩，所以稱為長男。……震所代表的現象：是雷，是龍，是暗紅的天色和黃土的地色的綜合，是擴張展布，是大片泥巴地，是長子，是剛決急躁，是嫩綠的竹子，是蘆葦。當震代表馬的時候，是愛嘶吼的馬，是後左腳白色的馬，是起跑前先原地踏步的馬，是額頭長白毛的馬。當震在布穀插秧方面作為例證時，代表未向上長葉前，先倒著向下長根。追究到底，坤☷初爻變陽成震☳，再二爻、三爻變上去，結果會變成乾☰，乾，健也」。也就是變為健。如此生生不息，代表生命蓄盛鮮明。

附錄古義

班固《漢書・五行志》：「於《易》，震在東方，為春為木也；兌在西方，為秋為金也；離在南方，為夏為火也；坎在北方，為冬為水也。春與秋，日夜分，寒暑平，是以金木之氣易以相變，故貌傷則致秋陰常雨，言傷則致春陽常旱也。至於冬夏，日夜相反，寒暑殊絕，水火之氣不得相併，故視傷常奧，聽傷常寒者，其氣然也。逆之，其極曰惡；順之，其福曰攸好德。」

序卦傳

主器者莫若長子，故受之以震❶。

注釋

❶主器者莫若長子，故受之以震

器，指「鼎」。鼎本為烹飪之器。由於祭祀祖先、天地、神靈，也要烹煮食物作祭品，所以又是宗廟祭祀之重器。有些鼎器內鑄有銘文，記載著國家大典，法律條文等等。《晉書・杜預傳》：「古文刑書，銘之鐘鼎，所以遠塞異端，使無淫巧。」是也。所以又成傳國之重器。主器者，指主持宗廟祭祀，和國家大政的人。《集解》引崔憬曰：「鼎所以烹飪，享于上帝。主此器者，莫若冢嫡，以其為祭主也。故言『主器者莫若長子』。」朱震《漢上易傳》：「鼎，器也。主宗廟之器者莫如長子。震，長子也。故次之以震。」是也。

語譯

主持鼎器來祭祀，沒有人比長子更合適的，所以用代表長子的震卦接在鼎卦的後面。

雜卦傳

震（ㄓㄣˋ），起（ㄑㄧˇ）也（ㄧㄝˇ）❶。

注釋

❶震，起也　《集解》：「震陽動行，故起。」《折中》亦引此句，謂「虞氏翻曰」。張栻《南軒易說》：「一陽在下，故震為起；一陽在上，故艮為止。」《郭氏傳家易說》記白雲郭氏曰：「陽動起於震初，止於艮終。蓋震為一索之始，艮為三索之終也。」參見艮卦〈雜卦傳〉注釋。

語譯

震，代表奮起。

初九爻辭

初九❶：震來虩虩，後笑言啞啞❷，吉❸。

注釋

❶初九

震卦初爻是陽爻九。在震卦為全卦的卦主，得位而於始即動。故其辭多與卦同。在筮法上，當震卦初爻為老，他爻皆少，即由震之豫䷏；或小畜䷈第一爻為少，他爻皆老，即小畜之震：這兩種情形，都以震初九爻辭占。

❷震來虩虩，後笑言啞啞

象也。此二句文字幾與卦辭雷同，唯多一「後」字。追究原因，可得二焉：一、初九為震卦主爻，主爻之義，每與卦相近。程《傳》：「初九，成震之主，致震者也。」已言其為「成震之主」。二、當知先機，慮患宜早。郭雍《傳家易說》：「初九震動之初，恐懼脩省，不可緩也，過此則危矣，故於初言之。」蓋卦就全卦論之，故雖當「震來虩虩」之時，仍宜「笑言啞啞」，重點在並時行為之對比結構；爻就初始論之，故以「初」能震來虩虩，「後」方笑言啞啞，重點在貫時行為之因果關係。就象數言，《集解》引虞翻曰：「虩虩謂四也；初位在下，故後笑言啞啞。」就義理言，程《傳》：「當震之始，若能以為恐懼而周旋顧慮，虩虩然不敢寧止，則終必保其安吉，故後笑言啞啞也。」

❸吉

占也。初九得位，先憂後樂，故吉。卦辭於「震來虩虩」二句前有「亨」字，是預先指出震卦具亨通之道；初九爻辭於「震來虩虩」二句後言「吉」，是說明如此之後必可獲益。王夫之《易內傳》：「初九為震之主，故象占同。變亨言吉者，此但具吉理，待成卦之後亨通也。」

語譯

震卦初位是陽爻。當巨雷一般令人震撼的情況發生，能夠警惕恐懼而多加注意，然後才能哈哈地談笑風生，必然有所獲益。

象傳

震來虩虩，恐致福也❶；笑言啞啞，後有則也❷。

注釋

❶**恐致福也**

與〈彖傳〉釋卦辭同。《集解》引虞翻曰：「陽稱福。」范仲淹《易義》：「初九震來而致福，慎於始也。」

❷**後有則也**

亦與〈彖傳〉釋卦辭同。《集解》引虞翻曰：「得正故有則也。」程《傳》：「因恐懼而自脩省，不敢違於法度，是由震而後有法則。」

語譯

當巨雷一般令人震撼的情況發生，能夠警惕而多加注意，是可以使人獲致幸福的。態度樂觀，談笑風生，然後言行更有分寸啊。

六二爻辭

六二❶：震來厲❷。億❸，喪貝❹！躋于九陵❺，勿逐，七日得❻。

注釋

❶六二

震卦陰爻六居第二位。就六二本身言，居中而得正。就其爻際關係言，無應而乘剛。在筮法上，當震卦第二爻為老，他爻皆少，即由震之歸妹䷵；或漸䷴第二爻為少，他爻皆老，即漸之震：這兩種情形，都以震六二爻辭占。

❷震來厲

占也。震，指震卦主爻初九；來，上來；厲，危也。初九向上震撼著六二，六二乘剛，因此感到危險而惕勵自己。《集解》引虞翻曰：「厲，危也。乘剛，故厲。」依象說厲義，可從。王弼《周易注》：「震之為義，威駭怠懈，肅整惰慢者也。初幹其任，而二乘之，震來則危。」「威駭」是動詞，對象是「怠懈」者，「肅整」也是動詞，對象是「惰慢者」。「幹其任」的主角是「初」，理由是六二「乘之」。說義及象，甚是。王夫之《易內傳》：「初與四之震，自震也；四陰之震，為陽所震也。始出之動，幾甚銳厲，言其嚴威之相迫也。」則以厲為銳厲，亦即嚴威相迫也。

❸億

歎詞。俞樾《群經平議》：「古字億與意通。此經兩言億，蓋以意揣度而決勝負。故六二曰『億喪貝』，六五曰『億无喪』也。」高亨《周易古經今注》：「《易》之初文當作意，其作億與噫，皆後人所改。六五云：『震往來厲，意无喪有事。』正作意，即其證。意讀為繄，古字通用。意繄皆猶惟也。」皆以為字當作「意」；其義，則俞以為意度，高以為發聲。案：帛書字正作「意」。陸德明《經典釋文》云：「億，本又作噫。」《集解》引虞翻曰：「億，惜辭也。」王弼《周易注》：「億，辭也。」當是歎惜語氣之詞。

❹喪貝

象也。《集解》引虞翻曰：「三動離為蠃蚌。」以為震下六三表面飛著陰，裡面伏著陽。於是六三動，變成九三，震☳成為離☲，依〈說卦傳〉「離為蠃為蚌」，便成蠃蚌。這是以「飛伏」、「卦變」解釋喪貝之象。王夫之《易內傳》：「陰主利，故曰貝。陽剛之來甚銳，以嚴使陰大喪其所積……乃若天下治亂之幾，當戡亂之始，武威乍用，人民物產，必有凋喪。」抉發義理，更具深意。

❺躋于九陵

象也。躋，登也。帛書作「齏」，《說文》：「齏，黍稷器所以祀者，从皿齊聲。」為祭祀時所用盛黍稷的器具。觀王弼《注》云「无糧而走」，似弼本亦作「齏」字。齏于九陵，言備黍稷以祭祀山嶽，喻但當順從也。《集解》引虞翻曰：「在艮上下，故稱陵。」以為震卦二三四爻互體為艮，〈說卦傳〉：「艮為山。」故有山陵之象。程《傳》：「以震來之厲，度不能當，而必喪其所有，則升至高以避之也。」義可參考。

❻勿逐，七日得

象也。逐，帛書誤作「遂」。〈說卦傳〉：「震，動也。」又云：「震為足。」動足故有「逐」象。故《集解》引虞翻曰：「震為逐。」而六二居中得正而無應，宜居不宜逐，故曰「勿逐」。又《易》每卦凡六爻，〈繫辭傳〉所謂「周流六虛」；至七，則終而復始，故復卦辭云「七日來復」，此言「七日」，亦同此義。程《傳》：「二之所貴者，中正也。遇震懼之來，雖量勢巽避，常守其中正，无自失也。逐，即物也。以己即物，失其守矣，故戒勿逐。時過事已，則復其常，故云七日得。」王夫之《易內傳》：「亂之已戡，則財固可阜，流散者可還復其所，皆勿逐自得之象也。逐之則逆理數之自然而反喪矣。七日與復同。震、復皆陽生之卦。」

語譯

震卦陰爻居第二位。令人震懼的情況來到了，危險啊！唉，只有破財消災了！登上高山用黍稷祭祀，祈求上天吧！無須追逐什麼，七天之後，失去的必可復得。

象傳

震來厲，乘剛也❶。

注釋

❶乘剛也

陰爻居陽爻之上，曰乘剛。六二以陰爻居初九陽爻之上，故曰乘剛。乘剛多厲凶。《集解》引虞翻曰：「乘剛，故厲。」亦以乘剛說之。程《傳》：「六二居中得正，善處震者也，而乘初九之剛。九，震之主，震剛動而上奮，孰能禦之！厲，猛也，危也。彼來既猛，則己處危矣。」項安世《周易玩辭》：「屯『六二之難，乘剛也。』豫『六五貞疾，乘剛也。』噬嗑六二『噬膚滅鼻，乘剛也。』困六三『據于蒺藜，乘剛也。』震六二『震來厲，乘剛也。』〈小象〉稱乘剛者五卦，除困六三一爻乘坎，其餘四卦皆震之第二爻也。蓋初爻以陽動於下，為成震之主；如雷之作，威怒方興，凡乘之者皆不得其安也。歸妹卦辭言柔乘剛，亦六五乘震九四言之。」歸納〈小象〉之言「乘剛」者，而較論之，惜於爻實乘剛而〈小象〉未言者，以及〈彖傳〉言「乘剛」者有未論及者為憾耳。

語譯

令人震懼的情況來到了，危險！因為正處於強大震動力的上頭啊。

六三爻辭

六三❶：震蘇蘇❷；震行，无眚❸。

注釋

❶**六三**

震卦陰爻六居第三位。遠初陽，失位，失中，无應；惟上能承九四之陽耳。在筮法上，當震卦第三爻為老，他爻皆少，即由震之豐䷶；或渙䷺第三爻為少，他爻皆老，即由渙之震：這兩種情形，都以震六三爻辭占。

❷**震蘇蘇**

象也。帛書作「辰疏疏」。又上六「震索索」，帛書作「辰昔昔」。蘇蘇、疏疏、索索、昔昔，皆疊字衍聲複詞，與字義無關。蘇蘇，《釋文》引馬融云「尸祿素餐皃」，謂只拿俸祿，卻無政績。白吃公家飯，卻懶怠不做事的樣子。引鄭玄云：「不安皃」。孔穎達《正義》云「畏懼不安之貌」。程《傳》云「神氣緩散自失之狀」。六三離震初已遠，非中，失位、無應，故有畏懼不安、懶散自失之狀。

❸**震行，无眚**

占也。六三在震，以動為德；上承九四，受陽之召；下遠初九，而不乘剛；故若能行動，則無過錯。王弼《注》：「无乘剛之逆，故可以懼行而无眚也。」來知德《周易註》：「震性奮發有為，故教之以遷善改過也。」王夫之《易內傳》：「所居之位，本剛而居進，則固可以震行者，若因震以行，則无眚矣！」

語譯

震卦陰爻居第三位。對於震撼，感到麻木，內心雖也畏懼不安，行為卻懶洋洋地；要奮起行動，才不會犯錯。

象傳

震蘇蘇，位不當也❶。

注釋

❶位不當也

《象傳》僅以陰爻居陽位之不當來解釋，不用卦變互體等說。郭雍《傳家易說》：「震自初動，六三遠於動者，而能蘇蘇然畏懼不自安，是以行而无過眚也。不敢自安者，知位之不當，亦所謂知懼者也。」

語譯

對震撼心存畏懼，卻懶洋洋地，這種立場是不正確的。

九四爻辭

九四❶：震遂泥❷。

注釋

❶九四

震卦陽爻居第四位。在多懼之位，陷二、三、五、上四陰之間，非中非正而無應。船山《易內傳》所謂「震後復震之象也。不出於地，而震於空。其震既妄，故不能動物而將衰」者是也。在筮法上，當震卦第四爻為老，他爻皆少，即由震之復䷗；或姤䷫第四爻為少，他爻皆老，即姤之震：這兩種情況，都以震九四爻辭占。

❷震遂泥

象也。帛書作「辰遂泥」。遂，《釋文》引荀爽本作「隊」，為「墜」之初文，是墜落的意思。九四當震懼之時，下面是六二、六三兩陰爻，上面是六五、上六兩陰爻。處四陰之間，為眾陰之主，本應震奮以安眾；然以剛居柔，失位無應，不中不正，陷於三四五爻所組成之坎險泥淖中，故有震遂泥之象。《集解》引虞翻曰：「坤土得雨為泥。位在坎中，故遂泥也。」《纂疏》：「臨四坤為土，故云『坤土』。二之四互坎為雨，故云『得雨為泥』。四在坎二，故云『位在坎中』。重震不能省改，失正不變，將遂非而陷于坎中。《漢書・五行志》：『李奇曰：「震遂泥者，泥溺于水，不能自拔。」』是其義也。」王弼《注》：「處四陰之中，居恐懼之時，為眾陰之主；宜勇其身，以安於眾；若其震也，遂困難矣。」程《傳》：「九四居震動之時，不中不正。處柔失剛健之道；居四无中正之德。陷溺於重陰之間，不能自震奮者也，故云遂泥。」據象言義甚是。

語譯

震卦陽爻居於第四位。在令人震撼的時代，竟震懼得使自己墜落陷溺於危險的泥淖中。

附錄古義

班固《漢書・五行志》：「京房《易傳》曰：『廢正作淫大不明，國多麋。』又曰：『「震遂泥」，厥咎國多麋。』」

象傳

震（ㄓㄣˋ）遂（ㄙㄨㄟˋ）泥（ㄋㄧˊ），未（ㄨㄟˋ）光（ㄍㄨㄤ）也（ㄧㄝˇ）❶。

注釋

❶**未光也**

九四失位，又陷於二、三、五、上四陰之間，未能光大其震奮之德性。王弼《注》：「履夫不正，不能除恐，使物安己，德未光也。」程《傳》：「云『未光』，見陽剛本能震也；以失德故泥耳。」項安世《周易玩辭》：「初九以一陽動乎二陰之下，得震之本象，故其福與卦辭合；九四以一陽動乎四陰之中，則震變成坎，震而遂陷於泥，无驚遠懼邇之威，故不能如卦辭之光大也。」

語譯

震懼於自己墜落泥淖中，未能光大本身震奮有為的德性啊。

六五爻辭

六五❶：震往來厲❷，意❸，无喪有事❹。

注釋

❶六五

震卦陰爻六居第五位。失位無應而乘剛，惟能得中而已。在筮法上，當震卦第五爻為老，他爻皆少，即由震之隨䷐；或蠱䷑第五爻為少，他爻皆老，即由蠱之震：這兩種情形，都以震六五爻辭占。

❷震往來厲

占也。帛書震作辰。震為雷。往，本謂上往；此指往二，六二亦陰而不應。來，本謂下來；此指居五不去，則以陰柔之爻，居五陽剛為君之尊位，有失位之象；下臨九四，九四剛強震主，六五有乘剛之危。因此危厲不能自安。王弼《注》：「往則无應；來則乘剛。恐而往來，不免於危。」高亨《周易古經今注》：「巨雷往來，其勢甚危，故曰：震往來厲。」

❸意

歎詞。帛書、阮元刻十三經注疏本並作「意」，茲從之。字或作億，通假也。釋見本卦六二之注釋。

❹无喪有事

象亦占也。是有事无喪的倒裝句法。喪，帛書作亡。事，指宗廟社稷祭祀之事。《左傳．成公十三年》：「國之大事，在祀與戎。」六五為君，當「往來」之際，〈彖傳〉所謂「出」；初九代行祭祀之「事」，〈彖傳〉所謂「可以守宗廟社稷以為祭主」：即指此事也。无喪，卦辭所謂「不喪匕鬯」。《集解》引虞翻曰：

「事，謂祭祀之事。」熊良輔《周易本義集成》：「愚案：震往亦厲，震來亦厲者，禍至與不至，皆以危懼待之，故能无喪有事。蓋不失其所有也。此卦辭所謂不喪匕鬯，能主器以君天下者與！」熊良輔這番話中最後一字「與」，是表疑問的句末助詞，要特別留意。

語譯

震卦陰爻居第五位。在連續的巨雷下來來往往，險象環生。唉，在祭祀中要保持鎮定不出差錯。

象傳

震往來厲，危行也❶。其事在中，大无喪也❷。

注釋

❶**危行也**

震六五失位乘剛無應，又於震下震上洊雷並作之時，處二、三、四爻艮山之頂，有在雷聲不斷中行於山頂之象。《集解》引虞翻曰：「乘剛山頂，故危行也。」

❷**其事在中，大无喪也**

以中庸之道，平常之心，處理宗廟社稷祭祀之事，雖當重震之時，亦皆能無所喪失。大，皆也。朱熹《周易本義》：「以六居五，而處震時，无時而不危也。以其得中，故无所喪，而能有事也。占者不失其中，則雖危无喪矣。」

語譯

在連續巨雷下來來往往，險象環生，是在危險中行動啊。主持祭祀之事的原則在於掌握中道，就都不會有什麼錯失啊。

上六爻辭

上六❶：震索索，視矍矍，征凶❷；震不于其躬，于其鄰，无咎❸；婚媾有言❹。

注釋

❶上六

以陰爻居震卦最上之位，與震下之主初九處於兩極端，與震上之九四亦隔了六五。故本身不受雷禍；但見識到雷災之可怖。又上六得正，而與六三無應。六三、九四、六五互體成坎，有陷溺之象。故上六宜靜不宜行。震卦講行動，然上爻象占每異於卦，震亦然。在筮法上，當震卦上爻為老，他爻皆少，即由震之噬嗑䷔；或井䷯上爻為少，他爻皆老，即由井之震：這兩種情形，都以震上六爻辭占。

❷震索索，視矍矍，征凶

震索索，視矍矍，象也；征凶，占也。震索索，帛書作「辰昔昔」。《釋文》：「索索，馬（融）云：『內不自安兒。』鄭（玄）云：『猶縮縮，足不正也。』」高亨《周易古經今注》所引則作「蹜蹜」。云「乃步履戰栗之貌」。矍矍，帛書作「懼懼」。《釋文》：「矍矍，馬云：『中未得之兒。』鄭云：『目不正。』」高亨云：「矍之初文當作䀠。《說文》：『䀠，左右視也。』」征，帛書省筆作「正」。上六陰柔失中，居震之極，故有雙足抖索，雙目游移之不安表現。在此之際，宜靜不宜動；如欲行動以正人，必有凶險。王弼《注》：「居震之極，求中未得，故懼而索索，視而矍矍，无所安親也。已處動極，而復征焉，凶其宜也。」

❸震不于其躬，于其鄰，无咎

震不于其躬于其鄰，象也；无咎，占也。震，恐懼修省之意。帛書作辰。躬，帛書作「竆」，身也，指上六。鄰，指六五。當九四震撼著六五，尚未及上六，而上六能恐懼修省，則无咎也。程《傳》：「能震懼于未及身之前，則不至於極矣，故得无咎。」

❹婚媾有言

象亦占也。言，从口辛聲，《說文》：「辛，辠也。」所以「言」有罪愆之義。劉百閔《周易事理通義》：「《易》凡言『有言』，讀為『有愆』。」高亨《周易古經今注》云：「言當作竒，訶譴也。」上六與六三，同位而孤陰無應，若結婚姻，是屬過失，易受訶譴。《集解》引虞翻曰：「三已變，上應三，震為言，故婚媾有言。」以三變為陽，與上六相應，為婚媾之象；〈說卦〉震「善鳴」為有言之象。錄作參考。

語譯

震卦最上面的一爻是陰爻。兩腳抖索，雙眼游移，一付恐懼不安的樣子。如有行動，相當危險。震撼不到自己，只震撼到鄰居，是可以免於災害的。通婚的話，那就有罪得受了。

象傳

震索索，中未得也❶；雖凶无咎，畏鄰戒也❷。

注釋

❶中未得也

中，孔穎達《周易正義》以為「中理」；程《傳》以為「中道」，曰：「所以恐懼自失如此，以未得於中道也。」朱熹《本義》則云「中謂中心也」。來知德從之，《周易集註》云：「中者，中心也。未得者，方寸亂而不能笑言啞啞也。」二說可以並存。

❷畏鄰戒也

上六之鄰六五，為九四之剛所震，有所戒備；上六因而知畏亦有所戒備，故雖凶无咎也。程《傳》：「若能見鄰戒而知懼，變於未極之前，則无咎也。」又云：「聖人於震終示人知懼能改之義，為勸深矣。」

語譯

兩腳抖抖索索，心中沒有一個恰當的解決方法啊。雖然凶險，不會有災害，看見鄰居防震措施，自己也害怕而知道防備啊。

艮卦經傳通釋第五十二

卦辭

䷳艮下艮上艮❶：艮其背，不獲其身❷；行其庭，不見其人❸。无咎❹。

注釋

❶䷳艮下艮上艮

艮，是六畫的卦名，原脫，或省。以其下卦辭「艮其背」，「艮」字重複，故容易誤脫或因而省去也。考履、否、同人、艮四卦，卦辭首句為「履虎尾」、「否之匪人」、「同人于野」、「艮其背」，今傳《注疏》本、《集解》本、程《傳》、朱《義》，此四句之上皆無六畫卦名。高亨《周易古經今注》以為卦名「當重」。艮卦《今注》曰：「艮字當重。艮艮其背者，上艮字乃卦名，下艮字乃卦辭，此全書之通例也。」李鏡池以為此四卦卦名省去。所著《周易通義》於艮卦五十二下云：「沒有標題，因避免重複而省。」無論「誤脫」或「省」，均以增補為妥。帛書此四卦亦無卦名。張立文《周易帛書今注今譯》云：「卦名和卦辭相重合。」蓋帛書艮六畫下卦辭「根其北」，乃卦名「根」與「根其北」之「根」相重合也。上博館楚竹書履、否、同人三卦殘缺，艮卦卦名「艮」與卦辭「艮丌伓」之「艮」，亦已因相重而合為一。《說文》：「艮，很也。」又引「《易》曰：『艮其限。』」根，樹木所止之處；很，行難也；限，阻也：三字皆從艮得聲，並有根基、限定、阻止、約束之義。艮卦由艮下艮上重疊而成。其象為山。一條山脈，常成為兩種不同的自然地理與人文地理的界線。《集解》引鄭玄曰：「艮為山，山立峙，各于其所，无相順之時。猶君在上，臣在下，恩敬不相與通。故謂之艮也。」依自然現象而推言人事。王夫之《易內傳》云：「水之嚮背，雲日之陰晴，草木之異態，風俗之殊情，每於山畫為兩區，限之而不踰其域。」其德為止。有克制欲望，止於至善之意。《易內傳》又云：「人之用心有如是者，不為俗遷，不為物引，克伐怨欲，制而不行。」所言尤詳。美國威斯康辛大學東亞語言文學系周策縱教授在擔任香港中文大學客座教授時，曾應邀為香港浸會大學《人文中國學報》第一期（一九九五）撰寫〈易經裏的針灸醫術紀錄考釋〉一文，以為「艮有砭刺義」，則盡棄舊說，標舉新義。以〈說卦傳〉「艮為小石」觀之，其說可以成立。就卦爻言，乾三入坤，三索而得男，有少男之象。一陽居於二陰之上，抑制陰之過度發展。克制之義，即由此出。就卦序言，艮卦接於震卦之後，是震卦六爻的顛倒。震一陽始生於下，其德為動；艮一陽終止於上，其德為不動，為停止，為定。所以震與艮，具有生與成，動與定，始與終等相對的關係。在筮法上，當艮六爻皆少，也就是本卦、之卦都是艮；或兌☱六爻皆老，也就是兌之艮：這兩種情形，都以艮卦辭占。

❷ 艮其背，不獲其身

象也。楚竹書作「艮丌伓不蒦丌身」，且艮字因與卦名相同而省略。又「伓」可假借為「背」。「蒦」，黃錫全以為此字作「臒」，讀為「獲」。帛書作「根亓北，不濩亓身」。北為背之初文；濩為獲的假借。艮，高亨《周易古經今注》以為「即見之反文」，作「顧」解，引申有「注視」之義。與前人以「艮」為限止義乃相貫。艮其背，是反顧只見其背，也就是只注視著背的意思；不獲其身，是不能見到正面的身體，也就是不注意身體欲望的需要。宋代理學家每由此引申出「無欲」、「忘我」之義。以為「背」是靜止無欲的，只顧到背，便無欲而止；「身」是活動多欲的，不獲其身，正是忘我的表現。程《傳》：「人之所以不能安其止者，動於欲也。欲牽於前，而求其止，不可得也。故艮之道，當艮其背。所見者在前，而背乃背之，是所不見也。止於所不見，則无欲以亂其心，而止乃安。不獲其身，不見其身也，謂忘我也，无我則止矣。不能无我，无可止之道。」郭雍《傳家易說》：「人之有目，欲於色者也；耳，欲於聲者也；口，欲於味者也；鼻，欲於臭者也；至於背，則无見无知，故无欲。常與物背馳而不相向，使欲無自而生，故得安於止之道。一身且不獲，況外物乎！」理學家之言大致如此。今人高亨《周易古經今注》則曰：「獲疑借為護，同聲系古通用。艮其背不獲其身，猶云顧其背不護其身。顧其小者忘其大者，身之將亡，背何能有？」其說較平實。周策縱《易經裏的針灸醫術》略云：「『艮』是砭刺的意思。這就是說：若只普遍砭刺背部，則對於整個身軀得不到好處。」新解頗有意思。

❸行其庭，不見其人

象也。楚竹書存「行丌廷不」四字，下缺。漢帛書作「行亓廷不見亓人」。廷、庭古通。〈說卦傳〉：「艮為門闕。」李鼎祚《周易集解》據此，加案語云：「艮為門闕，今純艮重其門闕。兩門之間，庭中之象也。」此就象上說。至於其理，仍以程、郭之說最精。程《傳》：「庭除之間，至近也。在背則雖至近不見，謂不交於物也。」郭《說》：「內欲不動，則外境不入，是以行其庭不見其人也。」所以「不見」不是沒有看見，而是視而不見。也就是陶淵明〈飲酒詩〉：「結廬在人境，而無車馬喧。問君何能爾？心遠地自偏。」所呈現的境界。周策縱前揭文云：「卦辭『行其庭，不見其人』，正可用《說文》『女（巫）能事無形，以舞降神』，和晉代的女巫『能隱形匿影，……雲霧杳冥，……在中庭，輕步佪舞，靈談鬼笑』（見《晉書‧夏統傳》）來解釋。卦辭上句說到巫的針刺醫術，下句說到巫的隱身降神之舞。《易經》本是卜筮之書，卜筮原為巫覡所掌管之事。《周禮》『龜人』鄭玄注引《世本‧作篇》云：『巫咸作筮。』《呂氏春秋‧勿躬覽》引文同。《易》和巫的關係非常密切，所以《易經》卦爻辭說到巫醫的工作乃是理所當然的事。」更饒趣味。

❹无咎

占也。竹書缺。帛書亦作「无咎」。不獲其身，是忘我而不徇私欲；不見其人，是忘人而不徇人情。因此可以免於過失。程《傳》：「外物不接，內欲不萌，如是而止，乃得止之道，於止為无咎也。」郭《說》：「不獲其身，忘我也；不見其人，忘人也。忘我者，在止之止也；忘人者，在行之止也。以止而忘我之止，施之於行，施之於人，皆一也。內外兼止，則人欲自滅，而天理固存，是以无咎。孟子言養心莫善於寡欲，與艮其背之義正同。」案：郭雍所說，實本其父忠孝之《艮止圖說》。忠孝號兼山，其對艮卦推重可知，嘗作《兼山易解》。郭雍《易》說，多述其旨，故書名「傳家易說」也。所引孟子「養心莫善於寡欲」，見於《孟子・盡心》。《孟子・公孫丑上》曾說：「夫志，氣之帥也；氣，體之充也。夫志至焉，氣次焉，故曰：持其志無暴其氣。」來解釋孟子自己「不動心」的所「長」。由寡欲、養心、持志、無暴其氣，與艮卦辭義亦可互補互證。

語譯

三畫的艮在下，三畫的艮在上，重疊成六畫的艮卦。代表高山的阻止，代表欲望的克制，也有回顧的意思。回顧到背面，就看不到身體的正面；走過了庭院，就看不到身體後面的人。做事不受自己和他人牽絆，不會有過失的。

附錄古義

劉熙《釋名・釋天》：「丑，紐也，寒氣自屈紐也。於《易》為艮。艮，限也。時未可聽物生，限止之也。」

彖傳

艮，止也❶。時止則止，時行則行，動靜不失其時❷，其道光明❸。艮其止，止其所也❹；上下敵應，不相與也❺。是以不獲其身，行其庭，不見其人，无咎也。

注釋

❶艮，止也

此釋卦德，實由卦象、卦爻來。艮為山，有靜止、恆久之德。《論語・雍也》所謂：「仁者樂山……仁者靜……仁者壽。」孔穎達《周易正義》：「艮象山，山體靜止，故為止。」是也。三畫之艮☶由乾三入坤而成，一陽居於上，二陰止於下，有以陽止陰，陽止於此之德。張載《正蒙・大易篇》：「艮一陽為主於兩陰之上，各得其位，而其勢止也。」項安世《周易玩辭》：「動、陷、入，皆屬健。凡物健則能動，健其體也，動其用也；健遇順則陷焉，陷者其勢也；健者始於動而終於止，陽之動志於得所止，止者其志也。」釋震動、坎陷、艮止，皆由乾健出，說義尤詳明。

❷時止則止，時行則行，動靜不失其時

時止則止，是靜不失其時，為艮其背不獲其身能夠无咎的理由之一；時行則行，是動不失其時，為行其庭不見其人能夠无咎的理由之一。《論語・述而》云：「用之則行，舍之則藏。」〈憲問〉云：「邦有道，穀；邦無道，穀，恥也。」此孔子自述動靜不失其時。《孟子・公孫丑上》：「可以仕則仕，可以止則止，可以久則久，可以速則速，孔子也。」此孟子言孔子動靜不失其時。所以稱讚孔子是「聖之時者」。

❸其道光明

就象言，艮一陽在上，篤實光輝，下照二陰，所以其道光明。大畜䷙〈彖傳〉「篤實輝光」，謙䷎〈彖傳〉「天道下濟而光明」，都指艮而言。朱熹《周易本義》：「艮體篤實，故又有光明之義。大畜於艮亦以『輝光』言之。」是也。就義言，艮為止，人能知止守分，定靜安慮，必有所得，所以其道光明。《禮記・大學》：「知止而后有定，定而后能靜，靜而后能安，安而后能慮，慮而后能得。」可移此作注腳。納蘭成德《大易集義粹言》引呂大臨《易章句》：「耳司聽，目司視；火之炎，水之潤；各止其用而不可亂也。達於父子、夫婦、長幼、君臣、尊卑、貴賤、親疏之分，各安其所而不亂，此道所以光明也。」

❹艮其止，止其所也

此釋「艮其背不獲其身」。艮其止，項安世以為是「艮其背」之誤字。《周易玩辭》：「古文背字為北，有訛為止字之理。」一九七三年出土的馬王堆漢墓帛書《周易》背字正作「北」。程頤說義頗精詳，《易傳》云：「夫子曰：『於止，知其所止。』謂當止之所也。夫有物必有則。父止於慈，子止於孝，君止於仁，臣止於敬。萬物庶事，莫不各有其所。得其所則安，失其所則悖。聖人所以能使天下順治，非能為物作則也，唯止之各於其所而已！」夫子，指孔子；所言見於《禮記・大學》，請參閱。又《詩・大雅・烝民》：「天生烝民，有物有則，民之秉彝，好是懿德。」《孟子・告子上》嘗引此四句，接以「孔子曰：『為此詩者，其知道乎！故有物則有則，民之秉彝也，故好是懿德。』」程《傳》所言「有物必有則」出於是，亦請參閱。

❺上下敵應，不相與也

此釋「行其庭不見其人」。艮初與四，二與五，都是陰爻，相敵不相應；三與上，皆為陽爻，相斥不相與。所以說上下敵應不相與也。案：乾、坤、坎、離、震、艮、巽、兌，八純卦皆上下敵應，而獨於艮採用此義，孔穎達於此有說。《周易正義》云：「八純之卦，皆六爻不應，何獨於此言之？謂此卦既止而不交，爻又峙而不應，與止義相協，故兼取以明之。」

語譯

艮，是靜止的意思。應該靜止的時候就靜止，應該行動的時候就行動，動靜不違反時機。這樣前途是光明的。艮卦所說的止，是指站立在最正確的位置啊。在上有在上的立場，在下有在下的立場，是不一樣的，相對而不相混啊。所以正像回顧到背面，就看不到身體的正面；走過了庭院，就看不到身體後面的人。做事站穩正確立場，不受其他因素干擾，不會有過失的。

附錄古義

班固《漢書・李尋傳》：「尋對問：『夫以喜怒賞罰而不顧時禁，雖有堯舜之心，猶不能致和。善言天者必有效於人。設上農夫而欲冬田，肉袒深耕，汗出種之，然猶不生者，非人心不至，天時不得也。《易》曰：「時止則止，時行則行，動靜不失其時，其道光明。」《書》曰：「敬授民時。」故古之王者，尊天地，重陰陽，敬四時，嚴月令。順之以善政，則和氣可立致，猶桴鼓之相應也。』」

象傳

兼山，艮❶；君子以思不出其位❷。

注釋

❶**兼山，艮**

上卦下卦都是艮為山，所以說兼山。青山常在，亘古少變。啟示人也要心無旁騖，各安所居，盡自己的本分。項安世《周易玩辭》：「兩雷、兩風、兩水、兩火、兩澤，皆有相往來之理；獨兩山並立，各止其所，不相往來。人之一身，至易止者背，至難止者心。能使心之所思，各止其位，不貳不雜，則可以言止矣。」

❷**君子以思不出其位**

此句亦見於《論語·憲問》：「子曰：『不在其位，不謀其政。』曾子曰：『君子思不出其位。』」可見《周易·象傳》和儒家言論有密合處。思不出其位，積極意義在盡自己應盡的責任；消極意義在不做自己不該做的事情。而「思」的正確方式尤應講究。來知德《周易註》：「天下之理，即位而存。父有父之位，子有子之位，君臣夫婦亦然；富貴有富貴之位，貧賤有貧賤之位，患難夷狄亦然。有本然之位，即有當然之理。思不出其位者，正所以止乎其理也。出其位則越其理者矣。」對不出其位的積極義與消極義，頗能兼顧。王夫之《易內傳》：「思此理，則即此理而窮之，而義乃精；思此事，則即此事而研之，而道始定。不馳騖於他端，以相假借，君子體艮以盡心者如此；非絕物遺事以積然如委土也。」李光地《周易折中》案語云：「雜擾之思動於欲者也，通微之思濬於理者也。《大學》云：『安而后能慮。』蓋思不出位之說也。」則特別講究「思」字。

語譯

重山疊嶺，永恆而靜默地峙立著，形成了「艮」卦；君子受這種現象的啟示，也安安靜靜地思量，怎樣圓滿完成自己的責任，而不踰越本分。

說卦傳

艮以止之❶。……成言乎艮❷。……艮，東北之卦也。萬物之所成終而所成始也，故曰成言乎艮❸。……終萬物始萬物者，莫盛乎艮❹。……艮，止也❺。……艮為狗❻。……艮為手❼。……艮，三索而得男，故謂之少男❽。……艮，為山，為徑路，為小石，為門闕，為果蓏，為閽寺，為指，為狗，為鼠，為黔喙之屬❾。其於木也，為堅多節❿。

注釋

❶艮以止之

此句孔（穎達）本在第四節，朱（熹）本在第四章。章旨在闡八卦之功能，本句言艮卦之功能。李鼎祚《集解》：「謂建丑之月，消息畢止也。」《纂疏》：「艮居東北，建丑之月，與艮同位。艮，物之所成終而成始也。是消息畢止之時，故曰艮以止之。」三畫之艮☶以一陽居二陰之上，以抑制陰之繼續消滅陽，是艮有以陽止陰之用。船山《易內傳》：「止以遏陰之競進。」是也。參閱注釋❹。南宋時，永嘉學派興起，重禮樂制度而求見之事功。首倡者薛季宣，浙江永嘉人，字士龍，號艮齋。於《易》有《古文周易》十二卷。《經義考》已言其「佚」，惟錄其〈序〉曰：「古《易經》二篇，〈彖〉、〈象〉、〈文言〉、〈繫辭〉、〈說卦〉、〈序卦〉、〈雜卦〉總十篇以參校，別異同，定著十二篇，皆已刊正，可誦讀也。」又繼之者陳傅良，浙江瑞安人，字君舉，號止齋。於《詩》、《書》、《周禮》、《春秋》、《孟子》皆有所論述。惜未見其

《易》學著作耳。艮齋、止齋，取《易》卦「艮為止」意以為號。於艮止之理必深有體會。其《文集》中或有所闡發，未暇訪讀為憾。王夫之、熊十力則力主震卦言動於事功尤為重要，而斥宋儒主艮靜之失。兩說雖異，仍可兼參。君子和而不同也。

❷成言乎艮

此句孔本仍屬第四節，朱本在第五章。孔氏《正義》：「能成萬物而可定，則在乎艮也。」《集解》：「立春則艮王，而萬物之所成終成始也。以其周王天下，故謂之帝。此崔新義也。」崔，指崔憬，在孔穎達後，李鼎祚前之唐人也。著有《周易探玄》，嘗述及孔《疏》；而鼎祚《集解》屢引崔憬曰。觀《疏》云「成萬物」，崔曰「成終成始」，皆未及「言」字，似「言」為語中助詞，如《周易・繫辭傳》：「德言盛，禮言恭。」或《詩・邶風・柏舟》：「薄言往愬，逢彼之怒。……靜言思之，寤辟有標。」四「言」字之例，皆語中助詞，皆無義。此一說也。又項安世《周易玩辭》：「古語謂交惡者為有違言，交好者為有成言。《春秋》楚遣黑肱成言於晉，晉遣向戌成言於楚。此章說言、成言，即此類也。秋時人有所收，物有所成，小大熙熙，故於是乎有說言。艮當終始之會，如兩國之交，故於是乎有成言。」或以「言」為助詞，如《易・繫辭傳》「德言盛，禮言恭」之例。二說可互相參考。余意此句更可作「成，言乎艮。」請參語譯。

❸艮，東北之卦也。萬物之所成終而所成始也，故曰成言乎艮

孔本仍屬第四節，朱本屬第五章。朱震《漢上易傳》引鄭玄曰：「言萬物陰氣終，陽氣始，皆艮之用事。」韓康伯於此無注。孔穎達《正義》云：「解上『成言乎艮』也。以艮是東北方之卦也。東北在寅丑之間。丑為前歲之末，寅為後歲之初，則是萬物之所成終而所成始也。」蓋鄭玄僅以陰陽說之，孔穎達則落實於方位與年歲季節而言之。俞琰《周易集說》：「艮，居東北丑寅之閒。於時為冬春之交，一歲之氣於此乎終，又將於此乎始。始而終，終而始，終始循環而生生不息。此萬物所以成終成始於艮也。艮，止也。不言止，而言成。蓋止則生意絕矣，成終而復成始，則生意周流。故曰：成言乎艮。真西山〈夜氣箴〉

云：『子盍觀夫冬之為氣乎？木歸其根，蟄坏其封。凝然寂然，不見兆朕，而造化發育之妙，實胚胎乎其中。蓋闔者，闢之基；貞者，元之本。而艮所以為物之終始。』西山以闔闢貞元發明終始兩字，其說明矣。闔也，貞也，即萬物之終也；闢也，元也，即萬物之始也。」案：真西山，南宋浦城人。名德秀，字景元，學者稱西山先生。其學宗朱熹，著有《大學衍義》、《四書集編》、《唐書考疑》、《文章正宗》、《西山文集》等。

❹**終萬物始萬物者，莫盛乎艮**

《釋文》：「盛，鄭（玄）音成，云裹也。」是盛為成就、容納包裹之意。《集解》云：「言大寒立春之際，艮之方位。萬物以之始而為今歲首，以之終而為去歲末，此則叶夏正之義。莫盛于艮也，此言六卦之神用。而不言乾坤者，以乾坤而發天地无為而无不為，能成雷風等有為之神妙也。艮不言山，獨舉卦名者，以動橈燥潤功是雷風水火；至于終始萬物，于山義則不然：故言卦而餘皆稱物，各取便而論也。此崔新義也。」《集解》所引「崔新義」，當是崔憬《周易探玄》之新解也。案：我國古代曆法，依據地球繞太陽公轉，把一年分為二十四氣。農曆（陰曆）平年每月有兩氣，月初的叫節氣，月中的叫中氣。因閏月關係，每年節氣的日期差異較大。反而與現行的公曆（陽曆、新曆）月日配合上較為確定。大寒在公曆一月二十、二十一日，農曆十二月中，為一歲之終氣；立春在公曆二月三、四、五日，農曆正月節，為一歲之始氣。崔憬所言「夏正」指夏朝建寅為歲首，以孟春為正月。

❺**艮，止也**

此句孔本在第六節，朱本在第七章。《正義》：「此一節說八卦名訓。」《本義》：「此言八卦之性情。」邵雍〈觀物外篇〉：「艮，止也，一陽於是而止也。故天下之止莫如山。」參閱本段注釋❶、❸、❹。《禮記・大學》：「大學之道，在明明德，在親民，在止於至善。」是「大學之道」之目標，終於「止於至善」也。下接云：「知止而后有定，定而后能靜，靜而后能安，安而后能慮，慮而后能得。」是「大學之道」之實踐，始於「知止」也。是止有二義：「止於至善」是終，「知止」為始也。

❻艮為狗

此句孔本在第七節，《正義》：「此一節說八卦奇獸之象。……艮為靜止，狗能善守，禁止外人，故為狗也。」朱本在第八章，《本義》：「遠取諸物如此。」

❼艮為手

此句孔本在第八節，《正義》：「此一節說八卦人身之象，略明『近取諸身』也。……艮為手，艮既為止，手亦能止持其物，故為手也。」朱本在第九章，《本義》：「近取諸身如此。」張栻《南軒易說》：「艮為手，執之而有，釋之而无，而四支之所止也。」四支，今作「四肢」。

❽艮，三索而得男，故謂之少男

此句孔本在第九節，朱本在第十章。《正義》引王（肅）云：「此一節說乾坤六子，明父子之道。……坤三得乾氣為艮，故曰少男。」參閱震卦〈說卦傳〉注釋❾。

❾艮，為山，為徑路，為小石，為門闕，為果蓏，為閽寺，為指，為狗，為鼠，為黔喙之屬

此段孔本為〈說卦傳〉第十六節。朱熹本則合孔本「乾為天為圜」第十至「兌為澤」第十七等八節為第十一章，故此段亦在第十一章。艮為山：《集解》引宋衷曰：「二陰在下，一陽在上。陰為土，陽為木。土積于下，木生其上，山之象也。」孔氏《正義》曰：「此一節廣明艮象。艮為山：取陰在下為止，陽在上為高，故艮象山也。」孔以陰為止，陽為高，似不如宋衷以陰為無機之土，陽為有機之木說妥善，然仍可互補。為徑路：徑路猶言小路，山中步道恆窄短曲折，故言徑路也。又〈說卦〉言「震為大塗」，說《易》者頗有以大塗為大路大道者。震大而艮小，震倘為大路，則艮為小路也。故《郭氏傳家易說》記白雲郭氏曰：「震自坤變，故為大塗；艮其小者，則為徑路。」請參閱震卦之注釋。為小石：《集解》引陸績曰：「艮，剛卦之小，故為小石者也。」《正義》：「取其艮為山，又為陽卦之小者，故為小石也。」為門闕：三畫之艮☶，下二陰像二柱，二柱間有通道，上一陽似門楣，大者有樓房，守門人居之以窺來人，故艮為門闕也。張栻《南軒易說》：「一陽在上，而往來出入莫不由於斯者，此門闕也。」殆即此意。為

果蓏：《正義》：「為果蓏，木實為果，草實為蓏。取其出於山谷之中也。」項安世《周易玩辭》：「乾，純陽，故但為木果；艮，一陽二陰，故為木之果，又為草之蓏。震為敷，為蕃鮮，草木之始也；艮為果蓏，草木之終也。果蓏能終而又能始，故於艮之象為切。」與乾、震二卦較論更好。為閽寺：《周禮‧天官》：「閽人，掌守王宮之中門之禁。」又：「寺人，掌王之內人及女宮之戒令，相道其出入之事而糾之。」《周易集解》引宋衷曰：「閽人主門，寺人主巷。艮為止，此職皆掌禁止者也。」即據《周禮》而釋《周易‧說卦》，所言是也。為指：《集解》引虞翻曰：「艮手多節故為指。」蓋由艮為手引申而得。《正義》：「為指，取其執止物也。」可與虞意互補。為狗：狗，《集解》本作拘，引虞翻曰：「指屈伸制物，故為拘。」《正義》作狗，釋詳下文。為鼠：《集解》引虞翻曰：「似狗而小，在坎穴中，故為鼠，『晉九四』是也。」〈說卦〉言「遠取諸物」，嘗云「艮為狗」。虞以為鼠「似狗」，頗牽強。晉九四爻辭：「晉如碩鼠，貞厲。」晉卦䷢六二、六三、九四互體為艮，彼處《集解纂疏》云：「互艮為石為鼠。」故此處虞引彼爻辭以為艮為鼠之證也。《正義》：「為狗為鼠，取其皆止人家也。」已棄象而純言理矣！為黔喙之屬：《集解》引馬融曰：「黔喙，肉食之獸，謂豺狼之屬。黔，黑也。陽玄在前也。」《纂疏》：「鄭氏以為虎豹之屬，取其為山獸，是也。」《正義》亦以「為黔喙之屬，取其山居之獸也」。殆從鄭玄。案喙，本指鳥獸之嘴，今其義縮小，僅指鳥喙。

❿其於木也，為堅多節

《集解》引虞翻曰：「陽剛在外，故多節，松柏之屬。」陽剛在外，言三畫的艮☶，其外爻為陽爻。節，《說文》：「竹約也。从竹，即聲。」段玉裁《注》：「約，纏束也。竹節如纏束之狀。」引申指植物枝幹連接處。幹上生枝，年歲既久，連接處則有節痕。多節代表生機旺盛；而陽又代表生機。虞曰「陽剛在外故多節」，當如此理解。松柏多枝而多節，故舉以為例。《正義》：「取其山之所生，其堅勁故多節也。」與虞說可以互補。項安世《周易玩辭》：「坎陽在中，故為堅多心。艮陽在外，故為堅多節。離中虛，故為科上槁。皆得巽木之端者也。」俞琰《周易集說》：「坎之剛在內，故為木之堅多心；艮之剛在外，故為木之堅多節。白雲郭氏曰：「堅多節，剛不中也。中則為心，不中則為節。心則利用，節則不利於用。二卦之辨也。」」較論甚好。《釋文》：「荀爽《九家集解》本，『艮後有三：為鼻，為虎，為狐。』」《本義》亦引之，蓋逸象也。

語譯

艮☶，是一陽在上阻止下面二陰向上發展。……成就萬物終而復始，講的是代表立春的艮卦。……艮，在八卦所代表的方位上是代表東北的一卦。在季節上代表冬末春初，萬物成功地終結而又成功地開始萌生的時候。所以說成就萬物終而復始的在於代表立春的艮。……終結萬物而使萬物重新開始萌生，沒有比立春更暢旺的。……艮代表始於知止與終於止於至善。……在遠取動物方面，艮像善守門的狗。……在近取身體方面，艮像能阻止他物近身的雙手。……艮，是乾坤交合求到的第三個男孩，所以稱為少男。……艮所代表的現象：是山，是小路，是小石頭子兒，是門樓，是果實，是看門人，是手指，是能守門的狗，能守洞的老鼠，居住在山上的黑嘴禽獸之類動物。在樹木方面，代表堅硬而多枝節。

序卦傳

震者，動也❶。物不可以終動，止之。故受之以艮❷。

注釋

❶**震者，動也**

從「辰」得聲之字每有動義。〈說卦傳〉「雷以動之」、「動萬物者莫疾乎雷」、「雷動也」等條注釋言之詳矣，此不贅。動者，行動實踐也。其性或剛決急躁。剛決誠是矣，急躁或致敗事，此應惕懼警戒者一也。又履禮踐仁誠是矣，而巧言令色足恭，聖人恥之。此應惕懼警戒者二也。如何能止於至善，宜用心焉！

❷物不可以終動，止之。故受之以艮

《集解》引唐人崔憬曰：「震極則征凶，婚媾有言，當須止之。故言物不可以終動，故止之也。」震極猶言動極，此指震卦上九。「征凶，婚媾有言」，震上六爻辭文。釋已詳於彼，此不贅。程《傳》：「動靜相因，動則有靜，靜則有動。物无常動之理，艮所以次震也。艮者止也。不曰止者，艮山之象，有安重堅實之意，非止義可盡也。乾坤之交，三索而成艮。一陽居二陰之上，陽動而上進之物，既至於上則止矣。陰者靜也。上止而下靜，故為艮也。然則與畜止之義何異？曰：畜止者，制畜之義，力止之也；艮止者，安止之義，止其所也。」言理甚詳。張栻《南軒易說》：「飄風不終朝，驟雨不終日，此物不可以終動，止之，故受之以艮。而艮者，一陽在上，二陰在下，故為止也。」則具體舉例以明之。民國「新儒學」大師熊十力，著《讀經示要》，嘗云：「吾平生之學，窮探大乘而通之於《易》。尊生而不可溺寂，彰有而不可耽空，健動而不可頹廢，率性而無事絕欲。此《新唯識論》所以有作，而實根柢大《易》以出也。魏晉人祖尚虛無，承柱下（指老子）之流風，變而益厲，遂以導入佛法。宋儒受佛氏禪宗影響，守靜之意深而健動之利似疏於培養。寡欲之功密，而致用之道，終有所未宏。二千年來，《易》之大義湮絕已久。」其「附說三」又云：「宋以後儒者頓染其風，而誤解周子（敦頤）主靜之說，不免厭動喜靜。故言進修，則難語於有本有末；言治化，則不足以備物致用。進退之節雖嚴，而胸懷拘隘，氣魄薄弱，不能勇往以當改造宇宙之任。」其重健動而誡頹廢，於震卦大義多所發揮，而於震、艮相輔相繼之旨亦大明。

語譯

震，是行動實踐的意思。事物不可以始終動著，有時要阻止它，所以接在代表行動的震卦後的是代表阻止的艮卦。

雜卦傳

艮（ㄍㄣˋ），止（ㄓˇ）也（ㄧㄝˇ）❶。

注釋

❶艮，止也

《集解》：「艮陽終止，故止。」《折中》亦引此，謂「虞氏翻曰」。朱震《漢上易傳》：「陽起於坤而出震，則靜者動；陽止於艮而入坤，則動者靜。故起莫如震，止莫如艮也。」參見震卦〈雜卦傳〉注釋。

語譯

艮，是阻止、停止、止於至善的意思。

初六爻辭

初六❶：艮其趾❷，无咎❸，利永貞❹。

注釋

❶初六

初本陽位，以陰爻六居陽位，本有失位之嫌。但艮有限止之義，艮卦由下而上，代表人身自足至頭，也代表行為自始到終之意。人如能從行動開始就有所警惕而加限止，就能免於災咎。爻辭和〈小象〉呈現的就是這種意思。在筮法上，當艮卦初爻為老，他爻皆少，即由艮之賁䷕；或困䷮初爻為少，他爻皆老，即困䷮之艮：這兩種情形，都以艮初六爻辭占。

❷艮其趾

象也。竹書存「丌止」二字，「艮」字缺。帛書作「根亓止」。艮，有照顧、注意、約束的意思。止為趾之初文，象足趾之形。後加「足」而為「趾」字。足趾，行動的基本器官。艮卦各爻以人身自下至上取象。趾最下，故初爻取以為象。艮其趾，是注意約束自己的行止，可行則行，應止則止。程《傳》：「六在最下，趾之象。趾，動之先也。艮其趾，止於動之初也。」止於動之初，當作自我約束於行動之初解。義詳❹利永貞之注釋。周策縱則以「針刺其腳趾」解釋此三字。

❸无咎

占也。竹書作「亡咎」，帛書作「无咎」。初六失位，本來有咎；但因柔而不競，能自我約束於初，所以无咎。郭《說》：「凡動之先，莫先於趾。止於動先則易；而止於既動之後則難。止於其先，故得无咎；

止於既動之後，不能無得失也。」引文中各「止」，都應作「自我約束」解。

❹**利永貞**

占也。竹書作「利羕貞」，帛書作「利永貞」。羕、永，古通用。《詩・周南・漢廣》「江之永矣」，《說文・永部・羕字》引《詩》曰江之羕矣」。段玉裁《注》：「《毛詩》作永，《韓詩》作羕。」是其證。朱震《漢上易傳》：「初六陰柔，患不能久，故戒之以利永貞。」言象甚是。又云：「利永貞者，非永止也，動而正也，正則行止一也。不能止，則亦不能行矣。」以「正」釋「貞」，兼含「行」「止」二事，說理最當。郭《說》：「利永貞者，利在久於其道而固守之也。《中庸》曰：『人皆曰予知，擇乎中庸而不能期月守也。』是不知利永貞也。又曰：『得一善則拳拳服膺而弗失之。』是能利永貞者也。」引《中庸》而反面、正面詳說，其義大明。胡炳文《周易本義通釋》：「初六陰柔，懼其始之不能終也，故戒以利永貞。欲常久而貞固也。其即上九之敦艮乎？」參見坤用六用辭「利永貞」注釋。

語譯

艮卦初位是陰爻。注意約束自己的行止，不會有過錯的，應該永遠保持行止的正確。

象傳

艮其趾，未失正也❶。

注釋

❶**未失正也**

就是爻辭「无咎」而「貞」的意思。初六自我約束，謹慎考慮，故能止於至善，不失其正。來知德《周易註》：「理之所當止者曰正，即爻辭之貞也。爻辭曰『利永貞』，〈象辭〉曰『未失正』，見初之止，理所當止也。」王夫之《周易內傳》：「當方動之初，勸之進，不如沮之止。固可峙躇審慮，以得行止之正。」

語譯

注意約束自己的行止，就不會違失正道了。

六二爻辭

六二❶：艮其腓❷，不拯其隨，其心不快❸。

注釋

❶六二

以陰爻立居艮卦第二的位置。居中得位，卻與六五無應。又雖順承九三之陽，卻為三所止。六二爻象，皆由於此。在筮法上，當艮卦第二爻為老，他爻皆少，即由艮之蠱䷑；或隨䷐第二爻為少，他爻皆老，即隨䷐之艮：這兩種情形，都以艮六二爻辭占。

❷艮其腓

象也。竹書作「艮丌足」，帛書作「根亓肥」。《釋文》：「腓，符非反。本又作肥，義與咸卦同。」艮卦各爻以人身自下至上取象，初為趾，二為腓，是踝上膝下小腿骨後面的肌肉，即小腿肚子。咸卦六二亦曰「咸其腓」，二稱腓已成爻例。艮六二居中得正，但與六五無應，不獲乎君；又為九三所止，中正之德，無所施用：所以約束小腿，未能上進。程《傳》：「六二居中得正，得止之道者也。上无應援，不獲其君矣，三居下之上，成止之主，主乎止者也。乃剛而失中，不得止之宜。剛止於上，非能降而下求。二雖有中正之德，不能從也。二之行止，係乎所主，非得自由，故為腓之象。股動則腓隨，動止在股而不在腓也。」若艮作針砭解，則艮其腓為以小石針刺小腿肚子。參閱咸六二爻辭「咸其腓」之注釋。

❸不拯其隨，其心不快

象也。朱熹《本義》：「此爻占在象中，下爻放（通倣）此。」竹書作「不陞丌陵丌心不悸」，帛書作

「不登亓隋亓心不快」。拯，升也，登也。其隨，指六二所追隨的九三。不拯其隨，為其隨不拯的倒裝句式。九三畫地自限，不聽信六二，使六二為九三所止，不能登上艮山的山頂，因而心中不愉快，二三四爻互體成坎，為加憂，為心病，故有其心不快之象。來知德《周易註》：「當艮止之時，二艮止不求救于三，三艮止不退聽於二，所以二心不快。中爻坎為加憂，為心病，不快之象也。」王夫之《易內傳》：「六二陰當位而得中，比於九三，固願隨陽以行，而得剛柔之節。三不拯恤其情，而固止之，失所望而不快必矣。」周策縱前揭文則先引《靈樞・九針十二原》「隨而濟之」一段文字，再加以詮釋云：「照這裏的用法，『隨』是順刺輕補的針刺法，須使病人不覺得刺痛；現在若不濟助以『隨』的刺法，病人便會感到不快了。『艮』爻說的『不拯其隨』，『拯』既有『濟』義，則正可和《靈樞》說的『隨而濟之』相合。」新解發千古之未發，提供參考。

語譯

艮卦陰居第二位。約束自己的小腿肚，不能跟隨九三登上山巔，他的心裡是不愉快的。

象傳

不拯其隨，未退聽也❶。

注釋

❶**未退聽也**

九三以剛居前進之位，不能遜退聽取六二之建言。〈說卦傳〉：「坎為耳痛。」有未退聽之象。朱熹《本義》：「三止乎上，亦不肯退而聽乎二也。」來知德《周易註》：「未聽，主坎之耳痛而言。」

語譯

不能跟隨九三登上峰頂，九三不肯謙退聽取六二的心願啊。

九三爻辭

九三❶：艮其限❷，列其夤❸，厲薰心❹。

注　釋

❶九三

以陽爻居陽位，本為得位。但在艮卦，艮為止。艮九三力止初六、六二兩陰，有「得理不讓人」之剛強。又居卦之中，卦下卦上的邊際，有分裂上下之嫌。象占多由此而出。在筮法上，當艮卦第三爻為老，他爻皆少，即由艮之剝䷖；或夬䷪第三爻為少，他爻皆老，即夬之艮：這兩種情形，都以艮九三爻辭占。

❷艮其限

象也。竹書作「艮丌瞙」，帛書殘缺。《戰國楚竹書㈢》濮茅左〈《周易》釋文考釋〉云：「『瞙』，《玉篇》：『瞙，張目也。』『艮丌瞙』，意為『閉目』，猶人盲目，故有危厲之事。今本《周易》『瞙』作『限』。『限』，身腰部，人繫帶之處，以喻人不能制其事於始，又不能成其事於終；或讀為『眼』，意與簡文近。」限，身體上下的界限，就是腰。《經典釋文》引馬融云：「要也。」要，即今腰字。九三在卦下卦上之際，居上下四陰之間，故有腰象。腰能俯仰回旋，今艮其限，就是注意約束腰之俯仰回旋，兼有分裂上下身的意思。

❸列其夤

象也。竹書作「𠛱（列）丌（其）衜」。濮茅左〈考釋〉云：「『𠛱』，讀為『列』。《說文・刀部》：『列，分解也。』『衜』，疑『胤』字。《說文・肉部》：『胤，子孫相承續也。从肉、从八，象其長也，从幺，象重累也。』許慎所謂从『八』，疑从『行』省。」帛書作「戻亓肥」。張立文《今注今譯》：「戻假借為列。」「肥假借為夤。」今本「列其夤」，有二義。一承上句「約束腰」義而來。防禁胃腸脾腎的過分需求。列，帛書本作「戾」，乖戾防禁的意思；夤，《經典釋文》引荀爽本作「腎」，云：「互體有坎，坎為腎。」為此第一義之所據。腰下納胃腸脾腎，今既約束腰，使止而不動，對胃腸脾腎之需求，就有所乖戾防禁了。《韓詩外傳・卷二》：「孔子曰：『口欲味，心欲佚，教之以仁；心欲安，身惡勞，教之以恭；好辯論而畏懼，教之以勇；目好色，耳好聲，教之以義。《易》曰：「艮其限，列其夤，危薰心。」《詩》曰：「吁嗟女兮，無與士耽！」皆防邪禁佚，調和心志。』」正是此意。二是承上句「分裂上下身」義而來。《周易集解》依虞翻本「列」字作「裂」；《釋文》引鄭玄本「夤」字作「⿰月寅」，是夾脊肉。由腰身的夾脊肉分裂，正是分裂了身體上下為兩節。象徵著個人理智與欲望的衝突，也象徵著社會上層與下層的脫節。朱熹《周易本義》：「九三以過剛不中，當限之處，而艮其限，則不得屈伸，而上下判隔，如列其夤矣。」已兼顧第二義。

❹**厲薰心**

占也。竹書作「礪同心」。濮茅左《考釋》云：「『礪同心』，讀為『厲痛心』。『同』，阜陽漢簡《周易》作『薰』。子孫分裂，憂危而痛心。喻上下離心，君臣不接，令人心痛。」帛書作「厲薰心」，張立文《今注今譯》：「薰、熏、閽、動，古通。……熏，灼也。心中燒灼，即憂心如焚之意。」厲，危也。薰心，憂心如焚的意思。艮卦二、三、四互體成坎，坎為心病，故有此象。胡炳文《周易本義通釋》：「震所主在下：初九，下之最下者也；九四雖亦震之所主，而溺於四柔之中，有泥之象，故不如初之吉。艮之所主在上：上九，上之最上者也；九三雖亦艮之所主，然界於四柔之中，有限之象，有列其夤之象，故不如上之吉。二曰其心不快，三曰厲薰心。蓋寂然不動者，心之體，如之何可以徇物？感而遂通者，心之用，如之何可以絕物？二陰柔隨三而不能拯之，是徇物者也。三本中正，故其心猶以為不快；三過剛，確乎止而不能進退，以至上下隔絕，是絕物者也。三不中，惟見其危厲薰心而已。」凡一味隔絕禁止，必令心志失調，上下脫節，反致欲念薰心，社會失序。

語譯

艮卦陽居第三位。注意約束自己的腰身，戾違了自己胃腸脾腎的需求，使理念和欲望分裂，反而導致欲念薰心的嚴重後果。

附錄古義

韓嬰《韓詩外傳・卷二》：「孔子曰：『口欲味，心欲佚，教之以仁；心欲安，身惡勞，教之以恭；好辯論而畏懼，教之以勇；目好色，耳好聲，教之以義。』《易》曰：『艮其限，列其夤，危薰心。』《詩》曰：『吁嗟女兮！無與士耽。』皆防邪禁佚，調和心志。」

象傳

艮其限，危薰心也❶。

注釋

❶**危薰心也**

解釋九三爻辭「艮其限，列其夤」的嚴重後果。危，就是厲。朱震《漢上易傳》：「九三知止之止，而不知無止之止，堅強固止，與物隔絕，无安裕之理。」

語譯

頑固地限制腰身胃腸腎脾的活動，使上下隔絕，理念和欲望對抗，就有欲念薰心的危險。

六四爻辭

六四❶：艮其身❷，无咎❸。

注釋

❶六四

以陰爻六，居陰位四。在上卦下爻，得位而未能居中。上無九五之君，下乘九三之剛。自保可矣，進身則有所不能。在筮法上，當本卦第四爻為老，他爻皆少，即由艮之旅䷷；或節䷻第四爻為少，他爻皆老，即節之艮：這兩種情形，都以艮六四爻辭占。

❷艮其身

象也。竹書作「艮丌躳」。《說文・呂部》：「呂，脊骨也。象形。」蓋象人脊椎骨椎椎相承，中有連繫之形。又：「躳，身也。从呂，从身。躬，俗從弓身。」今俗作躬。帛書作「根亓躳」，躳，躬之異體字。艮卦各爻，以人體為象，由下向上遞升：初為趾，二為腓，三為腰，四為身，在腰之上，指胸部。王弼《注》：「中上稱身。」王夫之《易內傳》：「自腰以上為身。」是也。六四以陰居陰，得位而止，是能明其明德；上無九五明君任用之，是不能親民新民。艮其身，約束自己，獨善其身的意思。程《傳》：「四，大臣之位，止天下之當止者也。以陰柔而不遇剛陽之君，故不能止物，唯自止其身。」項安世《周易玩辭》：「彖曰：『艮其背不獲其身；行其庭不見其人：无咎。』惟六四一爻足以當之。」案：項氏所謂「彖」，即卦辭，不是〈彖傳〉。又案：《孟子・離婁上》：「孟子曰：『事孰為大？事親為大。守孰為大？守身為大。不失其身而能事親者，吾聞之矣；失其身而能事其親者，吾未之聞也。』」孟子言「守身」，與《周易》言「艮其身」，義近。周策縱前揭文云：「第四爻『艮卦六四：艮其身，無咎。』按《說文・骨部》：『體，總十二屬也。』段《注》：『十二屬，許未詳言。今以人體及許書覈之：首之屬有三：曰頂、曰面、曰頤；身之屬三：曰肩、曰脊、曰尻（尻，朱駿聲作臀）；手之屬三：曰厷（朱作肱）、曰臂、曰手；足之屬三：曰股、曰脛、曰足。合《說文》全書求之，以十二者統之，皆此十二者所分屬也。』依照這一看法，『身』是肩以下，臀以上的身軀總稱，應該可包括『艮』卦第三爻的『限』（腰）和『夤』（夾脊肉），和下文要說到的『咸』卦第五爻的『脢』。那就是說，若針刺這些部位，都不會有災患。不過『身』義也有『腹』的可能，若如此，就更特定。並且對上文說的『艮』卦卦辭『艮其背，不獲其身』就可解釋得更通順，刺『背』當然不會得到治療『腹』的效果。」

❸无咎

占也。楚竹、漢帛皆無此二字。得位而能守身，所以無過失。而上無九五剛明之君以領導，故能自明明德而未能親民新民，亦無功業可言也。王弼《注》：「履得其位，止求諸身，得其所處，故不陷於咎也。」朱熹《本義》：「以陰居陰，時止而止，故為艮其身之象，而占得无咎也。」

語譯

艮卦陰爻居第四位。約束自己的身體，不做不合理的事，不會有災害的。

象傳

艮其身，止諸躬也❶。

注釋

❶止諸躬也

不能隨心所欲不逾矩，但在動心起念時能發覺心念不正而加以抑制。李光地《周易折中》案云：「易『其』字為『諸』字，便見得是止之於躬，與夫正本清源，自然而止者略異矣！」高亨《周易大傳今注》：「謂止之于身，有所不為也。」

語譯

約束自己的身體，阻止錯誤發生在自己的身上啊。

六五爻辭

六五❶：艮其輔❷，言有序❸，悔亡❹。

注釋

❶六五

以陰爻居陽位，是為失位。下與六二無應。五為尊位，動見觀瞻，尤宜謹慎。在筮法上，當本卦第五爻為老，他爻皆少，即由艮之漸䷴；或歸妹䷵第五爻為少，他爻皆老，即歸妹之艮：這兩種情形，都以艮六五爻辭占。

❷艮其輔

象也。楚竹書作「艮亓頌」，阜陽漢簡作「艮其父」。《說文》：「甫，男子之美稱也。从用父，父亦聲。」又：「父，巨也，家長率教者，从又舉杖。」段《注》：「經傳亦借父為甫。」漢帛書作「根亓胶」；輔、頌、胶，為同字異體，阜簡作父，則假借也。輔，臉頰的內層，與齒相依之處，為言語器官。六五在六四之上，六四為身，六五為身上面的臉輔。艮其輔，不是停止口腔的活動，永不說話，而是約束自己的言語，使之恰當。《周易折中》引趙彥肅曰：「能默故能言，非默而不言也。由言以推行，所謂艮者，亦如是而已。」周策縱前揭文云：「『艮』卦『六五：艮其輔，言有序，悔亡。』此條應與『咸』卦的下一爻『上六：咸其輔、頰、舌』對看，一併討論。『咸』卦此處《經典釋文》說：輔，如字。馬（融）云：上頷也。虞（翻）作『酺』云：『耳目之間。』《說文》則云：輔，《春秋》（左）傳（僖公五年）曰：『輔車相依。』从車，輔聲。人頰車也。段《注》在此指出：《左傳》說的『輔』乃是車上的一部分，是其本義，許慎訓作人面之一部，實是借義。又《說文》：「酺，頰也。」又說：「頰，面旁也。」惠棟《周易述》云：尋輔近口，在頰前。故《淮南子》（說林訓）曰：「靨輔在頰前則好」是也。（縱按今本無「前」字。）耳目之間為權，權在輔上。故曹植〈洛神賦〉云：「靨輔承權。」「夬」「九三：壯於頄。」「頄」即權也。頰所以含物，輔所以持口。輔、頰、舌，三者並言，明各為一物。是輔近頰而非頰。虞以權為輔，《說文》以輔為頰，皆非也。段玉裁在「頰」字下注道：《易》「咸」「上六：咸其輔、頰、舌。」「輔」即「酺」之假借字也。凡言頰車者，今俗謂牙牀骨，牙所載也。與單言「頰」不同。又在「酺」字下注道：頰者，面旁也。面旁者，顏前之兩旁。《淮南》書：「奇牙出，靨輔搖。」高（誘）注：「靨輔，頰有靨酺，口有奇牙，嘕然而笑，尤媚好也。」《楚辭・大招》：「靨輔奇牙，宜笑嫣只。」王（逸）注：「言美頰邊文，婦人之媚也。」又曰：「靨輔在頰則好，在顙則醜。」注：「靨酺者，頰上窐也。」由此言之，靨酺在頰，故酺與頰可互偁。古多借輔為酺。如《毛詩傳》曰：「倩，好口輔也。」此正謂靨酺。「咸」「上六：咸其輔、頰、舌。」「艮」「六五：艮其輔。」其字皆當作酺。蓋自外言，曰酺，曰頰，曰靨酺；自裏言，則上下持牙之骨，謂之酺車，亦謂牙車，亦謂頷車，亦謂頰車，亦謂鼸車，亦謂之酺，亦謂之頰。許言『酺，頰也』者，言其外也。《易》言『酺、頰』，言『酺』，言其裏也。酺車非外之酺，頰車非外之頰，此名之當辨者也。從這些討論看來，『頰』是權骨下，耳朵前方的部分。輔（酺）則是牙車骨外頰下前方酒窩所在的肌肉，即通常所謂『腮幫子』。」前輩學人涉獵之廣，考證之精，我不能及也。

❸ **言有序**

象也。楚竹書作「言又舎」。有、又為一字異形。濮茅左〈考釋〉：「舎，或釋舒，讀為序。」舒、序皆從予，故可相假借。帛書作「言有序」，與今傳本同。序，倫次也。程《傳》：「有序，中節有次序也。」虞翻本「序」作「孚」，則取誠信之意。周策縱前揭文又說：『「艮」卦「六五：艮其輔，言有序，悔亡。」』這裏最值得注意的是『言有序。』顯然是說：如果針刺輔頰，就會使語言恢復有秩序，困厄（或憂慮）便會消失。我認為這一爻是《易經》裏有針刺醫術紀錄最好的證據。試查明朝萬曆（一五七三—一六一九）

中曾任醫官的楊繼洲主要依據《靈樞》和《素問》而著的《針灸大全》（亦名《針灸大成》），在說到「頰車」經穴時，就指出這穴位在下頷角上方約一橫指，曲頰端陷中。操作時，斜刺，針尖對準「地倉」穴刺進，銅人針四分，得氣即瀉。主治的症候中，包括有「口噤不語、失音」、「口眼歪」等項。又頰部稍前的「地倉」穴，穴位在口角的外側，口輪匝肌中。操作時，橫刺，從前向後方，針尖向「頰車」穴刺入，銅人針三分。主治的症候中有「偏風口歪」、「失音不語」等項。又同書「經外奇穴」部分列舉有「聚泉穴」，穴位在「舌上中心」。針法：「隔薑灸，不過七壯（炷）。」「可用小針放血。」主治的症候中有「木舌」。又「玉液」穴，在舌下右側。針法：三稜針出血。主治：「重舌、喉閉。」這前面兩穴正當「艮」、「咸」兩卦爻辭說的「輔」和「頰」，主治結果也正可使「言有序」。後面兩穴都在舌部，也可醫語言方面的毛病。舌部還有其他穴位，刺之可治別的病，這裏就不多說了。這可見爻辭決非虛語。」

❹**悔亡**　失位，所以有悔；居中能自我約束，所以悔恨能夠消除。王弼《注》：「以處於中，口无擇言，能亡其悔也。」

語譯

艮卦陰爻居第五位。約束自己的嘴巴，說話要恰當而有倫次，遺憾就會消除了。

附錄古義

徐幹《中論‧貴言》：「君子必貴其言，貴其言則尊其身，尊其身則重其道，重其道所以立其教。言費則身賤，身賤則道輕，道輕則教廢。故君子非其人則弗與之言。若與之言，必以其方：農夫則以稼穡，百工則以技巧，商賈則以貴賤，府史則以官守，大夫及士則以法制，儒生則以學業。故《易》曰：『艮其輔，言有序。』不失事中之謂也。」

象傳

艮其輔，以中正也❶。

注釋

❶以中正也

六五居中失位，可言中不可言正。程《傳》：「止之於輔，使不失中，乃得正也。」以「正」因「得中」而來，非關奇陽偶陰之位。朱熹《本義》：「正字羨文，叶韻可見。」以為〈象傳〉六四「躬」，六五「中」，上九「終」叶韻，而「正」不叶韻，是多餘的。項安世《周易玩辭》引姚小彭氏云：「凡六居五，當作『以正中也』，亦於韻為叶。」來知德《周易註》：「正當作止。與止諸躬止字同。以中而止，所以悔亡。」則以「正」為「止」之誤。四說都言之成理，讀者自擇。又徐幹《中論・貴言》：「君子必貴其言。貴其言則尊其身；尊其身則重其道；重其道所以立其教。言費則身賤；身賤則道輕；道輕則教廢。故君子非其人則弗與之言。若與之言，必以其方：農夫則以稼穡，百工則以技巧；商賈則以貴賤，府史則以官守，大夫及士則以法制，儒生則以學業。故《易》曰：『艮其輔，言有序。』不失事中之謂也。」「不失事中」正是「以正中也」。

語譯

約束自己的嘴巴，用最恰當的言語。

上九爻辭

上九❶：敦艮❷，吉❸。

注釋

❶上九

在艮卦最上面的一爻是陽爻九，下乘二陰而止。又在二艮卦䷳之最上而終止。在筮法上，當艮上爻為老，他爻皆少，即由艮之謙䷎；或履卦䷉上爻為少，他爻皆老，即履之艮：這兩種情形，都以艮上九爻辭占。

❷敦艮

象也。楚竹書作「𦎧艮」。濮茅左原〈考釋〉云：「𦎧」通「敦」。漢帛書作「敦根」。山丘重疊叫「敦」。《爾雅・釋丘》：「丘一成為敦丘。」郭璞《注》：「成猶重也。」邢昺《疏》：「成，重也。言丘上更有一丘，相重累者，名敦丘。」上九居艮下艮上重疊之最上，所以有敦丘重疊之象。引申為敦厚、敦重。艮，止。上九居艮卦之終，當止而止。敦艮，敦重而能止於所當止。《周易玩辭》：「〈象〉曰：『兼山艮，君子以思不出其位。』惟上九一爻足以當之。」又尚秉和《周易尚氏學》：「敦與頓通，頓，止也。《易》凡言敦，皆有止義，待義。敦艮者，頓止于上也。」異說錄作參考。

❸吉

敦重，知止，有終，故吉。王弼《注》：「居止之極，極止者也。敦重在上，不陷非妄，宜其吉也。」是就敦重知止上說。程《傳》：「人之止，難於久終。故節或移於晚，守或失於終，事或廢於久，人之所同患也。上九能敦厚於終，止道之至善，所以吉也。」是就有終上說。又九三、上九，為止之主，而三危上吉。項安世於此有說，《周易玩辭》云：「上九與三相類，皆一卦之主也。然九三當上下之交時，不可止而止，故危；上九當全卦之極時，可止而止，故吉。」《周易尚氏學》：「下履重陰，故吉。」

語譯

艮卦最上面的一爻是陽爻。敦重地到達了人生的最高境界，好極了。

象傳

敦艮之吉，以厚終也❶。

注釋

❶以厚終也

厚終，是厚德能終物的意思。山以積厚崇高為德，所以艮上之上爻多吉辭。王申子《大易緝說》：「德愈厚而止愈安，是止之善終者也。」胡炳文《周易本義通釋》：「艮以上一爻為主。九三在下卦之上而薰心，不如在上卦之上者之厚終也。非特艮上九為然，賁（䷕）上九得志，大畜（䷙）上九道大行，蠱（䷑）上九志可則，頤（䷚）上九大有慶，損（䷨）上九大得志，蒙（䷃）上九上下順，皆艮之以厚終者也。」案：剝（䷖）上九云：「碩果不食，君子得輿，小人剝廬。」在艮上之上，但視其人之為君子小人而吉凶不同。

語譯

敦重地到達人生最高境界的美好，是能夠以寬厚的德性成全一切事物啊。

漸卦經傳通釋第五十三

卦辭

䷴艮下巽上漸❶：女歸吉❷，利貞❸。

注釋

❶䷴艮下巽上漸

今傳本、馬王堆漢帛書、秦簡《歸藏》，皆作漸。上博楚簡卦辭及初六爻辭作「漸」；而六二與九三爻辭又作「漸」。濮茅左云：「『漸』同『漸』字。」陳仁仁《戰國楚竹書周易研究》：「漸，同漸。進也。俞樾《群經平議．周易三》：『漸，所以別於晉之進也。晉與漸雖並有進義，然漸則以漸而進，其義微有不同。』」所以「漸」是漸進的意思。《集解》引虞翻曰：「否三之四。」以為三陰三陽之卦，皆自泰䷊、否䷋來。漸卦即由否六三與九四陰陽互換為九三、六四而成也。弼《注》：「漸者，漸進之卦也。止而巽，以斯適進，漸進者也。」虞以卦變立說，王弼以艮下巽上二體立說，此可見二人立說之不同。程《傳》：「以卦才兼漸義而言也。乾坤之變為巽艮，巽艮重而為漸。在漸體而言，中二爻交也。由二爻之交，然後男女各得正位。初、終二爻，雖不當位，亦陽上陰下，得尊卑之正。男女各得其正，亦得位也。」程以「巽艮重而為漸」，從弼也；程以「乾坤之變為巽艮……中二爻交也」，從虞也。此處兼虞、王之說，明矣。朱熹《本義》：「漸，漸進也。為卦止於下而巽於上，為不遽進之義，有女歸之象焉。」所言最簡明。《周易折中》於晉卦辭後「案」云：「《易》有晉、升、漸三卦，皆同為進義而有別。晉如日之方出，其義最優；升如木之方生，其義次之；漸如木之既生，而以漸高大，其義又次之。觀其〈彖辭〉，皆可見矣！」較論三卦，尤多啟示。在筮法上，當漸卦六爻皆少，也就是本卦、之卦都是漸；或歸妹䷵六爻皆老，也就是歸妹之漸：這兩種情形，都以漸卦辭占。

❷女歸吉

占也。上博楚簡作「女遆吉」，遆，同「歸」，楚簡屢見。漢帛書作「女歸吉」，與今本同。《集解》引虞翻曰：「女謂四，歸，嫁也。坤三之四承五，進得位，往有功。反成歸妹，兌女歸吉。」意謂女為漸六四。《春秋・隱公二年・穀梁傳》：「婦人謂嫁曰歸。」否卦坤下六三去到了四位而成漸卦的六四，上承九五之君，六四以陰爻居陰位又得位，所以六三往上到六四是有功業的。漸六爻陰陽互換就成歸妹卦䷵。兌下而震上，兌為少女，震為長男。長男震作主把少女兌嫁出去，故稱歸妹。孔穎達《正義》：「歸，嫁也。女人生有外成之義，以夫為家。故謂嫁曰歸也。婦人之嫁，備禮乃動。故漸之所施，吉在女嫁，故曰女歸吉也。」朱子《本義》：「又自二至五，位皆得正，故其占為女歸吉。」胡炳文《周易本義通釋》：「『咸，取女吉。』取者之占也；『漸，女歸吉。』嫁者之占也。然皆以貞、艮為主。艮，止也。止而悅，則其感也以正，是為取女之吉；止而巽，則其進也以正，是為女歸之吉。」依朱《義》而較論咸、漸二卦，釋義益為通達。

❸利貞

占也。上博楚簡，漢帛書同作「利貞」。《集解》引虞翻曰：「初、上失位，故『利貞』，可以正邦也。」漸初六以陰爻居陽位，上九以陽爻居陰位，皆失位，故宜於糾正守貞也。《易》言「利貞」，有本不正而戒以利貞者，此其例也。程《傳》：「諸卦多有『利貞』，而所施或不同。有涉不正之疑而為之戒者；有其事必貞乃得其宜者；有言所以利者以其有貞也。所謂涉不正之疑而為之戒者，損之九二是也，處陰居說，故戒以宜貞也。有其事必貞，乃得其宜者，大畜是也。言所畜利於貞也。有言所以利者以其有貞者，漸是也。言女歸之所以吉，利於如此貞正也。蓋其固有，非設戒也。」歸納「利貞」之義有三，並舉例以明之。然說漸之利貞，與虞說微有不同。蓋二人於初、上有位或無位，見解有異故也。可作再思之資。程《傳》繼云：「漸之義宜能亨，而不云亨者，蓋亨者，通達之義，非漸進之義也。」於漸卦但云「利貞」，不言「元亨」，有所著墨。然仍遺「元」而但言「亨」。茲補曰：漸以女歸為象，婚姻，人倫之始也。雖未言「元」，而「元」義自在其中，無庸再言之也。

語譯

三畫的艮卦在下，三畫的巽卦在上，重疊而成六畫的漸卦：成年的女子出嫁，歸於夫家，是吉祥有收穫的。所以如此有利，是女子本來就具有非常正當的品格。

彖傳

漸之進也，女歸吉也❶。進得位，往有功也❷。進以正，可以正邦也❸，其位剛得中也❹。止而巽，動不窮也❺。

注釋

❶漸之進也，女歸吉也

《集解》引虞翻曰：「三進四得位，陰陽體正，故吉也。」以為否卦坤下之六三，上進到四位，而成漸卦巽上之六四；而把否卦原來乾上的九四換下，成為漸卦艮下的九三。這樣，否六三成漸六四，否九四成漸九三，漸卦九三、六四，陰陽都得位體正，所以吉利都有收穫。王弼《注》：「以漸進得位也。」孔穎達《正義》：「『女歸吉也』者，漸漸而進之。施於人事，是女歸之吉也。」皆簡略而語焉不明。胡瑗《安定易解》：「天下萬事，莫不有漸。然於女子，尤須有漸。何則？女子處於閨門之內，必須男子之家問名，納采，請期，以至於親迎。其禮畢備，然後乃成其禮，而正夫婦之道。君子之人，處窮賤不可以干時邀君，急於求進。處於下位者，不可諂諛佞媚，以希高位。皆由漸而致之。乃獲其吉也。」則具體說明女歸之細節，並推廣漸進之義於國家社會。

❷ **進得位，往有功也**

自此以下，皆釋「利貞」也。《集解》引虞翻曰：「功謂五，四進承五，故往有功。巽為進也。」案：〈繫辭傳下〉：「三與五同功而異位。三多凶，五多功，貴賤之等也。其柔危，其剛勝邪！」故虞曰「功謂五，四進承五，故往有功」也。蓋否卦坤下六三進而為漸卦巽上之六四，六四得位，又上承九五之陽。如此陰爻自下往上，承受陽剛之恩。虞意大致如此，蓋以卦變說之也。又〈說卦傳〉：「巽為風，為進退。」風行無常，時進時退。故虞云「巽為進也」。王弼《注》惟言「以漸進得位也」，其言太簡。孔穎達《正義》：「此就九五得位剛中，釋『利貞』也。言進而得於貴位，是往而有功也。」於是《注》義始得疏通明白。張載《橫渠易說》於漸卦〈彖傳〉下一則曰：「漸者，天地之施交。『女歸吉』、『進得位』，皆指六四。」於漸九三下復云：「漸者，九三、六四易位而居。」程《傳》：「在漸體而言，中二爻交也。」又曰：「漸進之時，而陰陽各得正位，進而有功也。四復由上進而得正位，三離下而為上，遂得正位，亦為進得位之義，是往而有功也。」橫渠、伊川於此，皆遵虞翻「卦變」之說。朱震《漢上易傳》：「伊川、橫渠二先生，漸以卦變言之矣。」實為有據。

❸ **進以正，可以正邦也**

《集解》引虞翻曰：「謂初已變為家人。四進已正，而上不正。三動成坤為邦，上來反三。故『進以正可以正邦』。」以為初六原失位不正，現已變成初九得位得正，而漸䷴遂變成家人䷤。虞又以漸由「否三之四」，否卦六三、九四陰陽易位，形成漸卦的九三、六四，已見前述。漸卦六四由否六三上進而得位，是「四進已正」。但是漸卦上九仍未得正。正好漸九三在變動中原本曾經為六三，與六二、六四互體為坤，坤為地，引申有地域邦國之象。六三、上九雖相應而不正，當變為九三、上六。「上來返三」，陰陽互易，於是既相應又得正。這還靠漸卦巽上的巽，具有「進」而能正的力量。虞翻這種詮釋，稱為「三變受上」，實在有些牽強繁瑣。弼《注》已見前條。孔《疏》云：「以六二適九五，是進而以正。身既得正，可以正邦也。」仍未脫象數而言義理。程《傳》：「四復由上進而得正位，三離下而為上，遂得正位，……以正道而進，可以正邦國至於天下也。凡進於事，進於德，進於位，莫不皆當以正也。」亦先言象數而後據以言義理。《折中》引梁寅曰：「卦自二至五，陰陽各得正位，此所以進而有功也。進得位，以位言；進以正，以道言。」並加「案」云：「梁氏之說得之。蓋進得位，以卦位言；進以正，以人事言。在卦為得位者，在人事即是得正也。正邦亦只是申有功之意。《易》卦中四爻得位者：既濟曰：『定也。』家人曰：『正家而天下定矣。』蹇、漸皆曰：『以正邦也。』蓋董子『正朝廷以正百官，正百官以正萬民』之意也。」萱案：《論語・顏淵》：「季康子問政於孔子。孔子對曰：『政者，正也。子帥以正，孰敢不正。』」又《禮記・大學》：「心正而后身脩，身脩而后家齊，家齊而后國治，國治而后天下平。」為董仲舒、梁寅、李光地等所言之源頭。

❹其位剛得中也

《集解》引虞翻曰：「其位剛得中，與家人『道正』同義。三在外體之中，故稱得中。乾〈文言〉曰『中不在人』，謂三也。此可稱上變既濟定者也。」以為「剛得中」指漸九三之剛得居六畫漸卦之中也。家人〈彖傳〉曰：「家人，女正位乎內，男正位乎外；男女正，天地之大義也。家人有嚴君焉，父母之謂也。父父，子子，兄兄，弟弟，夫夫，婦婦，而家道正，正家，而天下定矣。」虞翻以為漸所言「其位剛得中」，與家人所言「家道正而天下定矣」同義。虞又以「乾〈文言〉曰『中不在人』謂三也」，則誤。乾〈文言〉說九三，曰：「九三重剛而不中，上不在天，下不在田。」無「中不在人」句。而說九四，曰：「九四重剛而不中，上不在天，下不在田，中不在人。」較九三多出「中不在人」句。蓋九三是腳踏實地之人，九四是懸空的人。故〈文言〉之言如此。詳見彼處注釋，此不贅。至於虞云「上變既濟定」，屈翼鵬先生《先秦漢魏易例述評》：「按虞氏《易》例，凡六爻不正者，皆當變而之正，謂之成既濟定。凡爻之已正者，則不變。乃三變受上者，三本當位，又必使變為不當，而與上易位，不亦自亂其例乎？乃以『權』解嘲，所謂遁辭知其所窮矣。況虞氏此說，將謂凡三上為陽爻之卦，皆當三變受上乎？抑獨用於家人及漸二卦乎？若謂獨用於此家人漸二卦，則應詳其獨異之故；若謂凡三上為陽爻之卦，三皆當變而受上，則乾、小畜、同人、大有、蠱、賁、大畜、離、遯、姤、鼎、艮、旅、巽等卦，何不準此例為說乎？以象數釋卦爻辭，縱能圓通，已非其旨。況支離謬悠，至於此極哉！」述之已詳，評又精當。後學未能再置一辭。弼《注》：「以漸進得位也。」前已錄之。孔《疏》云：「『其位剛得中』者，此卦爻皆得位。上言『進得位』，嫌是兼二、三、四等，故特言『剛得中』，以明『得位』之言，唯是九五也。」孔以「其位剛得中」唯指九五，與虞意指九三不同，後之《易》學家頗有辯論。程《傳》：「上云『進得位，往有功也』，統言陰陽得位，是以進而有功。復云『其位剛得中也』，所謂『位』者，五以剛陽中正得尊位也。諸爻之得正，亦可謂之得位矣，然未若五之得尊位，故特言之。」朱子《本義》：「剛得中，以卦體言，謂九五也。」程、朱皆主指九五。然朱震《漢上易傳》：「或曰剛得中謂九五，誤也。……此謂九三也。剛，陽德也；其位在六爻為一、三、五。一始進也，五進已極，三得中也。已極則不復進矣。……剛得中，其進未極。漸如是可進矣，故曰其位剛得中也。」二說均言之成理，讀者宜自思之。又孔《疏》言「此卦爻皆得位。上言『進得位』，嫌是兼二、三、四等，故特言『剛得中』，以明『得位』之言，唯是九五也。」是孔言「此卦爻皆得位」，實僅指二、三、四、五而言，以為初上無陰陽定位也。《疏》本於《注》。王弼《周易略例・辯位》：「案〈象〉無初上得位失位之文。又〈繫辭〉但論三五二四同功異位，亦不及初上，何乎？唯乾上九〈文言〉云：『貴而无位。』需上六云：『雖不當位。』若以上為陰位邪？則需上六不得云『不當』

也。若以上為陽位邪？則乾上九不得云『貴而无位』也。陰陽處之，皆云非位。而初亦不說當位失位也。然則初上者，是事之終始，无陰陽定位也。」孔《疏》依之，故言如此。

❺**止而巽，動不窮也**

漸卦艮下巽上，「止而巽」者，以上下體釋「漸」之成效也。《集解》引虞翻曰：「止，艮也。」是也。然下續云：「三變震為動。上之三據坤，動震成坎。坎為通，故動不窮。往來不窮謂之通。」則牽強附會矣！弼未注。《正義》云：「此就二體廣明漸進之美也。止不為暴，巽能用謙，以斯適進，物无違拒。故能漸而動進，不有困窮也。」程《傳》：「內艮止，外巽順。止為安靜之象，巽為和順之義。人之進也，若以欲心之動，則躁而不得其漸，故有困窮。在漸之義，內止靜而外巽順，故其進動不有困窮也。」孔《疏》程《傳》，愈說愈明。

語譯

漸卦所顯示的有秩序有步驟的前進，就像女子出嫁，歸於夫家，需經問名，納采，請期，以至於親迎等等過程一樣，是吉祥而有好處的。按步進行，得到適當位置，這樣前進是有功業的。由正心、脩身、齊家、治國到平天下，這樣一步一步正確發展，可以整頓天下萬邦。居於九五之尊的天下之王，剛毅有魄力，措施公正而適當。內心鎮定靜止而行事謙和順眾，舉動就不致困窮。

象傳

山上有木，漸❶；君子以居賢德善俗❷。

注釋

❶山上有木，漸

漸卦艮下為山，巽上為木，又為風。所以說山上有木或有風，構成漸卦。漸，是漸漸、逐漸的意思，此指樹木逐漸成長高大。《老子・六十四章》：「合抱之木，生於毫末。」正是長大意思。廣而言之，一木為樹，二木成林，三木成森。樹林的種子藉風的吹飄，落在周遭泥土上，形成一整片森林，也不是不可能的事。如此說來：漸除了長高之外，也可能包含逐漸增多的意思。程《傳》：「山上有木，其高有因，漸之義也。」就其成長高大言。其門人呂大臨作《易章句》，曰：「山上有木，逮其成林，長養有漸矣。」則就其擴展成林言。二說皆是，合之尤圓。又《周易折中》案云：「地中生木，始生之木也；山上有木，高大之木也。凡木始生，枝條驟長，旦異而夕不同。及其高大，則自拱把而合抱，自振手而干霄，必須踰年積歲。此升與漸之義所以異也。」辨升卦䷭與漸卦之異同，良是。

❷君子以居賢德善俗

《集解》引虞翻曰：「君子謂否乾。乾為賢德；坤，陰、小人、柔弱，為俗。乾四之坤為艮為居，以陽善陰，故以居賢德善俗也。」以為漸卦是「否三之四」而成。否卦〈彖傳〉：「否之匪人，不利君子貞。……小人道長，君子道消也。」故否䷋乾上為君子，坤下為小人。〈繫辭傳上・天尊地卑章〉略云：乾以易知，有親、可久，則賢人之德。是否卦乾上既為君子，又具賢人之德也。否卦乾上之九四來到下卦與坤下之六三陰陽互易，乃成艮下巽上之漸卦，艮下為山為止，有山居之象。九三以陽居三得位，其下二陰承三善德，能移風易俗也。《史記・五帝本紀》：「舜耕歷山，歷山之人皆讓畔；漁雷澤，雷澤上人皆讓居；陶河濱，河濱器皆不苦窳。一年而所居成聚，二年成邑，三年成都。」此其史證也。王弼《注》：「賢德以止巽則居，風俗以止巽乃善。」孔《疏》：「夫止而巽者，漸之美也。君子求賢，得使居位，化風俗，使清善。皆須文德謙下，漸以進之。若以卒暴威刑，物不從矣！」皆棄象而專以艮止巽遜之義說之。《郭氏傳家易說》記白雲曰：「進之道何如？止而巽是也。先有所止，不為妄進；巽而入之，則有漸矣！居賢德，先有所止也；善俗，巽而入之也。德非一日可成也，俗非一日可善也。居賢德善俗，又漸之義也。居賢德而後善俗，蓋先自治而後治人。〈象〉所謂『進以正，可以正邦』之道也。《易》以巽主風教，故此言善俗。」於居德善俗與艮巽之對應關係，及居德與善俗之先後關係，所說最明。朱熹《本義》：「疑賢字衍，或善下有脫字。」此條可見朱子邏輯思維之縝密。案：《經典釋文》：「善俗，王肅本作『善風俗』。」則朱子所言「或善下有脫字」說為是。此又可知古代經籍典藏流通不及今日之普遍，更無論電子媒體之搜索便利矣。生於今世，治學有此良機，實大幸也。

語譯

山上有樹，會逐漸長高，會逐漸散布，這就令人聯想到「漸」字。君子看到這種現象，也就以培養品德自我勉勵，來改善社會風俗習慣。

序卦傳

艮者，止也❶。物不可以終止，故受之以漸❷。

注釋

❶艮者，止也

艮之具有止之德，〈說卦傳〉云：「艮以止之。」又云：「艮，止也。」前注釋已詳。〈序卦傳〉於此又言「艮者止也」者，為艮後有漸之卦序發端也。以明承先啟後之關係，故置於此。

❷物不可以終止，故受之以漸

物，兼事物而言。不可以，當是不可能的意思。終，有始終、長遠、永久的意思。不可以終，是從物極則反的道理說明事物之逆轉變化。止，是阻止、停止。阻止指受外力阻撓而止步；停止指自己止步。漸，指被阻止或自我停止後，慢慢地再起步前進。《集解》引虞翻曰：「否三進之四，巽為進也。」以為否卦坤下之六三，上進到四位，而成漸巽上之六四。換下否乾上之九四，下退到三位，而成漸卦艮下之九三。而〈說卦傳〉「巽為進退」，中有進象也。前已釋之，今再釋而文字稍異，所以互明也。此句弼不注，韓未注，孔無疏。程《傳》：「止必有進，屈伸消息之理也。止之所生，亦進也；所反，亦進也。漸所以次艮也。」已以物極則反，屈伸消息，逆轉變化，所生所反皆進，來詮釋漸所以次艮之故。朱震《漢上易傳》：「止極則動，故次之以漸。漸者，進有序也。」則強調漸之進在「有序」。

語譯

艮呢，阻止和停止的意思呀。事物發展不可能被永遠阻止或總是停止，所以接著艮卦的是代表漸進的漸卦。

雜卦傳

漸，女歸待男行也❶。

注釋

❶漸，女歸待男行也

《集解》：「巽為女，艮為男，反成歸妹。巽成兌，故女歸；待艮成震，乃行，故待男行也。」漸，巽上為長女，艮下為少男。漸卦反轉成歸妹卦䷵，震上兌下。震上為長男，兌下為少女。少女待嫁，終歸為夫家之人，故我國古代謂嫁女曰歸。只是時間上要等少男艮長大才行。故云「待艮成震乃行」也。韓康伯《注》惟云「女從男也」。孔未疏。張栻《南軒易說》：「漸有所待，如女之待男然後行，言其不躁進也。」《郭氏傳家易說》記白雲曰：「待男而行，其行漸也，是以吉。」項安世《周易玩辭》：「漸、歸妹，皆主女而言。女子之進也，始於待聘，終於來歸。既得所歸，則女道終矣！」

語譯

漸卦，說的是女子出嫁，來歸夫家，要等待男方按照婚禮程序，一項一項進行呀。

初六爻辭

初六❶：鴻漸于干❷；小子厲，有言，无咎❸。

注釋

❶初六

此爻失位無應，在鴻雁群飛中位居最下，有落單失群之危。在筮法上，當漸卦初爻為老，他爻皆少，即由漸之家人䷤；或漸初爻為少，他五爻皆老，即解卦䷧之漸：這兩種情形，都以漸初六爻辭占。

❷鴻漸于干

象也。楚竹書作「鳿漸于⿰魚肙」，漢帛書作「鳿漸于淵」。案：「鴻」，竹書、帛書皆作「鳿」。《說文》：「琟，鳥肥大琟琟然也。从隹，工聲。鳿，琟或从鳥。」段玉裁《注》：「《詩傳》云：『大曰鴻，小曰鴈。』當此琟字。謂鴈之肥大者也。」段《注》又曰：「玄應曰：『鳿，古文琟。』《聲類》以為鴻鵠之或字。」是鴻或作「鳿」、「琟」，為鴻鵠之類，雁之肥大者。《周易集解》引虞翻曰：「鴻，大雁也。」《纂疏》：「〈小雅・鴻雁于飛〉毛《傳》：『大曰鴻，小曰雁。』故曰鴻大雁也。」是也。干，為岸之初文。《釋文》：「鄭（玄）云：『干，水傍故停水處。』陸（績）云：『水畔稱干。』……荀（爽）、王肅云：『山間澗水也。』翟（玄）云：『涯也。』」又《詩・伐檀》「寘之河之干兮」，《傳》：「厓也。」《管子・小問》「昔者吳干戰」，《注》：「江邊地也。」所謂「水畔」、「涯」、「厓」、「江邊地」，皆指水邊厓岸也。則與干而竹書作⿰魚肙、帛書作淵。《集解》引虞翻曰：「小水從山流下稱干。」《釋文》引荀爽、王肅作澗。則與干義為岸異。是自古有干、澗之別，師承家法不同之故也。弼《注》：「鴻，水鳥也。適進之義，始於下而升者也，故以鴻為喻。六爻皆以進而履之為義焉。始進而位乎窮下，又无其應，若履于干，危不可以安也。」釋義甚詳。考鴻雁之特色有二：一是最常見的候鳥，秋天向南飛，春天飛回北方。二是集體飛行，排列成人字形或一字形，很有秩序。這種時序與排序使古人與「漸」聯想在一起。程《傳》：「漸諸爻皆取鴻象。鴻之為物，至有時而群有序，不失其時、序，乃為漸也。干，水湄，水鳥止於水之湄，水至近也，其進可謂漸矣。行而以時，乃所謂漸。進不失漸，得其宜矣！」已見及此。《郭氏傳家易說》記白雲曰：「《易》以象言之，則一卦一爻之內，天地萬物无不具焉。聖人或取諸身，或取諸物，獨能舉其一以明之耳，理不能盡也。如艮則取諸身，漸則取諸鴻；非艮之象不在物，而漸之象不在人也。故〈卦〉言女歸，〈彖〉言進位，〈爻〉言鴻漸。互相發明，无嫌於不同也。世之論象者，率拘於〈說卦〉已言八卦之象。其所不言者，不能明也。況六十四卦之象，古人未嘗明言之。且震為龍，而乾稱龍；乾為馬，而坤稱馬；坤為牛，而離稱牛：皆非〈說卦〉之象。八卦无鴻而漸稱鴻，故知《易》之取象，天地萬物无不具。聖人亦不能盡言，姑舉八卦之略，使後世知所謂象者如此。貴夫觸類而長之也。鴻漸于干者，鴻、水鳥也。干、水涯也。言進之漸，未遠於水也。」白雲郭雍此處言「象」，發人深省。

❸小子厲，有言，无咎

占也。楚竹書作「小子礪，又言，不冬」。漢帛書作「小子癘，有言，无咎」。漸卦艮下為少男，初爻最低下，故為小孩幼童。厲、礪、癘，皆由萬得聲，每相假借。厲，危也。有言，義同有愆，已詳需九二爻辭「小有言」注釋。有字作「又」，甲文恆見。无咎，帛書同，楚簡作「不冬」，蓋「不終」之意。《集解》引虞翻曰：「艮為小子。初失位，故厲。」《篡疏》：「愚（李道平自稱）案：離有鳥象。《書・禹貢》『陽鳥攸居』，鄭（玄）彼《注》云：『陽鳥謂鴻雁之屬。』隨陽氣南北，是鴻者，南北鳥也。……鴻飛長幼有序，長在前，幼在後，惟恐失群，故危厲而呼號，長者緩飛以俟。初六在後，故為小子厲有言之象。」以「有言」為「呼號」，意亦甚好，與余說「有愆」似可並存。「无咎」楚簡作「不冬」。冬為一年之終，冬殆終之初文。不冬，謂危厲不會至終。無大咎也。

語譯

漸卦的初位是陰爻，大雁逐漸飛到水岸邊，幼小的也許有些危險，有些過失，但不會有禍害。

象傳

小子之厲，義无咎也❶。

注釋

❶**義无咎也**

義，猶言「理應」。《集解》引虞翻曰：「動而得正，故義无咎也。」《篹疏》：「失位且无應，故咎；變得正，成既濟定，故義无咎也。」若如是說，則失位之爻，皆可「變得正」而「義无咎也」。其說甚可商。然示人有過則改，亦別有一番天地。胡炳文《周易本義通釋》：「或曰：鴻之飛，長在前而幼在後。幼者惟恐失群，故危之而號呼，長者必緩飛以俟之。」此說較合理。團體行動中，長者保護幼者，此即「義无咎」也。

語譯

幼少雁兒的可能危險，理應不會構成禍害。

六二爻辭

六二❶：鴻漸于磐❷，飲食衎衎❸。吉❹。

注釋

❶六二

以陰爻居陰位，又在下卦之中爻，上與九五相應，九五亦居中得位者也。六二之象及占，大致本此。在筮法上，當漸卦第二爻為老，他爻皆少，即由漸之巽卦䷸；或震䷲第二爻為少，他爻皆老，即震之漸：這兩種情形，都以漸六二爻辭占。

❷鴻漸于磐

象也。楚簡作「鳿漸于堅」，漢帛作「鳿漸于坂」。《說文》：「陂，阪也。从自，皮聲。」「阪，坡者曰阪。从自，反聲。」是陂、阪二字，同部同義而聲符不同。段玉裁《注》：「〈釋地〉、毛《傳》皆曰『陂者曰阪』，許云『坡者曰阪』。然則坡、陂異部同字也。」王引之《經義述聞》以為今本「磐」字當作「般」，曰：「《史記・孝武紀》、〈封禪書〉、《漢書・郊祀志》竝載武帝詔曰：『鴻漸于般。』孟康注曰：『般，水涯堆也。』其義為長。初爻漸于干。干，水涯也。二爻漸于般，般為水涯堆，則高於水涯矣。三爻漸于陸（《爾雅》『高平曰陸』），則又高於水涯堆矣。此其次也。許氏《說文》偁《易》孟氏古文也，而其書有般無磐，則古文《周易》作般不作磐可知（屯初九『磐桓』亦然）。祇以後漢注家解為磐石，故其字亦遂作磐。所謂說誤於前，文變於後也。漢詔作般，殆本古文經。孟康之注，殆前漢經師之說與？」並據《漢書・郊祀志》「鴻漸于般」孟康注曰：「般，水涯堆也。」以為確詁。《上海博物館藏戰國楚竹書㈢周易》濮茅左〈考釋〉云：「『陘』，亦『阪』字。……鴻鳥於阪有安棲之地。『陘』，或讀為『磐』。」蓋以陘假借為磐也。張立文《周易帛書今注今譯》：「『坂』假借為『磐』。」皆可參考。《集解》引虞翻曰：「艮為山石，坎為聚，聚石稱磐。」所謂「聚石」，亦「水涯堆」之意。王弼《注》：「磐，山石之安者。」程《傳》：「磐，石之安平者。」朱《義》：「磐，大石也。」與「水涯堆」義亦可互補。

❸ **飲食衎衎**

象也。楚簡作「酓飤𩟼二」，漢帛作「酒食衍衍」。關於楚簡，前揭書濮茅左〈考釋〉云：「『酓』，《集韻》：『飲，古作酓。』『𩟼二』，重文，字待考，帛書作『衍衍』，今本作『衎衎』，以為『和樂之貌』。」以酓、飲為古今字，可從。至於「𩟼二」，重文，字待考。陳偉〈楚竹書《周易》文字試釋〉：「楚簡有侃字，見於郭店竹書〈緇衣〉三十二號簡和上海博物館藏竹書〈緇衣〉十六號簡，左從亻，右上部從口，下部從由下而上的二斜畫。天星觀楚簡與侯馬盟書中有一字，右下部作三斜畫，學者也釋為『侃』（原注：何琳儀：《戰國古文字典》，頁一〇〇六；滕壬生：《楚系簡帛文字編》，頁八一四，湖北教育出版社一九九五年；李守奎：《楚文字編》，頁六四七，華東師範大學出版社二〇〇三年）。楚竹書《周易》此字上部所從正應是此字，只是三斜畫寫得較長，與『亻』形相連，以致不易看出。字從『侃』從二『虫』，應可讀為『侃』。侃、衎都是元部字，音近可通。郭店竹書〈緇衣〉『不侃於義』，《詩・大雅・抑》即作『不愆於儀』。侃、衎更是溪紐雙聲、元部疊韻。《論語・鄉黨》：『朝，與下大夫言，侃侃如也；與上大夫言，誾誾如也。』《後漢書・袁安傳》和〈漢成陽令唐扶頌〉節引此語，『侃侃』並作『衎衎』（原注：參看高亨：《古字通假會典》，頁一八四，齊魯書社一九八九年。〈漢成陽令唐扶頌〉見《隸釋・隸續》，頁六〇，中華書局一九八五年）。楚竹書本《周易》雖然用字有異，但與帛書本、今本用字可以通假。」而關於帛書，張立文《今注今譯》云：「『衍』、『衎』古相通。……『酒食衍衍』，通行本『酒食』作『飲食』，義近。……謂安然自得吃著喝著。」《集解》引虞翻曰：「初已之正，體噬嗑食。坎水陽物，並在頤中，故飲食衎衎。」以為漸初六已變正成初九，自初至五（䷔）像噬嗑（䷔），有飲食之象。漸六二、九三、六四，成坎為水為次男，都在頤（䷚）的上下嘴巴上九、初九中。〈釋詁〉：「衎，樂也。」嘴巴裡有東西吃，好快樂！王弼《注》：「少進而得位，居中而應，本无祿養，進而得之。其為歡樂，願莫先焉！」意謂漸卦以鴻雁漸進為義，鴻雁初居初六，失位無應。及漸進至六二，居中得位，上應九五。利見大人，而得祿養。可說事事順意，其歡樂可知也。程《傳》：「二居中得正，上應於五，進之安裕者也。但居漸，故進不速。磐，石之安平者，江河之濱所有，象進之安，自干之磐，又上進也。二與九五之君，以中正之道相應，其進之安，固平易莫加焉。故其飲食，和樂衎衎然。」釋義探象，頗為淺明。胡炳文《本義通釋》：「艮為石，故有磐象。互坎有飲食象。鴻食則呼眾，飲食衎衎和鳴，二柔順而有應之象。初始進於下，未得所安；二則自干進於磐，未安者安矣。初之小子厲有言，危而傷也；二飲食衎衎，安且樂矣。時使之然也。在初則无應；在二則柔順中正，而上有九五之應也。」更較論初、二兩爻，對朱子《本義》有所發揮。

❹吉

占也。《集解》引虞翻曰：「得正應五，故吉。」得正是內因，應五是外緣。內外因緣湊合，行事方有所獲也。朱熹《本義》：「六二柔順中正，進以其漸，而上有九五之應，故其象如此，而占則吉也。」

語　譯

漸卦陰爻居第二位：大雁漸漸飛到水邊安全的石堆上。有喝的，有吃的，好快樂自在。吉祥有得。

附錄古義

《漢書・郊祀志》已見乾九五條。「磐」字作「般」。

象傳

飲食衎衎，不素飽也❶。

注釋

❶不素飽也

《集解》引虞翻曰：「素，空也。承三應五，故不素飽。」案：《詩・魏風・伐檀》：「彼君子兮，不素餐兮。」毛亨《傳》：「素，空也。」鄭玄《箋》：「彼君子者，斥伐檀之人仕，有功乃肯受祿。」是《詩》「不素餐」為不肯無功受祿；而此《易》「不素飽」為不肯無功而飽食公糧。虞翻又以六二以陰承受九三之陽的提攜，響應九五之陽的號令，是能遵守政令和同仁合作的賢臣，當得起「不素飽」的稱譽。王夫之《周易內傳》：「飲食而吉者，豈以安居宴樂為宜乎？必有中正柔順之德，以靖共於位，則雖不急於進，而非無事而食也。以學問言之，則造以道而居安自得，非遽望有成於坐獲。」船山於此言及學問之道，余當恆記於心以自勉。

語譯

有喝的，有吃的，快樂而自在。不是無功受祿，白吃公糧啊。

九三爻辭

九三❶：鴻漸于陸❷，夫征不復❸，婦孕不育❹，凶❺。利用禦寇❻。

注釋

❶九三

此爻爻象重點落在九三、六四兩相親比，卻都無應。九三與上九無應，六四與初六無應。程《傳》：「三爻相比而无應。相比則相親而易合；无應則无適而相求：故為之戒。」已道出此重點所在。在筮法上，當漸卦第三爻為老，他爻皆少，即漸之觀䷓；或漸卦第三爻為少，他爻皆老，即大壯䷡之漸：這兩種情形，都以漸九三爻辭占。

❷鴻漸于陸

象也。上博楚簡作「鳿漸于陸」，漢帛書作「鳿漸于陸」。濮茅左〈考釋〉云：「陸同陸。」案：漢語數目字大寫作陸，小寫作六。楚簡殆為一源。《集解》引虞翻曰：「高平稱陸。謂初已變，坎水已平。三動之坤，故鴻漸于陸。」「高平稱陸」，據《爾雅．釋地》「高平日陸」文。「初已變坎水已平」，言漸艮下初六已變為初九，於是艮象消失不見，而漸卦二、三、四爻互體為坎，坎為水而至平。「三動之坤故鴻漸于陸」，言漸艮下九三變成六三，而變為坤下☷，坤為地又為陸。於是漸艮下三爻，像大雁先停在岸邊，再停在水涯堆，又停在旱地上去，越停越遠。這就是漸卦下三爻的連續漸進的過程。王弼《注》：「進而之陸，與四相得，不能復反者也。」朱熹《本義》：「鴻，水鳥，陸非所安也，九三過剛不中而无應，故其象如此。」

❸**夫征不復**

象亦占也。吳澄以為「象」，高亨以為「占」。楚簡作「夫征不遉」，濮茅左云「『遉』同『復』」。漢帛書殘缺，僅存「復」字。《集解》引虞翻曰：「謂初已之正，三動成震，震為征為夫。而體復象。坎陽死坤中，坎象不見，故夫征不復也。」以為漸卦初六已向正而成初九，今九三又變動成六三，於是初九、六二、六三組成震卦，〈說卦傳〉「震為長子」引申有「夫」之逸象。又「震為足」、「震，動也」。足動故有「征」之逸象。再者，初九、六二、六三，加上上面的六四，成☳形。初九、六二、六三為震卦，六二、六三、六四為坤卦，震下坤上互體成復卦（䷗）。故虞云「而體復象」。漸卦六二、九三、六四本有坎象，自九三變成六三後，坎象中的九三陽爻也在六二、六三、六四的坤中消失不見了。從象數變化的觀點來看，這就是「夫征不復」。虞翻這種說法，當然很牽強。試看王弼《注》：「夫征不復，樂於邪配。」孔《疏》：「進而之陸，无應於上，與四相比，四亦无應，近而相得。三本是艮體，與初、二相同一家，棄其群類，而與四合好，即是夫征而不反復也。」說來仍有些邪門囉唆。程《傳》：「陽，上進者也。居漸之時，志將漸進，而上无應援，當守正以俟時。安處平地，則得漸之道。若或不能自守，欲有所牽，志有所就，則失漸之道。四陰在上而密比，陽所說（悅）也；三陽在下而相親，陰所從也。二爻相比而无應。相比則相親而易合，无應則无適而相求，故為之戒。夫，陽也。夫，謂三。三若不守正，而與四合，是征而不知復。征，行也。復，反也。不復，謂不反顧義理。」仍不能離「比」、「應」之象而純說「義理」。由此可見「數象」與「義理」關係之密。

❹**婦孕不育**

象亦占也。吳澄以為象，高亨以為占。楚簡作「婦孕而」，下缺。濮茅左云：「『孕』，簡文形體與甲骨文『孕』作『[illegible]』（《殷契佚存》五八六）同。」萱案：簡文作「[illegible]」，濮釋為「孕」，是也。而形與甲骨文稍異。漢帛書作「婦繩不」，下缺。張立文《今注今譯》：「『婦繩（孕）不□』。『繩』假借為『孕』。『繩』，《集韻》：『以證切。』音孕。古音屬徑韻。《禮記・月令・鄭注》：『薙人掌殺草職。』孔《疏》

引皇氏曰：「繩音孕。」「孕」，《一切經音義・九》：「古文孕作𦢊。」《唐韻》、《集韻》、《韻會》、《正韻》並曰：「孕，以證切。」音媵。古音屬經韻。「繩」、「孕」音同形近，古相通。「孕」，《釋文》：「荀作乘。」阮元《校勘記》：「石經、岳本、閩、監、毛本同。《釋文》：孕，荀作乘。」「乘」與「繩」通。《詩・緜》：「其繩則直。」《釋文》：「繩，本或作乘。」是其證也。故「孕」、「繩」、「乘」古相通假。「孕」，《說文》：「裹子也，从子从几。」《國語・魯語》：「鳥獸孕。」韋《注》：「孕，懷子也。」《左傳・僖公十七年》：「梁嬴孕過期。」杜《注》：「孕，懷子曰孕。」《釋文》：「孕，鄭云：『猶娠也。』」□，帛書此字筆劃不清，今從通行本作「育」。「婦孕不育」，婦女懷子而不產子，謂子未成熟而胎墜；今謂流產。」案：李富孫《易經異文釋》：「【婦孕不育】《釋文》：『孕，荀作乘。』案：鄭云：『孕，猶娠也。』乘與孕音聲相轉。〈宋世家〉『戰于乘邱』，徐廣曰：『乘，一作媵。』」（咸上〈象〉，九家、虞亦然。）孕、媵聲同。惠氏曰：『《管子・五行篇》：「𦢊婦不銷棄」，注云：「𦢊，古孕字。」《太元・馴・首》曰「𡣞其膏」，人一月而膏。𡣞與𦢊同。《玉篇》云：「𦢊，或孕字。」孕讀如繩，乘、繩聲近，故九五「孕」與陵、勝為韻。』」與張立文注譯可以互證互補。《集解》引虞翻曰：「孕，妊娠也。育，生也。巽為婦，離為孕，三動成坤，離毀失位，故婦孕不育凶。」〈說卦傳〉「巽為長女」，故引申為婦。漸九三、六四、九五互體成「離」。〈說卦傳〉「離為大腹」，引申有「孕」象。九三動變為六三，則六二、六三、六四互體成坤，離象毀壞，六三以陰爻居陽位又失位。所以這種現象暗示著「婦孕不育」。虞意大致如此。弼《注》、孔《疏》、程《傳》之言，前條注釋已略及之，此不贅。值得注意的，是張載的《橫渠易說》：「漸卦九三、六四易位而居，三離上卦，四離下卦。故曰『夫征不復，婦孕不育』。」採用虞翻「否䷋之四」說（已詳漸卦辭注釋❶）。王夫之《易內傳》：「三男下女，四女外適，故為夫婦。陰方上交，而男相背以下，無反顧之情，征不復也。婦雖孕而無與恤之，不育也。」似亦採虞說。「三男下女」，指漸九三由否䷋九四遷至下卦，而處於六四陰爻（代表女）之下，「四女外適」，指漸卦六四由否卦六三升至外卦。九三與六四相鄰親比，「故為夫婦」。殆亦本虞翻「否䷋之四」說。且受《橫渠易說》影響頗深也。橫渠、船山皆以「義理《易》」著名，然偶採數象以說《易》。其中道理，頗值三思。

❺凶

占也。楚簡「凶」字缺，漢帛書有「凶」字。此凶字總結上文「鴻漸于陸」及其所象徵之「夫征不復」，「婦孕不育」之後果；非單指「婦孕不育」者也。《集解》引虞翻曰「離毀失位，故婦孕不育凶」，意「凶」者僅指「婦孕不育」一事，非也。《篡疏》：「與上无應，故凶。」是「凶」之因，為「離毀失位」與「无應」。王弼《注》：「三本艮體，而棄乎群醜（醜，類也。字或作配）。與四相得，遂乃不返。至使婦孕不育，見利忘義，貪進忘舊，凶之道也。」虞《注》固以「離毀失位」，三上「无應」，由卦之變化，位應之象釋「凶」；弼《注》亦依三、四之數，三本艮體，與四相比相得之象，而說其義理。並未全掃象數也。程《傳》已見注釋❸、❹，此不贅。呂大臨《易章句》：「夫不夫，婦不婦：凶之道也。」最為簡單明快。

❻利用禦寇

占也。楚簡缺，漢帛作「利所寇」，張立文云：「考本爻文意，作『利所寇』較順，故從帛書《周易》。」《集解》本作「利用禦寇」。引虞翻曰：「禦，當也。坤為用，巽為高，艮為山，離為戈兵甲冑，坎為寇。自上禦下，三動坤順，坎象不見，故『利用禦寇』。」禦，抵擋防止之意。〈說卦傳〉：「坤也者，地也。萬物皆致養焉，故曰致役乎坤。」所謂「致養」、「致役」，皆「用」也。故虞曰「坤為用」。坤既為「用」，故與坤相對之乾為「體」。王夫之言「乾坤並建」，熊十力謂「體用不二」，均可由此意會而推出。巽為高、艮為山、離為兵戈甲冑、坎為盜，皆見〈說卦傳〉。漸卦艮下巽上，九三、六四、九五互體為離，六二、九三、六四互體為坎，故虞此說四卦之象。漸九三動而為陰，則二、三、四爻成坤，〈說卦傳〉：「坤，順也。」故虞曰「三動坤順」。而原六二、九三、六四之「坎象不見」。則為寇盜之坎已遭禦止了。這個過程顯示的正是「利用禦寇」。弼《注》：「異體合好，順而相保，物莫能間，故『利禦寇』也。」則由三陽四陰異體合好，夫婦同心，非他人所得離間，以是，故能利禦寇也。程《傳》：「三之所利，在於禦寇。非理而至者，寇也。守正以閑邪，所謂禦寇也。不能禦寇，則自失而凶矣！」釋理益明。

語譯

漸卦陽爻九居第三位：大雁漸漸遠飛到陸地上去，好似丈夫遠行不回來，妻子懷孕卻流產了。凶惡有些損失。要遵守正道，防止邪惡，適合抵抗侵犯者。

象傳

夫征不復，離群醜也❶；婦孕不育，失其道也❷；利用禦寇，順相保也❸。

注釋

❶夫征不復，離群醜也

《集解》引虞翻曰：「坤三爻為醜，物三稱群也。」請參閱爻辭「夫征不復」之注釋。考離上九爻辭「獲匪其醜」，虞彼《注》云：「醜，類也。」故群醜者，群類也。王弼未注。孔氏《正義》：「離群醜者，醜，類也。言三與初、二，雖有陰陽之殊，同體艮卦，故謂之群醜也。」《郭氏傳家易說》記白雲郭氏曰：「離群醜者，舍初、二同體而進也。」

❷婦孕不育，失其道也

《集解》引虞翻曰：「三動離毀，陽隕坤中，故失其道也。」言漸九三動變為六三，則原漸卦九三、六四、九五構成的離毀滅。九三之陽隕落在六二、六三、六四新成的坤中。值得注意的是虞翻在此提出了「陽為道」的概念。那麼與陽相對的陰相應地就是「器」了。虞翻注「利用禦寇」，嘗言「坤為用」。然則虞翻以陽為「道」，為「體」，以陰為「器」，為「用」：明矣！

❸**利用禦寇，順相保也**

《集解》引虞翻曰：「三動坤順，坎象不見，故以順相保也。」意為漸九三動而變成六三，於是二、三、四互體成坤，〈說卦傳〉：「坤，順也。」而漸二、三、四原來的坎（☵）盜之象也不見了。所以說坤順驅除了坎盜，能互相保護啊！《朱子語類》：「順相保也，言須是上下同心，協力相保，聚方足以禦寇。（沈僩所錄）」

語　譯

丈夫遠行不回來，離別了大眾同伴；妻子懷孕卻流產了，喪失了夫婦互相照顧的道理。要合作抵抗侵犯者，順從倫理互相保護呀。

六四爻辭

六四❶：鴻漸于木，或得其桷❷，无咎❸。

居巽得位而順五，故鴻雖非木棲之鳥，而仍能覓得可棲之枝。在筮法上，當漸卦第四爻為老，他爻皆少，即由漸之遯䷠；或臨䷒第四爻為少，他爻皆老，即臨之漸：這兩種情形，都以漸六四爻辭占。

注釋

❶六四

❷**鴻漸于木，或得其桷**

象也。楚簡此爻殘缺，漢帛作「鴻漸于木或直丌寇」。張立文《今注今譯》，以為「直」為「當」意。「或直丌寇」，「謂或許正當遇到寇盜。鴻雁之寇盜，或狩獵者，或嚙鴻雁者之野獸。」張釋可從。《集解》引虞翻曰：「巽為木。桷，椽也，方者謂之桷。巽為交，為長木。艮為小木。坎為脊。離為麗。小木麗長木，巽繩束之，象脊之形，椽桷象也。故或得其桷。」六四當漸卦巽上，〈說卦傳〉「巽為木」。《說文》：「桷，榱也。从木，角聲。椽方曰桷。……椽，榱也。从木，彖聲。榱，椽也。……从木，衰聲。」似桷、椽、榱，皆為古代屋頂上用以覆瓦的木條。總名曰榱。故《說文》於「桷」、「椽」篆下皆曰「榱也」。而桷是方形的木條，椽是圓形的木條。故《說文》曰「椽方曰桷」，而虞翻曰「方者謂之桷」。坤交乾自巽始，故巽為交。其他《纂疏》言之已明，此不贅引。案：鴻雁之腳類似鵝鴨，腳趾間有蹼相連。划水與踩在平面上較便，而屈趾抓握圓枝較難。故宜棲於桷。唯此桷已非屋椽，而指樹枝平直者。弼《注》：「鳥而之木，得其宜也。或得其桷，遇安棲也。」頗嫌簡略。程《傳》：「當漸之時，四以陰柔進據剛陽之上。陽剛而上進，豈能安處陰柔之下？故四之處非安地，如鴻之進于木也。木漸高矣，而有不安之象。鴻趾連，不能握枝，故不木棲。桷，橫平之柯。唯平柯之上，乃能安處。」釋象申義，則甚暢明。

❸无咎

占也。竹書殘缺。帛書作「𢧢无咎」。于豪亮《帛書周易》將𢧢字釋作「㱿」，據《說文》：「㱿，從上擊下也。」釋其字義。並以「㱿无咎」意思是「與盜寇相遇，擊之即无咎」。傅舉有、陳松長《馬王堆漢墓文物》沿于說而字讀為「毄」，而釋義同于。張立文《今注今譯》定其字作「毄」，右偏旁作「攴」不作「戈」。並據《說文》以其字義為「棄」。謂「捕鳥者棄而不獵，故無災患」，亦言之成理，故兩說皆存之。《集解》引虞翻曰：「得位順五，故无咎。四已承五，又顧得三，故或得其桷也矣！」六四以六陰爻居四陰位，是為得位；上順九五之剛，是為順五。又下照顧九三，兩相親比，是「又顧得三」。六四為巽上之主，有謙巽之德，順上顧下，似於眾木之上，能覓得方平之枝可棲也。程《傳》：「謂四之處本危，或能自得安寧之道，則无咎也。如鴻之於木本不安，或得平柯而處之則安也。」虞《注》據象釋義，較為迂曲；程《傳》以為譬喻，闡其喻意，簡短明快。

語譯

漸卦陰爻六居第四位：大雁漸漸飛到樹枝上，也許找得到寬平直條停息，不致有禍害。

象傳

或得其桷，順以巽也❶。

ㄏㄨㄛˋ ㄉㄜˊ ㄑㄧˊ ㄐㄩㄝˊ，ㄕㄨㄣˋ ㄧˇ ㄒㄩㄣˋ ㄧㄝˇ

注釋

❶順以巽也
《集解》引虞翻曰：「坤為順，以巽順五。」以為漸自否變，否卦坤下為順。其實六四以陰承陽九五，是即為「順」；又居漸卦巽上，是即為「巽」。不必以卦變釋之。李鼎祚案更云：「四居巽，木爻。陰位正直，桷之象也。自二至五，體有坎離。離為飛鳥，而居坎水，鴻之象也。鴻隨陽鳥，喻女從夫。卦明漸義，爻皆稱焉。」依數說象，依象說理，就更詳盡了。程《傳》：「桷者，平安之處。求安之道，唯順與巽，若其義順正，其處卑巽，何處而不安？如四之順正，而巽乃得桷也。」《郭氏傳家易說》記白雲曰：「〈象〉言『順以巽』者，當不安之際，惟巽與順，可得安寧故也。巽，權道也。〈繫辭〉曰：『巽以行權。』然六四順以巽終為无咎之爻，而先言于木不安之象者，蓋六四之象，有失有得。獨言其得，則人將莫知其失，而不慎始者多矣！聖人雖取其善終，又欲人之善始，是以兼明其失得也。」伊川、白雲如此解《易》，《易》義乃得大明。又白雲言兼明其「失得」，而不言「得失」，試細思其故。

語譯

或許大雁找得到寬平方直的樹枝停息，因為它柔順而且隨和啊。

九五爻辭

九五❶：鴻漸于陵❷，婦三歲不孕❸，終莫之勝❹，吉❺。

注釋

❶九五

陽爻九居卦之第五位。居中得位而位尊，且與六二陰陽互應，中雖有九三比二，六四承五之競爭阻撓，其進因而徐緩，反而合乎「漸」進之大義。在筮法上，當漸卦之第五爻為老，他爻皆少，即由漸之艮䷳；或兌䷹第五爻為少，他爻皆老，即兌之漸：這兩種情形，都以漸九五爻辭占。

❷鴻漸于陵

象也。楚簡殘缺。漢帛作「鳿漸于陵」。《集解》引虞翻曰：「『陵』，丘。……三動受上時，而四體半艮山，故稱陵。」以為陵為丘陵。「三動受上」，意漸九三變動成六三，接受上九的相應。此「時」六三、六四、九五互體成艮，所以「四體半艮山」。而「半艮山」即「陵」也。案：「三動受上」說之窮，屈先生言之已詳，漸卦〈彖傳〉注釋❹已引之，此不贅。弼《注》：「陵，次陸者也。」則純以五、上兩爻爻辭比較而釋之。程《傳》：「陵，高阜也。鴻之所止，最高處也。象君之位。」論簡平實。

❸婦三歲不孕

象亦占也。吳澄以為「象」，高亨以為「斷占之辭」。楚簡殘缺。「孕」，漢帛作「繩」。張立文《今注今譯》：「『孕』、『繩』、『乘』古相通假。」是也。《集解》引虞翻曰：「巽為婦，離為孕，坎為歲，三動離壞，故婦三歲不孕。」九五下比六四，六四在巽上，〈說卦傳〉「巽為長女」，故稱「婦」。九三、六四、九五互體為離☲，「離為中女」，有「大腹」之象，是為「孕」也。《易緯・稽覽圖》：「冬至日在坎，春分日在震，夏至日在離，秋分日在兌。」又《易緯・乾元序制記》亦云：「坎初冬至廣莫，震初春分明庶，離初夏至景風，兌初秋分霜下。」是坎、離、震、兌四正卦，其初爻分主二至二分。坎初既主冬至，冬至為一歲終而又始，故虞謂「坎為歲」。九三動，變為六三，則三、四、五互體為「離」之象破壞，是為「不孕」。而自三至上，其差三爻，故言「三歲」。虞意大致如此，亦極其牽強附會之能事也！弼《注》：「進得中位，而隔乎三四，不得與其應合。故婦三歲不孕也。」以九五與六二皆進得中位，然中有九三、六四之阻隔。六二上承九三，六四上承九五，以致六二、九五不能即合。自六二至九五，中差三爻，代表三歲也。與虞異同處，頗堪玩味。程《傳》：「與二為正應，而中正之德同。乃隔於三四，三比二，四比五，皆隔二、五之交者也。未能即合，故三歲不孕。」正闡弼《注》意。

❹**終莫之勝**

象亦占也。吳澄以為象，高亨以為占。楚簡殘缺，漢帛作「終莫之勝」，同今傳本。《集解》引虞翻曰：「莫，无；勝，陵也。得正居中，故莫之勝。」弼《注》：「各履正而居中，三四不能久塞其塗者也。不過三歲，必得所願矣！進以正邦，三年有成。成則道濟，故不過三歲也。」實依虞《注》而有所捨棄，亦有所發揮。程《傳》：「然中正之道，有必亨之理。不正，豈能隔害之。故終莫之能勝，但其合有漸耳。」意亦與虞、王略同。

❺**吉**

占也。楚簡殘缺，漢帛與今傳本有「吉」字。朱熹《本義》：「九五居尊，六二正應在下，而為三四所隔。然終不能奪其正也。故其象如此，而占者如是則吉也。」朱子分別象、占甚明白。「占者如是」尤宜重視。蓋占得此爻未必皆吉，必其行如象所言，方能獲吉也。

語譯

漸卦陽爻九居第五位：大雁漸漸飛到崗陵上。婦人三年沒懷身孕，但到底沒有誰能阻撓她。終能得子，吉祥得很。

象傳

終莫之勝，吉，得所願也❶。

注釋

❶得所願也

《集解》引虞翻曰：「上終變之三，成既濟定。坎為心。故〈象〉曰：『得所願也。』」案漸初六爻辭「小子厲」，《集解》引虞翻固已曰：「初失位，故厲，變得正。三動受上成震，震為言，故『小子厲有言无咎也』。」是虞嘗已謂漸初六當變為初九也。虞彼注續云「三動受上」，謂三爻變而與上爻易位也。亦即以漸九三變動而為六三，再與漸上九易位，而為九三、上六也。如上所述：漸初「變得正」而為初九，「三動受上」而上九易位而成上六，則漸卦成既濟卦䷾矣。故《集解》此引虞曰「成既濟定」也。既濟卦離下坎上，九五居坎上之中，〈說卦傳〉「坎為亟心」，故虞云：「坎為心，故〈象〉曰『得所願也』。」弼《注》已見爻辭「終莫之勝」注釋，不贅。《正義》：「『得所願也』者，所願在於與二合好，既各履中正，无能勝之，故終得其所願也。」

語譯

最終沒有誰能阻撓她。終能得子，吉祥得很。能夠得到自己的願望啊。

上九爻辭

上九❶：鴻漸于陸❷，其羽可用為儀❸，吉❹。

注釋

❶上九

或以初、上無位。王弼即如此說之。關於「無位」說，參見需上六〈象傳〉「雖不當位」注釋。在筮法上，當漸卦上爻為老，他爻皆少，即由漸之蹇䷦；或睽䷥上爻為少，他爻皆老，即睽之漸：這兩種情形，都以漸上九爻辭占。

❷鴻漸于陸

象也。楚簡殘缺，「鴻」，漢帛作「鳿」。案：漸卦爻辭「鴻漸于陸」凡二見：一在九三，一在上九。或以六爻時、位相異，取象不應雷同。北宋胡瑗（字翼之，學者稱安定先生。著有《胡氏易解》、《周易口義》。）即以上九之「陸」為「逵」。程《傳》：「安定胡公以陸為逵。逵，雲路也。謂虛空之中。《爾雅》：『九達謂之逵。』逵，通達無阻蔽之義也。上九在至高之位，又益上進，是出乎位之外，在他時則為過矣！於漸之時，居巽之極，必有其序，如鴻之離所止，而飛于雲空；在人則超逸乎常事之外者也。」蓋從胡瑗之說發揮。朱子《本義》：「胡氏、程氏皆云陸當作逵，謂雲路也。今以韻讀之，良是。」《郭氏傳家易說》記白雲曰：「漸之六爻，其辭皆聲音相協。故初則『干、言』，二則『磐、衎』，三則『陸、復、育』，四則『木、桷』，五則『陵、孕、勝』。如此，則上九為『逵、儀』明矣！」朱子「韻讀」之說，實同郭雍。後儒如元之吳澄，著《易纂言》，亦從胡、程、朱說，經文逕作「鴻漸于逵」。並案云：「蓋因襲之訛迻為自也。」指出陸、逵形近，因有偏旁之訛。民國高亨《周易古經今注》，則承清江永「陸當作阿」說，而「疑此陸字當作『陂』，形近而譌，陂儀韻亦相諧。《說文》：『陂，阪也。一曰：沱也。从𨸏，皮聲。』此取後義。陀訓沱者，沱古池字」。經文改字之說，大致如上。或以不必改字。《集解》引虞翻曰：「陸謂三也。三坎為平，變而成坤，故稱陸也。」《篹疏》：「上與三應，三言陸，故陸為三也。三坎水為平。變成坤土，故稱陸也。」蓋「陸」字不改。《注疏》本亦作「陸」。《正義》：「『鴻漸于陸』者，上九與三，皆處卦上，故並稱陸。」清儒毛奇齡《仲氏易》：「既漸于陸，復漸于陸，以『巽為進退』，巽極則進而又退。然此亦漸之至也。上與三為表裏：上巽極即三止極，故復漸于此。」考鴻雁為逐陽之鳥，秋季南飛，避寒取暖；春季北返。進退來回，同宿一地，甚有可能。浙江南部樂清縣有北雁蕩山，山頂有湖，方十餘里，水常不涸，雁之春歸者留宿焉。故曰「雁蕩」。（參《樂清縣志》。）又中雁蕩山亦在樂清，南雁蕩山則在浙江平陽。皆雁常留宿之處。又三國魏應瑒〈侍五官中郎將建章臺詩〉：「朝雁鳴雲中，音響一何哀！問子遊何鄉？戢翼正徘徊。言我寒門來，將就衡陽棲。」唐王勃〈滕王閣詩序〉：「雁陣驚寒，聲斷衡陽之浦。」可見衡陽是又一個鴻雁南飛北回經常停留的地方。衡陽還有一個回雁峰，為衡山七十二峰之首。相傳雁南飛至此即止，遇春而北回云。案：改字之說，缺乏版本上之證據。孔穎達「上九與三皆處卦上」，毛奇齡更以「巽為進退」說之。均以三、上皆「陸」不誤。揆諸事實，事有可能，似不宜遽棄之。

❸其羽可用為儀

象也。《集解》引虞翻曰：「謂三變受，成既濟，與家人〈彖〉同義。上之三得正，離為鳥，故其羽可用為儀，吉。三動失位，坤為亂，乾四止坤。〈象〉曰『不可亂』，〈彖〉曰『進可以正邦』，為此爻發也。三已得位，又變受上，權也。孔子曰：『可與適道，未可與權。』宜无怪焉！」虞翻意思是：在漸卦初六已變初九的基礎上，九三又變成六三，再與上九交換位置，結果九三仍是九三，上九變為上六，（此之謂「三變受上」，前已屢言之。）於是漸卦變成既濟䷾。這與家人卦䷤「三變受上」意義上是相同的。漸上九與已變的六三交換位置而成九三得正位，於是九三、六四、九五互體成離為鳥，而鳥羽可用來作禮儀上的裝飾品。這是吉利的。當漸九三變為六三而失位時，漸內卦變成坤下，坤相對於乾而言，乾是治，坤是亂。虞翻又以漸為「否三之四」（已見漸卦辭注釋❶）。否卦乾上九四與坤下六三互換。故虞云「乾四止坤」。認為「〈象〉曰『不可亂』，〈象〉曰『進以正邦』，都是為否卦三、四易位成漸，指漸卦九三而說的」。至於虞翻「適道與權」之說，屈先生以「遁辭知其所窮」斥之，引已見前，此不贅。又案：鳥羽之用作裝飾物，在我國「祭孔」及傳統戲劇中屢見。又美國電影中描繪印第安人，亦每頭戴羽飾。似為「其羽可用為儀」之遺。

❹吉

占也。周易乾卦上九爻辭說「亢龍有悔」。這代表陽剛不斷發展的遺憾之必然，也是給占者的一個原則性質的提醒。而六十四卦中表示前進的晉卦䷢，上九爻辭是：「晉其角，維用伐邑。厲吉无咎，貞吝。」表示上升的升卦䷭，上六爻辭是：「冥升，利於不息之貞。」「厲吉无咎貞吝」、「利於不息之貞」的「吉」、「利」，都是有條件的；獨漸卦上九逕以「吉」為占。虞翻的解釋，前面幾條注釋多曾說過，此不再贅。王弼則以六爻初、上無位釋之。弼《注》：「進處高絜，不累於位，无物可以屈其心而亂其志。峨峨清遠，儀可貴也。故曰『其羽可用為儀吉』。」孔《疏》：「然居无位之地，是不累於位者也。」然乾、晉、升三卦上爻，亦「居无位之地」，何以至於亢、悔、厲、吝、冥也？可見「无位」說此之不通。細思漸之不同處，在漸知進能退，故三、上皆「漸于陸」，而鴻漸有序，不可亂也。程《傳》：「君子之進，自下而上，由微而著。跬步造次，莫不有序。不失其序，則无所不得其吉。故九雖窮高而不失其吉。可用為儀法者，以其有序，而不可亂也。」惟強調「有序」。其弟子呂大臨作《易章句》，曰：「上九居上體之上，然居巽之極，復漸于陸，與下體同進退。雍容其序而不亂者也。其羽可用為儀吉，儀謂可則而象之也。」於「雍容其序」外，更補以「復漸其陸」，釋義益圓足。

語譯

漸卦最上面的陽爻九：大雁逐漸飛回到陸地上，牠掉落的羽毛可以在禮儀中作裝飾品，吉祥有收穫。

附錄古義

《藝文類聚・五十七・引班固擬連珠》：「臣聞鸞鳳養六翮以凌雲，帝王乘英雄以濟民。《易》曰：『鴻漸于陸其羽可用為儀。』」

象傳

其羽可用為儀，吉。不可亂也❶。

注釋

❶不可亂也

虞翻之《注》，已見爻辭注釋。弼注爻辭，已參〈象傳〉，故於此亦無《注》。《正義》：「『不可亂也』者，進處高潔，不累於位，无物可以亂其志也。」蓋承王弼「初上無位」說及爻辭《注》意。程《傳》：「九雖窮高而不失其吉，可用為儀法者，以其有序而不可亂也。」則特重鴻漸之「有序」。考《禮記・禮運》：「禮義以為紀，以正君臣，以篤父子，以睦兄弟，以和夫婦。」具體指出人倫之序。而〈樂記〉更謂：「樂者，天地之和也，禮者，天地之序也。」以為禮樂皆法自然。《儀禮・士冠禮》亦強調「禮儀有序」。禮儀有序，則天人皆不可亂矣！

語譯

大雁掉落的羽毛可以在禮儀中作裝飾品，吉祥有收穫，禮儀講究秩序，不可紊亂啊。

歸妹卦經傳通釋第五十四

卦辭

䷵兌下震上歸妹(ㄍㄨㄟ ㄇㄟˋ)❶：征(ㄓㄥ)凶(ㄒㄩㄥ)❷，无(ㄨˊ)攸(ㄧㄡ)利(ㄌㄧˋ)❸。

注釋

❶䷵兌下震上歸妹

楚竹書、漢帛書、今傳本字皆作歸妹。歸妹者，妹妹出嫁，歸於夫家也。歸妹卦九二、六三、九四、六五皆失位，六三、六五更乘剛，在象數方面埋下了「凶」而「无利」的根本。在現實上，這也可能是古代女權低落的真實寫照。《集解》引虞翻曰：「歸，嫁也。兌為妹，泰三之四，坎月離日，俱歸妹象，陰陽之義配日月，則天地交而萬物通，故以嫁娶也。」歸之謂嫁，泰六五爻辭「帝乙歸妹」注釋已言之，又漸卦注釋亦屢言之。此不贅。〈說卦傳〉：「震一索而得男，故謂之長男。……兌三索而得女，故謂之少女。」震為長男，故為兄；兌為少女，故為妹。所以虞翻曰「兌為妹」也。又虞翻言卦變，以為三陰三陽之卦，皆自泰䷊、否䷋來。漸卦䷴為「否三之四」，歸妹卦則為「泰三之四」。泰卦的九三上往為歸妹的九四，而換下泰卦的六四來為歸妹的六三。歸妹卦九二、六三、九四互體為離，六三、九四、六五互體為坎。〈說卦傳〉：「坎再索而得男，故謂之中男；離再索而得女，故謂之中女。」又云：「坎為月。」「離為日。」虞翻云：「泰三之四，坎月離日，俱歸妹象。」即本於此。「陰陽之義配日月」，〈繫辭傳下〉文。「天地交而萬物通」，泰〈彖傳〉文。日月天地，陰陽之義存焉，萬物賴以交通成長。我先民每從此種自然現象中窺知倫理教訓，以為女嫁男娶即對此陰陽之義的配合或模倣。此所以虞翻云「故以嫁娶也」。弼《注》：「妹者，少女之稱也。兌為少陰，震為長陽；少陰而承長陽，說以動，嫁妹之象也。」則謹守〈說卦傳〉所言。孔《疏》：「〈歸妹〉者，卦名也。婦人謂嫁曰歸，歸妹猶言嫁妹也。然《易》論歸妹得名不同。泰卦六五云：『帝乙歸妹』，彼據兄嫁妹，謂之歸妹。此卦名歸妹，以妹從姊而嫁，謂之歸妹。故初九爻辭云『歸妹以娣』，是也。上咸卦明二少相感；恆卦明二長相承。今此卦以少承長，非是匹敵。明是妹從姊嫁。故謂之歸妹焉。古者諸侯一取九女。嫡夫人及左右媵，皆以姪娣從。故以此卦當之矣。不言歸姪者，女娣是兄弟之行，亦舉尊以包之也。」案：孔穎達謂泰卦六五云「帝乙歸妹」，彼據兄嫁妹；此卦名歸妹，以妹從姊嫁。得名不同云云。頗有可商處。蓋歸妹六五爻辭亦有「帝乙歸妹」句。不得謂之「得名不同」也。又民國史學大師陳寅恪嘗言我國歷代宮闈倫理之亂，莫甚於唐。唐高宗娶其父之才人武則天為后；唐玄宗奪其子媳楊玉環為貴妃。即為顯例。文見所著〈李唐武周先世事蹟雜考〉。孔穎達為唐人，耳濡目染，故於古者諸侯一取九女，以姪娣媵從此等亂倫之事，竟引之而無一字貶責也。程《傳》：「歸妹者，女之歸也。妹，少女之稱。為卦震上兌下，以少女從長男也。男動而女說。又以說而動，皆男說女，女從男之義。卦有男女配合之義者四：咸、恆、漸、歸妹也。咸，男女之相感也。男下女，二氣感應，止而說。男女之情相感之象。恆，常也。男上女下，巽順而動，陰陽皆相應。是男女居室、夫婦唱隨之常道。漸，女歸之得其正也。男下女而各得正位，止靜而巽順。其進有漸，男女配合得其道也。歸妹，女之嫁歸也。男上女下，女從男也。而有說少之義。以說而動，動以說，則不得其正矣。故位皆不當。初與上雖當陰陽之位，而陽在下，陰在上，亦不當位也。與漸正相對。咸、恆，夫婦之道；漸、歸妹，女歸之義。咸與歸妹，男女之情也。咸止而說，歸妹動於說，皆以說也。恆與漸，夫婦之義也。恆巽而動，漸止而巽，皆以巽順也。男女之道，夫婦之義，備於是矣。」伊川先從歸妹之字義說起，從而就其上下二體說其象與義。復由咸、恆、漸、歸妹四卦有男女配合之義者，作多層次之比較，以明男女之道，夫婦之義。頗能就事論事，不玄不俗。項安世《周易玩辭》：「歸妹不必曲說。但嫁皆女之少時，故古之言嫁者，例曰歸妹。《易》『帝乙歸妹』，《詩》『俔天之妹』是也。男三十而娶，女二十而嫁。男常長，女常少。故曰『所歸妹也』。今國家帝常呼后為妹，蓋相沿久矣。」尤能道及實情。關於歸妹，王夫之《易內傳》提出一個相當特殊的詮釋：「征而即之以為家曰歸。女歸者，女外適而以夫家為歸也；歸妹者，男舍其家出而就女以為歸也。卦自泰變，陰陽本有定交。而乾上之陽出而依陰，坤下之陰反入而為主於內。就近狎交，不當其位。男已長，女方少，相悅而動以從之。卦德之凶甚矣。」考王夫之，湘人，生於明季清初，嘗參軍抗清，遠至廣西桂林。湘桂少數民族有「走婚」制。少女成長後移居外房，便於與求婚之男士夜會，天明男即離去。故一家之主常為祖母。家中兄弟成年後亦晚出早歸。故一家兄、弟、姊、妹，自生至死，皆能團聚而不分離。近代學人如臺灣文化大學教授洪順隆，精研《詩經》，謂〈鄭風・女曰雞鳴〉即「走婚制度」之寫照。蓋此種制度，古已有之，近世尚存也。船山於此或亦有所見聞，故言「男舍其家出而就女以為歸也」，並頗多指責。異解提供參考耳。在筮法上，當歸妹卦六爻皆少，也就是本卦、之卦都是歸妹；或漸䷴六爻皆老，也就是漸之歸妹：這兩種情形，都以歸妹卦辭占。

❷**征凶**

占也。帛書作「正凶」，正、征，古通用。《集解》引虞翻曰：「謂四也。震為征，三之四，不當位，故征凶也。」虞翻以為歸妹是「泰三之四」變成，前已言之。在泰卦，九三、六四、六五互體為震，而九三得位。「泰三之四」成歸妹後，九四、六五、上六仍為震。〈說卦傳〉：「震為足。」足有行、征之功能，故虞有「震為征」之說。泰九三本當位得正，今之四成歸妹九四，失位非正，故征凶。此象數之說也。弼於「征凶」無注。孔《疏》云：「『征凶无攸利』者，歸妹之戒也。征謂進有所往也。妹從姊嫁，本非正匹。唯須自守卑退，以事元妃，若妾進求寵，則有並后凶咎之敗。故曰：『征凶，无攸利』。」孔棄象，而以情理言之。程《傳》：「以說而動，動而不當，故凶。不當，位不當也。征凶，動則凶也。如卦之義，不獨女歸，无所往而利也。」伊川之意，似以女不可自媒，士亦不可自薦也。此義於今言之，似有可商之處。朱熹《本義》：「婦人謂嫁曰歸。妹，少女也。兌以少女而從震之長男，而其情又為以說而動，皆非正也；故卦為歸妹。而卦之諸爻，自二至五，皆不得正。三、五又皆以柔乘剛，故其占『征凶』而『无所利』也。」案：孔穎達以「歸妹」為「妹從姊嫁」為妾；朱熹以「歸妹」為「兌以少女」嫁與「震之長男」。王夫之更以「男舍其家出而就女以為歸也」說象有別，《易》無定象故也。

❸**无攸利**

占也。《集解》引虞翻曰：「謂三也。四之三，失正无應，以柔乘剛，故无攸利也。」无攸利指的是卦中的六三。泰卦六四下到三，成為歸妹的六三。六四本得位，變成六三後爻位就不正了。而且六三與上六又相敵應。六三更騎在九二的上面，以陰乘剛。失正、無應、乘剛，基於這三個錯誤現象，所以判斷它不會有什麼好處。弼無注，孔《疏》、程《傳》、朱《義》皆已見「征凶」注釋。王夫之《易內傳》：「外卦二陰乘一陽，內卦一陰乘二陽。陽妄動而為陰所乘，則敗於家，凶於國。惟陰之制而莫如之何。隋文帝之剛，為獨孤所乘，而身殺國亡。況唐高宋光之未能剛者乎？」更以此占由家事擴及於國事。

語譯

三畫的兌卦在下，三畫的震卦在上，重疊成為六畫的歸妹卦，是哥哥主持妹妹嫁禮，讓妹妹歸於夫家。如果妹妹在夫家一直爭寵奪權，會遇凶險而有損失，沒有任何利益。

附錄古義

《漢書・五行志》：「劉向說：『雷以八月入，其卦曰歸妹。言雷復歸入地，則孕毓根核，保藏蟄蟲，避盛陰之害。』」

彖傳

歸妹，天地之大義也❶。天地不交而萬物不興；歸妹，人之終始也❷。說以動，所歸妹也❸。征凶，位不當也❹；无攸利，柔乘剛也❺。

注釋

❶歸妹，天地之大義也

《集解》引虞翻曰：「乾天坤地，三之四，天地交。以離日坎月戰陰陽，陰陽之義配日月，則萬物興，故『天地之大義』。」「乾為天，坤為地。」〈說卦傳〉文。泰卦乾下之九三上往四位，成歸妹卦的九四，這代表乾天坤地的交通接觸。再加上歸妹九二、六三、九四互體為離卦；六三、九四、六五互體為坎卦，故虞云「離日坎月」。「戰陰陽」者，謂陰陽交接消長也。這種道理和天地日月的運行相配合，生生不息，那麼萬物化育興盛。歸妹正是對天地日月這種運行化育功能的配合模擬，所以說是天地的大義。虞翻主要意思如此。弼《注》：「陰陽既合，長少又交。天地之大義，人倫之終始。」孔《疏》：「天地以陰陽相合，而得生物不已；人倫以長少相交，而得繼嗣不絕。歸妹豈非天地之大義，人倫之終始也？」弼言甚簡，而孔《疏》稍詳。程《傳》：「一陰一陽之謂道，陰陽交感，男女配合，天地之常理也。歸妹，女歸於男也。故云天地之大義也。」傳釋尤明。《郭氏傳家易說》：「有乾坤則有六子，有天地則有男女夫婦。天地夫婦之義一也。〈繫辭〉曰：『天地絪縕，萬物化醇；男女構精，萬物化生。』故〈彖〉以歸妹為天地之大義。」說得就更白了。

❷天地不交而萬物不興；歸妹，人之終始也

《集解》引虞翻曰：「乾三之坤四，震為興。天地以離坎交陰陽，故天地不交則萬物不興矣。人始生乾而終于坤，故人之終始。〈雜卦〉曰：『歸妹，女之終。』」謂陰終坤癸，則乾始震庚也。」《篡疏》：「泰乾三之坤四成震，〈釋言〉：『興，起也。』〈雜卦〉：『震，起也。』故震為興。乾陽交坤為坎，坤陰交乾為離。萬物出乎震，乾初交坤為震。故天地交則萬物興起。不交則不興也。」《篡疏》又云：「乾〈彖傳〉曰：『大哉乾元，萬物資始。』故云『人始生乾』。坤〈文言〉曰：『地道无成，而代有終也。』故云『而終于坤』。乾始坤終，故曰『人之終始』。〈雜卦〉但曰：『歸妹，女之終。』而此言『人之終始』坤納癸，二十九日月滅于癸為死魄。故云陰終坤癸。震納庚，月三日魄生于庚。乾陽初動，故云『乾始震庚』。觀坤終即知乾始，故合終始言之也。」案：虞翻此注除了「卦變」，還用上了「納甲」。以八卦配十干：乾納甲、壬，坤納乙、癸，艮納丙，兌納丁，坎納戊，離納己，震納庚，巽納辛。《疏》中所謂「魄」，指月亮不圓時缺暗的部分。「死魄」指農曆每月朔日，月亮全缺無光。附圖錄自清儒李銳《周易虞氏略例》：日月在天成八卦象以供參考。

《集解》又引王肅《周易注》：「男女交而後人民蕃，所謂『男女搆精，萬物化生。』是也；天地交然後萬物興，所謂『天地壹壺，萬物化醇。』是也。釋歸妹男女交之義，因及天地交之義也。」肅《注》已棄象而言男女天地之義。《集解》又引干寶《周易注》：「歸妹者，衰落之女也。父既沒矣，兄主其禮。子續父業，人道所以相終始也。」異解亦另有一番道理。我就學於臺灣師範大學中文所博士班時，所撰博士論文為《魏晉南北朝易學書考佚》。中曾對王肅、干寶，分別作專章討論。於此二條亦詳析之。敬請參閱，此不贅。弼《注》已見上條注釋。孔氏《正義》曰：「『歸妹，天地之大義也。天地不交，而萬物不興』者，此舉天地交合，然後萬物蕃興。證美歸妹之義。所以未及釋卦名，先引證者，以歸妹之義，非人情所欲，且違於匹對之理。蓋以聖人制禮，令姪娣從其姑姊而充妾媵者，所以廣其繼嗣，以象天地以少陰少陽長陰長陽之氣，共相交接，所以蕃興萬物也。歸妹，人之終始也者，上既引天地交合為證，此又舉人事歸妹，結合其義也。」程《傳》：「天地不交，則萬物何從而生？女之歸男，乃生生相續之道，男女交而後有生息；有生息而後其終不窮。前者有終，而後者有始。相續不窮，是人之終始也。」程《傳》大抵從孔《疏》，惟不從孔之姪娣妾媵亂倫之說而刪去之。朱熹《本義》：「釋卦名義也。歸者，女之終；生育者，人之始。」言簡意賅。

❸說以動，所歸妹也

《集解》引虞翻曰：「說，兌；動，震也。謂震嫁兌，所歸必妹也。」〈說卦傳〉：「雷以動之，……兌以說之。」又曰：「震，動也。……兌，說也。」歸妹兌下震上，故虞先言「說兌動震」。〈說卦傳〉又云：「震一索而得男，故謂之長男。……兌三索而得女，故謂之少女。」故虞云「謂震嫁兌，所歸必妹也」。虞翻《周易注》說「象」，亦有純據《易傳》，精當如此者。弼《注》：「少女而與長男交，少女所不樂也。而今說以動，所歸必妹也。雖與長男交，嫁而係娣，是以說也。」孔《疏》：「《正義》曰：此就二體釋歸妹之義。少女而與長男交，少女所不樂也。而今說以動，所歸必妹也。雖與長男交，嫁而係於娣，是以說也。係娣所以說者，既係娣為媵，不得別適。若其不以備數，更有動望之憂。故係娣而行合禮，說以動也。」弼《注》孔《疏》，皆以「說以動」者，必陪嫁之姪娣妾媵之屬，意外受寵故也。全不曉《孟子・梁惠王下》所言：「昔者太王好色，愛厥妃。《詩》云：『古公亶父，來朝走馬，率西水滸，至于岐下。爰及姜女，聿來胥宇。』當是時也，內無怨女，外無曠夫。王如好色，與百姓同之，於王何有？」」中之「內無怨女，外無曠夫」之義。惜哉！至於「王如好色，與百姓同之」，尤其合情。施政施教，原不可違於人情，但求「發而皆中節」耳！

❹征凶，位不當也

《集解》引崔憬曰：「中四爻皆失位，以象歸妹非正嫡，故征凶也。」《纂疏》：「中四爻皆失陰陽正位。《公羊傳・莊公十九年》：『諸侯一聘九女。』兌非長女，取象歸妹，妾媵而已，非正嫡也。故征凶。」說象已明。弼《注》：「履於不正，說動以進，妖邪之道也。」孔《疏》：「此因二、三、四、五，皆不當位，釋『征凶』之義。位既不當，明非正嫡。因說動而更求進，妖邪之道也。所戒其征凶也。」《注》據四中爻失位之象及上體震動，下體兌說，直以「妖邪之道」「戒其征凶」。實未全掃其象，《疏》從《注》而所言尤明。程《傳》：「以二體釋歸妹之義。男女相感，說而動者，少女之事。故以說而動，所歸者妹也。所以征則凶者，以諸爻皆不當位也。所處皆不正，何動而不凶？大率以說而動，安有不失正者。」概本於〈彖傳〉，與弼《注》意近。案程伊川謂「大率以說而動，安有不失正者」以「效果率」觀之，似有可商。

❺无攸利，柔乘剛也

《集解》引王肅曰：「以征則有不正之凶，以處則有乘剛之逆也：故无所利矣！」《纂疏》：「以柔居四，承乘皆不正之剛，故征則承凶，處則乘逆，无所利也。」案歸妹居四者為老陽「九」。《纂疏》云「以柔居四」，疑為「以柔居三」之誤。歸妹六三「以柔居三」為失位，征則承九四不正之凶，處在乘九二不正之逆：此所以无攸利也。弼《注》：「以征則有不正之凶，以處則有乘剛之逆。」蓋從肅《注》。孔《疏》：「此因六三、六五乘剛，釋无攸利之義。夫陽貴而陰賤，以妾媵之賤，進求殊寵，即是以賤陵貴，故无施而利也。」於六三外，更補加六五亦失位乘剛也。程《傳》：「不唯位不當也，又有乘剛之過。三、五皆乘剛。男女有尊卑之序。夫婦有唱隨之體，此常理也，如恆是也。苟不由常正之道，徇情肆欲，唯說是動，則夫婦瀆亂。男牽欲而失其剛，婦狃說而忘其順，如歸妹之乘剛是也。所以凶，无所往而利也。」程《傳》指出「徇情肆欲」非「常正之道」，誠是矣；然其從孔《疏》「陽貴而陰賤」說，謂「男女有尊卑之序」，則大非。余昔讀《史記・大宛列傳》，至「其人皆深眼，多鬚髯，善市賈，爭分銖。俗貴女子，女子所言而丈夫乃決正」，未嘗不為我中國不重女權歎也。「俗貴女子」正是國人應明辨篤行者。

語譯

姑娘出嫁，歸於夫家，這體現了自然界的大道理。天地間陰陽二氣不交流溝通，萬物就不可能化育興起；姑娘歸到夫家，人類才能生生不息、終而復始。喜悅地互動，正是被嫁出去的妹妹寫照。卦辭說「會遇凶險而有損失」，是因於卦中二、三、四、五的位置都失當；又說「沒有任何利益」，是因為六三騎在九二上頭，六五騎在九四上頭，陰柔力量駕控住剛健啊。

象傳

澤上有雷，歸妹❶；君子以永終知敝❷。

注釋

❶澤上有雷，歸妹

《集解》引干寶曰：「雷薄于澤，八月九月將藏之時也。」歸妹，兌下震上，〈說卦傳〉：「兌為澤。」

「震為雷。」故干寶曰「雷薄于澤」也。《禮記・月令》：「仲秋之月……日夜分，雷始收聲，蟄蟲坏戶……水始涸。」（坏，《舊唐書》作坯。《說文》有坏無坯。坏戶者，蟄蟲於洞穴之口增添泥土也。）《舊唐書・曆志・大衍步發斂術第二》嘗列表云：「秋分（八月中兌初九）：雷乃收聲，蟄蟲坯戶，水始涸，公賁，辟觀，侯歸妹（內卦）。寒露（九月節兌九二）：鴻鴈來賓，雀入大水為蛤，菊有黃花，侯歸妹（外卦），大夫无妄，卿明夷。」《新唐書・曆志・二日發斂術》亦載此表，文字偶異：如坯戶作培戶，內卦省作內，黃花作黃華，外卦省作外，无妄作無妄。其他無異。干寶，晉時人。其《周易注》此注上依〈月令〉及孟喜「卦氣」說，（關於「卦氣說」，請參閱屈萬里先生《先秦漢魏易例述評》文長未便全引。）下啟新舊《唐書》以坎、震、離、兌四正卦二十四爻配一年二十四節氣，及四正卦所餘六十卦配七十二候之法。干寶所言「當虞慮禍」，亦為至理名言，勉人平日亦當謹言慎行。蓋兼顧象數、義理者也。弼未注，孔《疏》云：「澤上有雷，說以動也。故曰歸妹。」澤、雷是象，說、動是德，孔穎達蓋就象明德也。程《傳》：「雷震於上，澤隨而動。陽動於上，陰說而從：女從男之象也。故為歸妹。」大抵從孔《疏》。

❷君子以永終知敝

《集解》引虞翻曰：「君子謂乾也。坤為永終，為敝。乾為知。三之四為永終，四之三，兌為毀折，故以永終知敝。」歸妹自泰來，泰卦乾下坤上，乾六爻皆陽，陽為君子。坤六三爻辭：「或從王事，无成有終。」又〈文言傳〉：「地道無成，而代有終也。」坤用六：「利永貞。」故坤為永終，終則敝生，故又為敝。〈繫上〉：「乾以易知。」又曰：「乾知大始。」故乾為知。為乾陽君子所知也。《纂疏》：「陽為君子，故君子謂泰乾也。坤用六『永貞』。又『地道无成，而伐有終。』故坤為永終，終故為敝。『乾知大始』，故為『知』。乾三之四，故為『永終』。四之三成兌為『毀折』。《說文》：『敝，一曰敗象也。』毀折亦敗象也。三、四易位，爻皆失正，故『以永終知敝』，泰盡將否，故君子不失其時焉！」釋虞《注》尤詳。《集解》又引崔憬曰：「歸妹，人之始終也。始則征凶，終則无攸利。故君子以永終知敝為戒者也。」則棄象言理，以崔憬《周易探玄》所言玄道以補數象之不足。然崔曰「人之始終」，殆據卦辭「征凶，无攸利」而云然。《周易》文本，包括《經》與《十翼》，言及時間，必言「終始」，從不言「始終」。拙作《周易縱橫談》中〈周易時觀初探〉言之甚詳，此不贅述。《篹疏》釋崔注云：「歸妹有終始之義。中爻不正，故始則征凶，終則无攸利。凶、无攸利，敝象也。〈雜卦〉曰：『歸妹，凶之終也。』二五不正，于女終歸妹之時，即當知其敝之所在。故君子以是為戒焉！」又弼《注》：「歸妹，相終始之道也。故以永終知敝。」則掃盡象數，唯以「相終始之道」釋「歸妹」。以為歸妹是單身生活的終結，組織小家庭生兒育女的開始。「永終」與「知敝」相對，是「永其終」、「知其敝」的意思。「永終」意近《詩・邶風・擊鼓》：「死生契闊，與子成說；執子之手，與子偕老。」「知敝」，知婚姻中亦不免有遺憾之事，預為之戒也。孔《疏》：「歸妹，相終始之道也，故君子象此，以求長其終，知應有不終之敝故也。」對弼《注》「相終始之道」，有所發揮。程《傳》：「君子觀男女配合，生息相續之象，而以永其終，知有敝也。永終，謂生息嗣續永久其傳也；知敝，謂知物有敝壞而為相繼之道也。女歸則有生息，故有永終之義；又夫婦之道，當常永有終，必知其有敝壞之理，而戒慎之。敝壞謂離隙，歸妹說以動者也，異乎恆之巽而動，漸之止而巽也。少女之說，情之感動，動則失正，非夫婦正而可常之道，久必敝壞。知其必敝，則當思永其終也。天下之反目者，皆不能永終者也。不獨夫婦之道。天下之事，莫不有終有敝，莫不有可繼可久之道。觀歸妹則當思永終之戒也。」傳釋較論，既確且詳。把「永終」之義由百年偕老，婚姻永續，延伸到「生息嗣續，永久其傳」。尤符《周易・繫上》「生生之謂易」的大義。

語譯

沼澤上響著雷聲，君子因此永守夫婦之道白頭同老，知道婚姻中可能的缺憾加以防備。

序卦傳

漸者，進也❶。進必有所歸，故受之以歸妹❷。

注釋

❶漸者，進也

漸是漸進的意思，在漸卦卦辭一開始，提出漸之卦名時，就已詳加解釋。此不贅。

❷進必有所歸，故受之以歸妹

弼、韓均無注，孔亦未疏。程《傳》釋之則甚詳，卦名下注釋已引之，不贅。考王夫之《周易內傳》，嘗錄〈序卦傳〉上下二篇全文。云：「二篇必非聖人之書，即以文義求之，亦多牽強失理。讀者自當辨之。餘詳《外傳》。」再考《周易外傳》，言及漸、歸妹者，曰：「況如隨之與蠱，漸之與歸妹，錯卦也，相反之卦也。本非相因，何以曰『以喜隨人者必有事』、『進必有所歸』邪？如是者，『因』義不立。」諸易學大師罕注〈序卦傳〉者，殆亦因此乎？美國易學家戴思客博士曾與我言：「泰、否兩卦，於六十四卦中，分別為正十一、正十二；漸卦第五十三，歸妹卦第五十四，為負十二、負十一。前後之卦繞之，多有『錯』、『綜』關係。泰、否二卦殆為上經樞紐，漸、歸妹二卦殆為下經樞紐」云云。茲憑記憶補作泰、否樞紐圖與漸、歸妹樞紐圖於後。

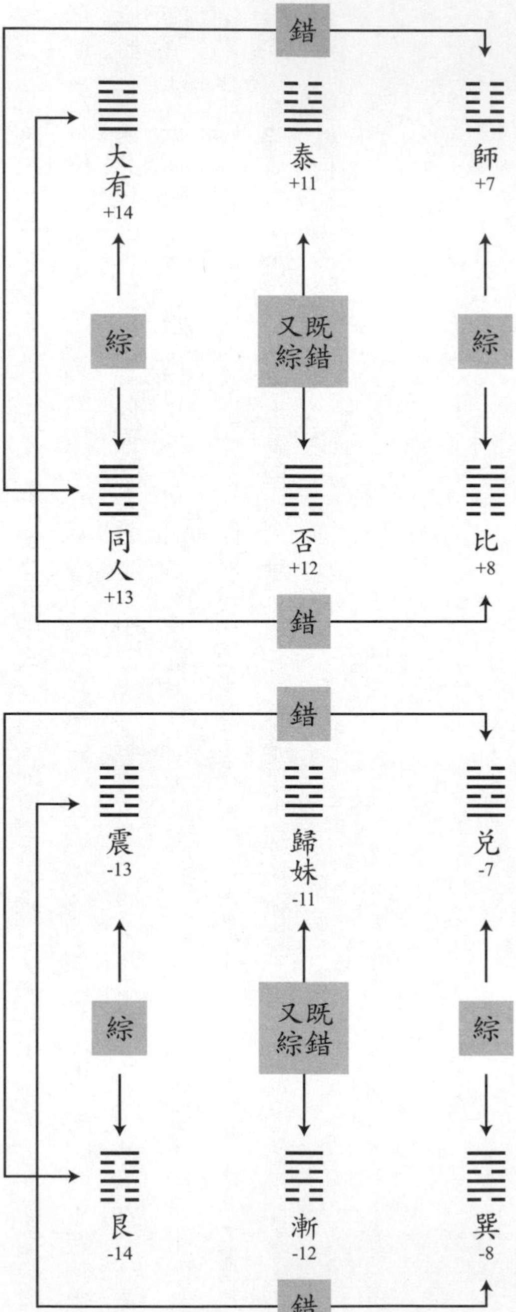

語譯

漸卦的漸，是逐漸前進的意思。逐漸前進必定有個歸向，所以接在漸卦後面的是歸妹卦。

雜卦傳

歸妹，女之終也❶。

注釋

❶**歸妹，女之終也**

韓康伯《注》：「女終於出嫁也。」單就〈雜卦傳〉而言，韓《注》言「女終於」而不及「終而又始」，固無誤；若回顧〈彖傳〉：「歸妹，人之終始也。」則李鼎祚《集解》：「歸妹，人之終始，女終于嫁，從一而終，故『女之終也』。」李道平《篹疏》：「歸妹〈彖傳〉曰：『歸妹，人之終始也。』卦自泰三之四。內體兌（原誤作巽）為妹，歸則女道從此終；外體震為起，妹歸則生人之道從此始。故為人之終始。」後出轉精。案：《周易》「終」、「始」合言，常先言「終」，後言「始」。如乾〈彖傳〉「大明終始」，蠱〈彖傳〉「終則有始」，恆〈彖傳〉「終則有始也」，歸妹〈彖傳〉「歸妹，人之終始也」，〈繫辭傳下〉「懼以終始」，〈說卦傳〉「萬物之所成終而所成始也」，又「終萬物始萬物者」，皆先言終，後言始之例也。至於〈繫辭傳上〉「原始反終」，〈繫辭傳下〉「原始要終」，先「始」後「終」，《周易》全書，僅此二條，亦文義必須如此說也。此可視為《周易》周流不息，終而有始，「生生之謂易」之大義也。

語譯

姑娘出嫁，歸於夫家，是女子的終身大事啊。

初九爻辭

初九❶：歸妹以娣❷，跛能履❸，征吉❹。

注釋

❶初九

在歸妹卦中，初九居兌下最低的地位。是少女中最小的一位。好在得位得正，堅貞能恆。所以客觀條件雖差，主動努力仍然有所獲。在筮法上，當歸妹初爻為老，他爻皆少，即由歸妹之解䷧；或家人䷤初爻為少，他爻皆老，即家人之歸妹：這兩種情形，都以歸妹初九爻辭占。

❷歸妹以娣

象也。娣，帛書作「弟」，同音通假。《集解》引虞翻曰：「震為兄，故嫁妹謂三也。初在三下，動而應四，故稱娣。」〈說卦傳〉「震為長子」，故同輩中為大哥；「兌為少女」，同輩中為小妹。「初在三下」，言初九在下體兌中居六三之下，陽動成陰，而成初六，於震上兌下之婚姻中成陪嫁之娣，因而與九四相應。象數《易》中這種說法，矛盾多多。「歸妹」到底是大哥嫁小妹？還是大男娶小女？此矛盾之一；初九與九四本不應，動而成初六則相應，《篹疏》謂此為「權變」。如此不應者皆可動而相應，又何必言應或敵應？此矛盾之二。然早期易學家多如此言象數，歷史上曾有此說，亦不可不明也。弼《注》：「少女而與長男為耦，非敵之謂，是娣從之義也。妹，少女之稱也。少女之行，善莫若娣。」孔《疏》：「歸妹以娣者，少女謂之妹，從娣而行謂之歸。初九以兌適震，非夫婦匹敵，是從娣之義也，故曰『歸妹以娣』也。」《注》云「善莫若娣」，《疏》曰「從娣而行」、「從娣之義」之「娣」，似已有「善」「義」等道德含意，猶

「孝悌」之悌，非單指陪嫁之妹。妹陪姊嫁，等待時機以取代之，其行有何善、義可言？程《傳》：「女之歸，居下而无正應，娣之象也。剛陽在婦人為堅貞之德，而處卑順，娣之賢正者也。」雖強調堅貞賢正，然意識與《注》、《疏》義近；重視位應，亦未全然棄象。朱《義》：「初九居下而无正應，故為娣象。然陽剛在女子為賢正之德。」義同程《傳》。

❸**跛能履**

象也。帛書作「跛能利」。履、利皆「來」紐字。同聲母而得通假。今字書普遍，字學發達，謂履為正體，利為異體別字亦可。《集解》「能」作「而」，引虞翻曰：「履，禮也。初九應變成坎，坎為曳，故跛而履。」「履」之為禮，前於履卦已詳言之，此不贅。《篹疏》以「四至初有履象」云。「初九應變成坎」，謂歸妹之兌下☱，初由陽成陰，由男化女。初九變為初六，則成坎☵。前句「歸妹以娣」已言其變。「坎為曳」，〈說卦傳〉文。曳，牽拉之意。跛而履之故在此。而、能疊韻，古韻皆在一部（之部），故古書多相通假。《篹疏》以「而履而視，而當作能」。弼《注》：「夫承嗣以君之子，雖幼而不妄行。少女以娣，雖跛能履，斯乃恆久之義。」孔《疏》：「跛能履者，妹而繼姊為娣，雖非正配，不失常道，譬猶跛人之足然，雖不正，不廢能履。」《注》云「斯乃恆久之義」，《疏》曰「不失常道」，今日視之，似有男性沙文主義之嫌，皆可商。

❹**征吉**

占也。征，帛書作「正」，二字古通用。《集解》引虞翻曰：「應在震為征，初為娣，變為陰，故征吉也。」《篹疏》：「應在震足，故為征。初為☱娣，變而成陰應四，故征吉也。」弼《注》：「斯乃恆久之義，吉而相承之道也。以斯而進，吉其宜也。」虞《注》重象數權變，弼《注》尊〈象傳〉（參見下文〈象傳〉注釋），此可見二家之異。

語譯

歸妹卦初位是陽爻：以嫡妻妹妹的身分陪隨姊姊嫁歸夫家。雖非正配，像跛腳的人，但是仍能依禮履行家務。能堅貞守正就能有所收穫。

象傳

歸妹以娣，以恆也❶；跛能履吉，相承也❷。

注釋

❶以恆也

《集解》引虞翻曰：「陽得正，故以恆。」《篹疏》：「初陽為三娣，正以得位，不取其變，故以恆也。」是以初九得位不變為恆。與虞前云「動而應四故稱娣」相較：初九究竟變為初六以與九四相應？或恆為陽爻，不變得正乎？矛盾存焉！李道平《篹疏》乃云：「愚案：泰初之四成恆，恆初、三易位成歸妹。恆巽長女為嫡，兌少女為娣。初居恆位，故以恆也。」以為泰䷊初九上去換下六四，變成恆卦䷟，恆卦初六、九三陰陽互換成歸妹卦。恆長女巽配長男震為嫡，歸妹少女兌配長男震為娣。初居恆卦長女巽的位置，所以說「恆」，真是越扯越廣，越說越複雜了。弼依歸妹初九〈象傳〉意注初九爻辭，於〈象傳〉無注。《正義》曰：「『以恆也』者，妹而為娣，恆久之道也。」說白了「以恆也」就是要有恆心等待。等待到有一天老姊年老色衰而失寵，竟或病死了。為娣的小妹就可遞補為正配，呼風喚雨了！這是何等無情無義的心態！「盡信書不如無書」，對於《周易》這種謬論，我們應該加以批判的。

❷跛能履吉，相承也

此處斷句，虞《注》：「恆動初承二，故吉相承也。」孔穎達《正義》：「『吉相承也』者，行得其宜，是相承之道也。」皆以「跛而履，吉相承也」為句。考〈小象〉文例，必先引爻辭，或全引，或節錄。然後論其現象和道理。歸妹初九爻辭：「歸妹以娣；跛能履，征吉。」而〈小象傳〉先全引「歸妹以娣」，再以「以恆也」明其道理。次引「跛能履吉」，省去「征」字。且〈小象〉字句整齊。前云「歸妹以娣，以恆也」，為四字加三字，此亦當為四、三句：「跛能履吉，相承也。」所謂相承也，疑本意為娣、姪以長幼序而遞升為正配。惟程《傳》：「然征而吉者，以其能相承助也。能助其君，娣之吉也。」而程頤弟子呂大臨作《易章句》，則曰：「以娣承嫡，以姪承娣，長少相承有序，所以成家，故吉。」程氏以「堅貞」、「助君」為言，較重理想；呂氏以「相承有序」為說，較符事實。

語譯

以嫡妻妹妹身分陪隨姊姊嫁歸夫家，要有恆心；像跛腳的人能履行家務就能獲取利益。年齡大的老了走了，年齡少的就能繼承上去。

九二爻辭

九二❶：眇能視❷，利幽人之貞❸。

注釋

❶九二

陽九居卦之二位。九二與六五互應，然位皆失正。惟六五以陰柔居尊位，更不如九二以陽剛堅貞在內履中也。在筮法上，當歸妹第二爻為老，他爻皆少，即由歸妹之震☳；或巽☴第二爻為少，他爻皆老，即巽之歸妹：這兩種情形，都以歸妹九二爻辭占。

❷眇能視

象也。《注》、《疏》、《傳》、《義》皆作「眇能視」。《集解》作「眇而視」，引虞翻曰：「視應五也。震上兌下，離目不正，故眇而視。」歸妹卦九二、六三、九四互體為離☲，〈說卦傳〉：「離為目。」目，視覺器官也。九二與六五相應，故虞云「視應五也」。震在上為外卦，兌在下為內卦，都是正象；離為互體，則非正象。而且以陽九居二陰，又失位不正。故虞云：「震上兌下，離目不正。」《說文》：「眇，小目也，从目少。」故虞云「故眇而視」。弼《注》：「雖失其位，而居內處中，眇猶能視，足以保常也。」孔《疏》：「九二不云歸妹者，既在歸妹之卦，歸妹可知。故略，不言也。然九二雖失其位，不廢居內處中。以言歸妹，雖非正配，不失交合之道，猶如眇目之人，視雖不正，不廢能視耳，故曰『眇能視』也。」《注》、《疏》皆言「居內處中」，謂九二居內卦，處兌下之中也。又皆言「失位」，未全掃象也。程《傳》：「九二陽剛而得中，女之賢正者也。上有正應而反陰柔之質，動於說者也，乃女賢而配不良。故二雖賢，不能自遂以成其內助之功，適可以善其身而小施之。如眇者之能視而已，言不能及遠也。」伊川盛讚九二之賢正，而批評六五以陰柔之質沉迷於悅樂，使九二不能成為賢內助，以釋「眇能視」。朱《義》大抵從程，不贅。而呂大臨《易章句》：「九二，一卦之中獨與六五應，遠而相應，如視也。雖有剛中，居陰處內，不在尊位，故不可與有明。如眇能視也。」遵伊川師說，亦不排虞。提供參考。

❸利幽人之貞

占也。《集解》引虞翻曰：「幽人謂二。初動，二在坎中，故稱『幽人』。變得正，震喜兌說，故『利幽人之貞』。與履二同義也。」案：履九二爻辭：「履道坦坦，幽人貞吉。」《集解》引虞翻曰：「二失位變成震，為道，為大塗。故履道坦坦，訟時二在坎獄中，故稱幽人。之正得位，震出兌說，幽人喜笑，故貞吉也。」弼《注》：「在內履中，而能守其常，故利幽人之貞也。」虞言「初動」、「二變得正」，涉及變、動；弼言「在內履中」，限於在、履。此可見二家言象之不同。程《傳》：「男女之際，當以正體。五雖不正，二自守其貞靜貞正，乃所利也。二有剛正之德，幽靜之人也。二之才如是，而言利貞者，利言宜於如是之貞，非不足而為之戒也。」朱《義》大抵從程。關於「幽人」，或以為繫於獄中的罪犯，或以為幽居山林之隱士，請參閱履九二爻辭「幽人貞吉」注釋。

語譯

歸妹卦陽爻居第二位：眼睛小而能夠看，利於像被幽禁的人或自我隱居的人一樣堅貞。

象傳

利幽人之貞，未變常也❶。

注釋

❶未變常也

《集解》引虞翻曰：「常，恆也。乘初，未之五，故未變常矣。」考《說文》：「恆，常也。」《玉篇》：「常，恆也。」恆、常互訓，是其證也。又漢文帝名恆，漢時每避恆諱，北岳恆山改稱常山。《三國演義》趙雲趙子龍每出戰，多自稱「我乃常山趙子龍是也」。常山即北岳恆山。又《左傳．哀公十四年》：「陳恆弒其君。」《史記．齊太公世家》：「田常弒簡公于徐州。」田常即陳恆也。田常為陳敬仲之後，田姓原於陳姓；改恆為常，則避漢文帝諱也。附記於此。又虞以「乘初，未之五，故未變常矣」。《九家說卦》：「兌為常。」二體兌，故稱常。謂得正也。初九已變初六，二乘初六為坎☵。〈說卦傳〉：「坎，陷也。」謂陽陷陰中，引申為君子陷於獄中之象；又云：「坎為隱伏。」謂隱伏山林之士，亦好也。九二若之五，與六五陰陽互易，則六二、九五皆得位而正常矣。然實未之五，故未變常也。其說甚煩瑣，然無論是之或非之，不可不先知之。至於是非，我亦不敢勉強讀者也。弼此句未注。《正義》：「『未變常也』者，貞正者，人之常也。九二失位，嫌其變常不貞也。能以履中不偏，故云『未變常也』。」似乃溺於象。程《傳》：「守其幽貞，未失夫婦常正之道也。世人以媟狎為常，故以貞靜為變常。不知乃常久之道也。」道學氣乃盛。

語譯

利於像被幽禁的人（如「良心犯」）或自我隱居的人一樣堅貞，不曾改變做人的常態。

六三爻辭

六三❶：歸妹以須❷，反歸以娣❸。

注釋

❶六三

以六陰柔之爻，居三尚剛之位，又在下體兌之上爻，有喜悅躍進之象。而與上六無應。這種種現象，決定了六三進退失據的命運。在筮法上，當歸妹第三爻為老，他爻皆少，即由歸妹之大壯䷡；或觀䷓第三爻為少，他爻皆老，即觀之歸妹：這兩種情形，都以歸妹六三爻辭占。

❷歸妹以須

象也。《釋文》：「須，如字，待也。鄭（玄）云：『有才智之稱。』荀（爽）、陸（績）作嬬。陸云『妾也』。」呂祖謙《古易音訓》引晁氏（說之）曰：「子夏、孟（喜）、京（房）作嬬，媵之妾也。」帛書亦作嬬。須、嬃、需、嬬每相通假，參閱需卦〈彖傳〉「需，須也。」之注釋。《集解》引虞翻曰：「須，需也，初至五體需象，故歸妹以須。」虞翻殆以歸妹初九、九二具乾之「半象」；六三、九四、六五互體為坎。坎為雲，乾為天，有「雲上於天」，需卦之象也。「半象」說，焦循《易圖略》已斥其非；「互體」說，屈萬里先生、李怡嚴先生均不以為然。此引而弗論，以存其說也。弼《注》：「室主猶存，而求進焉。進未值時，故有須也。」孔《疏》：「『歸妹以須』者，六三在歸妹之時，處下體之上，有欲求為室主之象。而居不當位，則是室主猶存。室主既存，而欲求進，為未值其時也。未當其時，則宜有待，故曰『歸妹以須』也。」弼、孔殆以「須」為「䇓」。《說文・立部》：「䇓，立而待也。从立，須聲。」程《傳》：「三居下之上，本非賤者，以失德而无正應，故為欲有歸而未得其歸。須，待也。待者，未有所適也。六居三，不當位，德不正也。柔而尚剛，行不順也。為說之主，以說求歸，動非禮也。上无應，无受之者也。无所適，故須也。」由失位、無應、居兌，而明其失德、無所適，與動非禮，大致從弼、孔之說。朱《義》從程而簡潔。案：屈原〈離騷〉：「女嬃之嬋媛兮。」洪興祖《補注》：「女嬃，屈原姊也。」《說文》：「嬃，女字也。从女須聲。《楚詞》曰：『女嬃之嬋媛。』賈侍中（逵）說：『楚人謂姊為嬃。』」歸妹「須」字似當作嬃，姊也。與下句「反歸以娣」之「娣」相對。

❸反歸以娣

象也。帛書「反」字缺，「娣」誤作「苐」。《集解》引虞翻曰：「娣，謂初也。震為反，反馬歸也。三失位，四反得正，兌進在四，見初進之，初在兌後，故反歸以娣。」初九爻辭：「歸妹以娣。」故虞云「娣謂初也」。〈說卦傳〉：「震，……其於馬也，為善鳴，作足，為作足。……其於稼也，為反生。」故虞云「震為反，反馬歸也」。六三失位，倘九四返三，與六三陰陽互易，則復成泰卦，九三、六四皆得正矣。故虞云「三失位，四反得正」。泰卦九二、九三、六四仍為兌☱，六四與初九陰陽相應，而初九又在九二、九三、六四之兌的後面。故虞云「兌進在四，見初進之，初在兌後，故反歸以娣」。術數派解《易》如此。大陸山東大學哲學系王新春教授所撰《周易虞氏學》於此條亦以「先儒所釋多迂曲而非是」斥之。誠然。弼《注》：「不可以進，故反歸待時，以娣乃行也。」孔《疏》從而詳釋之，不贅。程《傳》既由失位、無應、在兌，明其失德、無所適，與動非禮。以之釋「須」，接云：「女子之處如是，人誰取之？不可為人配矣。當反歸而求為娣媵則可也。以不正而失其所也。」依位、應、卦體而由人理推論。朱《義》從程《傳》而言簡，亦不贅引。個人特別注意的是此句首字「反」，此反字當為相反相對之意。清人宋翔鳳《周易考異》於歸妹「歸妹以須」條已言：「又按須或作嬃。《說文》引賈侍中說楚人謂姊為嬃。嬃與娣相對。」又朱駿聲《六十四卦經解》亦云：「姊歸而娣。」（詳〈象傳〉注釋）皆已先我言及此。又近人傅佩榮教授《解讀易經》云：「『須』為妾，『須女』為一星座，《史記・天官書正義》（指張守節《史記正義》）

上說：『須女，賤妾之稱，婦職之卑者，主布帛裁製嫁娶。』六三在下卦兌中，兌為妾，所以說『歸妹以須』。」新解有新意，可以並存。

語譯

歸妹卦陰爻居第三位：姑娘出嫁歸於夫家，本以姊姊為嫡為正，反而變成以陪嫁的妹妹作為正妻歸於夫家。

象傳

歸妹以須❶，未當也❷。

注釋

❶歸妹以須

舉首句以包下「反歸以娣」句。

❷未當也

《集解》本「未當也」前有「位」字。並引虞翻曰：「三未變之陽，故『位未當』。」以為九四未返三成九三，六三也未進四成六四，所以六三以陰爻居陽位，位未得當而失正。弼無注，孔氏《正義》曰：「未當也者，未當其時，故宜有待也。」蓋以須為䇓，有䇓待之義也。程《傳》：「未當者，其處，其德，其求歸之道，皆不當。故无取之者，所以須也。」大抵從《注疏》。（弼依〈象傳〉注爻辭，孔氏《正義》於歸妹爻辭及弼《注》、〈象傳〉，皆有所疏。）朱震《漢上易傳》：「女之可貴者，為其正也，順也，動以理也。六三居不當位，德不正也；柔而上剛，行不順也；為說之主，以說而歸，動非理也；上无應，无受之者也：如是其賤矣，故曰『未當也』。」遵程《傳》而言更具體。然亦不免男性沙文主義之嫌。朱駿聲《六十四卦經解》以為：「姊歸而娣從，禮也。姊反為娣，貴反為賤，〈象傳〉曰『未當』是也。」

語譯

姑娘出嫁，歸於夫家，本以姊姊為嫡為正，反而成為陪嫁的妹妹作了嫡夫人：未能恰當啊。

九四爻辭

九四❶：歸妹愆期，遲歸有時❷。

注釋

❶九四

失位，未中，而無應，是本爻象數上的特點。但在歸妹，為一卦之卦主。筮法上，當歸妹卦第四爻為老，他爻皆少，即由歸妹之臨䷒；或遯䷠第四爻為少，他爻皆老，即遯之歸妹：這兩種情形，都以歸妹九四爻辭占。

❷歸妹愆期，遲歸有時

象亦占也。吳澄《易纂言》以為「象也」。高亨《周易古經通說・周易筮辭分類表》列為「記事之辭」。愆，差錯、延誤之意。帛書作「衍」，假借也。時，王念孫以為「當讀為待」。見王引之《經義述聞》，詳〈象傳〉「有待而行也」注釋。《集解》引虞翻曰：「愆，過也。謂二變，三動之正，體大過象。坎月離日為期。三變，日月不見，故愆期。坎為曳，震為行，行曳故遲也。歸謂反三。震春，兌秋，坎冬，離夏：四時體正，故歸有時也。」歸妹九二變六二，六三又改動變正為九三而得位，形成豐卦䷶。豐卦二、三、四互體為巽☴，三、四、五互體為兌☱，巽下兌上成大過卦䷛。故虞云「二變三動之正體大過象」。〈說卦傳〉：「坎為月」，「離為日」。月之圓缺，日之升降，構成月分日期。因為歸妹原來的六三變了，歸妹原來二、三、四互體為離，三、四、五互體為坎，也都改變了，也等於離日坎月不見了。故虞云：「坎月離日為期，三變日月不見故愆期。」〈說卦傳〉又云：「坎，陷也。」「其於馬也，為曳。」「震，動也。」虞云

「坎為曳，震為行，行曳故遲也」。殆據〈說卦〉而引申之。虞嘗云「歸妹」為「泰三之四」，見本卦卦名下注釋引《集解》言。倘歸妹九四返三，則九三、六四皆得位得正。此虞所以曰「歸謂反三」，而《篡疏》所以言「三四正位」也。《篡疏》復加言「二五升降」，謂九二、六五陰陽互易為六二、九五，則卦更成既濟䷾，六爻皆得位有應。「三四正位」後的泰卦䷊，三、四、五互體為震，二、三、四互體為兌；再加「二五升降」成既濟卦䷾，離下坎上。〈說卦傳〉以「兌，正秋也」舉一反三，則震為正春，離為正夏，坎為正冬。虞曰：「震春，兌秋，坎冬，離夏。」依據即在此。並由「四時體正」，導出「故歸有時也」。在象數上，對歸妹九四爻辭作出十分圓滿的詮釋。弼《注》：「夫以不正无應而適人也，必須彼道窮盡，无所與交，然後乃可以往。故衍期遲歸，以待時也。」這話說白了，就是自己不正又沒有答應與你結婚的對象，如果貿然追求人家，不如等對方走投無路，沒有人願與他結交，然後自己才去追求。所以一延再延，耽誤了結婚的時間。我想：凡事不檢討自己的「不正」，不想想「德不孤必有鄰」，卻期待別人窮途末路來牽就自己，實非《易經》本意。但不知是否是我誤解了王弼的意思。孔《疏》大抵從《注》，不贅。胡瑗《安定易解》：「以剛陽之質，居陰柔之位，不為躁進，故待其禮之全備，俟其年之長大，然後歸於君子，斯得其時也。遲，待也。」程《傳》從之，而言甚繁富。朱熹《本義》：「九四以陽居上體而无正應，賢女不輕從人，而愆期以待所歸之象，正與六三相反。」蓋從胡、程之說。又程頤門人呂大臨作《易章句》，云：「六三未當進，故『反歸以須』；九四當進而未進，故『遲以衍期』。」朱熹言「正與六三相反」，或據藍田呂氏。又項安世與朱熹年相近，《周易玩辭》亦言及「歸妹以須」與「歸妹愆期」，云：「三者，女之自失者也；四者，女之自重者也。」朱熹之言九四「正與六三相反」，與《玩辭》之言可以參看。又宋儒此處所說，與王弼、孔穎達大有不同。其意識形態及是非，似可進一步研究。

語譯

歸妹卦陽爻居卦之第四位：姑娘出嫁的日期耽誤了，延緩歸於夫家仍有適當時機。

象傳

愆期之志，有待而行也❶。

注釋

❶愆期之志，有待而行也

《集解》引虞翻曰：「待男行矣。」《纂疏》：「坎心為志，故云『愆期之志』。須，待也。四為卦主，故〈象〉獨言待。三離待四坎陽，坎，中男。震為行，故『待男行矣』。〈雜卦傳〉曰：『漸，女歸待男行也。』漸（䷴）反歸妹（䷵），巽（☴）反成震（☳），互坎（☵）在四：故『待男而行也』。」李道平《纂疏》釋《集解》所引虞翻《周易注》，意已甚明。王弼《周易注》注本爻爻辭已參〈象傳〉意，故於〈象傳〉無注。孔穎達《正義》曰：「嫁宜及時，今乃過期而遲歸者，此嫁者之志，正欲有所待，而後乃行也。」純以情理推論。程《傳》：「所以愆期者，由己而不由彼。賢女，人所願娶。所以愆期，乃其志欲有所待。待得佳配，而後行也。」《郭氏傳家易說》記白雲曰：「三之與四，其不當相似，而辭有不同，何哉？蓋六三以柔用剛，又為過中；而九四以剛用柔，有未中之義，是其所以不同也。以其不當无應，亦不免愆期，有待而已。其歸終有時，故无反歸之事。〈象〉言『有待而行』者，行如《詩》言『女子有行』是也。又以見所以愆期者，在我有所待，非人不求之也。以是知過中與未中，用剛與用柔，其不同如此。所以〈繫辭〉言『三多凶』也。」伊川強調「愆期由己不由彼」，與弼《注》所謂「必須彼道窮盡」之由彼，用心大有不同。白雲郭雍較論六三、九四，更多所啟發。所言「六三以柔用剛」，則六陰爻為本質，三陽位為情境之運用；「九四以剛用柔」，則九為本質，四為情境運用。六三「過中」，於內卦以二為中；九四「未中」，則外卦以五為中也。所引《詩》言「女子有行」，見於《詩・邶風・泉水》：「女子有行，遠父母兄弟。」又《詩・鄘風・蝃蝀》亦有：「女子有行，遠父母兄弟。」〈衛風・竹竿〉則作「女子有行，遠兄弟父母」。《毛詩詁訓傳》：「〈泉水〉，衛女思歸也。嫁於諸侯，父母終思歸寧而不得，故作是詩以自見也。」「〈蝃蝀〉，止奔也。衛文公能以道化其民。淫奔之恥，國人不齒也。」「〈竹竿〉，衛女思歸也。適異國而不見答思，而能以禮者也。」屈萬里《詩經釋義》：「〈泉水〉，此當是衛女嫁於他國，而送其娣姪歸省於衛之詩。」「〈蝃蝀〉，此蓋既嫁之女而拒其他求婚者之詩。」「〈竹竿〉，此蓋男子懷念舊好（女子）之詩。」案《釋文》：「『有待而行也。』一本待作時。」王引之《經義述聞》：「歸妹九四：『歸妹愆期，遲歸有時。』……家大人曰：『時，當讀為待。』《經》言『歸妹愆期，遲歸有待』，故《傳》申之曰：『愆期之志，有待而行也。』《釋文》『「有待而行也」，一本待作時。』是《傳》之『有待』，亦或借『時』為之。愈以知《經》之『有時』為『待』之假借也。待、時俱以寺為聲，故二字通用。」

語譯

延後婚期的心意，是等待時機成熟才舉行婚禮啊。

六五爻辭

六五❶：帝乙歸妹❷，其君之袂，不如其娣之袂良❸。月幾望❹。吉❺。

注釋

❶六五

失位無應，是其缺點；居尊居中，則其優點。其象其占，多本於此。在筮法上，當歸妹第五爻為老，他爻皆少，即由歸妹之兌☱；或艮卦☶第五爻為少，他爻皆老，即艮之歸妹：這兩種情形，都以歸妹六五爻辭占。

❷帝乙歸妹

吳澄以為「象也」。高亨以為「記事之辭」。帝乙為商紂之父，曾將女兒嫁給周文王，詳已見泰六五爻辭「帝乙歸妹」注釋。《集解》引虞翻曰：「三四已正，震為帝，坤為乙，故曰帝乙。」歸妹原由泰卦變成，倘回歸為泰卦，乾下坤上，則九三、六四皆已得正。而歸妹震上為帝，〈說卦傳〉所謂「帝出乎震」是也。泰卦坤上，「納甲」以八卦配十干，乾納甲、壬；坤納乙、癸。故虞云「坤為乙」。蓋虞云「震為帝」由現在之「歸妹卦」言之；而「坤為乙」則據原先之「泰卦」言之。如此任意取捨，雖能「左右逢源」，總覺「穿鑿附會」。弼《注》：「歸妹之中，獨處貴位，故謂之帝乙歸妹也。」蓋本於《易緯・乾鑿度》「五為天子」之說，故以「貴位」釋「帝乙」也。孔《疏》之從《注》，固當然矣。程《傳》：「六五居尊位，妹之貴高者也。下應於二，為下嫁之象。王姬下嫁，自古而然。至帝乙而後，正婚姻之禮，明男女之分。雖至貴之女，不得失柔巽之道，有貴驕之志。故《易》中陰尊而謙降者，則曰『帝乙歸妹』，泰六五是也。」

伊川「六五居尊位」說，亦同於王弼。朱熹《本義》依程而言甚精簡。不贅引。

❸**其君之袂，不如其娣之袂良**

吳澄：「象也。」高亨：「記事之辭。」帛書作「亓君之袂不若亓苐之快良」，苐、快，均為譌字，當如今傳《集解》本、《注疏》本，程朱本作娣、袂為是。《集解》引虞翻曰：「泰乾為良為君。乾在下，為小君，則妹也。袂，口袂之飾也。兌為口，乾為衣，故稱袂，謂三失位无應。娣袂謂二，得中應五，三動成乾為良。故『其君之袂不如其娣之袂良』。」虞云「泰乾」，謂泰卦乾下。泰乾下坤上，代表地天交泰。〈說卦傳〉：「乾為君……為良馬。」虞於「良馬」下注「乾善故良也」。《論語・季氏》：「邦君之妻……邦人稱之曰『君夫人』，稱諸異邦曰『寡小君』。」故「寡小君」是向異邦提及本國邦君之妻的稱呼。泰卦乾下變成歸妹時則又為兌下。〈說卦傳〉「兌為少女」，職是虞云「乾在下為小君則妹也」。〈說卦傳〉「兌為口」。〈繫辭傳下〉：「黃帝、堯、舜垂衣裳而天下治，蓋取諸乾、坤。」虞注「衣裳」云：「乾……在上為衣；坤下為裳。」則乾為衣。袂，《說文》：「袂，袖也。」領、袖皆為衣口。在歸妹卦，六三失位，與上六無應，處多凶之位，故虞云：「袂，口袂之飾也。兌為口，乾為衣，故稱袂，謂三失位无應。」九二在兌，亦是六三之娣也。居兌下之中。上與六五相應。六三變動為九三，則兌下變回乾下，而乾代表良。虞因此說：「娣袂謂二，得中應五，三動成乾為良。」並由上面種種注釋下結論說「故『其君之袂不如其娣之袂良』」。九二明明是陽爻，只因位在兌下六三之下，便成女娣，實有些牽強。但兌下無法釋「良」，只好又變回乾下才說通。簡直是隨你虞翻怎說怎對。王弼《注》：「袂，衣袖所以為禮容者也。其君之袂，為帝乙所寵也。即五也，為帝乙所崇飾，故謂之『其君之袂』也。配在九二，兌少震長。以長從少，不若以小從長之為美也。故曰『不若其娣之袂良也』。」孔《疏》從弼，不破《注》也。程《傳》：「貴女之歸，唯謙降以從禮，乃尊高之德也。不事容飾以說於人也。娣媵者以容飾為事者也。衣袂所以為容飾也。六五，尊貴之女，尚禮而不尚飾，故其袂不及其娣之袂良也。良，美好也。」項安世《周易玩辭》：「泰之六五，女君也。……袂所以招人，非女君之所肯為也。故曰『其君之袂不如其娣之袂良』。」弼云「袂」

為「衣袖所以為禮容者也」，項云「袂所以招人」，很具啟發性。伊川以「尚禮不尚飾」說明君袂不若娣袂良之故，也很有道理。袂既然是衣袖所以為禮容者，意在招人。使我想起《楚辭・大招》：「長袂拂面，善留客只。」意思是：長長的衣袖遮掩著臉面，很會招留客人休息呢。「只」是語氣助詞。《山海經・大荒西經》：「有人衣青，以袂蔽面，而名曰女丑之尸。」也提到「以袂蔽面」的容態。怪不得《韓非子・五蠹》引「鄙諺」有「長袖善舞」之說。而《史記・貨殖列傳》更有「趙女鄭姬，設形容，揳鳴琴，揄長袂，躡利屣，目挑心招」的記載，把舞女揚起長袖，用眼挑逗，用心招待的姿態描寫得十分生動。我曾翻閱常任俠著《中國舞蹈史》，書前有出土文物圖像，如玉雕舞女、彩繪舞俑、漢磚上的長袖舞等照片。又王克芬編著《中國古代舞蹈史話》，書後也附有自新石器時代開始的出土文物上有關舞蹈的圖片，其中也有許多細腰長袖舞女圖像。孫景琛、吳曼英合著的《中國歷代舞姿》，夾圖夾文，長袖舞姿就更清楚了。回頭再說「其君之袂不如其娣之袂良」，如果解釋為「正妻衣袖裝飾不如陪嫁娣媵衣袖裝飾華美」，未免太低估了作為父親的「帝乙」的智慧了，也違背了人情道理。但是用長袖揮舞，作出種種挑逗姿態，正妻不如娣媵卻很有可能。所以「袂」實指揮動長袖跳舞。古漢語中這樣「以實物代替動作」的「借代」修辭法很多很多。本條注釋文字已長，恕不再贅。

❹月幾望

吳澄云「象也」。高亨則以「月幾望」合下文「吉」字為一句，以為「斷占之辭」。帛書作「日月既朢」，張立文《周易帛書今注今譯》：「此爻日字，指日期。『既望』，指每月由十六日至二十二、三日。《說文》：『望也者，月之望也。』《書・胤征・孔疏》：『月大則十六日為望，月小則十五日為望。』」或云帛書「日」字為衍文。《釋文》：「幾，音機，又音祈。荀（爽）作既。」倘「幾音機」，則為接近意，幾望為接近望日；音祈，則與「其」通，其望為其當望日（虞翻仍以「其」為「近」意）；作既，為既然已經意，既望為過了望日。所以這「幾」字是個模稜語，未來、現在、過去三種時態都說通；正是「占筮」語言的特點。《集解》引虞翻曰：「幾，其也。坎月離日，兌西震東，日月象對，故曰幾望。」把「幾」作其解。又依歸妹卦二三四互體為離，三四五互體為坎。〈說卦傳〉：「坎為月」，「離為日」。再配合歸妹卦震上為東，兌下為西。構成日月東西相對的現象來詮釋「幾望」。李道平《篹疏》對虞《注》已持異議，此足見象數詮釋之分歧。王弼《周易注》：「位在乎中，以貴而行，極陰之盛。」蓋據〈象傳〉而云然。孔《疏》：「陰而貴盛，如月之近望。」則以「幾」為近。程《傳》：「月望，陰之盈也。盈則敵陽矣！幾望，未至於盈也。」伊川以「幾望」為「未至於盈」，義近於輔嗣、穎達。

❺吉

占也。《集解》引虞翻曰：「二之五，四復三，得正，故吉也。」虞云「二之五」，是說歸妹九二之陽升往五位，成了九五，換下六五之陰回來二位，變成六二。「四復三」，是說九四之陽回到三位，成了九三，而六三之陰上往四位，變成六四。這麼一變，歸妹變成了既濟卦䷾，六爻皆正而互應了。所以「得正，故吉也」。弼《注》：「位在乎中，以貴而行，極陰之盛，以斯適配，雖不若少，往亦必合。故曰『月幾望吉也』。」孔《疏》從《注》。程《傳》：「五之貴高，常不至於盈極，則不亢其夫，乃為吉也。女之處尊貴之道也。」伊川言理甚是。若至上六，則盈極矣！

語譯

歸妹卦陰爻居卦第五位：像商朝帝乙把女兒嫁給當時諸侯，作為正妻的女兒在揮動衣袖，遮掩臉孔，嬌羞作態來招引丈夫注意方面，不如陪嫁的妹妹長袖善舞，精采吸睛。月亮已經到了陰曆十五、十六，正是圓滿吉祥的蜜月期。

象傳

帝乙歸妹，不如其娣之袂良也❶；其位在中，以貴行也❷。

注釋

❶帝乙歸妹，不如其娣之袂良也

《集解》引虞翻曰：「三四復正，乾為良。」《纂疏》：「三、四反正，內成泰乾，乾善為良，故袂良也。」其意爻辭注釋已詳，此不贅。弼於此爻依〈象傳〉為爻辭作注；故於〈象傳〉不注。孔《疏》：「釋其六五，雖所居貴位，言長不如少也，言不如少女而從於長男也。」程《傳》：「以帝乙歸妹之道言，其袂不如其娣之袂良，尚禮而不尚飾也。」參見爻辭之注釋，此從略。

❷其位在中，以貴行也

《集解》引虞翻曰：「三四復，二之五，成既濟。五貴，故以貴行也。」《纂疏》：「三四已復，二五易位，成既濟定。五在上中，其位貴，互震為行，故曰『以貴行也』。」注釋已詳於前文。弼未注。孔《疏》：「『其位在中以貴行也』者，釋『月幾望吉』也。既以長適少，非歸妹之美。而得吉者，其位在五之中，以貴盛而行，所往必得合而獲吉也。」程《傳》：「五以柔中在尊高之位，以尊貴而行中道也。柔順降屈，尚禮而不尚飾，乃中道也。」朱熹《本義》：「以其有中德之貴而行，故不尚飾。」項安世《周易玩辭》：「〈小象〉下兩句解上兩句。」王申子《大易緝說》：「上二句舉爻辭，下二句釋之也。言五居尊位而用中，故能以至貴而行其勤儉謙遜之道也。」

語譯

帝乙嫁女兒，女兒揮袖作態不如陪嫁的妹妹長袖善舞，精采吸睛。但是女兒地位在正中，以尊貴的身分踐行合禮的規範啊。

上六爻辭

上六❶：女承筐无實，士刲羊无血❷。无攸利❸。

注　釋

❶上六

以陰柔居歸妹之終，下與六三無應。无實、无血之象，无攸利之占，皆本於此。在筮法上，當歸妹上爻為老，他爻皆少，即由歸妹之睽䷥；或蹇䷦上爻為少，他爻皆老，即蹇之歸妹：這兩種情形，都以歸妹上六爻辭占。

❷女承筐无實，士刲羊无血

象也。《集解》引虞翻曰：「『女』，謂應三兌也。自下受上，稱『承』。震為『筐』，以陰應陰，三、四復位，坤為虛，故『无實』。《象》曰：『承虛筐也。』」（以上釋「女承筐无實」。）又曰：「『刲』，刺也。震為士，兌為羊，離為刀，故『士刲羊』。三、四復位成泰，坎象不見，故『无血』。」（以上釋「士刲羊无血」。）虞翻以為：「女」，指的是六三，在兌下為少女。「承」是指在下的六三「順承」上面的震上。〈說卦傳〉：「（震）為蒼筤竹。」筐為竹器，由竹片編成，故震又為筐。《易》例：初與四，二與五，三與上，陰陽互異曰應，以其異性相吸也。否則曰無應或敵應，以其同性相斥也。然亦有例外，如乾九五〈文言傳〉引子曰：「同聲相應，同氣相求。」指乾九五與九二相應也，是「以陽應陽」。而歸妹六三與上六相應，是「以陰應陰」。歸妹由泰（乾下坤上）變來，倘變回泰卦，則坤上三陰爻皆虛而无實。並引〈小象傳〉文以為結論。虞釋「女承筐无實」大意如此。至於「士刲羊无血」。虞云：「刲，刺也。」「刺」字未見於《說文》，而《廣韻．五寘》以「刾」為「刺」之俗體。詳見李道平《周易集解纂疏》及馬宗霍《說文解字引易考》。剌、刾、刺，實同字異體。《說文》：「刲，刺也。从刀，圭聲。《易》曰『士刲羊』。」字作刲而訓刺。《釋文》：「『刲，苦圭反，馬（融）云「刺也」。』」是許慎、馬融皆以刲為「刺也」，虞翻云「刾也」，殆為俗體。虞曰「震為士」，《纂疏》引《易緯．乾鑿度》「初為元士」，而接云：「乾初為震，故『震為士』。」又〈說卦傳〉「震為長男」，為男士也。〈說卦傳〉：「兌為羊。」歸妹兌下，故虞曰「兌為羊」，實依〈說卦傳〉。〈說卦傳〉又云：「離為戈兵。」虞曰「離為刀」，刀亦戈兵之屬。虞以「士刲羊」之象緣故如此。「三、四復位成泰」，言歸妹六三、九四，復歸正位，成九三、六四，則又成泰卦乾下坤上。歸妹卦六三、九四、六五互體坎的現象不見了，〈說卦傳〉「坎為血卦」的「血」也沒有了。所以虞又曰：「坎象不見，故『无血』。」虞翻釋「士刲羊无血」，大意如上。弼《注》：「羊謂三也。處卦之窮，仰无所承，下又无應。為女而承命，則筐虛而莫之與；為士而下命，則刲羊而无血，刲血（此『血』字疑當作『羊』）而无血，不應所命也。」孔《疏》：「女之為行，以上有承順為美；士之為功，以下有應命為貴。上六處卦之窮，仰則无所承受，故為女承筐則虛而无實；又下无其應，下命則无應之者，故為士刲羊則乾而无和，故曰：『女承筐无實，士刲羊无血。』」程《傳》：「上六，女歸之終而无應，女歸之无終者也。婦者，所以承先祖奉祭祀；不能奉祭祀，則不可以為婦矣！筐篚之實，婦職所供也。古者房中之俎菹醢之類，后夫人職之。諸侯之祭，親割牲，卿士大夫皆然。割取血以祭。《禮》云：『血祭盛氣也。』女當承事筐篚而无實，无實則无以祭，謂不能奉祭祀也。」《郭氏傳家易說》：「上六居一卦之極，失謙下之義，无以奉祭祀，則非夫婦之道矣。故稱女、士焉。未嫁曰『女』，未娶曰『士』，『筐』，所以載實也。『承筐无實』，失婦道也。《禮》云：『血祭盛氣也。』親割牲而无血，失夫道也。夫不夫，婦不婦，何所利哉！」王弼以「處卦之窮」時，「仰无所承」之象，說明「筐虛」之故；又以「下又无應」之象，說明「无血」之故。孔穎達更明白詳盡說出此義。程伊川、郭白雲皆依據《禮記．郊特牲》：「有虞氏之祭也，尚用氣，血腥爓祭，用氣也。殷人尚聲。……周人尚臭。……血祭盛氣也。」中「血祭盛氣也」以說明「无血」所以「失夫道」之故。道家、儒家以義理釋此爻，大致如此。

❸**无攸利**

占也。《集解》引虞翻曰：「三柔乘剛，故无攸利也。」《纂疏》：「三自以柔承坎剛，不能應上，故无攸利也。愚（李道平自稱）案：卦辭「无攸利」者，謂三乘二剛也。爻辭「无攸利」者，謂三承四剛也。乘承皆不正之剛，故『无攸利』。《注》（指《集解》所引虞翻《周易注》）皆謂「三」，无異辭也。」所言已明，故不再釋。弼《注》：「進退莫與，故曰『无攸利』也。」孔《疏》同《注》，作「則進退莫與，故无所利」。程《傳》：「婦不能奉祭祀，則當離絕，是夫婦之无終者也，何所往而利哉？」張載《橫渠易說》：「上六與六三皆陰，故士、女无實。」兼言「士」、「女」。《郭氏傳家易說》：「是以夫婦之道，有不能永終者。以此聖人貴其知敝，故夫夫婦婦而家道正矣。言『无實』、『无血』、『无攸利』，於上六之爻皆不能之敝也。」「夫夫」、「婦婦」，說同橫渠。「貴其知敝」尤是。

語譯

歸妹卦最上面的是陰爻。像姑娘奉獻上竹筐，中間卻沒有實物；又像男士宰羊，卻沒流出羊血來。不會有什麼利益。

附錄古義

《左傳・僖十五年》：「初，晉獻公筮嫁伯姬於秦，遇歸妹䷵之睽䷥。史蘇占之，曰：『不吉。其繇曰：「士刲羊，亦無衁也；女承筐，亦無貺也。西鄰責言，不可償也。」歸妹之睽，猶無相也。震之離，亦離之震，為雷為火，為嬴敗姬。車說其輹，火焚其旗，不利行師，敗于宗丘。歸妹睽孤，寇張之弧。姪其從姑。六年其逋，逃歸其國而棄其家。明年，其死於高梁之虛。』及惠公在秦，曰：『先君若從史蘇之占，吾不及此夫！』韓簡侍，曰：『龜，象也；筮，數也。物生而後有象，象而後有滋，滋而後有數。先君之敗德，及可數乎？史蘇是占，勿從何益？』」

象 傳

上六无實❶，承虛筐也❷。

注 釋

❶上六无實

舉「无實」二字，內容實包含上六爻辭全文。

❷承虛筐也

《集解》引虞翻曰：「泰坤為虛，故承虛筐也。」虞以歸妹卦由泰變成，泰卦坤上乾下，坤陰為虛而在乾上，是一個空筐子。弼未注，孔《疏》云：「『承虛筐』者，筐本盛幣，以幣為實。今之无實，正是承捧虛筐，空无所有也。」釋句義而已。程《傳》：「筐无實，是空筐也。空筐可以祭乎？言不可以奉祭祀也。女不可以奉祭祀，則離絕而已，是女歸之无終者也。」則詳言其前因後果。

語 譯

歸妹上六爻辭所說的「无實」，是上六之上更無他爻需要承受，就只是一個空筐子啊。（就好像婚嫁時男女雙方虛情假意，騙來騙去，婚姻怎可能有美滿結果呢！）

豐卦經傳通釋第五十五

卦辭

䷶ 離下震上 豐❶：亨❷，王假之❸，勿憂，宜日中❹。

注釋

❶ ䷶ 離下震上 豐

《說文》：「豐，行禮之器也。……讀與禮同。」又：「豐，豆之豐滿也。」李孝定於所著《甲骨文字集釋》「按」云：「豐豐古蓋一字，豆實豐美所以事神。以言事神之事則為禮，以言事神之器則為豐，以言犧牲玉帛之腆美則為豐。其始實為一字也。商（承祚）、容（庚）、孫（海波）諸氏謂豐、豐一字，其說可從。」所以「豐」是指祭品豐厚盛大。豆，《說文》：「豆，古食肉器也。从口（圍，象器之容也。）象形（上一，象蓋；下丄，象器之座也。）」是古代吃肉的容器，也作為祭祀時盛放祭品的容器。《周易集解》引虞翻曰：「此卦三陰三陽之例當從泰二之四，而豐三從噬嗑䷔上來之三，折四于坎獄而成豐。」詳見〈象傳〉之注釋。弼《注》以「豐亨」為「大而亨」。孔《疏》：「豐，卦名也。〈彖〉及〈序卦〉皆以大訓豐也。然則豐者，多大之名，盈足之義。財多德大，故謂之為豐。」已於「財多」之外，並列「德大」之義。

程《傳》：「豐，盛大之義。為卦震上離下：震，動也；離，明也。以明而動，動而能明，皆致豐之道。明足以照，動足以亨，然後能致豐大也。」伊川依上下二體之卦德，釋卦之道德之義更明。朱熹依之，《本義》：「豐，大也。以明而動，盛大之勢也。」在筮法上，當豐六爻皆少，也就是本卦、之卦都是豐；或渙䷺六爻皆老，也就是渙之豐：這兩種情形，都以豐卦辭占。

❷**亨**

占也。亨通也。《集解》引虞翻曰：「陰陽交，故通。」《纂疏》：「三上易位，是陰陽交。交故通，通故亨。」言豐卦是噬嗑卦䷔六三與上九陰陽互易交通所成。陰陽交通導致萬物化生而盛大，故豐卦辭言「亨」也。孔氏《正義》（即《疏》）：「德大則无所不容，財多則无所不濟。无所擁礙，謂之為亨，故曰『豐亨』。」似卦辭當重一「豐」字。程《傳》：「豐為盛大，其義自亨。」朱《義》：「豐，大也。以明而動，盛大之勢也。故其占有亨道焉。」《郭氏傳家易說》記白雲曰：「噬嗑與豐，皆明動之卦。噬嗑先動而求明，得明而後可亨也；豐已明而後動，則不期而自亨矣！」白雲郭雍此義，似可與《禮記・中庸》「誠明」之教相提並論。《中庸》：「誠者，天之道也；誠之者，人之道也。誠者，不勉而中，不思而得，從容中道，聖人也；誠之者，擇善而固執之者也。博學之，審問之，慎思之，明辨之，篤行之。有弗學，學之弗能弗措也；有弗問，問之弗知弗措也；有弗思，思之弗得弗措也；有弗辨，辨之弗明弗措也；有弗行，行之弗篤弗措也。人一能之，己百之；人十能之，己千之。果能此道矣，雖愚必明，雖柔必強。自誠明，謂之性；自明誠，謂之教。誠則明矣，明則誠矣。」二者所言，有大有小，有異有同。余審問而已，慎思明辨，其在讀者諸君。至於篤行，各自努力可也。

❸**王假之**

象也。《集解》引虞翻曰：「乾為王。假，至也。謂四宜上至五，動之正成乾，故王假之，尚大也。」萱案：〈說卦傳〉：「乾以君之。」又云：「乾為天，為圜，為君，為父，……」《爾雅・釋詁》：「林、烝、天、帝、皇、王、后、辟、公、侯，君也。」故乾為君，又為王。〈釋詁〉：「弔、艐、格、戾、懷、摧、詹，至也。」揚雄《方言》：「徦、㣊、懷、摧、詹、戾、艐，至也。邠、唐、冀、兗之間曰假，或曰格。齊、楚之會郊或曰懷。摧、詹、戾，楚語也。艐，宋語也。皆古雅之別語也。今則或同。」「王假之」之假，疑當作徦，故虞云「至也」。虞謂「四宜上至五」，非謂四、五陰陽易位，乃言四陽向上生息而至五位，而成九五，九五動之正，得位居中，則九三、九四、九五互體成「乾為王」、「故王假之」矣。弼《注》唯言：「大而亨者，王之所至。」孔《疏》：「『王假之』者，假，至也。豐亨之道，王之所尚。非有王者之德，不能至之，故曰『王假之』也。」依弼《注》而詳明之。程《傳》：「極天下之光大者，唯王者能至之。假，至也。天位之尊，四海之富，群生之眾，王道之大，極豐之道，其唯王者乎？」於王者所至之目標，一一列舉。項安世《玩辭》：「孔子曰：『嚴父莫大於配天。』孟子曰：『尊親（之至）莫大乎以天下養。』《易》曰：『崇高莫大乎富貴。』老氏曰：『王（當作人）亦大。』皆此意也。」所引「孔子曰」見於《孝經・聖治章》；「孟子曰」見於《孟子・萬章》；「《易》曰」見於〈繫辭傳上〉；「老氏曰」見於《老子・二十五章》。《老子》原文作：「道大，天大，地大，人亦大。域中有四大，而人居其一焉。人法地，地法天，天法道，道法自然。」項氏言「皆此意也」，讀者宜自再思之。

❹勿憂，宜日中

占也。吳澄以「勿憂」為「占也」，以「宜日中」為「象也」。高亨以豐卦辭「亨，王假之，勿憂，宜日中，」全都是「記事之辭」。《集解》引虞翻曰：「五動之正，則四變成離。離，日中。當五在坎中，坎為憂，故『勿憂宜日中』。體兩離象照天下也。日中則昃，月盈則食。天地盈虛，與時消息。」虞意：豐卦六五變動得正而成九五，那麼九四也會變動得正而成六四，（此說與注❸「王假之」虞云「四宜上至五」採生息說矛盾。）豐卦變成既濟卦䷾而定了下來。且九三、六四、九五互體成為三畫的離☲。〈說卦傳〉：「離也者，明也。萬物皆相見，南方之卦也。聖人南面而聽天下，嚮明而治，蓋取諸此也。」《易緯・乾鑿度》：「離長之於南方，位於五月。」又曰：「成於離。離，南方之卦也。陽得正於上，陰得正於下，尊卑之象定，禮之序也。故南方為禮。」《易緯》已將八卦配合仁、義、禮、知、信五常，和八方、十二月。

後人更將八卦與十二地支配合起來：以坎配子，代表一年中的十一月，一日中的子夜；以離配午，代表一年中的五月，一日中的正午。虞云「離日中」，以離配午也。成既濟後，六四、九五、上六為坎，〈說卦傳〉：「坎……其於人也，為加憂，為心病，為耳痛。」故曰「坎為憂」，而誡之以「勿憂宜日中」也。又既濟卦下三爻為離，三、四、五互體又為離，故虞曰「體兩離象照天下也」。虞《注》下文「日中則昃，月盈則食。天地盈虛，與時消息」係引豐〈彖傳〉文，當於〈彖傳〉注釋再詳之。弼《注》：「豐之為義，闡弘微細，通夫隱滯者也。為天下之主，而令微隱者不亨，憂未已也。故至豐亨，乃得勿憂也。用夫豐亨不憂之德，宜處天中，以偏照者也。故曰『宜日中也』。」孔《疏》：「勿，无也。王能至於豐亨，乃得无復憂慮。故曰：勿憂也。用夫豐亨无憂之德，然後可以君臨萬國，偏照四方。如日中之時，偏照天下。故曰：宜日中也。」觀注疏，王弼、孔穎達似已認識到經濟建設，實為民富國強之基礎。小至「闡弘微細，通夫隱滯」，大至君臨萬國、徧照四方。這正是具中國特色的傳統「王天下」的政治哲學。程《傳》：「豐之時，人民之繁庶，事物之殷盛，治之豈易周？為可憂慮。宜如日中之盛明廣照无所不及，然後无憂也。」朱熹《本義》：「王者至此盛極當衰，則又有憂道焉。聖人以為徒憂无益，但能守常，不至於過盛則可矣。故或以勿憂宜日中也。」程、朱蓋慮及過繁難周，過盛易衰，故能先天下之憂而憂，而勉以宜如日中之盛，廣照萬物，守常不過，始能無憂也。

語譯

三畫的離在下，三畫的震在上，重疊成六畫的豐卦。代表財多德厚，以明而動，動而能明。依據誠明的本性而行善事，或由篤行善事而使本性逐漸誠明，都能使生命豐富，德行高厚，而事業亨通。最高統治人應該做到這一目標。不必過分擔心過盛易衰，應當掌握日正中天無所不照的時機，按常規辦事。

附錄古義

徐幹《中論・爵祿篇》：「故舜為匹夫，猶民也；及其受終於文祖，稱曰『予一人』，則西王母來獻白環。周公之為諸侯，猶臣也；及其踐明堂之祚，負斧扆而立，則越裳氏來獻白雉。故身不尊則施不光，居不高則化不博。《易》曰：『豐亨，無咎，王假之，勿憂，宜日中』；身尊居高之謂也。」

象傳

豐，大也。明以動，故豐❶。王假之，尚大也❷。勿憂，宜日中，宜照天下也❸。日中則昃，月盈則食❹。天地盈虛，與時消息❺。而況於人乎？況於鬼神乎❻。

注釋

❶豐，大也。明以動，故豐

此釋卦名。《集解》引崔憬曰：「離下震上，明以動之象。明則見微，動則成務，故能大矣。」以卦德闡釋名義，甚好。案：崔憬，唐人，著有《周易探玄》。嘗述及孔穎達；而李鼎祚《集解》採取頗多。知其人當生於孔後李前。馬國翰《玉函山房輯佚書》輯有崔憬《周易探玄》三卷。程《傳》：「豐者，盛大之義。離明而震動，明動相資而成豐大也。」與崔憬所見略同。程頤弟子呂大臨《易章句》：「豐，致廣大也。明而不動，則明不大；動則大，大故豐。動而大，无不亨也。」《郭氏傳家易說》記白雲郭氏曰：「非動則不能致豐；不明以動，又无自而豐。惟明以動，是以豐也。」皆有所發揮。宋代林栗《周易經傳集解》：

「『故豐』之『豐』當作『亨』。」則〈彖傳〉「大也」釋卦名「豐」；「明以動」釋卦辭「亨」。

❷王假之，尚大也

〈彖傳〉此句釋卦辭「王假之」之義。《集解》引姚信曰：「四體震王。假，大也。四上之五，得其盛位，謂之大。」《篹疏》：「四體震。帝出乎震，故為王。『假，大也。』〈釋詁〉文。四不正，之五得正，五為王位，故『得其盛位，謂之大。』」姚信，三國吳人，晚於虞翻。姚言「四體震王」，殆據〈彖傳〉言「震出可以守宗廟社稷以為祭主」及〈說卦傳〉「帝出乎震」而云然，與虞曰「乾為王」不同。以象數說《易》，常有歧見如此。弼《注》：「大者，王之所尚，故至之也。」孔《疏》：「『王假之，尚大也』者，豐大之道，王所崇尚。所以王能至之。以能尚大故也。」已盡掃象數，而以義理說之。程《傳》：「王者有四海之廣，兆民之眾，極天下之大也。故豐大之道，唯王者能致之。所有既大，其保之治之之道，亦當大也。故王者之所尚至大也。」伊川強調「保之治之」之責任重大，正是儒家「治國平天下」之理念。及至呂大臨《易章句》：「大則物无非我，王者之中也。假之者，惟王者能致之也。」試與《孟子·盡心》：「萬物皆備於我矣，反身而誠，樂莫大焉。強恕而行，求仁莫近焉。」及《莊子·齊物論》：「天地與我並生，而萬物與我為一。」比較所說之異同。

❸勿憂，宜日中，宜照天下也

引卦辭「勿憂，宜日中」文而釋之。《集解》引虞翻曰：「五動成乾，乾為天；四動成兩離，重明麗正，故宜照天下，謂化成天下也。」其意謂豐卦六五變動為九五，則九三、九四、九五互體成乾，〈說卦傳〉「乾為天」。九四再動，變為六四，則初九、六二、九三成一離；九三、六四、九五再成一離，共有兩離。離卦〈彖傳〉：「重明以麗乎正，乃化成天下。」故虞云「重明麗正，故宜照天下，謂化成天下也」。弼《注》：「以『勿憂』之德，故宜照天下也。」孔《疏》：「日中之時，徧照天下，王无憂慮，德乃光被，同於日中之盈。故曰『勿憂，宜日中，宜照天下也』。」今人每言：要掌握當下，而無須過度瞻前慮後，此之謂乎？程《傳》：「所有既廣，所治既眾，當憂慮其不能周及。宜如日中之盛明，普照天下，无所不至，則可勿憂矣！如是，然後能保其豐大。保有豐大，豈小才小知之所能也？」伊川以為有廣治眾，本當憂慮。惟有如日在中天，普照天下，方能勿憂。則著重戰兢謹慎之意。朱熹承伊川此意，《語類》：「是他忒豐大了，這物事盛極，去不得了，必衰也。人君於此之時，當如奉盤水，戰兢自持，方无傾側滿溢之患。若才有纖毫驕矜自滿之心，即敗矣！」此事極難，困而學之，篤而行之可也。

❹日中則昃，月盈則食

此日月運行自然之現象。《集解》引荀爽曰：「豐者至盛，故『日中』；下居四，日『昃』之象也。」蓋豐卦初、二、三、上皆正；惟四、五失正。倘九四、六五，陰陽互易而成六四、九五，則一卦六爻皆正矣。而由初至五，卦互二離。離為日，二離乃日中至盛之象。今豐陽九不居五而下居四，乃日昃之象也。《集解》又引虞翻曰：「月之行，生震，見兌，盈于乾甲。五動成乾，故『月盈』。四變體噬嗑食，故『則食』。此豐其屋，蔀其家也。」虞氏此《注》，頗難解釋。必先了解其「月體納甲」說，方能講明白。《周易・繫辭傳上》：「縣象著明莫大乎日月」。《集解》引虞翻曰：「謂日月縣天成八卦象：三日莫，震象出庚；八日，兌象見丁；十五日，乾象盈甲；十七日旦，巽象退辛；二十三日，艮象消丙；三十日，坤象滅乙；晦夕朔旦，坎象流戊；日中則離，離象就己；戊、己土位，象見於中；日月相推而明生焉，故『縣象著明莫大乎日月』者也。」案：清儒惠棟、張惠言、李銳等，都曾依此段文字作虞氏納甲圖，本書歸妹卦〈彖傳〉嘗自屈翼鵬先生《先秦漢魏易例述評》轉引李氏圖，敬請參閱。

「縣天」之縣，通懸，懸掛也。「日莫」之莫，通暮。「三日莫」，謂陰曆每月初三之晚。「震象出庚」，震☳，一陽在下，二陰在上，像娥眉新月初出於西方之庚位也。「八日兌象見丁」，陰曆每月初八，兌☱二陽在下一陰在上，像上弦月出現於南方之丁位。「十五日乾象盈甲」，陰曆每月十五日月亮滿圓像乾☰三陽出現在東方的甲位。「十七日旦巽象退辛」，十七日清晨，月亮像巽☴一樣明亮的陽開始消退到西方的辛位。「二十三日艮象消丙」，二十三日像艮☶一陰在下，逼迫一陽退居最後丙的位置。「三十日坤象滅乙」，到了陰曆每月二十九日（小月）或三十日（大月），月亮全暗了，像坤☷三陰在東方的乙位亮光全部消失了。「晦夕朔旦坎象流戊」，晦是陰曆每月最後一天（大月三十日，小月二十九日），朔是每月最初一天（此指下個月的初一）。所以由「晦夕」到「朔旦」具有「終而又始」的意思。像坎☵，一陽夾在上下二陰之間，流落在中央的戊位。「日中則離離象就已」，日在中午正是離☲，上下二陽夾住中間一陰，就位在中央的己方。「戊己土位，象見於中」，戊與己在五行上屬土的位置，形象出現在中央。「日月相推而明生焉」，太陽月亮互相推移而亮光就產生了。所以〈繫辭傳上〉說「縣象著明莫大乎日月」。了解了此「月體納甲說」後，再來解釋《集解》所引虞翻對「月盈則食」的注解。月亮的運行，初三才在底部發出一線亮光像震☳，這就是虞翻說的「生震」。初八上弦月相出現在兌☱，此即虞曰「見兌」。十五日月亮滿圓，這是「盈于乾甲」。豐六五變動為九五，則九三、九四、九五成乾☰，乾為盈，虞曰「五動成乾」，故「月盈」，即此之謂也。虞又曰「四變體噬嗑食」，惠棟《周易述》未釋；張惠言《周氏虞氏義》引而無解；李道平《纂疏》：「上已變，四復變，體噬嗑食象，故食。」核以虞注原文「四變體噬嗑食，故『則食』」，惟增「上已變」、「復」、「象」五字，刪「則」字，於虞《注》之疏解全無幫助。山東大學哲學系王新春教授著《周易虞氏學》，其下篇為《虞氏周易注今詮》，於虞翻「四變體噬嗑食」，王教授註釋云：「四、五兩爻動變之正，卦成既濟而定。既濟初至五爻，透過『五爻連互』的方法，可得一離卦（䷝）。離卦上體為離，初至二爻震象半見，合而觀之，約可視之為一噬嗑卦（䷔）。而前已有揭，噬嗑有食象，故云『體噬嗑』食。」這是對虞此處《注》比較清楚的詮釋。案：「震象半見」，虞翻於需九二爻辭，訟初六爻辭下《注》皆曾言之。又小畜〈彖傳〉「密雲不雨」虞《注》有「坎象半見」。此三條虞《注》，皆見於《集解》所引。「半象」之說，焦循已不以為然。《易圖略．卷七》論「半象」曰：「虞翻解『小有言』為『震象半見』，又有『半坎』之說。余以為不然。蓋乾之半亦巽、兌之半，坤之半亦艮、震之半。震之下半，何異於坎、離之半？坎之半，又何異於兌、巽、艮之半？……半象之說興，則履、姤之下，均堪半坎；師、困之下，皆可半震。究何從乎？」屈翼鵬先生《先秦漢魏易例述評》引焦循此段文字，而結以「學者其勿惑焉！」是也。抑有進者，豐〈象傳〉言「月盈則食」為虧蝕，噬嗑〈象傳〉言「頤中有物曰噬嗑」為飲食。蓋非一事。倘以「兩象易」釋之：豐由離下震上組成，上下二體相更易，震下離上，即成噬嗑。此說亦多矛盾，於《易傳》則不合。詳見屈先生書，此不贅。吾友臺灣清華大學物理研究所創所所長李怡嚴教授嘗致函勸我「不必為象數傷太多腦筋」。而我寫《通釋》，為了保存我國易學的歷史早期面目，於「象數」越陷越深。每深思數日始能說清《易》中一句話。今（二〇一七）已年八十六。如何能寫完《通釋》，已為我生命中最大願望。……閒話休表，言歸正傳。《集解》引虞翻曰猶有「此豐其屋蔀其家也」，係豐上六爻辭文，釋見於彼，此不贅。弼《注》惟言「豐之為用，困於昃食者也」。孔《疏》：「此孔子因豐設戒，以上言王者以豐大之德，照臨天下，同於日中。然盛必有衰，自然常理。日中至盛，過中則昃；月滿則盈，過盈則食。」則詳言其故。程《傳》：「既言豐盛之至，復言其難常，以為誡也。日中盛極，則當昃昳；月既盈滿，則有虧缺。」大抵從孔《疏》。案：日昃月食，既為自然常態，人之作為，當配合並利用此常態，古人日出而作，日入而息，配合時態，可矣。今科學發達，以太陽能、海潮起落、水力、風力等發電，能使夜明如晝，增加生產動力與工作時間，此乃利用自然，亦好。能如是，日昃月食，於我何憂哉？

❺天地盈虛，與時消息

《集解》引虞翻曰：「五息成乾，為盈；四消入坤，為虛。故天地盈虛也。豐之既濟，四時象具。」九三、九四兩陽往上發展生息，使六五變成九五。那麼九三、九四、九五便成為乾卦。乾為天而三陽滿盈。如果豐卦九四為陰消滅，成為六四。那麼豐卦上體三爻成六四、六五、上六，便為坤卦。坤為地而三陰虛空。所以〈彖傳〉說「天地盈虛」。虞又云「豐之既濟，四時象具」者。《纂疏》曰：「豐震春兌秋，既濟坎冬離夏，故豐之既濟，四時象具。」豐卦震上為春，九三、九四、六五互兌為秋；既濟卦離下為夏，坎上為冬，所以從豐變成既濟，春、夏、秋、冬，四時氣象之循環都具備了。以上是象數派的詮釋。及王弼《周易注》：「豐之為用，困於昃食者也。施於未足則尚豐，施於已盈則方溢。不可以為常，故具陳消息之道者也。」言豐所重在「用」。在「未足」時「尚豐」，在「已盈」時「方溢」。隨時或消或息，不可以為常。孔《疏》：「此孔子因豐設戒。以上言王者以豐大之德，照臨天下，同於日中。然盛必有衰，自然常理。日中至盛，過中則昃。月滿則盈，過盈則食。天之寒暑往來，地之陵谷遷貿，盈則與時而息，虛則與時而消。」孔君以〈彖傳〉為孔子所作，並依弼《注》而詳言自然常理而勉人與自然配合，隨時消息。程《傳》：「於豐盛之時，而為此誡。欲其守中，不至過盛。處豐之道，豈易也哉！」毛璞《易傳》：「豐，大也，亦盈也。惟有道者明德若不足。未嘗中，故不昃；未嘗盈，故不食。日新則為大；反是則為盈。知日中之宜，則知日昃之可戒。」案：毛璞，宋時人，嘗著《潼川憲節易傳》十一卷。嘉泰元年（一二〇一）自序。其書於清儒朱彝尊作《經義考》已曰「未見」。元朝董真卿作《周易會通》嘗引之。清儒李光地主編《周易折中》亦引之。文字與《會通》全同。疑亦自《會通》轉引。董氏《會通》，民國熊十力頗肯定之。《讀經示要》嘗云：「近者國立編譯館，擬選定十三經新疏印行之。於《易》則取李氏《周易集解篹疏》，吾殊不謂然。《集解》但採眾說。殊無根底。《篹疏》固有功《集解》。然不妨供涉獵耳。董氏《周易會通》，雖纂輯之業，而宗主程朱。以眾說相互發明，不無可取。總之，《十三經注疏》，欲於漢宋，擇善而從，殊難其選。不如任學者旁收博覽，自求心得。毋取效帝制之世，由在位者妄立標準也。」清代李光地纂《周易折中》，其體例、內容，頗近《會通》，後出轉精也。本書於《會通》、《折中》，採取特多，非無故也。謹此報告於讀者諸君。

❻**而況於人乎？況於鬼神乎**

況，轉接連詞，表示前後兩句有推進一層的關係。古或用「矧」字；今多用「何況」或「況且」。《集解》引虞翻曰：「乾為神人，坤為鬼。鬼神與人亦隨時消息。謂『人謀鬼謀，百姓與能』，與時消息。」乾卦全陽，代表一種剛健、使生命伸展的力量。所以《論衡・論死》：「神者，伸也。」《說文》：「神，天神引出萬物者也。」《易・乾・大象》：「天行健，君子以自強不息。」故虞曰「乾為神人」。坤卦全陰，代表一種使生命萎縮、後退的力量。《爾雅・釋訓》：「鬼之為言歸也。」《說文》：「人所歸為鬼。」故虞曰「坤為鬼」。神人之伸展，鬼之回歸，其生息與消滅也與時間相應。故虞曰「鬼神與人亦隨時消息。『人謀鬼謀，百姓與能。』」〈繫辭傳下〉文。坤卦〈繫辭傳下・乾健坤順章〉嘗引其全文並詳釋之。又〈文言傳〉

有「而況於人乎況於鬼神乎」，乾卦九五〈文言傳〉嘗引而釋之。此均不再贅釋。請參閱乾坤注釋及本條語譯。弼於此句未注。孔穎達《正義》：「天地日月，尚不能久，況於人與鬼神，而能長保其盈盛乎？勉令及時脩德，仍戒居存慮亡也。此辭先陳天地，後言人鬼神者，欲以輕譬重，亦先尊後卑也。而日月先天地者，承上『宜日中』之下，遂言其昃食。因舉日月以對之，然後并陳天地，作文之體也。」程《傳》：「天地之盈虛，尚與時消息，況人與鬼神乎？盈虛謂盛衰，消息謂進退。天地之運，亦隨時進退也。鬼神謂造化之迹，於萬物盛衰可見其消息也。於豐盛之時而為此誡，欲其守中，不至過盛。處豐之道，豈易也哉！」朱《義》：「此又發明卦辭外意，言不可過中也。」《折中》引林希元曰：「卦辭『勿憂宜日中』，所以然處未及之。此方言之，以補卦辭之所未及，故曰『發明卦辭外意』，言辭外之意也。雖曰辭外之意，然實有此意，但辭不及耳。」案：林希元，明人，著有《易經存疑》。本條於朱《義》有所說明。

語譯

豐，是「盛大」的意思。豐卦離下代表明，明白目標、方法、成果等一切；震上代表動，也就是行動、實踐。明白目標、方法、成果而務實行動，所以能夠豐盛。以興旺天下為目標的領導人方能獲致此成果。因為他治國平天下的理念非常偉大啊。不要被憂愁擾擾了心意，應該趁日正當中的時機，自強不息，並且協助照顧天下以平等待我之民族作好基本建設。也要了解，太陽到了中天就會向西沉落，陰曆十五月亮滿圓後就會逐漸虧缺。無論國家或個人都要認識到這種自然界本然的法則，並配合這種法則作出適宜的生產與休息的活動，並做好東西合享、南北溝通的措施。天地盈虛尚且如此，而何況人事呢？何況鬼神由回歸而再伸展的現象呢？

附錄古義

劉向《列女傳・仁智篇》：「武王伐隨，且行，告鄧曼曰：『余心蕩，何也？』鄧曼曰：『王德薄而祿厚，施鮮而得多。物盛必衰，日中必移，盈而蕩，天之道也。先王知之矣；故臨武事，將發大命，而蕩王心焉。若師徒毋虧，王薨於行，國之福也。」王遂行，卒於樠木之下。君子謂鄧曼為知天道。《易》曰：『日中則昃，月盈則虧，天地盈虛，與時消息。』此之謂也。」

劉向《說苑・敬慎篇》見損〈象傳〉附錄古義。

象傳

雷電皆至，豐❶；君子以折獄致刑❷。

注釋

❶雷電皆至，豐

每讀〈象傳〉此句，我首先想起的，總是《孟子・梁惠王上》：「七八月之間旱，則苗槁矣。天油然作雲，沛然下雨，則苗浡然而興之矣。」同時耳邊會響起貝多芬的《第六交響曲（田園）》：第一樂章用奏鳴曲式，描述到達鄉村快樂的感受。第二樂章中的潺潺溪水聲，夜鶯、鵪鶉和杜鵑的鳴叫聲，和第三樂章的農民舞曲，帶出了第四樂章的「暴風雨」。那不協和絃、半音進行，和猛烈的音響，自然現象竟有如此無比的威力！逐漸地，田野裡傳來了牧笛聲，引出第五樂章牧民的讚美歌，似乎人人都已從生機勃勃的大自然中汲取接受了豐沛的簇新的生命力。回到第一樂章到達鄉村時的歡愉的感受。《周易・豐卦・大象》此句描述的正是《田園交響曲》中的「暴風雨」！《集辭》引荀爽曰：「豐者，陰據不正，奪陽之位，而行以豐。」《纂疏》：「雷電，陽威之大，故皆至為豐。五為豐主，以陰據不正，奪陽之位。」以為六五失正，奪陽九五之位，而為豐卦之主也。弼《注》惟言「文明以動，不失情理也」，以離明震動卦德為解。孔《疏》：「『雷電皆至豐』者，雷者，天之威動；電者，天之光耀。雷電俱至，則威明備足，以為豐也。」釋義甚正確。程《傳》：「雷電皆至，明震並行也。二體相合，故云皆至。明動相資，成豐之象。」案：〈大象〉言「雷電」者二：一曰「雷電噬嗑」，一曰「雷電皆至豐」。伊川《易傳》於噬嗑〈大象〉下曰：「象无倒置者，疑此文互也。」以為「雷電噬嗑」之「雷電」倒置，當乙正為「電雷」。朱子《本義》更直言噬嗑〈大象〉：「雷電當作電雷。」皆以為〈象傳〉於噬嗑作「電雷噬嗑」，於豐作「雷電皆至豐」也。

參見下條注釋。

❷君子以折獄致刑

《集解》引虞翻曰：「君子謂三，噬嗑四失正，繫在坎獄中，故上之三，折四入大過死象，故曰折獄致刑。兌折為刑，賁三得正，故无敢折獄也。」《易》卦六爻，兼三才而兩之：初、二為地；三、四為人；五、上為天。故乾九三曰「君子終日乾乾」，豐〈象傳〉引虞曰「君子謂三」也。又豐卦名下虞曰：「豐三從噬嗑上來之三，折四于坎獄中而成豐，故君子以折獄致刑。」蓋噬嗑䷔以陽爻位四位，是為失位失正。六三、九四、六五互坎，是「繫在坎獄中」。所以噬嗑卦上九去與六三陰陽互換，而成豐卦。既折九四，使九四進入豐卦六二、九三、九四互體為巽下，九三、九四、六五互體為兌上。巽下兌上形成大過卦䷛。《周易・繫辭傳下》：「古之葬者，厚衣之以薪，葬之中野，不封不樹，喪期无數，後世聖人易之以棺槨，蓋取諸大過。」是大過卦有喪葬棺槨之象，故虞曰：「故上之三，折四入大過死象。並『以折獄致刑』。」豐卦九三、九四、六五，互體成兌，〈說卦傳〉：「兌為毀折。」故虞曰「兌折為刑」。賁卦䷕九三得位得正，爻辭謂其「永貞吉」。〈大象傳〉謂賁卦曰：「山下有火，賁；君子以明庶政，无敢折獄。」故虞曰：「賁三得正，故『无敢折獄』也。」虞氏此《注》不僅說「象數」而已，且兼較論豐之「折獄致刑」，大過之「死象」，賁之「无敢折獄」。頗有深意。弼《注》以豐卦離下為「文明」，震上為「動」，以此折獄致刑，「不失情理」云。已詳上條注釋。孔《疏》：「『君子以折獄致刑』者，君子法象天威，而用刑罰。亦當文明以動，折獄斷決也。斷決獄訟，須得虛實之情；致用刑罰，必得輕重之中。若動而不明，則淫濫斯及。故君子象於此卦，而折獄致刑。」以卦象卦德，說明〈大象〉之義甚詳明。程《傳》：「離，明也，照察之象；震，動也，威斷之象。折獄者，必照其情實，唯明克允；致刑者，以威於姦惡，唯斷乃成。故君子觀雷電明動之象以折獄致刑也。噬嗑言先王飭法，豐言君子折獄，以明在上，而麗於威震，王者之事，故為制刑立法；以明在下，而麗於威震，君子之用，故為折獄致刑。旅明在上而云君子者，旅取慎用刑與不留獄，君子皆當然也。」較論噬嗑、豐、旅刑法理念，多前人所未發。及《郭氏傳家易說》，先錄兼山郭氏（忠孝）曰：「《易》之取象，噬嗑與豐无以異。此噬嗑者，先動而後明，初未明也，故不敢折獄致刑。豐則先明而後動，初已明也，故不待明罰勑法而後用也。天之動威，其行如此，則先王之用刑，其有不慎者乎？故《書》曰：『欽哉！欽哉！惟刑之恤哉。』於此可見矣。然則噬嗑與豐，施設之序何異也？曰：猶之天也。將先春而後秋乎？將先秋而後春乎？故折獄致刑，蓋有不得已而然矣。」再錄白雲郭氏（雍）曰：「先人曰：『噬嗑先動而後明，初未明也，故不敢折獄致刑；豐則先明而後動，初已明也，故不待明罰勑法而後用也。』雍曰：二卦先後之象，盡於此矣。然噬嗑方動以期於明，必先明其罰、勑其法，以示天下，使天下知所避，然後犯於有司者，可以麗其罪。若《周官》大司寇縣刑象之法于象魏；小司寇令以木鐸曰：『不用法者，國有常刑。』令羣士乃宣布于四方，憲刑禁；至於士師，又憲禁令于國及郊野。此之謂明罰勑法也。豐則已明而動，是已布刑也，已令憲也，動則麗之刑矣。若大司寇邦典定之、邦法斷之、邦成弊之；小司寇以五刑聽萬民之獄訟，附于刑，用情訊之，至于旬乃弊之；士師察獄訟之辭，以詔司寇，斷獄弊訟致邦令。此之謂折獄致刑也。是皆聖人之政見於有迹者也。若其至仁內充，推恩四海，蓋不可得而見焉。特於聖人之言得其大槩而已。觀舜戒羣后曰：『欽哉！欽哉！惟刑之恤哉！』其戒皋陶曰：『惟明克允。』又曰：『明于五刑，以弼五教。』又曰：『刑期于無刑。』而皋陶稱舜亦曰：『好生之德，洽于民心。茲用不犯于有司。』知此則盡噬嗑之用獄矣！」考兼山郭氏為郭忠孝，為白雲郭雍之父。父子二人合著《易說》，名曰《郭氏傳家易說》，家學淵源，精思深慮，釋義既詳，辨論更明，《通釋》多引之，實宋

《易》一大家也。又朱子《語類》嘗記林學履問：『雷電噬嗑與雷電豐似一般？』先生曰：『噬嗑明在上，動在下。是明得事理，先立這法，在此未有犯底人，留待異時之用。故云「明罰勑法」。豐威在上，明在下，是用這法時，須是明見下情曲折方得。不然威動於上，必有過錯也。故云「折獄致刑」。此是伊川之意，其說極好。』」朱熹晚於伊川，亦晚於二郭。其言可視為噬嗑與豐較論之結論。《論語・顏淵》：「子曰：『聽訟吾猶人也，必也使無訟乎！』」孔子此語與《尚書》所記舜語「刑期于無刑」，皆代表儒家司法思想的最高理念。

語譯

(當天旱苗槁的時候，)打雷閃電，(下起大雨來，)帶給大地豐沛的生命力。在位的司法官員，正好利用這時機審判原告和被告雙方，辨別是非、損益、利害，動用刑罰。

序卦傳

得其所歸者必大，故受之以豐❶；豐者，大也❷。

注釋

❶**得其所歸者必大，故受之以豐**

《集解》引崔憬《周易探玄》曰：「歸妹者，姪娣媵，國三人九女，為大援，故言『得其所歸者必大』也。」媵，陪嫁。國三人九女，則陪嫁者除同國之姪娣外，亦有別國姪娣。此可見古時諸侯婚姻邦交之實況。弼無注，韓未注。孔亦無疏。程頤《易傳》：「物所歸聚，必成其大，故歸妹之後，受之以豐也。」

試與崔氏《探玄》較：崔重歸妹一事之實況；程則以「所歸」未必為妹，故云「物所歸聚」。張栻《南軒易說》：「歸妹，得其所歸者，如文王得伯夷、太公之歸，此其所以大也。故受之以豐，豐者，明之盛大之時。」已以明主得賢臣說之。朱震《漢上易傳》：「得其所歸者必大，海之善下是也。故次之以豐。」漢上此言，雖明示《老子》：「江海所以能為百谷王者，以其善下之。」之旨，然啟發者實為程《傳》「物所歸聚必成其大」。《漢上易傳》又云：「前曰：『與人同者，物必歸焉。故受之以大有』；此曰：『得其歸者必大』。大有次同人者，處大之道也；豐次歸妹者，致大之道也。」漢上博學古《易》，諳於象數，偶論易道，如此云「處大之道」與「致大之道」，亦精審，殊屬難得。余雖嘗細讀《漢上易傳》全書，但引用不多。或亦吾之疏失也。再案：《折中》亦曾引《漢上》此條。並另有案語云：「得其所歸，猶言得其依歸也。婦得賢夫而配之，臣得聖君而事之，皆得其所歸之謂。故同人之物，必歸焉者，人歸己也；此之得其所歸者，己歸人也。兩者皆足以致事業之大。」

❷**豐者，大也**

詳已見豐卦辭注釋❶，對卦名豐之注釋。

語譯

得到人才的歸依聚合的必然盛大，所以接收歸妹成果的，就是豐卦；豐呢，正是盛大的意思。

雜卦傳

豐（ㄈㄥ），多（ㄉㄨㄛ）故（ㄍㄨˋ）也（ㄧㄝˇ）❶。

注釋

❶**豐，多故也**

《集解》：「豐大，故多。……此上虞義。」《纂疏》：「故，故舊也。豐大則多故舊也。」案：〈雜卦傳〉下文云「親寡，旅也」，「多故舊」正與「親寡」多寡相對。韓康伯《注》：「虛者懼危，滿者戒盈，豐大者多憂故也。」則以「故」為憂故。程頤於〈雜卦〉未作〈傳〉注，朱子《本義》：「既明且動，其故多矣！」依卦德而說「故」意欠明確。項安世《周易玩辭》：「以多故對寡親，則故非事故之故矣。凡物之情豐盛，則故舊合，羈旅則親戚離。作《易》者其知之矣！」吳澄《易纂言》：「篇內三故字三義。隨无故，事故之故也；革去故，新故之故也；豐多故，親故之故也。豐六二在內為主於明盛之中，外與四相易而情相得，初亦往尚；三亦來孚，故舊之多也。」項安世以故為故舊，吳澄以為親故。較妥。

語譯

才能出眾，財產豐富，就會有很多親戚故舊來相聚。

初九爻辭

初九❶：遇其配主❷，雖旬无咎，往有尚❸。

注釋

❶**初九**

豐卦初位是代表陽的「九」。本身得位，卻與九四無應。豐卦由離下震上構成，離明震動，代表明智的行動。而初九是離下初爻，代表光明向上前進的第一步，與九四無應原本是不好的。但在豐卦卻例外，就像乾卦九二、九五「同聲相應，同氣相求」一樣，豐卦初九之陽向上，與九四配合，作出明智的行動，卻成就了豐卦之大。在筮法上，當豐初爻為老，他爻皆少，即由豐之小過䷽；或中孚䷼爻為少，他爻皆老，即中孚之豐：這兩種情形，都以豐初九爻辭占。

❷**遇其配主**

象亦占也。朱熹云「其占如此」，吳澄云「象也」，高亨云「說事之辭」。帛書作「禺亓肥主」。張立文以為「禺假借為遇」；「肥假借為妃」。《集解》本字亦作「妃」，引虞翻曰：「妃，嬪，謂四也。四失位，在震為主，五動體姤遇，故遇其妃主也。」妃，字从女己會意。意指匹耦、配偶。在豐卦指與初九同位卻失應的九四。九四以剛爻居陰位而失位，卻偏偏又是「震上」最具決定性的一爻。(或云震有主象) 故虞云「在震為主」。「五動」，指豐六五變動為九五，於是豐卦變成革卦䷰。革卦二至四爻，是六二、九三、九四，為三畫的巽☴，三至五爻，為三畫的乾☰。巽下乾上，便成姤卦䷫。〈象傳〉：「姤，遇也。」故虞云「五動體姤遇」。這就是豐初九爻辭所說「遇其配主」的緣故。而虞所以曰「故『遇其妃主』也」。象數解

《易》，亦云煩瑣矣。弼《注》：「處豐之初，其配在四。以陽適陽，以明之動，能相光大者也。」其配在四，說同虞翻；以陽適陽，以明之動，亦象數也：不能謂之全般掃象。孔《疏》：「『遇其配主』者，豐者文明必動，尚乎光大者也。初配在四，俱是陽爻。以陽適陽，以明之動，能相光大者也，故曰『遇其配主』也。」承弼《注》而言更詳。程《傳》：「雷電皆至，成豐之象；明動相資，致豐之道。非明无以照，非動无以行。相須猶形影，相資猶表裏。初九，明之初；九四，動之初。宜相須以成其用，故雖旬而相應。位則相應，用則相資，故初謂四為配主，己所配也。配雖匹稱，然就之者也。如配天、以配君子。故初於四云配，四於初云夷也。」蘇軾《東坡易傳》：「凡人知（音智）生於憂患，而愚生於安佚。豐之患常在於闇，故爻皆以明闇為吉凶也。初九、六二、九三，三爻皆離也，而有明德者也；九四、六五、上六，則所謂豐而闇者也。離，火也，日也。以下升上，其性也；以明發闇，其德也。故三離皆上適於震：初九適四，其配之所在也，故曰配主。」（自《折中》轉引。）萱案：一與四、二與五、三與上，為「同位」，而陰陽互異曰「應」。然亦有例外者，如乾卦：九二、九五同位而皆為陽爻，原為孤陽無應。然此兩爻爻辭皆言「利見大人」，鄭玄以為九二利見九五之大人，九五亦利見九二之大人。〈文言傳〉更以「同聲相應，同氣相求。水流濕，火就燥；雲從龍，風從虎」釋之。豐者，大也，與乾之「天行健君子以自強不息」以成其大，約略相近。故以陽適陽時亦有聲應氣求，互相配合之效也。王弼「以明之動，能相光大」。朱子《本義》：「當豐之時，明動相資，故初九之遇九四，雖皆陽剛，而其占如此也。」似均已以初九、九四雖皆陽剛，然當豐之時，明動相資。故相配而非敵。

❸ 雖旬无咎，往有尚

占也。雖，帛書作「唯」。張立文《周易帛書今注今譯》：「唯、雖，古相通。此爻作『唯』義勝，……『唯旬』，謂在十日之內。」《集解》引虞翻曰：「謂四失位，變成坤應初，坤數十；四上之五，成離，離為日。」言豐九四失位，宜變作六四，震上乃為坤上，而初九、六四亦相應矣。案：〈繫辭傳上〉：「天一地二，天三地四，天五地六，天七地八，天九地十。」《集解》引虞翻義曰：「地十，土癸。」蓋乾天數奇，坤地數偶。故《篹疏》云「坤癸數十」也。故虞云「坤數十」。又豐卦震上九四往上「之五」，與六五陰陽互換，卦成既濟，既濟三、四、五互體為離，〈彖傳〉以「離為日」。此虞所以云：「四上之五成離離為日」也。以上為虞翻以象數解《易》此句，於句義之了解似少助益。弼《注》：「旬，均也。雖均无咎。往有尚也。初四俱陽爻，故曰均也。」以旬為均，與虞「十日」說大異。孔《疏》：「『離旬无咎往有尚』者，旬，均也。俱是陽爻，謂之為均。非是陰陽相應。嫌其有咎，以其能相光大，故雖均可以无咎，而往有嘉尚也。」從《注》而言義益明。程《傳》：「雖旬无咎。旬，均也。天下之相應者，常非均敵。如陰之應陽，柔之從剛，下之附上。敵則安肯相從？唯豐之初、四，其用則相資，其應則相成，故雖均是陽剛相從而无過咎也。蓋非明則動无所之，非動則明无所用。相資而成用。同舟則胡越一心，共難則仇怨協力，事勢使然也。往而相從，則能成其豐。故云有尚，有可嘉尚也。在他卦則不相下而離隙矣。」其言甚雄辯而詳明。朱子《本義》唯約其言曰：「旬，均也，謂皆陽也。當豐之時，明動相資，故初九之遇九四，雖皆陽剛，而其占如此也。」

語譯

豐卦初位是陽爻九。遇到他聲氣相同的領導同志九四。雖然都是陽爻，卻沒有過咎，前進會得到嘉賞。

象傳

雖旬无咎，過旬災也❶。

注釋

❶過旬災也

闡釋爻辭「雖旬无咎」涵義。《集解》引虞翻曰：「體大過，故『過旬災』，四上之五，坎為災也。」豐卦二、三、四爻互體為巽☴，三、四、五爻互體為兌☱，巽下兌上為大過䷛，故虞曰「體大過」。大過有棺槨死亡之象。又豐卦九四之陽向上升到五位，換下六五之陰回來四位，則豐卦原來離下震上變成離下坎上，成既濟䷾定。〈說卦傳〉：「坎……為隱伏……其於人也，為加憂，為心病……為血卦……為盜。」多貶辭，故虞云「坎為災也」。試與爻辭虞《注》較：虞注爻辭「雖旬无咎」，一則曰：「謂四失位，變成坤應初。」再則曰：「四上之五，成離。」而此又云：「四上之五，坎為災也。」四究變成坤？抑成離？抑成坎？或如《西遊記》中的孫悟空，可變成妖精，可變成小蟲，也可變成仙桃？雖可曲為之解說，總覺匪夷所思。弼《注》：「過均則爭，交斯叛也。」孔疏《周易》正文云：「『過旬災也』者，言勢若不均，則相傾奪。既相傾奪，則爭競乃興，而相違背，災咎至焉。故曰『過旬災也』。」又疏弼《注》云：「初、四應配，謂之為『交』。勢若不均，則初、四之相交，於斯乖叛矣！」余於一九四七年來臺就學，每見政界「情同父子」者，多以「視若仇寇」終。又見當年全省各學校所立銅像，後多一一拆除。弼云「交斯叛也」，亦可深思自省也。《伊川易傳》：「聖人因時而處宜，隨事而順理。夫勢均則不相下者，常理也。然有雖敵而相資者，則相求也，初四是也。所以雖旬而无咎也。與人同而力均者，在乎降己以相求，協力以從事。若懷先己之私，有加上之意，則患當至矣！故曰『過旬災也』。均而先己，是過旬也。一求勝則不能同矣！」程《傳》每言「聖人」，然所云則多「常理」。蓋聖人之言即為常理可行者也。程《傳》尤以詳盡為務，故後之宋儒作《傳》、《說》者，多採程義而簡出之。如呂大臨《易章句》：「初九與九四為配，陽雖為无應，然居豐之初，所尚者大，以陽之陽，兩陽合大。卒无咎者，往有尚也。十日謂之旬。旬盈數也。兩陽合大，得其所尚，雖盈无咎，過盈必溢。故曰『災也』。」又如朱熹《本義》：「『過旬災』，戒占者不可求勝其配，亦爻辭外意。」皆本於伊川之意而簡言之。大臨惟以旬為十日與程不同耳。

語譯

雖然都是陽爻九，卻聲氣相同，不會發生衝突。如果均衡的情況被破壞，可能有場災難發生。

六二爻辭

六二❶，豐其蔀，日中見斗❷。往得疑疾❸。有孚發若，吉❹。

注釋

❶六二

豐卦陰爻居第二位，當離下之中，居中得正。然豐卦六五亦陰，與六二無應，六二雖有離麗之明，乏應援之人，爻辭以是多警戒之言。然有離之明，居中得正，仍能獲吉也。在筮法上，當豐卦第二爻為老，他爻皆少，即由豐之大壯䷡；或觀䷓第二爻為少，他爻皆老，即觀之豐：這兩種情形，都以豐六二爻辭占。

❷豐其蔀，日中見斗

象也。蔀，帛書作剖，張立文《今注今譯》：「剖、蔀音同，古相通。」《釋文》：「蔀，音部，……《略例》云：『大暗之謂蔀。』鄭（玄）、薛（虞）作『菩』，云『小席』。」案：蔀當為遮蔽物，就其為物為「小席」；就其遮蔽之效，則為「大暗」。如日蝕乃日光為月球所遮蔽者然。《集解》引虞翻曰：「日蔽雲中稱蔀，蔀小謂四也。二利四之五，故豐其蔀。噬嗑離為見象，在上為日，中艮為斗。斗，七星也。噬嗑艮為星，為止。坎為北，中巽為高。舞星止于中，而舞者，北斗之象也。」虞曰：「日蔽雲中稱蔀」，恐非。蓋蔽雲掩日，未致於日中見斗也。二十世紀四十年代某日，時余年方十餘，住故鄉浙江平陽，遇日全蝕，午餐需點燈。往庭院觀之，果一輪黑日，星斗滿天。「日中見斗」，非杜撰也。船山《易內傳》：「日中見斗，日食而星見也。」《篹疏》：「虞《注》云『豐大』、『蔀小』。在五則大為豐，在四則小為蔀。故蔀『謂四也』。二利四之五，已得正應。豐其蔀首，欲去四之蔽也。卦自噬嗑來，噬嗑體離，相見乎離，故為見。噬嗑離在上體，故為日中。艮萬物之所成終而成始也，斗建四時，故艮為斗。又〈說卦〉『艮為狗』，《大戴禮・易本命》『斗主狗』，故曰『艮為斗也』。《春秋・運斗樞》：『第一至第四為魁，第五至第七為杓，合為斗。居陰播陽，故稱北斗。合魁與杓，故斗七星也。』」《篹疏》之言，前文注釋大體已詳釋之，此不再贅。關於「北斗星」，古希臘人名之為「大熊星座」。是在北天排列成斗（或杓）形的七顆亮星。它們包括：(1)北斗一：又名「天樞」。即「大熊座 α 星」，西名 Dubhe。(2)北斗二：又名「天璇」、「天璿」。即「大熊座 β 星」，西名 Merak。(3)北斗三：又名「天璣」。即「大熊座 γ 星」，西名 Phecda。(4)北斗四：又名「天權」。即「大熊座 δ 星」，西名 Megrez。(5)北斗五：又名「玉衡」。即「大熊座 ε 星」，西名 Alioth。(6)北斗六：又名「開陽」。即「大熊座 ζ 星」，西名 Mizar。北斗星的第六星。與輔星組成有名的目視雙星，肉眼能識辨。實際上，它是由七顆星所組成的聚星。(7)北斗七：又名「搖光」、「瑤光」。即「大熊座 η 星」，西名 Alcaid。北斗星的第七星。(1)到(4)叫「斗魁」，又名「璇璣」；(5)到(7)叫「斗杓」，即「斗柄」。這七顆

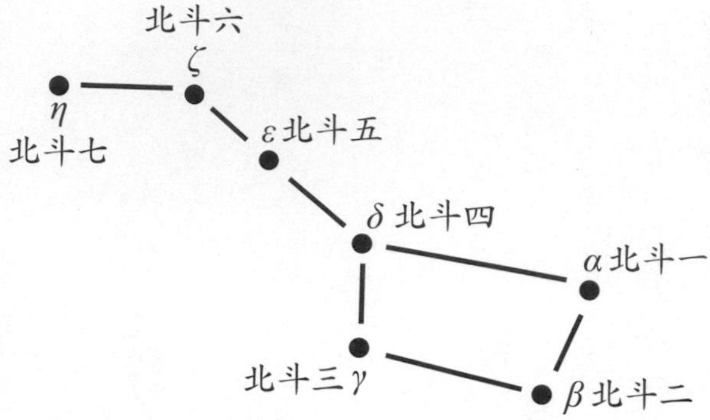

星就是大熊座α、β、γ、δ、ε、ξ和η星。除北斗四是三等星以外，其餘六顆星都是二等星。北斗二和北斗一的聯線，延長約五倍處，可找到北極星，故此兩星又名「指極星」。北斗星是指示方向和認識星座的重要標誌。至於虞曰「舞星止於中，而舞者，北斗之象也」此種天文現象，《論語・為政》已有記載，曰：「為政以德，譬如北辰，居其所，而眾星共之。」北辰，即北極星也。眾星，包括北斗七星在內的星星。共，同供，環繞衛護之意。就吾人目視而言，斗魁和斗柄，晨、昏位置不同。所以成語有「斗轉參橫」，表示時間的變遷。希臘神話中也有海神與大熊星座、小熊星座母女間的恩怨情仇，而介入其中當然又是風流又霸道的天神「宙斯」。使得海神堅拒大小熊母女兩星座不得入海休息，只好整日在北空打轉徘徊。把這一天象說得更富人間味了。（詳請參閱開明書局出版之《星空的巡禮》。這本科普小書非但對星空有翔實的記錄，而且穿插許多希臘神話，對西方人的思維與文學也會有基本上的了解。）王弼《周易注》：「蔀，覆曖，鄣光明之物也。處明動之時，不能自豐。以光大之德，既處乎內，而又以陰居陰，所豐在蔀，幽而无睹者也，故曰『豐其蔀，日中見斗』也。日中者，明之盛也；斗見者，闇之極也。處盛明而豐其蔀，故曰『日中見斗』。」孔穎達《疏》：「豐其蔀者，二以陰居陰，又處於內，幽闇无所覩見，所豐在於覆蔽。故曰『豐其蔀』也。蔀者，覆曖，障光明之物也。日中見斗者，二居離卦之中，如日正中，則至極盛者也。處日中盛明之時，而斗星顯見，是二之至闇，使斗星見明者也。處光大之世，而為極闇之行，譬日中而斗星見。故曰『日中見斗』也。」弼以豐上下卦之卦德，及六二之處境釋爻辭之義，而孔穎達復詳明之。程《傳》：「明動相資，乃能成豐。二為明之主，又得中正，可謂明者也。而五在正應之地，陰柔不正，非能動者。二五雖皆陰，而在明動相資之時，居相應之地，五才不足，既其應之才不足資，則獨明不能成豐；既不能成豐，則喪其明功：故為『豐其蔀，日中見斗。』二至明之才，以所應不足與，而不能成其豐，喪其明功。无明功則為昏暗，故云見斗。斗，昏見者也。蔀，周匝之義，用障蔽之物掩晦於明者也。」程《傳》，每繁富如是。朱子《本義》唯云：「六二居豐之時，為離之主，至明者也。而上應六五之柔暗，故為豐蔀見斗之象。蔀，障蔽也。大其障蔽，故日中而昏也。往而從之，則昏暗之主必反見疑，唯在積其誠意以感發之，則吉。戒占者宜如是也，虛中有孚之象。」蓋程《傳》在朱熹前，所言已詳。朱子作《本義》，多取益於伊川，然行文簡明，反易了解。此條注釋，頗能表明此種情況，附誌於此。

❸往得疑疾

占也。帛書「疑」作「疑」，脫「疾」字。張立文：「疑疾，多驚多疑的精神病。」《集解》引虞翻曰：「四往之五，得正成坎。坎為疑疾，故『往得疑疾』也。」豐九四到五位，與六五陰陽互換，成六四、九五，雙雙得正位。加上上面的上六，成為「坎上」。〈說卦傳〉：「坎其為人也，為加憂，為心病。」故「坎為疑疾」。弼《注》：「不能自發，故往得疑疾。」孔《疏》：「二、五俱陰，二已見斗之闇，不能自發，以自求於五，往則得見疑之疾。」皆以情理言之。程《傳》：「斗屬陰而主運平，象五以陰柔而當君位，日中盛明之時乃見斗，猶豐大之時，乃遇柔弱之主。斗以昏見，言見斗。則是明喪而暗矣。」朱子《本義》已見注❷。案：《周易折中》於明夷六二爻辭下嘗有「案」云：「明夷與豐卦略相似，然豐者明中之昏，明夷則昏極而不復明也。兩卦皆以上六為昏之主，六二為明之主。既為明之主，豈可不以救昏為急？故此之夷于左股者，與豐二之往得疑疾同也；此之用拯馬壯者，與豐之有孚發若同也。蓋未至於豐三之折其右肱，則猶有可為之理也。」本書凡屬「較論」，皆在後。故移《折中》案於此也。

❹有孚發若，吉

占也。帛書作「有復洫若」，無「吉」字。張立文《今注今譯》：「洫、溢、發相通。發，撥也，撥使開也。」茲從之。《集解》引虞翻曰：「坎為孚，四發之五成坎，孚動而得位。故『有孚發若吉』也。」案：虞《注》前云「坎為疑疾」，而此又謂「坎為孚」，似相矛盾。然《易》象頗與象徵相似。「象徵」有多物一象，亦有一物多象。拙著《修辭學．象徵》嘗略言之。此以「坎為疑疾」，又以「坎為孚」，亦一物多象之例也。弼《注》：「然履中當位，處闇不邪，有孚者也。『若』，辭也。有孚可以發其志，不困於闇，故獲吉也。」弼以「履中當位，處闇不邪」釋「有孚」；再以既「有孚」信，可以發展其心志，不為黑暗環境所困，釋「獲吉」之故。依象釋占，甚好。蓋象為根柢，占為花果，必須兼顧也。謂「『若』，辭也」，是認為「發若」之「若」為「語末助詞」，如乾九三爻辭「夕惕若」之「若」也。孔《疏》大抵從《注》，不贅。程《傳》：「『有孚發若』，謂以己之孚信，感發上之心志也。苟能發，則其吉可知。雖柔暗有可發之道也。」則以「若」為人稱代名詞，指與「己」相對之「上」——君上，上級領導人。與《注》、《疏》異。朱子《本義》：「惟在積其誠意，以感發之，則吉。」蓋從伊川，以「若」為「之」，仍為人稱代名詞也。二說皆通，故並存之。《船山易內傳》：「二以柔中當位，虛中而信物，以與五相孚，則五且感發而與之同志。棄暗求明，吉矣。豐非剛不能撤蔽，而二以柔能感五者，麗於剛以為明也。」蓋豐卦離下震上，離下六二介於初九、九三兩陽之中，是以「麗於剛以為明也」。蓋僅憑「溫良恭儉讓」，雖得「聞其政」，然不能久；必也，或麗於剛，或應乎剛，始能盡其功。試自檢小畜、同人、大有諸卦〈象傳〉，仔細研究。此等工夫，不可偷懶，故未詳引之。

語譯

豐卦陰爻六居第二位：豐盛光明的太陽被月球或烏雲遮擋住了，在這日全蝕或烏雲蔽日的時候，白天裡竟可看見滿天星斗。當此之時，要出門會引起別人猜疑。但自信而信人者能夠撥去心理障礙，發揮信心，而得到收穫，感受吉祥。

象傳

有孚發若，信以發志也❶。

注釋

❶信以發志也

《集解》引虞翻曰：「四發之五，坎為志也。」「四發之五」，仍是九四之五，與六五陰陽互易之意。卦成既濟定。離下坎上，〈說卦傳〉：「坎，……其於人也……為『心病』。……其於馬也……為『亟心』。……其於木也，為『堅多心』。」是以坎有「心」象。「志」，心之所之也。有孚信者也。《集解》又引《九家易》：「信著于五，然後乃可發其順志。」《纂疏》：「四動成坎，故信著于五；坎為志；信著故可發其順志也。」弼於此句未注。孔穎達《正義》：「信以發志者，雖處幽闇，而不為邪，是有信以發其豐大之志，故得吉也。」已純以義理說明。《伊川易傳》：「有孚發若，謂以己之孚信，感發上之心志也。苟能發則其吉可知。雖柔暗有可發之道也。」依〈象傳〉釋爻辭，語意淺明。《郭氏傳家易說》記白雲郭氏曰：「信以發志者，由固有之明信發中正之志，則吉也。六二有中正離明之德，足以致吉；有居陰從闇之義，足以蔽明。是以聖人之辭兩及之。然有為則在人耳，故人守德不妄動則吉，舍德而妄動則疑，理之必然也。有孚發若，內也，主在己之德言也；豐其蔀，外也，主在外之事言也。是以君子不明則不動，終無豐蔀見斗之患。唯智者能之。」郭白雲以「聖人之辭兩及之」，已道及《易》之多義性。又言「然有為則在人耳」，則強調事在人為。此深得《易》旨。

語譯

自信信人，撥去心理障礙，發揮信心，是以自信發展自己的志願啊。

九三爻辭

九三❶：豐其沛❷，日中見沫❸，折其右肱❹。无咎❺。

注釋

❶**九三**

九三得位，但逢日蝕昏暗之時，不察時局，勇於進取，反有折肱之災。上雖有上六相應，但上六以陰暗終蔽九三之明。爻的象占大致取決於此。在筮法上，當豐卦第三爻為老，他爻皆少，即由豐之震䷲；或巽卦䷸第三爻為少，他爻皆老，即巽之豐：這兩種情形，都以豐九三爻辭占。

❷**豐其沛**

象也。楚竹書作「豐丌芾」。漢帛書作「豐亓薠」。楊澤生〈竹書《周易》劄記（四則）〉（二〇〇四）：「『沛』和從『艸』『煩』聲的『薠』均可讀作『幡』或『旆』，故此處之『芾』當可讀作『幡』或『旆』。」《釋文》：「『沛』，本或作旆，謂幡幔也。……子夏作芾，《傳》『小也』。鄭（玄）、干（寶）作芾云『祭祀之蔽膝』。」《集解》引虞翻曰：「日在雲下稱沛。沛，不明也。」弼《注》：「沛，幡幔，所以禦盛光也。」《疏》意同。程《傳》：「沛字古本有作旆字者，王弼以為幡幔。」朱《義》：「沛，一作旆，謂幡幔也。」是「沛」，字當從《釋文》作「旆」，其義謂幡幔也。王、孔、程、朱，皆如是說。惟虞《注》云「日在雲下稱沛」，蓋其形似幡幔，其質為雲霧也。屈原〈離騷〉所謂「載雲旗之委蛇」，雲旗二字，最能道其實況。然虞云「日在雲下」乃視覺之誤，此不詳說。

❸**日中見沫**

象也。「沬」，竹書作「茇」，帛書作「茉」。《釋文》：「『沬』，徐（邈）武蓋反，又亡對反，微昧之光也。《字林》作『昧』，亡太反，云『斗杓後星』，王肅云：『音妹。』鄭（玄）作『昧』。服虔云：『日中而昏也。』《子夏傳》云：『昧，星之小者』，馬（融）同。薛（虞）云『輔星也』。」是「沬」有二解：一謂「微昧之光」，一謂「星之小者」，各有所據，也都說得通。《集解》引虞翻曰：「沬，小星也。」又引《九家易》曰：「沬，斗杓後小星也。」則主「小星」說。弼《注》：「沬，微昧之明也。應在上六，志在乎陰。雖愈乎以陰處陰，亦未足以免於闇也。」以沬為暗昧，與徐邈、王肅、鄭玄、服虔同。此可略見虞、王師法之異。弼此《注》論及「位」、「應」重要性之差異，可參看王弼《周易略例》中〈明卦適變通爻〉、〈辨位〉等篇。宋儒解「沬」字，如程頤、朱震、朱熹等，皆主「小星」說；以為作「昏昧」解者，則有郭雍。清儒惠士奇《易說》：「見斗見沬，日食之徵，沬者，斗杓後小星。小星見，則日全食，於斯時也，白日若冥。」云云。見斗為日食之象，王夫之已言之，見本卦六二爻辭「日中見斗」《通釋》所引。

❹折其右肱

象也。竹書作「折丌右拡」，帛書作「折亓右弓」。《釋文》：「肱，姚（信）作股。」肱、拡、弓，每可通用，義則為手臂。股為大腿，姚「作股」是異文。《集解》引虞翻曰：「兌為折，為右；噬嗑艮為肱；上來之三，折艮入兌，故折其右肱。」案：〈說卦傳〉「兌為毀折」。又云：「萬物出乎震，震東方也。……兌正秋也，萬物之所說也。」震東兌西，則震左兌右。豐自噬嗑來，噬嗑六二、六三、九四互體成艮，為手，故為肱。噬嗑上九來作豐九三，使噬嗑二、三、四原來的艮手，變為豐九三、九四、六五的兌，把手臂毀折了。所以說「折其右肱」。弼《注》：「施明則見沬而已，施用則折其右肱，故可以自守而已。」則以豐卦離下為明，震上為動乃用論之。孔《疏》見下條注釋。程《傳》：「右肱，人之所用，乃折矣！其无能為可知。賢智之才，遇明君則能有為於天下；上无可賴之主，則不能有為。如人之折其右肱也。」伊川喜言君臣關係，或與其為洛黨領袖有關。《周易折中》「案」云：「《易》中所取者雖虛象，然必天地間有此實事，非憑虛造設也。日中見斗，甚而至於見沬，所取喻者，固謂至昏伏於至明之中。然以實象求之，則如太陽食時是也。食限多，則大星見；食限甚，則小星亦見矣。所以然者，陰氣蔽障之故，故所謂豐其蔀、豐其沛者，乃蔽日之物，非蔽人之物也。且此義亦與〈彖傳〉『日中則昃，月盈則食』相發。」《折中》此案甚確。惟最後所引「月盈則食」一句可商。此句與「日中則昃」並列，則所言「食」為月之圓缺可知，非日蝕、月蝕之蝕也。日蝕必於朔日（陰曆每月初一），但朔日不必日蝕。當月球運行到太陽、地球中間，三者成一直線，日光為月球所掩蔽的現象。又分日全蝕、日環蝕、日偏蝕三種。《尚書・胤征》：「乃季秋月朔辰，弗集於房。」孔安國《傳》：「辰，日月所會；房，所舍之次；集，合也。不合即日食可知。」此為世界最早日蝕紀錄。所以《易經》此段取「日蝕」立說，是有實際經驗的依據的。

❺无咎

占也。竹書作「亡咎」，帛書作「无咎」。《集解》引虞翻曰：「之三得正，故无咎也。」以為噬嗑上九下到三位，於是六三、上九陰陽互易，而成九三、上六，變成豐卦。九三、上六雙雙得位得正，再也不會有過錯了。弼於「无咎」未作注。孔氏《正義》：「夫處光大之時，而豐沛見沬，雖愈於豐蔀見斗，然施於大事，終不可用。假如折其右肱，自守而已，乃得无咎。故曰『折其右肱无咎』。」程《傳》：「人之為有所失，則有所歸咎。日由是故致是。若欲動而无右肱，欲為而上无所賴，則不能而已，更復何言？无所歸咎也。」伊川此傳，以為既折肱無臂，不能辦事，就沒責任，也就无咎可言。如此說似有折肱逃責之嫌。朱熹《本義》：「三處明極，而應上六，雖不可用，而非咎也。」未提伊川「右肱既折」事。

語譯

豐卦陽爻九居第三位：太陽的強光被像旗幡的層層烏雲遮蔽住了，或者是日全蝕。連北斗斗杓後的小星透露微光也看得見了。天黑路滑，跌傷了右手臂，但不能說是自己的過錯。

象傳

豐其沛，不可大事也❶；折其右肱，終不可用也❷。

注釋

❶**豐其沛，不可大事也**

《集解》引虞翻曰：「利四之陰，故不可大事。」案：無論豐卦或噬嗑卦，四爻皆陽，為九四。虞此曰「利四之陰」，當指成既濟卦䷾時，四為陰爻也。陽為大，陰為小。豐九三既利六四之陰，故不可大事也。弼《注》惟言「明不足也」。孔《疏》：「不可大事者，當光大之時，可為大事；明不足，故不可為大事也。」則意甚明。程《傳》：「三應於上，上應而无位。陰柔无勢力，而處既終，其可共濟大事乎？」依所應之象言不可大事之理，似勝於虞翻。朱熹《本義》大致依伊川。

❷**折其右肱，終不可用也**

《集解》引虞翻曰：「四死大過，故終不可用。」豐卦六二、九三、九四、六五，像一個小型的「大過卦䷛」。豐卦二、三、四為巽，三、四、五為兌。巽下兌上重疊就成大過卦。〈繫辭傳下〉：「後世聖人易之以棺槨，蓋取諸大過。」故四有棺槨死象。《篹疏》：「二至五體大過死象。四不變，死大過中，故終不可用也。愚（李道平自稱）案：三雖得正，為四所蔽，不能應上。上陰為小，故不可大事。三肱已折，上失所應。上為終，故終不可用。」道平此以象數說《易》與虞不同，意甚詳明。弼《注》：「雖有左在，不足用也。」掃象言理。孔《疏》：「終不可用者，凡用事在右肱。右肱既折，雖有左在，終不可用也。」孔言「用事」，猶言「做事」。常人做事，使用右手者多，使用左手者少。故《疏》如此言之。張載《橫渠易說》：「光大之上，陰柔之終，不可用也。」程《傳》：「三應於上。上應而无位，陰柔无勢力。而處既終，其可共濟大事乎？既无所賴，如右肱之折，終不可用矣。」呂大臨《易章句》：「豐大之時，以陽應陰。陰乃在上，吉事尚右，右肱之象。陰闇而小，則右肱偏廢，左體雖完，不便於事，終不可用也。」宋儒師徒相授，其說大致如此。

語譯

太陽的強光被像旗幡似的層層烏雲遮蔽住了，或像日全蝕，連北斗斗杓後的小星透露的微光也看得見了，當這時候，不可做大事；只能像折傷了右臂一樣，終究不便有什麼作為。

附錄古義

班固《漢書・五行志》：「劉歆說《易》曰：『縣象著明，莫大於日月』；是故聖人重之，載于三經（顏師古《注》曰：『謂《易》、《詩》、《春秋》。』）於《易》，在豐之震曰：『豐其沛，日中見昧，折其右肱，亡咎。』於《詩・十月之交》，則著卿士、司徒，下至趣馬、師氏，咸非其材，同於右肱之所折，協於三務之所擇：明小人乘君子，陰侵陽之原也。」

又〈王商傳〉：「張匡上書云：『太后前聞商有女，欲以備後宮，商言有固疾。後有耿定事，更詭道因李貴人家內女。執左道以亂政，誣罔，詩大臣節，故應是而日蝕。《周書》曰：「以左道事君者，誅。」《易》曰：「日中見昧，則折其右肱。」』」

又〈元后傳〉：「王鳳上疏：『五經傳記，師所誦說，咸以日蝕之咎在於大臣非其人。《易》曰：「折其右肱。」』」

九四爻辭

九四❶：豐其蔀❷，日中見斗❸，遇其夷主❹。吉❺。

注釋

❶九四

居震上之初，☳所以為震，在此一爻，為震之主。然九四以剛居柔，不得其正，又與六五相比，其上復有上六，皆陰柔不可為援者。唯下就於初，聲應氣求，二陽等夷互配，方可致吉也。在筮法上，當豐卦第四爻為老，他爻皆少，即由豐之明夷䷣；或訟䷅第四爻為少，他爻皆老，即訟之豐：這兩種情形，都以豐九四爻辭占。

❷豐其蔀

象也。竹書作「豐丌坿」，帛書作「豐亓剖」。濮茅左《楚竹書周易研究》：「『坿』，从土，付聲。《說文・土部》：『坿，益也。』或讀為『蔀』，同韻可通。」張立文《周易帛書今注今譯》：「剖假借為蔀。」說見六二爻辭。豐六二爻辭已言「豐其蔀」，《集解》於彼引虞翻曰：「日蔽雲中稱蔀，蔀小謂四也。……」彼處《通釋》已詳，此不贅。《集解》復於此引虞翻曰：「蔀，蔽也。噬嗑離日之坎雲中，故豐其蔀。」以為噬嗑䷔離上為日，九四陷入六三、九四、六五所組成的坎雲中，老陽「九」的光芒也被雲遮蔽住了。所以說「豐其蔀」。弼《注》則云：「以陽居陰，豐其蔀也。」孔《疏》：「『豐其蔀』者，九四以陽居陰闇，同於六二，故曰『豐其蔀』也。」蓋六二以陰居陰，九四以陽居陰，爻雖有陰、陽之別，而其居陰之位則一也。故皆曰「豐其蔀」也。此處弼《注》孔《疏》以爻位釋爻辭，雖與虞翻《周易注》以卦變、互體等為釋不同，但依象作注，亦一也。捨象言《易》，殊鮮可能。程《傳》：「四雖陽剛，為動之主。又得大臣之位。然以不中正，遇陰暗柔弱之主，豈能致豐大也？故為『豐其蔀』。蔀，周圍掩蔽之物。」將九四本身之得（陽剛為動主，又得大臣之位）、失（不中不正），與外所承六五為陰暗柔弱之主：內因外緣，都顧到了。

❸日中見斗

象也。《集解》引虞翻曰：「噬嗑日在上為中。上之三為巽，巽為入。日入坎雲下，幽伏不明。故『日中見斗』。」意為噬嗑卦離日在上，為日中。噬嗑上九降到三位，與六三陰陽互換，變成豐卦。而豐卦六二、九三、九四互體成巽，而〈說卦傳〉：「巽，入也。」這顯示噬嗑原來的離上之日，跑到噬嗑六三、九四、六五互體所成的坎雲之下，成為豐卦的離下。太陽到了雲下，幽暗、隱伏而不顯明，所以有「日中見斗」的現象。弼未注。孔氏《正義》則以此句連下文「遇其夷主吉」而疏之。詳見下條注釋。程《傳》：「周圍則不大，掩蔽則不明。日中見斗，當盛明之時，反昏暗也。」程《傳》當連注釋❶、❷、❸、❹、❺合看，可更明其整體意義。本《通釋》以「象」、「占」分別故，於分句作注釋時受《集解》與《易纂言》影響較大，偶亦感不免「章句小儒，破碎大道」之譏。讀者其諒之！

❹遇其夷主

象也。楚簡書作「遇丌𡰥宔」，漢帛書作「禺亓夷主」，濮茅左前揭書：「『𡰥』同『夷』。《集韻》：『夷，《說文》：「平也。東方之人也。」或作𡰥、尼。』」「『宔』，《說文繫傳》：『宔，宗廟主石也，从宀，主聲。』假借為『主』字。」張立文前揭書：「『遇其夷主』，意謂遇見改易主人之前舊主人。」《集解》引虞翻曰：「震為主，四行之正，成明夷，則三體震為夷主。」震〈彖傳〉：「震……，出可以守宗廟社稷以為祭主也。」〈說卦傳〉：「帝出乎震。」「震為龍。」皆顯示震有「主」象。「四行之正」，指豐九四變為六四，以六居四而得正，於是豐卦成為明夷卦䷣，離下坤上，太陽落入地下，光明受了傷害。而明夷九三、六四、六五互體為震，那麼九三就成了明夷之主——夷主。弼《注》：「得初以發夷主。」孔

《疏》：「夷，平也。四應在初，而同是陽爻。能相顯發。……言四之與初，交相為主者，若賓主之義也。若據初適四，則以四為主，故曰『遇其配主』；自四之初，則以初為主，故曰『遇其夷主』也。二陽體敵，兩主均平，故初謂四為『旬』，而四謂初為『夷』也。」案：乾用九爻辭：「見群龍，无首吉。」〈象傳〉：「用九，天德不可為首也。」〈文言傳〉：「乾元用九，天下治也。」「乾元用九，乃見天則。」豐卦孔《疏》言：「二陽體敵，兩主均平。」亦乾用九「群龍无首」義，「天德不可為首」，是即「天則」，其效可致「天下治也」。孔《疏》當如此看。宋儒如張載，撰《橫渠易說》，曰：「正應亦陽，故云夷主。」程《傳》：「夷主，其等夷也，相應故謂之主。初四皆陽，而居初是其德同，又居相應之地，故為夷主。」《郭氏傳家易說》記白雲曰：「二之豐蔀見斗，以重陰而非正應也；而有孚發若吉者，中正也。四之豐蔀見斗，非中正也；而遇其夷主吉者，應初之求而有遇也。反復參考之，則二爻之義實相類。故其辭同，而皆終之以吉。有為之時，明動必相濟，然後有成。故初謂四為配主，四謂初為夷主。夷、等也。等亦匹配之義。迭稱主者，均為陽剛，特明動相須，不能專任，以有為莫適賓主。惟足於明者，知求動以為主；居於動者，知求明以為主故也。」綜而言之，其理最明。《傳家易說》始於兼山郭忠孝，成於忠孝之子白雲郭雍，父子相傳，於此所說復能「反復參考之」，故頗有可觀者。

❺吉

占也。《集解》引虞翻曰：「震為主，四行之正，成明夷，則三體震為夷主。故『遇其夷主吉也』。」上條注釋已詳釋之，此不贅。又〈象傳〉：「遇其夷主吉，行也。」之注釋，亦請參閱。弼《注》：「得初以發夷主，吉也。」孔《疏》：「四應在初，而同是陽爻，能相顯發，而得其吉。」程《傳》：「居大臣之位，而得在下之賢同德相輔，其助豈小也哉？故吉也。」王夫之《易內傳》：「四雖不應五，而與五相比，故與二同象，而受蔽更切焉。賴其下與初應，兩剛相得，明以濟動，而陰弗能終揜之，故吉。」

語譯

豐卦陽爻九居第四位：豐盛的陽光它被周遭的烏雲或夾在太陽與地球中間的月球遮擋住了，以至於白晝看得到天上的星斗。遇到了剛毅靈明、志同道合的幹部初九相助。得道而吉祥。

象傳

豐其蔀，位不當也❶；日中見斗，幽不明也❷；遇其夷主吉，行也❸。

注釋

❶位不當也

《集解》釋爻辭「豐其蔀」，嘗引虞翻曰「〈象〉曰『位不當也』」，而於〈象傳〉「位不當也」，虞翻未作注釋。《纂疏》：「四失正，故不當。」王弼亦未注。《正義》曰：「位不當者，止謂以陽居陰，而位不當，所以豐蔀而闇者也。」程《傳》：「位不當，謂以不中正居高位，所以暗而不能致豐。」項安世《周易玩辭》：「言以九居四，不得比六二之當位也。」孔穎達、程伊川、項安世皆據數、位釋現象，項更與六二較論。船山《易內傳》：「象雖與二同，而受蔽更深，故於此發不當不明之義。四雖為震主，而以剛居柔，與五相比，則所處之地危矣！」於失位不正外，更提出所比為五柔來。

❷幽不明也

此釋爻辭「日中見斗」者也。《集解》引虞翻曰：「離上變，入坎雲中，故幽不明。坎，幽也。」請參閱「日中見斗」注釋。弼未注。《正義》曰：「『幽不明也』者，日中盛則反而見斗，以譬當光大而居陰，是應明而幽闇不明也。」程《傳》：「謂幽暗不能光明，君陰柔而臣不中正故也。」《周易玩辭》：「言九四之幽暗，不得比六二之自明也。」

❸行也

釋爻辭「遇其夷主吉」也。《集解》引虞翻曰：「動體明夷，震為行，故曰『吉行』。」以「吉行」連文。案：此爻爻辭云：「遇其夷主，吉。」則〈象傳〉釋爻辭者，當僅「行也」二字而已。然亦未敢言其必也。弼未注。《正義》曰：「『吉行也』者，處於陰位，為闇已甚。更應於陰，無由獲吉，猶與陽相遇，故得吉行也。」程《傳》：「陽剛相遇，吉之行也。下就於初，故云行；下求則為吉也。」《周易玩辭》：「言九四之當行，不得比六二之不往也。」案：《玩辭》本段之始，固已言：「六二、九四爻辭同用蔀斗，而其意之所指則不同。六二指六五為蔀為斗，故不可往，往則入於暗而得疑也；九四之蔀與斗皆自指也，故利於行，行則遇明而得吉。〈象〉恐人誤以二爻同釋，亦以四之蔀斗歸責於六五，故九四之〈象〉最詳。」又：吳澄《易纂言》：「豐蔀見斗之象，六二爻辭已有。〈象傳〉不於六二釋之，而於九四釋之者，蓋蔀象由九四而成。四為蔀，故二見斗，二爻之象同，而所重在四也。位不當者，謂位柔而剛居之。故奇畫連亙而似蔀，若耦畫居此則位當，而障蔽者開豁矣。幽，二也，二在地為幽，四蔀蔽天，故二幽暗而不見日之明。吉行，謂四若下行與二遇則吉也。」吳澄之言，與項安世又有不同。《易》無定象，讀者務須慎思明辨，求其正詁。船山《易內傳》於豐九四〈象傳〉所釋，兼顧象、義，最為通達。錄其全文於下：「象雖與二同，而受蔽更深，故於此發『不當』、『不明』之義。四雖為震主，而以剛居柔，與五相比，則所處之地危矣！非離體則明不足以燭幽，獨陽不足以勝眾陰，必行而下就乎初，以相輔乃得吉焉。豐之所以能明以動者，功在四，而四又資初。當昏昧之世，求賢自輔為善動之要術。四之吉，惟其為退爻，而不自怙其剛；以輕試於障蔽之中也。」

語譯

豐盛的陽光它被周遭的烏雲或夾在太陽與地球中間的月球遮擋住了，這是烏雲或月球位置不得當啊；白晝看得到天上的星斗，天地幽暗不夠明亮啊；遇到了剛毅靈明、志同道合的幹部初九相助，得道而吉祥，九四是震上的主爻，能夠走向民間，走向光明啊。

六五爻辭

六五❶：來章❷，有慶譽❸，吉❹。

注釋

❶六五

豐卦陰爻六居最尊貴的第五位，居上卦之中卻失位失正，下卦與上卦對應的是六二，卻居中得正。又是離中虛，為構成離卦最主要的一爻。是初九、九三追的對象。對下級謙遜是尊貴，這就看六五肯不肯這樣做了。在筮法上，當豐卦第五爻為老，他爻皆少，即由豐之革䷰；或蒙䷃第五爻為少，他爻皆老，即蒙之豐：這兩種情形，都以豐六五爻辭占。

❷來章

象也。「來」，竹書作「萊」，从艸、來、止；帛書作「來」，與今傳統本同。濮茅左前揭書：「『萊』，亦『萊』字，讀為『來』。」認為是「來」的假借字。《集解》引虞翻曰：「在內稱來；章，顯也。」《纂疏》：「在內稱來，五陽在內也。……章與顯皆訓明，故云『章，顯也』。陽故為顯也。」弼《注》：「以陰之質，來適尊陽之位，能自光大，章顯其德。」《疏》：「六五處豐大之世，以陰柔之質，來適尊陽之位，能自光大，章顯其德。」於注有所補充而更明白。注疏以「章」為章顯，訓同虞翻。程《傳》：「五以陰柔之才，為豐之主，固不能成其豐大。若能來致在下章美之才而用之。……章美之才主二而言，然初與三四皆陽剛之才，五能用賢，則彙征矣。二雖陰，有文明中正之德，大賢之在下者也。五與二雖非陰陽正應，在明動相資之時，有相為用之義。」伊川以「章」為章美，主二而言，並彙征初、與三、四，明動相資，故能致豐大。說與虞、王「章顯」義異。朱《義》從程。吳澄《易纂言》：「來章，象也。來謂下求四。五、四皆无應，五之柔若下求四之剛，則陰陽相間而成章。故曰來章。」六五乘九四之上，本為「乘剛」；吳澄以為陰陽相間而成章，故曰來章，其說甚具特見。姑引而存異說耳。案：坤六二爻辭：「直方大，不習，无不利。」〈文言傳〉：「直其敬也，方其義也。君子敬以直內，義以方外，敬義立而德不孤。」又坤六五爻辭：「黃裳，元吉。」〈文言傳〉：「君子黃中通理，正位居體，美在其中，而暢於四支，發於事業，美之至也。」讀者試與豐六二、六五作比較。

❸**有慶譽**

占也。高亨《周易古經通說》則以「來章有慶譽」並為記事之辭。竹書作「又慶惥」，帛書作「有慶舉」有之作又，古書恆見。濮茅左前揭書：「『惥』，恭敬，行步安舒貌。《說文·心部》：『惥，趣步惥惥也。』亦作『懙』，『慶惥』，福慶安舒。」張立文前揭書：「『舉』，假借為『譽』。……『譽』、『舉』皆從『與』聲，故三字可通。」《集解》引虞翻曰：「慶謂五，陽出稱慶也；譽謂二，二多譽。」六五本陰，陽伏在陰內，今陽破陰而出，故稱慶也。「二多譽」，〈繫辭傳下〉文。弼《注》：「獲慶譽也。」孔《疏》：「而獲慶善也。」釋字義而已。程《傳》：「若能來致在下章美之才而用之，則有福慶，復得美譽。」慶譽作「福慶美譽」解。

❹**吉**

占也。各本均作「吉」。《集解》引虞翻曰：「五發得正，則來應二。故『來章有慶譽吉』也。」前各條已詳釋之，此綜其言以明總義。弼《注》：「以陰之質，來適尊陽之位，能自光大，章顯其德，獲慶譽也。」未提「吉」字，蓋「有慶譽」即「吉」也。孔《疏》：「六五處豐大之世，以陰柔之質，來適尊陽之位，能自光大，章顯其德，而獲慶善也。故曰『來章有慶譽吉』也。」關於豐卦，白雲郭雍特別提出「觀豐之世以无所豐為大」的說法來。《郭氏傳家易說》記「白雲郭氏曰」：「觀豐之世，以无所豐為大。不知此而徒欲務豐於外，是蔽於豐者也。蔽於豐，故惟見斗見沫而已，非處豐之道也；猶為之君者，居豐盛之世，上欲豐於朝廷，下欲豐於民物，或欲豐其貨財，或欲豐其土地城邑宮室車徒之類，是不知豐之世盛大无以加，又求豐之，是无厭也，故必有一偏之蔽。然後從而損其明，則向之欲豐，今反損矣。聖人貴夫持盈守成，而不以豐大為務。故《書》有「滿招損」之戒；而《易》著豐蔀豐沛之失。且卦辭言「王假之」，又言「勿憂宜日中」，則知能行道者乃能極其至，而持之以中道者又所以无憂也。是以六爻之中，稱豐者皆无善道，而六五不言豐獨為可尚也。來章，章之也。所以章豐之盛大也。豐在彼者也。豐之來，我能章之而已。苟豐之來，我亦豐之，是二三見斗見沬之不明也。章之之道何如？持之守之，保而弗失，使豐之道久亨於世，无加損焉，是為章之之道也。此五所以獨能至之也。不知出此，而有一偏之蔽，則所豐者小道，而損豐之大；所豐者末務，而忘豐之本。是日中而求昃，月盈而求食，非聖人章豐之道也。來章如是，則其慶其譽何時而已邪！是為六五之吉也。不然，苟務豐而不知善終之道，聖人无取焉。故「豐其屋，蔀其家」，固非有期於「闚其戶，闃其无人」，而其為應必至是而後已，可不戒哉！」白雲《說》中更指出「是以六爻之中，稱豐者皆无善道。」、「苟務豐而不知善終之道，聖人无取焉。」旨哉斯言。皆依文本歸納所得者也。胡炳文《周易本義通釋》於豐初九爻辭釋曰：「初不言豐，初未至豐也；五亦不言豐者，陰虛歉然，方賴在下之助，不知有其豐也。凡卦爻取剛柔相應；豐則取明動相資。初當離體之初，四在震體之初。當豐之時，事物至繁，其明易惑。初之剛與四之剛同德而相遇，（猶乾卦九二、九五皆曰「利見大人」。）雖兩陽之勢均敵，往而從之，非特无咎，且有尚矣。」復於豐六五爻辭釋曰：「四爻稱豐，皆无善道；初與五不言豐，獨為可尚。三爻稱日中，皆有所蔽；六五不稱日中，蓋疑日中无蔽也。自二之五則曰往，五暗主也，往則得疾；自五致二則曰來，二、文明者也，來之則有慶譽而吉。柔暗之五未必能如此。《本義》從程《傳》謂因其柔暗而設此以開之。真得聖人作《易》之旨矣。」胡炳文以豐卦「四爻稱豐，皆无善道」，其意與郭雍所說「六爻之中，稱豐者皆无善道」意同，可能受郭雍影響，亦可能智者所見略同（宋、元之際，版本流傳似未必如今日之方便也）。

語譯

豐卦陰爻六居第五位：以黃裳元吉的領導人，敦聘來能敬有義的民間俊彥，共謀國家富強，天下太平，必有喜慶美譽，收穫豐盛，萬事吉祥。

象傳

六五之吉，有慶也❶。

注釋

❶六五之吉，有慶也

「慶」這個字，在《易經》卦爻辭中，只出現過一次，即本卦六五爻辭「來章有慶譽吉」之「慶」。在《易傳》（即《十翼》）中，〈象傳〉出現二次：坤〈彖傳〉「東北喪朋，乃終有『慶』」。益〈彖傳〉「利有攸往，中正有『慶』」。〈象傳〉出現九次：履上九〈象傳〉：「元吉在上，大有『慶』也。」頤上九〈象傳〉：「由頤厲吉，大有『慶』也。」大畜六五〈象傳〉：「六五之吉，有『慶』也。」升〈象傳〉：「用見大人，勿恤；有『慶』也。」豐六五〈象傳〉：「六五之吉，有『慶』也。」兌九四〈象傳〉：「九四之喜，有『慶』也。」晉六五〈象傳〉：「失得勿恤，往有慶也。」睽六五〈象傳〉：「厥宗噬膚，往有『慶』也。」困九二〈象傳〉：「困于酒食，中有『慶』也。」以及本條豐六五〈象傳〉：「六五之吉，有『慶』也。」〈文言傳〉出現一次：坤〈文言〉：「積善之家，必有餘慶。」所以，在《十翼》中，〈彖傳〉出現二次，〈象傳〉出現十次，〈文言傳〉出現一次，共計十三次，加上卦爻辭出現一次，共計十四次。

在這十四次中，五次同時出現「吉」字，可見「吉」、「慶」關係之密切。二次提到「勿恤」，此外，提到的還有「喪朋」、「積善」、「中正」、「往」等。都值得深入研究。關於本條〈象傳〉，《集解》引虞翻曰：「動而成乾，乾為慶。」意謂六五變動成九五，則豐九三、九四、九五互體成乾，乾陽為慶。故有慶也。弼未注，《正義》：「有慶也者，言六五以柔處尊，履得其中，故致慶譽也。」程《傳》：「其所謂『吉』者，可以有慶福及於天下也。人君雖柔暗，若能用賢才，則可以為天下之福，唯患不能耳。」伊川言「吉」，以有慶福及於天下，何其宏大也。「計利當計天下之利，立功須立萬世功。」《左傳》嘗言「義以建利」，義、利非二事，為天下萬世謀功利，即「大義所在」也。又大畜六五〈象傳〉言：「六五之吉，有慶也。」豐六五〈象傳〉亦云：「六五之吉，有慶也。」二〈傳〉文字全同；而爻辭，大畜曰：「豶豕之牙，吉。」豐曰：「來章，有慶譽，吉。」二爻意義大異。異辭同傳，亦有緣故否，讀者宜自思之。

語譯

六五的吉祥有收穫，值得慶賀啊。

上六爻辭

上六❶：豐其屋，蔀其家❷。闚其戶，闃其无人，三歲不覿❸。凶❹。

在豐卦，上六居頂高位置，最為豐富；在震上，上六也最愛動。但本身卻是柔暗的陰爻，吃虧受損幾乎是必然的。在筮法上，當豐卦上爻為老，他爻皆少，即由豐之離䷝；或坎䷜上爻為少，他爻皆老，即坎之豐：這兩種情形，都以豐上六爻辭占。

注釋

❶上六

❷**豐其屋，蔀其家**

象也。竹書作「豐丌芾，坿丌家」。楊澤生：「根據形聲字的一般規律，「芾」字當從「艸」「市」聲。《說文》「市」字篆文「從韋從犮」作韍，而《說文・广部》：「废，舍也。從广，犮聲。《詩》曰：「召伯所废。」」今本《詩・召南・甘棠》「废」作「茇」。鄭玄《箋》：「茇，草舍也。」段玉裁《說文解字注》「废」字條說「废」和「茇」是古今字。可見「芾」應該讀作「废」或「茇」，指草舍一類簡單的房子。」見《竹書《周易》箚記（四則）》（二〇〇四）。此自侯乃峰著《周易文字彙校集釋》（臺灣古籍出版有限公司，二〇〇九）轉引。帛書作「豐亓屋，剖亓家」。張立文《今注今譯》：「「豐其屋」。《說文》：「寷，大屋也。从宀豐聲。」《易》曰：「寷其屋。」」許慎「豐」作「寷」，釋為大屋。《方言・一》：「豐，大也。凡物之大貌曰豐。」「豐其屋」，意謂大屋。」又：「「蔀其家」。「剖」與「蔀」古相通。蔀，蔽也。《周易集解》引虞翻曰：「豐大蔀小也。」」按，「蔀」相對於「豐」而言，便是小的，故《釋文》引鄭、薛為

「小席」，意謂搭席棚於家院。」《集解》引虞翻曰：「豐大蔀小也。三至上體大壯屋象，故豐其屋。謂四、五已變，上動成家人。大屋見則家人壞，故蔀其家，與泰二同義。故〈象〉曰『天降祥』，明以大壯為屋象故也。」案：〈序卦傳〉：「豐者大也」。《釋文》引鄭（玄）云「蔀」為「小席」，故虞此注言「豐大蔀小也。」參閱《集解》於本卦六二「豐其蔀」所引「虞翻曰」，並請試作比較。又豐卦三至上爻為☳，三、四兩爻（⚌），乾象（☰）半見；四、五、上爻為震（☳）。乾下震上，為大壯卦䷡。〈繫辭傳下〉：「上古穴居而野處，後世聖人易之以宮室，上棟下宇，以待風雨，蓋取諸大壯。」故虞此注言「三至五體大壯屋象，故『豐其屋』」。又豐九四、六五失正，如四、五陰陽互易而變成六四、九五，卦成既濟䷾；而既濟上六再變動為上九，卦成家人䷤。故虞此言「謂四、五已變，上動成家人」也。大壯屋出現，那麼在數位上的家人現象受到破壞。虞翻認為「故蔀其家」，且「與泰二同義」。案：泰九二爻辭：「包荒，用馮河，不遐遺，朋亡，得尚于中行。」《集解》未引「虞翻」之言。而於〈象傳〉：「包荒，得尚于中行：以光大也。」《集解》則引「虞翻曰」：「在中稱包。荒，大川也。馮河，涉河。遐，遠。遺，亡也。失位變得正，體坎。坎為大川，為河。震為足，故『用馮河』。乾為遠，故『不遐遺』。兌為朋。坤虛无君，欲使二上，故『朋亡』。二與五易位，故『得上于中行』。震為行，故『光大』也。」李道平《纂疏》：「泰二終變成坎，爻辭曰：『包荒，荒，大川也。』謂陽息二，包坎體也。豐上六終變成家人，今體大壯，故豐其屋『蔀其家與泰二同義』。」其義仍難明瞭。余亦未能強為之辨析。誌此以表示余之愚鈍。弼《注》：「屋，藏蔭之物；以陰處極，而最在外，不履於位，深自幽隱，絕跡深藏者也。既豐其屋，又蔀其家屋，厚家覆闇之甚也。」弼《注》所言「以陰處極，而最在外，不履於位」，皆《易》之數位現象。欲全掃象而言義理，必欠根柢。孔《疏》：「屋者，藏蔭隱蔽之物也；上六以陰處陰，極以處外，不履於位，是深自幽隱，絕跡深藏也。事同豐厚於屋者也。既豐厚其屋，而又覆蔀其家屋，厚家闇蔽蔀之甚也。」大抵從弼。宋儒胡旦，宋太宗太平興國時人，所著《周易演聖通論》嘗云：「乾極則亢，泰極則隍，豫極則冥，萃極則歎，履考祥而元吉，賁白賁而无咎，井勿幕而有孚，艮敦艮而厚終，人道之難，可不念哉！」（自朱震《周易叢說》

轉引）案：乾上九爻辭：「亢龍有悔。」泰上六爻辭：「城復于隍，其命亂矣。」豫上六爻辭：「冥豫成。」萃上六爻辭：「齎咨涕洟。」履上九爻辭：「視履考祥，其旋元吉。」賁上九爻辭：「白賁无咎。」井上六爻辭：「井收，勿幕，有孚，元吉。」艮上九爻辭：「敦艮，吉。」艮上九象傳：「敦艮之吉，以厚終也。」為胡旦《演聖通論》言之所本。而將《周易》十二爻（自初六到上六，初九到上九。）依爻位分別，就其位、應、承、據等綜合論之，為《周易》研究另闢新徑。胡旦將部分上爻作綜合討論，即此新徑之一段，並可視為範例也。程《傳》：「豐其屋，處太高也；蔀其家，居不明也。」朱《義》：「以陰柔居豐極，處動終明極而反暗者也。」似亦未出注疏範圍。

❸**闃其戶，闃其无人，三歲不覿**

象也。竹書作「閨亓戾𣪠亓亡人晶戠不覿」，濮茅左〈釋文考釋〉：「『閨』，讀為『闚』，傾頭門中視。《廣韻》：『闚，小視。』」「『戾』，《玉篇》：『戶，所以出入也。一扉曰戶，兩扉曰門。戾，古文。』」「『𣪠』，从𦎧，夬聲，讀為『窒』，《廣雅・釋詁三》：『窒，空也。』」「『𣪠亓亡人』，即『空寂無人』。今本作『闃』，《說文・門部（新附）》：『闃，靜也。』《玉篇》：『闃，靜無人也。』」「『戠』，簡文恆見，用作『歲』。」「『覿』，見，顯示，出現，《說文・見部（新附）》：『覿，見也。』」《國語・周語中》：『武不可覿，文不可匿。』」意三歲之間，亦無所出現，此凶道之象，自藏其光明，而不能發揚。」是也。帛書作「閨亓戶，狊亓无人，三歲不遂」。張立文《今注今譯》：「閨，假借為『闚』，……『闚其戶』，意謂窺視其門戶。……『狊』，假借為『闃』。……『闃』，《釋文》：『馬（融）、鄭（玄）云「无人皃」。……』意謂寂靜無人。」「『三歲不遂』，通行本『遂』作『覿』，今從帛書作『遂』。……『三歲不遂』，意謂三年不成，即多年還不能恢復。」《集解》引虞翻曰：「謂從外闚，三應『闃』、空也。四動時坤為闔戶，闔故『闃其戶』。坤為空虛，三隱伏坎中，故『闃其无人』。〈象〉曰『自藏也』。四、五易位，噬嗑離日為闚，闚人者言皆不見。坎為三歲，坤冥在上，離象不見，故三歲不覿凶。」虞氏意謂上六在戶外窺視屋內的九三，兩爻相應。闃，《說文》：「闃，靜也。」《玉篇》：「靜無人也。」無人所以虞云「空也」。九四變動成六四時，於是豐卦上體由震變成坤，坤代表關門闔戶。〈象傳〉說「自藏也」，即為此意。九四、六五，陰陽位置互換，於是九三、六四、九五為離，〈說卦傳〉「離為目」，故有「闚」象。李道平《篹疏》：「四五易位非噬嗑，此有錯誤。當云：四五易位，離目為覿。今无人，故不見也。坎上曰：『三歲不得。』故坎為三歲。」所言甚明，故不贅釋。案：《集解》於本卦卦辭、上六爻辭皆嘗引干寶《周易注》。余於《魏晉南北朝易學書考佚》釋之甚詳，此省略不言。弼《注》：「雖闚其戶，闃其无人，棄其所處而自深藏也。」大抵依據〈象傳〉而云然。孔《疏》依《注》而無新意。程、朱之說，見下條。

❹凶

占也。竹書作「凶」，帛書作「兇」。《說文》：「凶，惡也。象地穿交陷其中也。」「兇，擾恐也。从儿在凶下。」二字可通用。《周易・繫辭傳上》：「吉凶者，言乎其失得也。」是吉為得，凶為失。〈繫辭傳下〉：「是故愛惡相攻而吉凶生。」是愛生吉，惡生凶。又豐上六爻辭「凶」字，上托全文，各注家每連「闚其戶闃其无人三歲不覿凶」為一，則「凶」之因僅此而已，非也。程《傳》：「六以陰柔之質，而居豐之極，處動之終，其滿假躁動甚矣！處豐大之時，宜乎謙屈，而處極高，致豐大之功，在乎剛健；而體陰柔，當豐大之任，在乎得時，而不當位如上六者，處无一當，其凶可知。豐其屋，處太高也；蔀其家，居不明也；以陰柔居豐大而在无位之地，乃高亢昏暗自絕於人，人誰與之？故闚其戶，闃其无人也。至於三歲之久，而不知變，其凶宜矣！不覿謂尚不見人，蓋不變也。六居卦終，有變之義，而不能遷，是其才不能也。」朱熹《本義》：「以陰柔居豐極，處動終，明極而反暗者也。故為豐大其屋而反以自蔽之象。无人不覿，亦言障蔽之深，其凶甚矣！」程、朱以全部爻辭釋「凶」，是也。

語譯

豐卦最上面的是陰爻六，房屋富麗堂皇，卻被陰霾遮蔽著。從門戶向屋內看看，靜寂無人，整整三年不見人影。可能發生了凶禍。

附錄古義

《左傳・宣公六年》：「鄭公子曼滿與王子伯廖語，欲為卿。伯廖告人曰：『無德而貪，其在《周易》豐䷶之離䷝，弗過之矣。』間一歲，鄭人殺之。」

杜預《注》：「豐上六變而為純離也。《周易》論變，故雖不筮，必以變言。其義，豐上六曰：『豐其屋，蔀其家。闚其戶，闃其無人，三歲不覿，凶。』義取無德而大其屋，不過歲，必滅亡。」

《新語・思務篇》：「為善者寡，為惡者眾。《易》曰：『豐其屋，蔀其家。闚其戶，闃其無人。』」

《淮南子・泰族》：「故守不待渠塹而固，攻不待衝隆而拔；得賢之與失賢也。故臧武仲以其智存魯，而天下莫能亡也；璩伯玉以其仁寧衛，而天下莫能危也。《易》曰：『豐其屋，蔀其家。窺其戶，闃其無人。』無人者，非無眾庶也；言無聖人以統理之也。」

王充《論衡・藝增篇》：「《易》曰：『豐其屋，蔀其家。窺其戶，闃其無人也。』非其無人也。無賢人也。」

《公羊傳・莊公四年・何休注》：「有而無益於治曰無，猶《易》曰：『闃其無人。』」

陳壽《三國志・魏書・楊阜傳》：「阜上疏曰：『高高在上，實監后德。慎守天位以承祖考巍巍大業，猶恐失之；不夙夜敬止，允恭卹民，而乃自暇自逸，惟宮臺是侈是飾，必有顛覆危亡之禍。《易》曰：「豐其屋，蔀其家。闚其戶，闃其無人。」王者以天下為家，言豐屋之禍至於家無人也。』」

象傳

豐其屋，天際翔也❶；闚其戶，闃其无人，自藏也❷。

注釋

❶天際翔也

「翔」，《集解》本作「祥」，引孟喜曰：「天降下惡祥也。」清儒李富孫《易經異文釋》：「天際翔也《釋文》云：『際，鄭（玄）云當為瘵。瘵，病也。翔，鄭、王肅作祥。《集解》本作降祥。惠（棟）校本依虞作際祥，影宋本同。孟（喜）云天降下惡祥也。案：瘵、際字形相似，故鄭云當為瘵。《漢（書）・西域傳》（顏）師古《注》「翔與詳同。」，假借用詳。祥字本通。古惡徵亦曰祥。《左氏・昭十八年傳》：『將有大祥。』《疏》云：『祥者，善惡之徵。』《中庸》『必有禎祥』，吉祥也。『必有妖孽』，凶祥也。祥是善事，里析以災為祥者，對文言耳。是鄭（玄）王（肅）當皆从孟（喜）義。錢氏（大名待考）曰：李鼎祚據孟喜本作降祥，漢儒相承之本如此。際降字形相涉，故本或為際。鄭讀為瘵，訓病，雖與孟本異，而意猶不甚遠。王弼改為翔，疏家以為如鳥之飛翔於天，失之甚矣。」王弼本作「天際翔也」，《注》云：「翳光最甚者也。」孔《疏》：「『天際翔也』者，如鳥之飛翔於天際，言隱翳之深也。」是孟喜、鄭玄、王肅之釋不同於王弼、孔穎達。而張載《橫渠易說》：「處上之極，不交於下，而居動之末，故曰『天際翔也』。」依位象言字義。程頤《伊川易傳》：「六處豐大之極，在上而自高，若飛翔於天際，謂其高大之甚。」近宗橫渠，遠祖王、孔，並能指出喻意。孟喜、王弼之說孰是？讀者自思之。

❷自藏也

《集解》引虞翻曰：「謂三隱伏坎中，故自藏者也。」《篹疏》：「豐自噬嗑來，三與上應；三在噬嗑坎下（按：噬嗑卦六三、九四、六五互體為坎，故云。），坎為隱伏，故以『三隱伏坎中』為『自藏』。言不與上應也。」其意蓋為三原該與上相應，因為身處坎陷，只能自我隱伏，不能與上相應也。弼《注》：「可以出而不出，自藏之謂也。非有為而藏，不出戶庭，失時致凶；況自藏乎？凶其宜也！」孔《疏》：「自藏也者，言非有為而當自藏。可以出而不出，无事自為隱藏也。」以「自藏」為不肯任職負責意，並以此為致凶之因。程《傳》：「闃其戶而无人者，雖居豐大之極，而實无位之地，人以其昏暗自高大，故皆棄絕之，自藏避而弗與親也。」伊川以六爻中之「初」、「上」无位。《論語・里仁》：「德不孤，必有鄰。」豐上六昏暗自大，德孤所以自藏也。伊川之言合於儒理。

語譯

屋子建得高高地，裝飾富麗堂皇。屋大招風，大風一吹，屋頂裝飾被刮得滿天飛。從門戶往內看，靜寂無人。自己心裡害怕，躲藏起來了。

旅卦經傳通釋第五十六

卦辭

䷷艮下離上旅（ㄌㄩˇ）❶：小（ㄒㄧㄠˇ）亨（ㄏㄥ）❷，旅（ㄌㄩˇ）貞（ㄓㄣ）吉（ㄐㄧˊ）❸。

注釋

❶ ䷷艮下離上旅

竹書作「遊」，从辵、旅會意，旅亦聲。《說文》：「辵，乍行乍止也。从彳止。凡辵之屬皆从辵。」又：「㫃，旌旗之游㫃蹇之皃。从屮曲而垂下㫃相出入也。讀若偃，古人名㫃字子游。」（如孔子門人「言偃，字子游」）又：「旅，軍之五百人，从㫃，从『从』。『从』，俱也。」蓋「遊」本以「辵」為部首，表示走走停停，而「旅」字以「㫃」為部首，代表旌旗飄動的樣子；下面的「𧘇」，也可作「从」，原是兩個人作伴同遊，手執旗幟，以為識別的意思。濮茅左〈楚竹簡《周易》釋文考釋〉：「『遊』，從辵，旅聲，字亦見於《包山楚簡》、《曾侯乙墓（竹簡）》及金文，同『旅』字，卦名，《周易》第五十六卦。」帛書與今傳本皆作「旅」，部首「辵」簡省。《集解》引虞翻曰：「賁䷕初之四，否䷋三之五，非乾坤往來也。與噬嗑之豐同義。」賁䷕初九上往與六四陰陽互易，即成旅卦；否䷋六三上往與九五陰陽互易，亦成旅卦。這兩種變易的現象，哪一種較正確呢？虞翻以為旅卦不是由否卦坤下乾上、六三、九五陰陽往來構成；而是像噬嗑䷔變成豐䷶一樣，噬嗑震下離上，上下卦互易其位，離下震上便成豐。賁卦離下艮上，上下也位置交換，艮下離上便成旅。也就是「與噬嗑之豐同義」了。王弼未注，孔穎達《正義》：「旅者，客寄之名，羈旅之稱。失其本居，而寄他方，謂之為旅。」程《傳》：「為卦離上艮下，山止而不遷，火行而不居，違去而不處之象，故為旅也；又麗乎外，亦旅之象。」朱《義》：「旅，羈旅也。山止於下，火炎於上，為去其所止而不處之象，故為旅。」程、朱皆依象言理。在筮法上，當旅六爻皆少，也就是本卦、之卦都是旅；或節䷻六爻皆老，也就是節之旅：這兩種情形，都以旅卦辭占。

❷小亨

象亦占也。郭雍以為「象」（詳下文），朱熹、吳澄以為「占」。高亨以為「記事之辭」。竹書作「少卿」，濮茅左〈考釋〉云：「『少卿』讀如『小亨』，以為假借也。帛書及今傳本均作「小亨」。《集解》引虞翻曰：「小謂柔得貴位而順剛，麗乎大明，故旅小亨。」陽大陰小，已見泰卦辭「小往大來」之注釋。旅六五以陰柔之六得居五尊貴之位，而上承上九之剛而順之。又在離上之中爻，〈說卦傳〉：「離，麗也。」又：「離也者，明也。」故虞《注》如是，與〈彖傳〉所言相合。弼未注。《正義》：「既為羈旅，苟求僅存，雖得自通，非甚光大。故旅之為義，小亨而已，故曰『旅小亨』。」則由旅遊情況推論「小亨」之故，「光大」，廣大也，非謂光明正大。程《傳》：「以卦才言也。如卦之才，可以小亨。」「卦才」，指八卦的品性、體用。如〈說卦傳〉「雷動風散」、「乾健坤順」兩章之所言。旅卦由艮下離上重疊而成。〈說卦傳〉「日以恆之，艮以止之」、「離、麗也，艮、止也」。皆言離、艮之卦才者也。案：程《傳》此處之言甚簡，需與注釋❶參看。《郭氏傳家易說》記白雲郭雍曰：「旅雖失其所居而未困，故亦有可小亨之象。然自亨之道論之，則旅得其小者耳。」朱熹《本義》：「以六五得中於外而順乎上下之二陽，艮止而離麗於明，故其占可以小亨。」吳澄《易纂言》：「占也。小亨，小者亨也。六五為旅之主。五，陰也（謂居旅卦五位者為陰爻六也），故曰小。以其得中而順乎剛，故亨。」

❸旅貞吉

竹書作「遊貞吉」，帛書及今傳本皆作「旅貞吉」。遊、旅為古今字，詳已見卦名下注釋。《集解》引虞翻曰：「旅貞吉，再言旅者，謂四凶惡，進退无恆，無所容處，故再言旅，惡而愍之。」《纂疏》：「旅唯二、三兩爻得正。二中而得正，是貞吉謂二，言足為旅之貞吉而已。再言旅者，四在離為焚棄（離九四爻辭有『焚如、死如、棄如。』之文）惡人，故謂四凶惡。四互巽（旅六二、九三、九四互體為巽）為進退（〈說卦傳〉：『巽為進退。』），在乾為進退无恆（乾九四〈文言傳〉：『進退无恆，非離群也。』），故无所容處，而為旅也。再言旅惡而愍之者，惡其无恆，愍其无容也。」疏解虞《注》已詳，不贅。弼《注》：「不足全乎貞吉之道，唯足以為旅之貞吉，故特重曰『旅貞吉』也。」掃虞《注》之象，而取虞《注》之意。孔《疏》：「羈旅而獲小亨，是旅之正吉。故曰旅貞吉也。」以為「旅之正吉」是因「羈旅而獲小亨」而來。程《傳》：「得旅之貞正而吉也。」則旅之貞正為因，吉為果。若合上文「以卦才言之」，艮止而離麗於明，亦其一因也。朱熹《本義》：「能守其旅之貞則吉。旅非常居，若可苟者；然道无不在，故自有其正，不可須臾離也。」依程《傳》，而意近《論語・里仁》：「君子無終食之間違仁，造次必於是，顛沛必於是。」

語譯

三畫的艮在下，三畫的離在上，重疊而成六畫的旅卦。旅行時寄居客舍，不如居家事事滿意，自由自在，只能有限度得到通順。旅行時遵守正常的規矩，就有所收穫而吉祥。

彖傳

旅，小亨❶。柔得中乎外，而順乎剛，止而麗乎明，是以小亨，旅貞吉也❷。

旅之時義大矣哉❸！

注釋

❶**旅，小亨**

此旅卦辭原文，引之以為傳注之依據。孔穎達《正義》：「『旅小亨』者，舉經文也。」是也。《集解》於經文下已引「虞翻曰」作出注釋；於此復引姚信曰：「此本否卦三、五交易，去其本體（指否：坤下乾上），故曰客旅。」又引荀爽曰：「謂陰（否六三、小）升居五（旅六五），與陽通（亨）者也。」李道平《纂疏》復云：「愚案：震陽在內（☳）為主，故艮陽在外（☶）為旅。」虞、姚、荀、李皆以象解旅，而言異、同如此。蓋所見皆象之一部分，綜合觀之，則較全面。條條大路通羅馬，毋須責怪也。弼《注》等見下條注釋。

❷**柔得中乎外，而順乎剛，止而麗乎明，是以小亨，旅貞吉也**

此〈彖傳〉釋卦辭「小亨旅貞吉」之緣故也。《集解》引蜀才曰：「否三升五，柔得中于外，上順于剛；九五降三，降不失正，止而麗乎明，所以『小亨旅貞吉』也。」其義與虞翻「否三之五」，姚信「此本否卦三五交易」，荀爽「陰升居五」等說，大意相近。弼《注》：「夫物失其主則散，柔乘於剛則乖。既乖且散，物皆羈旅，何由得小亨而貞吉乎？夫陽為物長，而陰皆順陽。唯六五乘剛，而復得中乎外，以承于上。陰凶，順陽不為乖逆。止而麗明，動不履妄。雖不及剛得尊位，恢弘大通。是以小亨，令附旅者不失其正，得其所安也。」雖掃象言理，然仍存乘剛、順承、得中、得位等象數之說。孔《疏》：「『柔得中乎外，而順乎剛，止而麗乎明，是以小亨旅貞吉』者，此就六五及二體釋旅得亨貞之義。柔處於外，弱而為客之象。若所託不得其主，得主而不能順從，則乖逆而離散，何由得自通而貞吉乎？今柔雖處外而得中順陽，則是得其所託，而順從於主，又止而麗明，動不履妄，故能於寄旅之時，得通而正，不失所安也。」依弼《注》而更詳明。程《傳》：「六上居五，柔得中乎外也。麗於上下之剛，順乎剛也。下艮止，上離麗，止而麗於明也。柔順而得在外之中，所止能麗於明，是以小亨得旅之貞正而吉也。旅困之時，非陽剛中正有助於下不能致大亨也。所謂得在外之中，中非一揆，旅有旅之中也。止麗於明，則不失時宜，然後得處旅之道。」逐句講解旅〈彖傳〉，條理清晰。所言「麗於上下之剛，順乎剛也」，與弼《注》所言：「陰皆順陽。唯六五乘剛，而復得中乎外，以承于上。」之六五乘剛承上說略有不同。案：歐哲T・摩爾（Thomas More, 1478–1535）嘗云：「向上級謙恭，是本份；向平輩謙虛，是和善；向下級謙遜，是高貴；向所有的人謙沖，是安全。」余生平頗服膺是言，因此於伊川「麗於上下之剛」說，更為同意。然「文王一怒而安天下」（見於《孟子》），讀者宜有自己意見，不必以我說為是也。切切，切切！《禮記・中庸》：「喜怒哀樂之未發，謂之中；發而皆中節，謂之和。中也者，天下之大本也；和也者，天下之達道也。致中和，天地位焉，萬物育焉。」省思此言，自強不息，厚德載物，自勉而已！

❸旅之時義大矣哉

《集解》引虞翻曰：「以離日麗天，縣象著明莫大日月，故義大也。」又引王弼曰：「旅者，物失其所居之時也。物失所居，則咸願有附，豈非智者有為之時，故曰：『旅之時義大矣哉！』」案：虞翻，東漢末年三國分據時吳人。王弼，晉人。皆《易》學大師，所著同名《周易注》。虞《注》雖佚，然陸德明《經典釋文》、李鼎祚《周易集解》皆嘗引之，清儒惠棟、張惠言等皆輯而述之。李道平《周易集解纂疏》又依惠、張所研述者疏通之。今臺灣學人徐芹庭著有《虞氏易述解》、大陸學人王新春著有《周易虞氏學》，於虞《注》皆有全面詮釋。至王弼《注》，《隋書・經籍志》於《易》云：「梁、陳，鄭玄、王弼二《註》，列於國學。齊代，唯傳鄭義。至隋，王《註》盛行，鄭學浸微。」又云：「唐太宗詔國子祭酒孔穎達與諸儒撰五經義疏，凡一百七十卷，名曰《五經正義》。……《易》主王《注》，……蓋亦因一時之好尚，定一代之規模。」今臺灣各大學「國文研究所」、「中文研究所」，頗有研究生須圈點《十三經注疏》之規定者。王弼《周易注》暨孔穎達《疏》乃列於必須圈點者之一。其影響不可不謂之久大。臺大《易》學教授林麗真博士嘗撰《王弼及其易學》、〈王弼〈老〉〈易〉〈論語〉三注分析〉，臺師大博士龔鵬程（曾任臺灣佛光大學校長、北京大學教授）嘗撰《孔穎達周易正義研究》，頗多精義高見。因《集解》此處並引虞、王，故知象數派不必排斥義理派，而義理派亦不必全掃象數也。《集解篹疏》：「虞《注》：〈繫上〉曰：『縣象著明莫大乎日月。』離日麗天，順莫大焉。故義大也。……王《注》：孔《疏》此歎美寄旅之時，屋皆失其所居，若能與物為附，使旅者獲安，非小才可濟，惟大智能然。故曰『旅之時義大矣哉！』」《篹疏》之疏《集解》，此句全引孔穎達之《疏》，惟「屋」字，孔《疏》原為「物」字為異耳。象數、義理之匯通，此亦一佳話也。程《傳》：「止麗於明則不失時宜，然後得處旅之道。天下之事，當隨時各適其宜，而旅為難處。故稱其時義之大。」朱震《漢上易傳》：「四方固男子之事，居者必有旅也，顧處之如何耳！夫子歷國應聘，嘗去父母之邦矣，去他國矣，欲浮於海居九夷矣，蓋得旅之時義也。旅之時不一，而義者時措之宜，知其時而不知其宜不可也。非大人孰能盡之？故曰『旅之時義大矣哉』！」引《論語》所記孔子言行而論旅時義之大，最為得當。朱熹《本義》唯云：「旅之時義大矣，旅之時為難處。」節引程《傳》而已！

語譯

卦辭說：旅行時能得到有限度的通順。因為旅卦六五以柔順的態度，在外旅行時行為合乎中道，而且上順上九之剛，下履九四之陽，光明磊落。遵重艮下的限止而依順離上的光明。所以得到有限度的亨通，旅遊正常而有收穫。旅遊時注意時宜，這道理宏大得很啊！

象傳

山上有火，旅❶；君子以明慎用刑而不留獄❷。

注釋

❶山上有火，旅

《集解》引唐人侯果曰：「火在山上，勢非長久，旅之象也。」弼未注此句。孔氏《正義》：「火在山上，逐草而行，勢不久留，故為旅象。」以火在山上之可能現象釋之。呂大臨《易章句》：「火非山上之物，山上有火，火寓於山，故為旅。」與孔《疏》義近。朱震《漢上易傳》：「山上有火，明而止。止而不處，旅也。」則以艮山離明卦德釋之。項安世《周易玩辭》：「山非火之所留也，野燒延緣，過之而已，故名曰旅。」亦鮮新意。《朱子語類》㬇淵記朱熹之言曰：「不知聖人特地做一箇卦，說這旅則甚！」朱子率真處，於此可見其一。讀者試與「旅之時義」條所引朱震言較論之。

❷君子以明慎用刑而不留獄

《集解》引虞翻曰：「君子謂三，離為明，艮為慎，兌為刑，坎為獄。賁初之四，獄象不見，故以明慎用刑而不留獄，與豐『折獄』同義者也。」六爻之卦、初、二為地爻，三、四為人爻，五、上為天爻。故乾九三爻辭曰「君子終日乾乾」，旅艮下九三本於乾九三，居人爻而得位，故亦曰「君子」。此虞所以言「君子謂三」也。「離為明」，〈說卦傳〉文。〈說卦傳〉又云：「艮以止之」，今火車平交道口每樹「停！聽！看！」牌示，欲人慎行也。而「停止」為首要，艮止含慎之意，亦可知矣。〈說卦傳〉更云：「艮為徑路、為門闕、為洞府、為閽寺。」皆寓「慎」意。此虞所以謂「艮為慎」也。旅九三、九四、六五互體為

「兌」，〈說卦傳〉：「兌為口舌，為毀折。」又：「兌，正秋也。」古代行刑多在秋，故引申有「刑」之逸象。〈說卦傳〉：「坎為溝瀆，為隱伏。」蓋坎☵一陽隱伏於上下二陰之中，類似善人繫於黑獄中之象。虞注旅卦名時，嘗言：「賁初之四……與噬嗑之豐同義。」賁二、三、四爻互體為坎，當「賁初之四」成旅之時，坎不見了，獄象也不見了。所以虞在此說：「賁初之四，獄象不見。故以明慎用刑而不留獄，與豐『折獄』同義者也。」說得實在太瑣瑣碎碎了。弼《注》只說：「止以明之，刑戮詳也。」又未免太簡。孔《疏》：「上下二體，艮止、離明。故君子象此，以靜止明察，審慎用刑，而不稽留獄訟。」依艮、離之德演繹而言之。較為得當。程《傳》：「火之在高，明无不照。君子觀明照之象，則以明慎用刑。明不可恃，故戒於慎。明而止，亦慎象。觀火行不處之象，則不留獄。獄者，不得已而設，民有罪而入，豈可留滯淹久也。」伊川此處，一面依象解義；一面加入儒理。如《尚書・舜典》：「欽哉！欽哉！惟刑之恤哉！」《論語・顏淵》：「子曰：『聽訟吾猶人也，必也使無訟乎！』」舜言重在「慎」，孔子之言重在「獄不得已」。皆伊川所本也。朱熹《本義》於此僅言「謹刑如山，不留獄如火」。

語譯

火上有火，逐草延燒，象徵著人在旅途奔走；君子因此以明智謹慎的心態運用刑法，而不拖延審判，把犯罪嫌疑人久繫在監獄中。

序卦傳

窮大者必失其居，故受之以旅[1]。

注釋

❶窮大者必失其居，故受之以旅

此「窮」字為極盡之意。《集解》引崔憬曰：「諺云『作者不居』。況窮大甚而能處乎？故必獲罪去邦羈旅于外也。」〈序卦傳〉常言「必」，而未必「必然」，此條尤謬，而崔憬「必獲罪去邦」之釋，其謬更甚。王弼、韓康伯、孔穎達皆棄而未釋。程《傳》：「豐盛至於窮極，則必失其所安，旅所以次豐也。」張栻《南軒易說》：「豐而太過，則失其所居矣，故受之以旅。」朱震《漢上易傳》：「已太矣，而又窮之，必至於无所寄託而失其所居之常。非特大名大位然也，學者亦如是，故次之以旅。」宋儒之言，亦未必全是。世事複雜，似宜三思。清儒朱駿聲《六十四卦經解》：「文王拘羑里，亦旅也；孔子周流四方，亦旅也。」又引《易緯・乾鑿度》：「孔子筮其命，得旅。請益于商瞿氏，曰：『子有聖知而無位。』孔子泣曰：『鳳鳥不至，河不出圖，吾已矣夫！』乃作《十翼》。」朱駿聲《經解》於旅義舉出史例，甚好；然所引《易緯》之言，不必盡信。

語譯

無論學識或財產，極度追求到了盡頭，都容易招致嫉妒，而失去地位；所以代表放逐旅居的旅卦接在代表豐富盛大的豐卦後面。

雜卦傳

親（ㄑㄧㄣ）寡（ㄍㄨㄚˇ）旅（ㄌㄩˇ）也（ㄧㄝˇ）❶。

注釋

❶親寡旅也

言親友寡少乃旅之情況也。案：〈雜卦傳〉皆先提卦名，後言其情況意旨。如與旅相對之「豐」，曰「豐多故」。其他六十二卦皆然。若依文例，此當云「旅寡親也」。今作「親寡旅也」者，或修辭變化之故。《集解》：「豐大故多；旅无容，故親寡。六十四卦象皆先言卦，及道其指。至旅，體離四焚棄之行，又在旅家，故獨先言『親寡』，而後言『旅』。此上虞義。」韓康伯《注》：「親寡故寄旅也。」以親寡為寄旅之因。張栻《南軒易說》：「在旅之時，失上下之交，故為親寡。」以親寡為寄旅之果。兩者皆有可能。

語譯

因為在故鄉，親戚朋友很少，所以就獨自遠走他鄉，旅遊去了；而在他鄉旅遊，見到的全是陌生人，親戚朋友就更少了。

初六爻辭

初六❶：旅瑣瑣❷，斯其所取災❸。

注釋

❶初六

旅卦初位是陰爻。失位而上應離卦之火，卑下而所見者小。其象其占皆因於此。在筮法上，當旅卦初爻為老，他爻皆少，即由旅之離䷝；或坎䷜初爻為少，他爻皆老，即坎之旅：這兩種情形，都以旅初六爻辭占。

❷旅瑣瑣

象也。竹書作「遊羸」，據上博館《戰國楚竹書㈢》頁六五原簡圖片，「羸」字未重。濮茅左〈考釋〉：「『羸二』，重文，字从角，羸聲，可讀為瑣，羸、瑣同屬歌部。細小，瑣碎。」釋字義可從。惟謂「羸二」，重文。未知所據。帛書作「旅瑣瑣」與今傳本同。今傳本《集解》引陸績曰：「瑣瑣，小也。艮為小石，故曰『旅瑣瑣』也。」弼《注》：「最處下極，寄旅不得所安，而為斯賤之役。」陸績著有《周易陸氏述》，《隋書・經籍志》云「十五卷」。今佚，惟《釋文》、《集解》、《正義》、《漢上易傳》等嘗引其言，大抵不主一家，擇善而從。觀本句所「述」，據〈說卦傳〉「艮為小石」而發；而弼《注》由「最處下極」而引出「賤役」。陸重在「象」，弼重在「位」，可見其異同。然孤例難證其全也。孔《疏》從《注》而加詳。程《傳》：「六以陰柔在旅之時，處於卑下，是柔弱之人處旅困而在卑賤所存污下者也。」大抵亦從弼《注》。《郭氏傳家易說》記白雲之言曰：「旅雖有失其所居之義，而卦象之中至明存焉。故君子之處旅也，必思其至明而法以行事，然後足以得旅之大義也。夫窮志畢力於瑣瑣之務者，終不能大有為於天下也。」就旅卦全象來看初六之特徵。頗有卓識。近人高亨作《周易古經今注》，曰：「余又疑瑣或借為惢，《說文》：『惢心疑也，从三心，讀若易旅瑣瑣。』可證瑣惢古通用。許慎讀惢為易之瑣，或即本於漢人故訓歟？旅惢惢言旅人之多疑也。」以「瑣」或借為惢，並引《說文》以為「心疑」之意。別解頗饒新意。

❸斯其所取災

占也。竹書作「此丌所取愳」，濮君〈考釋〉：「『愳』，恭敬，或讀為『舉』，喻身處人下，不得有所安有所舉，志窮且困，以為災禍自至。」帛書作「此亓所取火」，張立文《今注今譯》：「火與災義近。」《集解》引陸績曰：「履非其正，應離之始，離為火，艮為山。以應火，災焚自取也。故曰『斯其所取災也』。」弼《注》：「所取致災，志窮且困。」陸績猶以位、應說明取災之故；王弼於此盡掃位、應，惟釋句義。似不如陸績所述，有根有據。程《傳》：「志卑之人，既處旅困，鄙猥瑣細，无所不至，乃其所以致侮辱，取災咎也。……當旅困之時，才質如是，上雖有援，无能為也。四陽性而離體，亦非就下者也。又在旅，與它卦為大臣之位者異矣！」程頤每以君臣關係論《易》，頗多封建思想。此處言「四陽非就下者」，大有可商。郭雍白雲曰：「初六陰柔之才，自居於卑，故无高遠之見如此。《孟子》曰：『養其大體為大人；養其小體為小人。』旅之大義與其瑣瑣，皆在人自養之而已，可不審哉！」《傳家易說》「在人自養」四字，雖說旅之初六，大有乾〈象傳〉「自強不息」之意。卦爻、陰陽，雖有差別，亦有相同如此者。蓋「變易」中有「不易」存焉！案：此句句讀有作「斯其所，取災」者，高亨《周易古經今注》引俞樾曰：「此當以斯其所為句。《說文．斤部》：『斯析也。』析之則離，故斯亦訓離，《爾雅．釋言》：『斯，離也。』《列子．黃帝》篇：『不知斯齊國幾千萬里。』張湛《注》曰：『斯，離也。』然則斯其所者，離其所也。斯其所取災，言離其所乃取災害也。」亨按：「俞說可從。旅人瑣瑣然，離其故居，見恨於人，災害遂至，故曰，旅瑣瑣，斯其所，取災。疑此亦記殷王亥旅於有易之故事也。」可備一說。

語譯

旅卦初位是陰爻：小裡小器地做些卑賤瑣碎的事務，這是自己離開本位去找來的禍害。

附錄古義

《風俗通・怪神篇》見否九五爻辭「其亡其亡」條。

《漢紀・十六・昭帝紀論》：「荀悅曰：『昌邑之廢，豈不哀哉！《書》：曰「殷王紂自絕於天」；《易》曰：「斯其所取災」，言自取之也。』」

象傳

旅瑣瑣，志窮災也❶。

注釋

❶**旅瑣瑣，志窮災也**

引爻辭原文，以為〈象傳〉之對象。《集解》引虞翻曰：「瑣瑣，最蔽之貌也。失位遠應，之正介坎。坎為災眚，艮手為取。謂三動應坎，坎為志，坤稱窮，故曰『志窮災也』。」《篡疏》：「馬氏（融）云：『瑣瑣，疲弊貌。』故云『瑣瑣，最蔽之貌』。『蔽』，當從馬作『弊』是也。初失位遠應四，與四易位（䷕），變而得正，介乎坎上。坎為多眚（〈說卦傳〉謂『坎』『其於輿也，為多眚。』），故為災眚。又言『三動』（䷢），則四在坎中。艮手在初，往應于四，為『取災』。〈雜卦〉曰『親寡旅也』，言不應也。坎心為志，三已變坤，終為窮（坤上六〈象傳〉『龍戰於野，其道窮也』。）故曰『志窮災也』。」所言已詳，惜太蕪雜耳！姑錄以為《易》史之資料。弼不注，《正義》曰：「志意窮困，自取此災也。」程《傳》：「志意窮迫，益自取災也。災眚對言則有分（《說文》：『天火曰烖，字或作灾，籀文从巛，作災。』又：『眚，目病生翳也。』），獨言則謂災患矣！」大致從孔。朱熹《本義》亦未解釋。

語譯

小裡小器地做些卑賤瑣碎的事務，意志消磨殆盡導致的災禍啊。

六二爻辭

六二❶：旅即次，懷其資，得童僕貞❷。

注釋

❶六二

旅卦陰爻六居第二位。居下卦之中而得正，柔順中正；上承九三之陽，下履初六之童。其象其占，皆本於此。在筮法上，當旅卦第二爻為老，他爻皆少，即由旅之鼎䷱；或屯䷂第二爻為少，他爻皆老，即屯之旅：這兩種情形，都以旅六二爻辭占。

❷旅即次，懷其資，得童僕貞

吳澄以為皆「象也」。高亨以為「旅即次懷其資（斧）得童僕」為「記事之辭」，「貞（吉）」為「斷占之辭」。竹書作「遊既㝑，褱丌㳄，㝵僮僕之貞」。濮茅左〈考釋〉：「『㝑』作『次』。阜陽漢簡《周易》作『六二：旅即其次』。『褱』，疑同『褱』，古文『懷』，懷藏，《左傳・桓公十年》：『懷璧其罪。』『㳄』，从欠、从水，亦作『涎』，《說文・㳄部》：『㳄，慕欲口液也。』『儙』，《說文》『僕』古文从『臣』。『僮儙』，讀為『童僕』。」陳劍〈上博竹書異文選釋（六則）〉（二〇〇五）：「旅卦六二爻辭本作：『遊（旅）既㝑（次），褱（懷）丌（其）㳄（羨），㝵（得）僮（童）儙（僕）之貞。』意為：『商旅已經在客舍住下，懷藏其贏利，此為將得到童僕的貞卜。』跟九三『貞厲』的占斷比較，此爻辭當然是指向『吉』的一面的。」濮君、陳君釋竹書《周易》已詳。今從其說。帛書作「旅既次，壞亓茨，得童剝貞」。作「既」，與上博楚竹書同。而阜陽漢簡與今傳本作「即」。既、即二字字形相近，容易誤混。「旅既次」為「旅客已經在客舍住下」，「旅即次」為「旅客到達了客舍住下」，意並通可以並存。帛書「壞」，與今傳本「懷」，皆从「褱」聲，古有通用之例。張立文《今注今譯》舉《左傳．襄公十四年》：「王室之不壞。」《釋文》：「壞，服（虔）本作懷。」為證。是也。帛書「茨」，今傳本作「資」。張立文云：「『茨』假借為『資』。……（二字音近，皆可訓『積』），義同相通。」由音、義雙方辯證，其說可從。帛書「剝」，今傳本作「僕」。張立文云：「『剝』假借為『僕』。……古音同屬屋韻，音近亦相通。」今從之。《集解》引《九家易》曰：「即，就；次，舍；資，財也。以陰居二，即就其舍，故『旅即次』；承陽有實，故『懷其資』；初者卑賤，二得履之，故『得僮僕』。處和得位，故正（貞）居是。故曰『得僮僕貞』矣。」先解字義，再釋《易》象。說明甚清晰，無勞再贅。弼《注》：「次者，可以安行旅之地也。懷，來也。得位居中，體柔奉上，以此寄旅，必獲次舍。懷來資貨，得童僕之所正也。旅不可以處盛，故其美盡於童僕之正也。過斯以往，則見害矣！童僕之正，義足而已。」孔《疏》遵《注》，文字稍異，而意無差別。弼言「旅不可以處盛」，乃道家哲思。張載《橫渠易說》：「居得位，即次之義。得三之助，故曰懷其資。下有一陰，无所係累，故曰得童僕貞。」以本身之位及上下所比（鄰）釋爻辭，頗簡明而不失據。程《傳》：「二有柔順中正之德。柔順則眾與之，中正則處不失當，故能保其所有，童僕亦盡其忠信。雖不若五有文明之德，上下之助，亦處旅之善者也。次，舍，旅所安也；財，貨，旅所資也；童僕，旅所賴也。得就次舍，懷畜其資財，又得童僕之貞良，旅之善也。柔弱在下者，童也；強壯處外者，僕也。二柔順中正，故得內外之心。在旅所親比者，童僕也。不云吉者，旅寓之際，得免於災厲則已善矣。」案：高亨《周易古經通說．周易筮辭分類表》附註五：「貞下疑脫吉字。」《郭氏傳家易說》：「旅幾於困者也：不得其安則困，不得其資則困，不得其助則困。今安即其次，懷其資，又得童僕之助，則處旅之善者矣，是所以不能困也。童僕以助上為正，得其貞則得其助矣，終何尤哉！六二柔順中正，故其善處如此。語之以大義，則未也。」伊川從「得」而論；白雲郭雍則就「不得」而論：明其「得」與「不得」，所見更全面矣。朱熹《本義》：「即次則安，懷資則裕，得其童僕之貞信則无欺而有賴，旅之最吉者也。二有柔順中正之德，故其象占如此。」言簡意賅。《周易折中》「案」曰：「二得位得中，故曰即次懷資；與九四之旅處而得其資斧者異矣。下有初六比之，故曰得童僕，與九三之喪其童僕者異矣。在初則為童僕之瑣瑣者，自二視之，則為童僕之貞者，義不相害也。」以九二與九四、九三、初九分別較論。

語譯

旅卦陰爻居第二位：旅客到達了客舍住下，帶著一些錢幣，得到服務員的接待協助，正常相處而有收穫。

象傳

得童僕貞❶，終无尤也❷。

注釋

❶得童僕貞

此本為旅六二爻辭最後一句。前文曾注釋過了。但前注已繁多，有些問題留在此補作討論。一、今傳本爻辭原文本可如下標點斷句：「旅即次，懷其資，得童僕：貞。」故高亨以前九字為「記事之辭」，最後的「貞」字為「斷占之辭」；並謂「貞下疑當有吉字」（亦見《周易古經今注》）。然竹書作「㝵僮儯之貞」，多一「之」字，則「貞」僅指「得童僕」一事而言。二、關於「童僕」，《注疏》本「童」，《集解》本作「僮」。竹書作「僮儯」問題。《說文・辛部》：「男有辠（罪）曰奴，奴曰童；女曰妾。」《說文・人部》：「僮，未冠也。」是「童」為犯罪的男子，服奴僕之役者；「僮」是未成年的兒童，尚未行冠禮者。段玉裁《說文解字注》：「《說文》『僮童』之訓，與後人所用正相反。」並舉例以證。蓋古書此二字已多混用。又《說文・菐部》：「僕，給事者。从人菐，菐亦聲。蹼，古文从臣。」段玉裁《注》：「《周禮注》曰：『僕，侍御於尊者之名。』然則太僕、戎僕，以及《易》之童僕，《詩》之臣僕，《左傳》『人有十等：僕第九，臺第十。』皆是。〈大雅〉『景命有僕』。毛《傳》『僕，附也。』是其引伸之義也。」是「僕」是侍候尊者，為人服務的奴僕；「蹼」是僕的古文。竹書《周易》此云「僮僕」之「僕」也是古文另一種寫法。三、「得童僕貞」，應涵蓋主僕雙方皆守正。傳統的解釋多指「童僕」宜忠貞侍奉主人，尤不可欺主。伊川所謂「童僕亦盡其忠信」，胡炳文《周易本義通釋》：「惟得其忠信者，則无欺而有賴。」即其例也。亦可指旅者「得童僕之道」宜貞。先秦戰國之時，諸侯交戰，每屠殺敗者之成年男子，而虜其未冠者為「童」，女子為「妾」。此得童僕無道者也，失其貞矣！高亨《周易大傳今注》：「貞，正也；言旅客得童僕以正道，則終无災尤，故吉也。」已就「旅客」宜「正」言之。旅客與童僕皆正，為「旅無尤」之本。

❷終无尤也

釋六二爻辭全文，舉末句「得童僕貞」以賅上文「旅即次，懷其資」者也。《集解》引虞翻曰：「艮為僮僕，得正承三，故『得僮僕貞』，而『終无尤也』。」並附李鼎祚「案」云：「六二履正體艮，艮為閽寺，『僮僕貞』之象也。」其意已明，無須疏解。弼於此句未注。《周易折中》嘗引：「王氏弼曰：『既得童僕，然後即次懷資，皆无所失，故終尤也。』」余所見單注本及注疏本，均無王弼此句。未知其出處。然由「得童僕」上推「即次懷資」，與余意同。《正義》曰：「『終无尤』者，旅不可以處盛，盛則為物所害。今惟正於童僕，則終保无咎也。」

語譯

得到服務員的接待協助，正常相處而有收穫；最後也就不會彼此責怪了。

九三爻辭

九三❶：旅焚其次，喪其童僕❷，貞厲❸。

注釋

❶九三

在旅遊時，俗所謂「出門靠朋友」，以謙和為貴。而九三過剛而不中，在艮下（艮為山）是最上面的一爻。「不被浮雲遮望眼」，固然是「身在最高峰」的優點；但因而剛愎自用，就糟了。在筮法上，當旅卦第三爻為老，他爻皆少，即由旅之晉䷢；或需䷄第三爻為少，他爻皆老，即由需之旅：這兩種情形，都以旅九三爻辭占。

❷旅焚其次，喪其童僕

象也。竹書作「遊焚亓宋乩亓僮儯」，其下復有「貞=」字樣。濮茅左〈考釋〉：「旅居之福被焚滅，喪童僕真誠。」案：《說文》：「焚，燒田也。从火林。」段玉裁《注》：「字从火燒林意也。」「乩」，濮茅左〈考釋〉於睽初九爻辭「乩馬」，以乩為「亡喪合文」。而臺師大陳惠玲碩士論文《上海博物館藏戰國楚竹書㈢・周易研究》於睽卦、旅卦皆以「乩」即「喪」字。至於「貞=」即「貞貞」，「=」代表重文疊字。而上「貞」連上文「喪其童僕」，成「喪其童僕貞」，濮君所以釋為「真誠」；下「貞」連下文「厲」，成「貞厲」。注釋在下條。帛本缺。今傳《集解》引虞翻曰：「離為火，艮為僮僕。三動艮壞，故焚其次。坤為喪，三動艮滅入坤，故喪其僮僕。」旅卦離上「為火」，艮下「為閽寺」，〈說卦傳〉文。《集解》引宋衷曰：「閽人主門，寺人主巷。艮為止，此職皆掌禁止者也。」《禮記・祭統》：「閽者，守門之賤者也。」《說文》：「閽，常以昏閉門隸也。从門，从昏，昏亦聲。」《禮記．內則》：「禮，始於謹夫婦。為宮室，辨外內。男子居外，女子居內，深宮固門，閽寺守之。男不入，女不出。」鄭玄《注》：「閽掌守中門之禁也；寺掌內人之禁令也。」《詩．小雅．巷伯．小序》：「巷伯，刺幽王也。寺人傷於讒，故作是詩也。」鄭玄《箋》：「巷伯，奄官；寺人，內小臣也。」寺人是宮內侍候后妃的小臣，俗稱「太監」。「童僕」侍候旅客，猶「閽寺」之侍候宮中后妃也。王弼《注》：「下體之上，與二相得。以寄旅之身，而為施下之道。與萌侵權，主之所疑也。故次焚僕喪，而身危也。」孔《疏》：「九三居下體之上，下據於二，上无其應，與二相得，是欲自尊，而惠施於下也。以羇旅之身，而為惠下之道，是與萌侵權，為主君之所疑也。為君主所疑，則被黜而見害，故焚其次舍，喪其童僕之正，而身危也。」又：「與萌侵權者，言與得政事之萌漸，侵奪主君之權勢，若齊之田氏。故為主所疑也。」《注》簡而《疏》明。程《傳》：「處旅之道，以柔順謙下為先。三剛而不中，又居下體之上，與艮之上，有自高之象。在旅而過剛自高，致困災之道也。自高則不順於上，故上不與而焚其次，失所安也。上離為焚象。過剛則暴下，故下離而喪其童僕之貞信，謂失其心也。如此則危厲之道也。」朱熹《本義》：「過剛不中，居下之上，故其象占如此。喪其童僕，則不止於失其心矣。故貞字連下句為義。」案：貞，竹書作「貞二」，上「貞」連上文，下「貞」連下句。朱熹言「貞字連下句為義」，已與孔《疏》程《傳》不同，有所突破。惟朱熹未見近代出土之「楚簡《周易》」，（上海博物館自香港購得，出土時、地不詳。二〇〇三年十二月《上海博物館藏戰國楚竹書㈢》出版，內有《周易》，計五十八支簡。）故不知「貞」重文疊字，分別在上、下兩句。又案：《周易折中》釋此句，其〈集說〉曰：「潘氏夢旂曰：『居剛而用剛，平時猶不可，況旅乎？以此與下，焚次喪僕，固其宜也。九三以剛居下體之上，則焚次；上九以剛居上體之上，則焚巢：位愈高，剛愈亢，則禍愈深矣！』邱氏富國曰：『九三爻辭全與二反。二即次而三焚；二得童僕而三喪；二之貞无尤，而三之貞則厲者：二柔順得中，三過剛不中故也。過剛豈處旅之道哉？』」潘氏強調「居剛用剛」及「位高剛亢」之過當；邱氏則以九三、六二作較論，於義理皆有所發揮。潘氏，宋人，著有《大易約解》。邱氏，亦宋人，著有《周易輯解》、《學易說約》。

❸**貞厲**

占也。竹書已見上條注釋，帛書缺。《集解》引虞翻曰：「動而失正，故貞厲也。」以為旅卦艮下☶之九三變為六三而成坤。艮像屋舍磚牆，坤卻代表淪喪，加以上離為火，表示房子燒了沒有了。〈說卦傳〉說：「艮三索而得男，故謂之少男。」在旅為童僕，三變成坤，童僕也逃了，不待候主人了。九三原有的正當性受到嚴厲挑戰而陷於險境危局。弼《注》：「故次焚僕喪而身危也。」孔《疏》已詳於上條注釋。程《傳》、朱《義》亦已詳於上。胡炳文《周易本義通釋》：「是雖於爻為貞，於旅則為厲也。」作為結語，甚佳。

語譯

旅卦陽爻居第三位：旅行時大火燒掉了寄居的房舍，失去了年輕的服務人員，以正常的情況來判斷，可能有危險。

象傳

旅焚其次，亦以傷矣❶；以旅與下，其義喪也❷。

注釋

❶**亦以傷矣**

釋爻辭「旅焚其次」所導致的苦果。《集解》引虞翻曰：「三動體剝，故傷也。」《纂疏》：「三動，初至四體剝，剝有傷害象。故曰『亦以傷矣』。」以為旅九三變動成六三，於是初六、六二、六三、九四互體成剝☶。而剝卦卦辭說「不利有攸往」，旅行本是「有攸往」，剝卦卦辭斬釘截鐵說「不利」，以致於旅店都被燒了，這當然令人悲傷！孔氏《正義》：「『亦以傷矣』者，言失其所安，亦可悲傷也。」程《傳》：「旅焚失其次舍，亦以困傷矣！」皆釋字義而已。

❷以旅與下，其義喪也

釋爻辭「喪其童僕」之原因及理由。《集解》引虞翻曰：「三變成坤，坤為下為喪，故『其義喪也』。」謂旅艮下九三變為六三，則艮下成坤下。而乾為天坤為地，天在上而地在下，故坤為下；又乾為得而坤為失，喪亦失也。弼未注，《正義》曰：「『其義喪』者，言以旅與下，理是喪亡也。」謂以路人的心態對待童僕，道義因此就喪失了。

語譯

旅行時大火燒掉了寄居的房舍，旅行者也因而悲傷起來；以貴賓的姿態役使服務人員，賓客與服務人員間的權利和義務的倫理也就喪失了。

九四爻辭

九四❶：旅于處❷，得其資斧，我心不快❸。

注釋

❶九四

旅卦陽爻九居第四陰位。以陽爻居陰位，是為失位，又居「離上」最下一爻而失中。因此其現況和前途都不樂觀。在筮法上，當旅卦第四爻為老，他爻皆少，即由旅之艮䷳；或兌䷹第四爻為少，他爻皆老，即兌之旅：這兩種情形，都以旅九四爻辭占。

❷旅于處

象也。楚竹簡此爻爻辭惟存「遊」字，其下殘闕。漢帛書於爻題及此三字皆闕。《集解》引虞翻曰：「巽為處。四焚棄惡人，失位遠應，故『旅于處』，言无所從也。」旅卦六二、九三、九四互體為巽。〈說卦傳〉：「巽，入也。」故「處」。又云：「巽為木。」樹木固植根於土，處而不移。然〈說卦傳〉又云：「為風，……為進退。」云云，「風」流動而不處；「進退」直言其不「處」也。「象」之不確定性，於此可見。又九四於旅卦已至離上，離九四爻辭：「突如其來如，焚如，死如，棄如。」故虞曰「四焚棄惡人」。就三才言，三、四，皆屬「人」位，九四失位，故為「惡人」。又九四非但失位，且虞翻以為與初六遠遠相應，無所適從。虞是以釋「旅于處，言无所從也」。弼《注》：「雖處上體之下，不先於物。然而不得其位，不獲平坦之地，客于所處。」孔《疏》：「九四處上體之下，不同九三之自尊。然不得其位。猶寄旅之人求其次舍，不獲平坦之所。」《橫渠易說》：「以陽居陰，旅于處也。」程《傳》：「四陽剛，雖不居中，而處柔在上體之下，有用柔能下之象，得旅之宜也。以剛明之才，為五所與，為初所應，在旅之善者也。然四非正位，故雖其處也，不若二之就次舍也。」雖卑之皆無甚高論，然伊川能就九四之「宜」與「善」，及「非正」反覆論說，並與六二「旅即次」比較，已詳盡矣！臺灣大學哲學系陳鼓應教授與大陸趙建偉教授合著《周易注譯與研究》（一九九九）：「旅於處，得其資斧，我心不快：『於』，往求、尋取（《詩・桃夭》傳：『於，往也』，《爾雅・釋言》：『於，求也』）。『處』，住處。與『次』同。『資斧』為『斧資』之倒語，高亨釋為貨幣、錢幣（『資』，貨；『斧』，錢幣之似斧形者）。旅人雖獲資財而未得居處，故其心不快；身攜資財而往尋住處，有為路人打劫之憂，故其心不快。《太玄・裝》：『次二，內懷其乘。』（按：『乘』，《漢書・王莽傳》集注云：『積也』，此謂積蓄。）測曰：『懷憂無快也』。當指此爻而說。六二得正位而有居處（陰爻居柔位），故懷其資斧而貞吉；九四失正位而無居處（陽爻居柔位），故得其資斧而不快。九四〈小象〉『旅於處，未得位也，得其資斧，心未快也』，得之。」其釋「於」為「往求」、「尋取」意，取《詩經》、《爾雅》為證，更與揚雄《太玄》相較論。中文學界具此工力者不多，而哲學界每忽略斠讎、訓詁。如陳、趙兩教授能由斠讎、訓詁入手而導出哲理者，殆鮮矣。謹此致敬佩之意。

❸得其資斧，我心不快

象也。高亨以為連上文「旅于處」皆「記事之辭」。楚竹簡殘闕。漢帛書作「□亓溍斧□心不快」，闕「得」、「我」二字。漢熹平石經作「得其齊斧我□□□」，「資斧」作「齊斧」，下三字闕。張立文《周易帛書今注今譯》：「『溍』、『晉』、『齊』、『資』古相通。」是也。《集解》引虞翻曰：「離為資斧，故『得其資斧』。三動，四坎為心，其位未至，故『我心不快』也。」《篹疏》：「離為戈兵，故為資斧。陸氏（德明）《釋文》出『資斧』，云：『子夏《傳》及眾本並作「齊斧」。』《漢書・王莽傳》引巽（上九）爻之文曰：『喪其齊斧。』應劭云：『齊，利也。』張軌云：『齊斧蓋黃鉞斧也。』『得其齊斧』，謂得利斧也。三已動，四在坎中，『為心病』（〈說卦傳〉文），四失位不正，故『我心不快』也。」虞翻曰「三動」，謂旅九三變動為六三，則六三、九四、六五互體為坎也。又曰「其位未至」，孫堂《漢魏二十一家易注・虞翻周易注》與黃奭《漢學堂叢書・虞翻易注》均已疑「至」字為「正」字之誤。旅九四以陽爻居陰位，故曰「其位未正」也。其餘《纂疏》已詳，不贅。弼《注》：「斧，所以斫除荊棘，以安其舍者也。雖處上體之下，不先於物；然而不得其位，不獲平坦之地，客于所處，不得其次，而得其資斧之地，故其心不快也。」孔《疏》從《注》而更詳。程《傳》：「有剛明之才，為上下所與，乃旅而得貨財之資，器用之利也。雖在旅為善，然上无剛陽之與，下唯陰柔之應。故不能伸其才，行其志，其心不快也。云『我』者，據四而言。」先言「為上下所與」，又言「然上无剛陽之與」，似有矛盾，殊不可解。朱《義》：「以陽居陰，處上之下，用柔能下，故其象、占如此。然非其正位，又上无剛陽之與，下唯陰柔之應，故其心有所不快也。」依程而刪去「為上下所與」，是也。案：近人高亨《周易古經今注》據《說文》「資，貨也。从貝，次聲」，又云「斧當讀為布」。並據《詩・氓》「抱布貿絲」毛《傳》：「布，幣也。」高亨故云：「蓋古者銅幣有作斧形者，其名即曰『斧』，其字即作『斧』。後以『布』字為之，此古今字之變也。」高亨並引其友王獻唐撰《中國貨幣史》，考定中國之有銅幣，蓋在殷、周之際。《易》言「資斧」，即其一證。而結言曰：「《易》之『資斧』，猶今云錢財耳」。所言發千古之未發，是也。

語譯

旅卦陽爻九居第四位：旅客正在尋找住處，雖然身上有些錢財，但心情沉重，並不愉快。

象傳

旅于處，未得位也❶；得其資斧，心未快也❷。

注釋

❶**未得位也**

釋爻辭「旅于處」者也。《集解》引「王弼曰」，實即王弼《周易・旅九四爻辭・注》，已見於上引。今傳《十三經注疏》本，於旅九四〈象傳〉無弼《注》，無孔《疏》。宋張載《橫渠易說》：「以陽居陰，旅于處也。」蓋謂九四失位未正。程《傳》：「四以近君為當位；在旅五不取君義，故四為『未得位也』。」與橫渠《說》異。《郭氏傳家易說》記白雲郭氏曰：「爻辭言『于處』，而〈象〉言『未得位』；亦以見六二『即次』為得位，而『于處』未得位者，窮處而未得志者也。」

❷**心未快也**

釋爻辭「得其資斧，我心不快」者也。《集解》除引「王弼曰」（案即王弼對旅九四爻辭所作之注，已見於爻辭注釋）外，復加「案」云：「九四失位而居艮上，艮為山，山非平坦之地也。四體兌、巽：巽為木，兌為金，木貫於金，即資斧斫除荊棘之象者也。」以旅九三、九四、六五互體為兌，六二、九三、九四互體為巽；再據〈說卦傳〉「巽為木」、「兌，正秋也」，及《說文解字》：「金，五色金也。黃為之長，久薶不生衣，百鍊不輕，從革不韋，西方之行。生於土，从土。左右注，象金在土中形。今聲。」李鼎祚就這樣把八卦之兌和四季中的秋，四方裡的西，以及五行中之金，繫聯在一起。真是太「博學」了！《橫渠易說》：「所應在初，初為瑣瑣，志窮卑下，不能大助於己，但得其資斧之用而已，志未有得，故其心不快。」程《傳》：「以剛居柔，旅之宜也。九以剛明之才，欲得時而行其志，故雖得資斧，於旅為善，其心志未快也。」《傳家易說》記「白雲郭氏」曰：「雖得資用，徒能自修，異乎童僕之助者，是以其心未快也。君子之快何如？使是君為堯舜之君，是民為堯舜之民：是也。不然，則雖得資斧，適足以獨善其身而已，何所快哉？」郭雍陳義益高。然非《易》原意。此當從陳鼓應說，已見上文。

語譯

旅客正在尋求住處，還沒有得到安居的旅舍；雖然身上帶著些錢財，但心情未曾輕鬆愉快。

六五爻辭

六五❶：射雉，一矢亡❷，終以譽命❸。

注釋

❶六五

此爻失位乘剛，是其缺憾；然居中在尊位，上承上九剛明之陽。其象其占，皆本於此。在筮法上，當旅卦第五爻為老，他爻皆少，即由旅之遯䷠；或臨䷒第五爻為少，他爻皆老，即由臨之旅：這兩種情形，都以旅六五爻辭占。

❷射雉，一矢亡

象也。楚竹書殘闕，漢帛書文字與今傳本同。《集解》引虞翻曰：「三變，坎為弓，離為矢，故『射雉』。五變體乾，矢動雉飛，雉象不見，故『一矢亡』矣！」言旅九三若變為六三，則六三、九四、六五互體為坎。〈說卦傳〉「坎為弓輪」，故坎為弓。〈說卦傳〉「離為戈兵」，故離為矢。又云「離為雉」。虞翻因此說明「射雉」的來源。虞翻又以旅六五變九五，則旅卦離上變成乾上。離矢射出去了，離雉卻飛走了，雉象也不見了。所以坎弓射出的一根箭矢也就亡失了！虞翻就這樣詮釋「一矢亡」的現象。弼《注》：「射雉以一矢，而復亡之，明雖有雉，終不可得矣！寄旅而進，雖處于文明之中，居于貴位，此位終不可有也。」孔《疏》：「羈旅不可以處盛位。六五以羈旅之身，進居貴位，其位終不可保，譬之射雉，惟有一矢射之而復亡失其矢，其雉終不可得。故曰『射雉一矢亡』也。」弼云「亡失其矢」，乃承虞翻。惟又言「居于貴位，此位終不可有」，而孔亦云「羈旅不可以處盛位」、「其位終不可保」，似受《老子．五十八章》：「禍兮福所倚，福兮禍所伏。」思想之影響。程《傳》：「離為雉，文明之物；射雉，謂取則於文明也。道而必合，如射雉一矢而亡之，發无不中。」「離為雉」見〈說卦傳〉。〈說卦傳〉又云：「離也者，明也，萬物皆相見，南方之卦也；聖人南面而聽天下，嚮明而治，蓋取諸此也。」〈彖傳〉於同人䷌曰「文明以健」，於賁䷕曰「文明以止」，於明夷䷣曰「內文明而外柔順」，於革䷰曰「文明以說」：此四卦〈彖傳〉所謂「文明」，皆指卦中三畫之離☲。又〈文言傳〉言乾九二「見龍在田，天下文明」，在「乾九二」注釋，已說明「本卦為乾䷀，之卦為同人䷌，以本卦變爻乾九二爻辭占」。同人乾上為「天」，下卦離為「文明」，故曰「天下文明」。話說回來，〈旅六五爻辭〉「射雉一矢亡」，程《傳》以「離」「文明之物」根據正在此。伊川又視「射雉」為譬喻，喻意是「取則於文明也」；又以「一矢亡」所亡者為「雉」而非「矢」，與虞翻、王弼、孔穎達皆以亡者為「矢」不同。朱子《本義》：「雉，文明之物，離之象也。六五柔順文明，又得中道，為離之主。故得此爻者，為射雉之象。」《朱子語類》又有林學蒙所記朱子之言曰：「『一矢亡』之亡字，如『秦無亡矢遺鏃』之亡；不是如伊川之說。」以「亡」者為矢，轉與虞、弼、孔相同。然元王申子《大易緝說》：「射雉，求中乎文明之君也；一矢亡，言中之易也。」又重申程子「發无不中」意。《易》無定象，讀者宜自慎思明辨可也。

❸ **終以譽命**

占也。楚竹書殘闕，漢帛書作「冬以舉命」。《說文》：「□，絿絲也。从糸，冬聲。□，古文終。」業師高鴻縉先生《中國字例》以為商代作「□」，周代作「□」，秦朝作「□」，漢代作「□」，晉代作「終」。並加「按」語云：「□，原象繩端終結之形（或即結繩之遺）。故託以寄終結之意。周時秋冬之冬，從之得聲，作□。从仌（冰），□聲。後人又造終字。从糸，冬聲。而□字遂廢。許書以□為古文終。蓋□至周末變為□也。又以終為絿絲，當為借用之意，非本意也。」李孝定《甲骨文字集釋》：「□即終之古文，卜辭云『□夕雨』，正當讀為終字。」並引葉玉森云：「契文果作□，□正象枝折下垂二碩果。」「望而知為冬象。」云云。姑不論殷時有無四時之觀念，冬字之為終字之初文，則可信也。

《易》「終以譽命」之終，漢帛作冬，可以如此理解。至於今傳本「譽」，漢帛作「舉」。張立文《今注今譯》：「『舉』假借為『譽』。」譽、舉，皆从與得聲，故可假借。《集解》引虞翻曰：「譽謂二，巽為命。五終變成乾，則二來應己，故終以譽命。」〈繫辭傳下〉「二多譽」，故「譽謂二」；旅二、三、四爻互體為巽，巽〈象傳〉「重巽以申命」，故「巽為命」；旅六五失位，終變為九五，則旅離上變為乾上，故「五終變成乾」；於是旅六二之陰與九五之陽相應，「則二來應己」虞翻就這樣詮釋了「終以譽命」。弼《注》：「以其能知禍福之萌，不安其處，以乘其下；而上承於上，故終以譽而見命也。」王弼謂「能知禍福之萌」乃《老子》之說，而又以旅六五下為九四，六五失位而乘剛，故「不安其處」；而承上六，故終獲美譽而得爵命。所言乘、承，亦未全棄象位之說。程《傳》：「發无不中，故終能致譽命也。譽，令聞也；命，福祿也。五居文明之位，有文明之德，故動必中文明之道也。五，君位；人君无旅，旅則失位，故不取君義。」伊川言「人君无旅」，後儒有從之者，亦有駁之者。今世有「元首外交」，一國元首常有往友邦作「國事訪問」者，讀古書亦不可泥古，「與時偕進」為妥也。

語譯

旅卦陰爻六居第五位：射雉雞，一根箭因此丟掉了。最後仍然獲得美譽而得到爵命。

象傳

終以譽命，上逮也❶。

注釋

❶上逮也

釋爻辭「終以譽命」者也。《集解》引虞翻曰：「逮，及也。謂二上及也。」案：虞翻既以「譽為二，巽為命。五終變成乾，則二來應己，故終以譽命。」注爻辭矣，故此以「二上及」注〈象傳〉「上逮」，與爻辭「二來應己」相符。王弼注爻辭有「上承於上」之言，惟於〈象傳〉無注。孔氏《正義》曰：「上逮者，逮，及也。以能承及於上，故得終以譽命也。」案：《說文》：「逮，唐逮，及也。」段玉裁《注》：「唐逮雙聲。蓋古語也。」虞、孔二君，云「逮，及也」。皆本於《說文》。然虞「謂二上及也」，與孔言「能承及於上」不同。程《傳》：「有文明柔順之德，則上下與之。逮，與也。能順承於上，而上與之，為上所逮也；在上而得乎下，為下所逮也。在旅而上下與之，所以致譽命也。」綜合虞、孔各執一端之見而為一，最為周延。《郭氏傳家易說》記白雲曰：「『終以譽命』者，終譽以致天命也。譽，在人者也；命，在天者也，天聽自我民聽也。『上逮』者，其道登聞于天也。蓋言人君修德於身，終致文明之盛，下得百姓之心，而上受天命也。」所言境界益高，惟似有過度詮釋之嫌。讀者宜自明辨之。

語譯

最終獲得美譽和爵命，得到上級的信任。

上九爻辭

上九❶：鳥焚其巢❷，旅人先笑後號咷❸，喪牛于易❹：凶❺。

注釋

❶上九

以剛居上，亢龍有悔之爻也。於旅卦，處旅行之窮途末路；於離上，則在離火之頂。焚巢、號咷、喪失之象，凶之占，皆由於此。在筮法上，當旅上爻為老，他爻皆少，即由旅之小過䷽；或中孚䷼上爻為少，他爻皆老，即中孚之旅：這兩種情形，都以旅上九爻辭占。

❷鳥焚其巢

吳澄以為「象也」，高亨以為「記事之辭」。楚簡闕，漢帛作「烏棼亓巢」。張立文「疑本作『烏』，後轉為『鳥』」。案：《詩・商頌・玄鳥》：「天命玄鳥，降而生商。」《史記・殷本紀》：「殷契，母曰簡狄……三人行浴，見玄鳥墮其卵，簡狄取吞之，因孕生契。」日人瀧川龜太郎博士著《史記會注考證》云：「史公作《史》，每采世俗不經之語。故于〈殷紀〉曰『吞卵生契』；于〈周紀〉曰『踐迹生棄』；于〈秦紀〉又曰『吞卵生大業』；于〈高紀〉則曰『夢神生季』。一似帝王豪傑，俱生于鬼神異類！有是理乎？」以史言史，瀧川之言誠是。然由帝王豪傑感生神話言之，則亦有其「理」存焉，中外皆然。日本之天皇，基督教之耶穌，即為顯例。瀧川敢言其「不經」乎？余昔嘗於臺大主辦學術討論會，講評游喚〈周易一書運用神話與傳說示例〉（〈講評〉後收在拙著《周易縱橫談》中，題為〈周易與神話傳說〉。）內云：「像『鳥焚其巢』等辭，和殷商一定有關，背後也有耐人尋思神話傳說！」請參閱注釋❹。《集解》引虞翻曰：

「離為鳥，為火；巽為木，為高；四失位變震，為筐巢之象也。今巢象不見，故『鳥焚其巢』。」〈說卦傳〉「離為雉」，又古人將天上星星二十八宿，按方位分成四組，各取動物作為象徵。分別是：東蒼龍，西白虎，南朱雀，北玄武。配合〈說卦傳〉「離也者南方之卦也」，則離為朱雀。「雉」與「朱雀」，皆鳥類，故虞云「離為鳥」。〈說卦傳〉又云：「離為火。」故虞云「為火」。旅六二、九三、九四互體為巽，〈說卦傳〉：「巽為木……為高。」虞本此，亦如是云也。九四失位，倘變成六四，則九三、六四、六五互體成震，歸妹上六爻辭「女承筐无實」，虞《注》云：「震為筐。」而旅此處，虞《注》亦云：「四失位變震，為筐巢之象也。」但是虞翻也明白旅卦六四事實上並未變，故虞云：「今巢象不見，故『鳥焚其巢』。」弼《注》：「居高危而以為宅，巢之謂也。」孔《疏》：「最居於上，如鳥之巢。以旅處上，必見傾奪，如鳥巢之被焚，故曰『鳥焚其巢』也。」弼云「居高」，孔云「處上」：仍未離「位」，如是解《易》，可矣！而虞《注》先言「變震為筐巢」，繼云「今巢象不見」；又以互體為巽說之，必欲字字有來歷，大可不必也。范仲淹《范文正公文集・易義・旅》：「內止而不動於心，外明而弗迷其往，以斯適旅，故得小亨而貞吉。夫旅人之志，卑則自辱，高則見嫉，能執其中，可謂智矣！故初瑣瑣，卑以自辱者也；三焚次而上焚巢，高而見嫉者也。二懷資而五譽命，柔而不失其中者也。」范文正公由綜觀旅卦艮下離上全局，說明內止外明，以詮釋旅卦辭「小亨貞吉」之故。再歸納分析初爻之失在自卑，三、上之失在自高；二、五之懷資譽命，柔而能執中故也。蓋能由全局再細察各爻，頗能符合儒家中庸之道者也。程《傳》：「鳥，飛騰處高者也。上九剛不中而處最高，又離體，其亢可知，故取鳥象。在旅之時，謙降柔和，乃可自保。而過剛自高，失其所安，宜矣！巢，鳥所安止；焚其巢，失其所安，无所止也。在離上，為焚象。」釋義說象，均甚詳明。朱熹《本義》甚簡，於注釋❺再錄之。

❸旅人先笑後號咷

吳澄以為「象」，高亨以為「記事之辭」。楚竹書闕，漢帛書作「旅人先芺後摅桃」。帛書「芺」、「摅桃」，雖可以假借為「笑」、「號咷」說之，實錯字也。張立文於《今注今譯・同人九五「先號桃後芺」注釋》嘗以「為漢簡化字或形近而訛」說之，較妥。《集解》引虞翻曰：「震為笑，震在前，故『先笑』；應在巽，巽為號咷，巽象在後，故『後號咷』。」《篹疏》以「四陽失位變正，三互震為筐」謂旅九四失位變為六四則得正，於是九三、六四、六五互體為震。〈說卦傳〉「震為蒼筤竹」，引申又象竹器之「筐」。震雷聲似笑聲，又在前，故「先笑」；和上爻對應的是三爻，旅九三處在六二、九三、九四間，為巽，〈說卦傳〉「巽為風」，巽風聲與號咷近，又在互震之下，故「後號咷」。虞意大致如此。余於象數不甚了了，如此述解，未知是否正確？讀者宜自明辨，並請教正。弼《注》：「客旅得上位，故『先笑』也；以旅而處于上極，眾之所嫉也。以不親之身，而當被害之地，必凶之道也，故曰『後號咷』。」孔《疏》：「客得上位，所以『先笑』；凶害必至，故『後號咷』。」意與《注》同。程《傳》：「陽剛自處於至高，始快其意，故『先笑』；既而失安莫與，故『號咷』。」關於「後號咷」，弼《注》歸咎於「眾嫉」，而程《傳》以為「失安莫與」。蓋《注》責人而《傳》責己，微有不同。今「心理學」家對「妒嫉」頗多研究，可作避嫉之參考。而《論語》於〈顏淵〉言：「君子敬而無失，與人恭而有禮。」又曰：「君子成人之美，不成人之惡；小人反是。」又〈子路〉：「君子泰而不驕，小人驕而不泰。」又〈憲問〉：「子曰：『不在其位，不謀其政。』曾子曰：『君子思不出其位。』」又〈衛靈公〉：「君子求諸己，小人求諸人。」又〈子張〉：「君子尊賢而容眾，嘉善而矜不能。」皆免嫉之道。明辨篤行，則在於己。

❹喪牛于易

吳澄以為「象也」，高亨以為「記事之辭」。竹書闕，帛書「喪」作「亡」。大壯六五爻辭「喪羊于易」，余於注釋已歷引羅振玉、王國維、顧頡剛之說，說明大壯六五喪羊于易，旅上六喪牛于易，指的就是「王亥喪牛羊于易的故事」。高亨《周易古經今注》，在大壯、旅兩卦，已以王亥故事來注釋。袁珂在《中國古代神話》中，鉤稽出整個故事，略如下述：「在『湯』以前六七代，殷民族在中國東方草原上，牧養著大羣牛羊。他們的王名叫『亥』的，看到牛羊太多了，便和弟弟『恆』商量，一起把多餘的牛羊，運到黃河對岸『有易』去販賣。靠著黃河之神『河伯』的幫助，兄弟倆帶著牛羊渡過洶湧的黃河，有易國王『綿臣』

非常高興地接待他們。沒想到在酒席上王恆一眼看上了綿臣年輕美貌的妻子，兩人很快就有了曖昧。但是這女人不久就厭倦了王恆，轉向王亥示愛。怒火中燒的王恆竟在綿臣前舉發了王亥的私情，於是綿臣殺了王亥。又知道王恆也有份，就奪了牛羊，把王恆趕回去了。王恆回到自己的族中，作了新王。後來王恆的兒子『上甲微』，為了索還牛羊，為父報仇，率眾渡過黃河，在有易展開一場大屠殺。『河伯』無力阻止，只有事後幫助有易的遺民，到更西的地方另建家園，那就是後來的『秦』國。」我個人發現：這個神話傳說可以和荷馬史詩《伊里亞德》作類比研究。王亥，令人想起了那位特洛伊王子巴里斯，出使希臘斯巴達王國，卻為斯巴達國王梅納勞斯的愛妃海倫的美豔而醉倒。有易國王和他的妻子，也就是中國式的梅納勞斯和海倫了。我們當然不能說「王恆」相當於巴里斯的兄弟赫克特，或梅納勞斯的兄弟阿格曼儂，這同中之異恰使中西兩大神話更饒比較上的趣味。歷時十年的特洛伊之戰因而展開。希臘諸神中，宙斯、雅典娜等協助特洛伊人；海神波賽登卻幫助希臘。這一點，和黃河之神「河伯」的左右為難亦堪比較。國家責任和個人私情間的矛盾，親情和愛情之間的矛盾，在這些神話中，表現得最為露骨了。回頭再說我國傳統上的解釋。《集解》引虞翻曰：「謂三動時，坤為牛；五動成乾，乾為易。上失三，五動應二，故『喪牛于易』。」意謂旅九三變動為六三時，則艮下變成坤下。〈說卦傳〉：「坤為牛。」旅六五變動為九五時，則離上變成乾上。〈繫辭傳下〉：「夫乾，天下之至健也，德行恆易以知險。」故「乾為易」。旅上九、九三互不相應，故「上失三」。旅六五變動成九五後與六二相應，故「五動應二」。虞翻認為把以上現象綜合起來，所以會「喪牛于易」。真叫人「莫名其妙」！弼《注》：「牛者，稼穡之資。以旅處上，眾所同嫉。故喪牛于易，不在于難。」王弼以「易」為「難易」之「易」，認為「牛」原是耕田的畜生，竟隨主人旅遊而住上級客舍。引起大眾共同妒嫉，覺得牛有如此接待太容易了，這樣反而害了牛隻。王弼如此注解雖有老莊哲學背景，但也未盡合情理。而且在殷商時代，牛不僅為『稼穡之資』，還是旅遊乘具。〈繫辭傳下〉：「服牛乘馬，引重致遠，以利天下，蓋取諸隨。」說的就是牛馬都是「引重致遠」的牲畜。而且牛比馬多。直到漢初。《漢書・食貨志》：「自天子不能具純駟，而將相或乘牛車。」可見一斑。可知我國古代，牛不僅是「稼穡之資」，還是旅行時負重拉車之畜。程《傳》：「牛，順物；『喪牛于易』，謂忽易以失其順也。」朱子《本義》在下條注釋。以「易」為「忽易失順」，仍嫌牽強。蓋均不知「易」為地名也。大壯六五爻辭「喪羊于易」，陸德明《經典釋文》已云：「陸（績）作場，謂疆埸也。」雖知「易」為地理名詞，仍未知其為地區專名。故皆不得其正詁。

❺凶

占也。吳澄以為「占也」，高亨以為「斷占之辭」。竹書闕，帛書作兇。《說文》：「凶，惡也，象地穿交陷其中也。……兇……从儿（人）在凶下。」二字每相通用。《集解》引虞翻曰：「失位无應，故凶也。」上為陰位，而陽九居之，失位也；下與九三皆陽爻，孤陽無應，故虞言「无應」也。如此解《易》，足矣！而《集解》引虞翻曰下文更有「五動成遯，六二執之用黃牛之革，則旅家所喪牛也」，則有蛇足之嫌。弼《注》：「物莫之與，危而不扶，喪牛於易，終莫之聞。莫之聞則傷之者至矣！」蓋依〈象傳〉「終莫之聞」以釋「凶」字。孔《疏》遵《注》，了無新意。《郭氏傳家易說》記白雲曰：「旅不可窮也，而上九窮之，是以失其所安之甚，如鳥之焚巢，將无依焉；旅之道易入而難出，未嘗不先笑而後號咷也，其於得失之際，則得之甚艱，失之甚易；牛大而難失之物，亦易喪之：三者究其終皆无獲吉之理，是以凶也。」郭雍以為「凶」非僅指「喪牛」一事，當指其上「鳥焚其巢」、「旅人先笑後號咷」、「喪牛于易」三者而言，良是。朱子《本義》釋旅上九爻辭，惟曰：「上九過剛，處旅之上，離之極，驕而不順，凶之道也：故其象、占如此。」簡易直截之至。

語譯

旅卦最上面的一爻是陽爻九：像鳥巢被山林之火燒毀，旅者先為有巢而歡笑，而後為窩巢被燒而號咷大哭。竟在邊境喪失掉牛隻，損失慘重，真是凶險。

附錄古義

《漢書・五行志・中之下》：「成帝河平元年二月庚子，泰山山桑谷有鳶焚其巢，男子孫通等聞山中群鳥鳶鵲聲，往視，見巢爇盡墮地，中有三鳶鷇燒死。樹大四圍，巢去地五丈五尺。太守平以聞。鳶色黑，近黑祥，貪虐之類也。《易》曰：『鳥焚其巢，旅人先笑後號咷。』泰山，岱宗，五嶽之長，王者易姓告代之處也。天戒若曰：勿近貪弱之人；聽其賊謀，將生焚巢自害其子絕世易姓之禍。其後趙蜚燕得幸，立為皇后，弟為昭儀，姊妹專寵。聞後宮許美人曹偉能生皇子也，昭儀大怒，令上奪取而殺之，皆并殺其母。成帝崩，昭儀自殺，事乃發覺，趙后坐誅：此焚巢殺子後號咷之應也。一曰：王莽貪虐而任社稷之重，卒成易姓之禍云。京房《易傳》曰：『人君暴虐，鳥焚其舍。』」

《漢書・外戚・孝成許皇后傳》：「五月庚子，鳥焚其巢太山之域。《易》曰：『鳥焚其巢，旅人先笑後號咷。喪牛于易，凶。』言王者處民上如鳥之處巢也；不顧卹百姓，百姓畔而去之，若鳥之自焚也；雖先快意說笑，其後必號而無及也；百姓喪其君，若牛亡其毛也。故稱『凶』。泰山，王者易姓告代之處，今正於岱宗之山，甚可懼也！」（《漢紀・二十五・成帝紀》文同）

象傳

以旅在上，其義焚也❶；喪牛于易，終莫之聞也❷。

注釋

❶以旅在上，其義焚也

《集解》引虞翻曰：「離火焚巢，故其義焚也。」《篹疏》：「巽木互于離火，九處其上，失位宜焚。馬氏云：『義，宜也。』言其焚宜也。案：《釋文》云：『一本作「宜其焚也」。』即『義焚』之謂也。」旅卦六二、九三、九四互體為巽，〈說卦傳〉「巽為木」；旅上體為離，〈說卦傳〉「離為火」。故《篹疏》云「巽木互于離火」。上九失位，又處於巽木離火之上宜焚。所引「馬氏」為馬融。《經典釋文》：「馬云『義，宜也。』一本作宜其焚也。」為《篹疏》所據。弼未注，孔亦未疏。程《傳》：「以旅在上，而以尊高自處，豈得保其居？其義當有焚巢之事。」《郭氏傳家易說》記白雲曰：「旅不可窮也，而上九窮之。是以失其所安之甚，如鳥之焚巢，將无依焉！……〈象〉言『其義焚者』，窮旅於上，必焚之義也。」程、郭二氏，皆以「義」為義理，與馬融、李道平以「義」為「宜」說異。義、宜音近義通。

❷喪牛于易，終莫之聞也

《注疏》本「喪牛于易」，《集解》本作「喪牛之凶」。《集解》引虞翻曰：「坎耳入兌，故終莫之聞。」意謂旅九三倘變為六三，則六三、九四、六五互體為坎，〈說卦傳〉「坎為耳」。今九三未變，則九三、九四、六五互體為兌，〈說卦傳〉「兌為毀折」。耳受毀折，則「終莫之聞」矣！弼注爻辭「凶」，已依〈象傳〉，曰：「莫之聞則傷之者至矣！」故於〈象傳〉不再注。《橫渠易說》：「肆怒而忤物，雖有凶危，其誰告之？故曰『終莫之聞』也。」張載蓋以「肆」釋「易」字，言其放肆也。程《傳》：「方以極剛自高為得志而笑，不知喪其順德於躁易，是終莫之聞。謂終不自聞知也。使自覺知，則不至於極而號咷矣！陽剛不中而處極，固有高亢躁動之象。」程頤以「躁易」釋「易」字，義與張載《易說》相近。

語譯

喧賓奪主，高高在上，住處被燒掉是理所當然的。在邊境喪失了牛隻，始終沒有聽到任何人樂意告訴他牛隻哪裡去了。

巽卦經傳通釋第五十七

卦辭

䷸巽下巽上　巽❶：小亨❷，利有攸往❸，利見大人❹。

注釋

❶䷸巽下巽上巽

竹書此卦全闕；帛書闕卦名，惟據爻辭「九二巽在牀下」、「九三頻巽」、「上九巽在牀下」之「巽」，帛書皆作「筭」，推知卦名亦當作「筭」，為假借字。當以「巽」為正。巽，音遜，義亦相近，是恭順的意思。《說文·丌部》：「巺，具也。从丌，㔾聲。𢁉，古文巺。巽，篆文巺。顨，巽也。从丌，从頭。此《易》顨卦為長女為風者。」於此可知古今字形之變。《集解》引虞翻曰：「遯二之四。」案：二陰四陽之卦凡十五，虞《注》於中孚䷼言「訟四之初」，於遯䷠、大壯䷡，以「消息」言之外；其他十二卦皆云自遯或大壯來。此虞氏言「卦變」方式之一也。孔氏《正義》：「巽者，卑順之名。」在筮法上，當巽卦六爻皆少，也就是本卦、之卦都是巽；或震䷲六爻皆老，也就是震之巽：這兩種情形，都以巽卦辭占。

❷小亨

竹書闕，帛書脫「小」字，獨存「亨」字。巽以恭順為德，奉命行事，雖然能亨，卻非為人之大道。《孟子・滕文公下》：「以順為正者，妾婦之道也。居天下之廣居，立天下之正位，行天下之大道；得志與民由之，不得志獨行其道；富貴不能淫，貧賤不能移，威武不能屈：此之謂大丈夫！」巽卦正是以順為正，只算妾婦之道，不能稱之為大丈夫。《集解》引虞翻曰：「柔得位而順五剛，故『小亨』也。」謂巽六四得位而巽順九五之剛，四陰為小，故小亨也。弼《注》：「全以巽為德，是以小亨也。」虞以六四一爻說卦辭，似不如弼以巽全卦上下皆巽說〈卦辭〉為妥當。伊川以「巽小亨」與「兌亨」較論，詳兌卦。郭雍《傳家易說》：「巽，入也，故能亨；然柔弱自居，其小宜矣。」甚是。

❸**利有攸往**

一因巽能恭順。王弼《周易注》：「巽悌以行，物无距也。」二因陽居中，陰在下，剛柔並濟。王夫之《周易內傳》：「陰雖入，而剛不失其中，剛柔相濟，往斯利矣。」虞《注》在下條。

❹**利見大人**

《集解》引虞翻曰：「大人謂五，離目為見，二失位，利正往應五，故『利有攸往，利見大人』矣！」乾五為大人，故虞曰「大人謂五」。九三、六四、九五互體為離，〈說卦傳〉「離為目」，故虞曰「離目為見」，巽九二失位，利於變成六二得正位，並且上往與九五大人相應，這就是「利有攸往，利見大人」了。以「大人」僅指九五一爻而已。弼《注》：「大人用之道愈隆。」孔《疏》：「明上下皆須用巽。」王夫之《周易內傳》：「大人謂二五剛中，德位並隆者也。選慎以入而相見，見斯利矣。」案：乾卦九二、九五爻辭都說「利見大人」，巽卦「利見大人」，當也指九二、九五。孔穎達、王夫之皆已兼用兩說，義較周延。

語譯

三畫的巽在下，三畫的巽在上，重疊成六畫的巽卦。代表和風柔木，也代表卑遜恭順。一味順從，只能小有發展，成不了大器。到任何地方去都能跟人合作而獲得利益。恭順的態度適合去見大人物，大人物也要因你的恭順，更顯示出他自己的謙遜而尊榮。

彖傳

重巽以申命❶，剛巽乎中正而志行❷，柔皆順乎剛❸，是以「小亨，利有攸往，利見大人。」

注釋

❶重巽以申命

此釋「小亨」。巽為風，象徵人君的政令；重巽，代表反覆重申前令，所以說申命。《集解》引陸績曰：「巽為命令；重命令者，欲丁寧也。」《纂疏》：「『乾道變化，各正性命』，謂陽為乾性，陰為坤命。巽，坤元，故為命。又震巽『同聲相應』，陰宣陽命，故『巽為命令』。」「乾道變化，各正性命。」乾〈彖傳〉文，請參閱彼注。〈說卦傳〉：「巽一索而得女，故謂之長女。」故謂「巽為坤元」。丁寧，今或作叮嚀，再三吩咐之意。弼《注》：「命乃行也，未有不巽而命行也。」過於簡略，孔《疏》：「此卦以卑順為名，以申命為義。故就二體上下皆巽，以明可以申命也。上巽能接於下，下巽能奉於上。上下皆巽，命乃得行。」似勝於《注》。程《傳》：「重巽者，上下皆巽也。上順道以出命，下奉命而順從。上下皆順，重巽之象也。又重為重複之義，君子體重巽之義，以申復其命令。申，重復也，丁寧之謂也。」綜合陸績、孔穎達之意，更為周全。朱震《漢上易傳》：「巽為風。風者，天之號令；命者，天之令也：故巽為命。內巽者，命之始；外巽者，巽而達乎外，申前之命也。重巽之象，惟可施之於申命。先儒謂上下皆巽，不違其令，命乃行也。」說象甚好。項安世《周易玩辭》：「以卦體言之，重巽以申命，是小亨也。事必待於中命而後行，豈大亨之規模哉？」評理亦佳。

❷剛巽乎中正而志行

此釋「利有攸往」。剛，指九五；巽，在巽上而能謙遜；中正，五居上卦之中而又得位；志行，是指柔既能順，剛也能遜，上下之志都獲實現。《集解》引陸績曰：「二得中，五得正，體兩巽，故曰『剛巽乎中正』也。皆據陰，故『志行』也。」陸氏以「中、正」分屬九二、九五兩爻；在巽下、巽上兩體。兩爻之下為初六、六四，是所「據」皆陰。如是以釋《象傳》此句。《集解》又引虞翻曰：「『剛中正』謂五也。二失位，動成坎，坎為志。終變成震，震為行也。」則虞氏不以中、正分屬二、五兩爻，而僅指九五一爻。九二失位，當變成六二，則六二、九三、六四互體成坎。〈說卦傳〉以坎「於人也為心病」，「於馬也為亟心」，「於木也為堅多心」。故坎有心志之象，「終變」指巽卦六爻皆變，則成震卦☳也。弼《注》：「以剛而能用巽，處乎中正，物所與也。」以為人處世釋〈彖〉甚好。孔《疏》從之。程《傳》：「以卦才言也。陽剛居巽，而得中正，巽順於中正之道也。」朱《義》：「『剛巽乎中正而志行』，指九五。」《漢上易傳》：「九五之剛，巽乎中正也；巽乎中正，則其剛不過，而所施當乎人心，是以志行乎上下。故曰：剛中正而志行。」《周易玩辭》：「以九五言之，剛巽乎中正而志行，是利有攸往也。」案：《論語‧衛靈公》：「子張問行，子曰：『言忠信，行篤敬，雖蠻貊之邦行矣；言不忠信，行不篤敬，雖州里行乎哉！』」蘇軾〈超然臺記〉：「無往而不樂者，蓋遊於物之外也。」又蘇轍〈黃州快哉亭記〉：「士生於世，使其中不自得，將何往而非病；使其中坦然不以物傷性，將何適而非快。」讀者試與《易‧彖》此句作比較。

❸柔皆順乎剛

此釋「利見大人」。柔，指初六、六四；剛，指九二、九五。《集解》引陸績曰，與弼《注》皆以為此釋巽卦辭「小亨」，非也。程《傳》：「巽順雖善道，必知所從。能巽順於陽剛中正之大人則為利。」《漢上易傳》：「大人者，九五剛而巽乎中正者也。剛巽乎中正，而柔順之，則柔者亦得其正，而小者亨矣，豈非小者之利乎？故曰『利見大人』。」《周易折中》引李舜臣曰：「利見大人者，蓋指二五以陽剛之畫，處中正之位，而初四二陰出而順從之，乃所以為利也。」又《周易玩辭》：「以初六、六四言之，柔皆順乎剛，是利見大人也。」

語譯

重疊的巽是陣陣的和風，重申著政令。剛強有力的領導者順利地站在適當而公正的立場，意志得以貫徹實現。被統治者都恭順地服從強有力的領導。所以「構成小康的局面，不能達到大同的世界。到任何地方都能跟人合作而獲利；去見大人物也能彼此和氣而獲利。」

象傳

隨風，巽❶；君子以申命行事❷。

注釋

❶**隨風，巽**

巽為風，巽下巽上，重疊相繼，為隨風。傳隸樸《周易理解》：「上風是風範；下風為風俗。風範是國君的表現；風俗是人民的仿行。」

❷**君子以申命行事**

《集解》引荀爽曰：「巽為號令，兩巽相隨，故申命也。法教百端，令行為上，貴其必從，故曰行事也。」《周易玩辭》：「申命象風之聲，行事象風之迹。」《周易折中》引邱富國曰：「申命者，所以致其戒於行事之先；行事者，所以踐其言於申命之後。」王夫之《周易大象解》：「命不嫌於申，行事之命也。用民力，成民務，先事戒之，當事申之。先後相隨，無異風；終始相告，無異命。民乃易從，而事不廢。」

語譯

一陣陣風相隨吹拂著，構成「巽」卦；君子受到這種現象啟示，像風聲一樣反覆宣告政令；像風行一樣教導人民做事。

繫辭傳下

巽，德之制也❶。……巽稱而隱❷。……巽以行權❸。

注釋

❶**巽，德之制也**

《繫下》三陳九卦，此初陳。帛書〈衷〉作「渙者，德制也」。案〈衷〉，于豪亮在《文物》一九八四年第三期〈帛書《周易》〉一文中認為是帛書〈繫辭〉的下篇。張立文則在《周易》帛書淺說〉（一九八八）中據帛書此文首句「子曰易之義」，定帛書此文篇名為〈易之義〉。廖名春《帛書易傳初探》（一九九八）復據文末有「衷二千」三字定篇名為〈衷〉，以與帛書《易傳》〈要〉、〈繆和〉、〈昭力〉取名一致。今從廖。〈衷〉文頗多與〈繫辭傳下〉相同者，而劉向定《論語》篇名每取各篇首二、三字為「目」。于豪亮、張定名，亦各有理由。至於「巽」、「渙」之異，今兩存之，於巽卦、渙卦分別注釋。三陳九卦，初陳每先釋卦名於「德」之意義。《集解》引虞翻曰：「巽風為號令，所以制下。故曰『德之制也』。」以制為領導、控制之意。韓康伯《繫辭傳注》：「巽，所以申命明制也。」孔《疏》：「巽申明號令以示法制，故能與德為制度也。自此已上，明九卦各與德為用也。」以制為法制、制度之意。案：三陳九卦之九卦，為履、謙、復、恆、損、益、困、井、巽。巽為九卦中最後一卦，故孔穎達結言「自此已上明九卦各與德為用也」。明三陳之首陳卦名之義，其實在「用」也。《橫渠易說》：「巽，德之制者，量宜接物，故曰制也。」以制為估量待人接物最適宜的方法。朱熹《本義》：「九卦皆反身脩德，以處憂患之事也，而有序焉。基、所以立；柄、所以持；復者、心不外而善端存；恆者、守不變而常且久；懲忿窒慾以脩身；遷善改過以長善；困以自驗其力；井以不變其所；然後能巽順於理以制事變也。」意在釋九卦前後之次序，而以制為巽順於做人的道理。陸九淵〈語錄〉：「上天下澤，尊卑之義，『禮之本也』。經禮三百，曲禮三千，皆本諸此。『履德之基』，謂以行為德之基也。基，始也。德自行而進也，不行則德何由而積。有而不居為謙。謙者，不盈也。盈則其德喪矣。常執不盈之心，則德乃日積。故曰：『德之柄』，既能謙然後能復。復者，陽復，為復善之義。人性本善，其不善者，遷於物也。知物之為害，而能自反，則知善者乃吾性之固有。循吾固有而進德，則沛然無它適矣。故曰：『復，德之本也。』知復，則內外合矣。然而不常則其德不固。所謂雖得之，必失之。故曰：『恆，德之固也。』君子之修德，必去其害德者，則德日進矣。故曰：『損，德之修也。』善日積則寬裕，故曰：『益，德之裕也。』不臨患難難處之地，未足以見其德。故曰：『困，德之辨也。』井以養人利物為事，君子之德，亦猶是也。故曰：『井，德之地也。』夫然可以有為，有為者常順時制宜。不順時制宜者，一方一曲之士，非盛德之事也。順時制宜，非隨俗合污，如禹、稷、顏子是已。故曰：『巽，德之制也。』」釋九卦之義更詳。其以制為「順時制宜」，與橫渠「量宜接物」義近。及明季王夫之作船山《易內傳》，曰：「文王、周公之志，於此九卦而見，以其時位之相若也。履、謙，陰陽孤而處於憂危之位；復，微陽初起而重陰居其上；恆，陰陽互相入而相持；損、益，盛衰之始；困、井，陽皆陷於陰中；巽，陰伏於下而干陽：皆殷末周初憂危不寧之象。而聖人履其時，即以九卦為德。則德即成於時位之中，而不他求術以相制勝也。三陳之旨，大率與〈大象〉取義略同，而參以〈彖辭〉。基，所以自立也；柄，持以應物者也；本，所自生也；固，自持不失也；修，裁其情之有餘；裕，進其理之未充也。按下云：『困以寡怨，井以辨義。』此疑傳寫之誤。當云：『困，德之地也。』剛雖為柔揜，而有地以自處也。井，德之辨也，得正而知所擇也。制，謂以柔節剛也。」船山生於憂患，於此九卦理解特深，其言「制」，「謂以柔節剛也」。亦可備一說。巽居九卦之末，故綜釋九卦詳其脈絡於此。

❷**巽稱而隱**

帛書〈衷〉作「渙，□□□而救」。釋見渙卦。今通行本作「巽稱而隱」。《集解》引崔憬曰：「言巽申命行事，是稱揚也；陰助德化，是微隱也。自此以下，明九卦德之體者也。」李道平《篹疏》：「即王氏所謂『稱揚命令，而百姓不知其由也。』有此九卦德之體，然後有前九卦德之用。」案：王弼於《周易・繫辭傳》無《注》，今《注疏》本以韓康伯《注》補之，曰：「稱揚命令，而百姓不知其由也。」《篹疏》所謂「即王氏所謂」之王氏當為韓氏之誤。李君記憶一時失誤也。「三陳九卦」，一陳先明「九卦各與德為用也」。二陳「辨九卦性德也」。亦即「明九卦德之體者也」。三陳九卦，先言「用」，後言「體」者，蓋欲於實踐中見其德性之體也。臺師大國文所碩士班研究生王汝華君所撰碩士論文《熊十力易學思想之研究》，第五章為〈熊十力易學之義蘊〉，內第三節曰「體用不二之易學特點」，於「體用不二之闡發」、「體用不二之內涵」，皆有所用心創發。於「內涵」又分七點，一曰：即用顯體，於用識體；二曰：攝體歸用；三曰：體用可分而不可分；四曰：即用即體，即體即用；五曰：證體知用；六曰：作用見性；七曰：即工夫即本體。熊十力論《易》，特重「體用不二」，而王生汝華論之至精。爰於此引其言以明「三陳九卦」首言「用」，再言「體」之大義奧旨所在也。而《集解》與《篹疏》之謂首陳言「用」，再陳言「體」，兩者之關係，其論證亦可告一段落矣。茲更述韓康伯、朱熹、陸九淵、王夫之之說如下：韓康伯《注》：「和而不至，從物者也；和而能至，故可履也。微而辨之，不遠復也；雜而不厭，是以能恆；刻損以修身，故先難也；身修而無患，故後易也。有所興為，以益於物，故曰長裕；因物興務，不虛設也。」蓋以從物、益物、因物興務，與物齊一為主旨也。朱熹《本義》：「此如《書》之九德，禮非強世，然事皆至極；謙以自卑而尊且光；復陽微而不亂於羣陰；恆處雜而常德不厭；損欲先難，習熟則易；益但充長而不造作；困身困而道亨；井不動而及物；巽稱物之宜，而潛隱不露。」則以九卦與《尚書‧皐陶謨》所言「九德」：寬而栗，柔而立，愿而恭，亂而敬，擾而毅，直而溫，簡而廉，剛而塞，彊而義。以為可以較論。胡一桂《易本義附錄纂註》：「稱，輕重等也。稱則形著，而巽之稱則能隱，此如《書》之九德，蓋兼體用而言也。」則於《本義》之言「巽」、「稱」、「隱」之內涵略作比較。並與《尚書》九德較論，以為皆兼體用而言，為熊十力「體用不二說」上推三千年。陸九淵〈語錄〉：「履和而至，兌以柔悅承乾之剛健，故和。天在上，澤處下，理之極至不可易，故至。君子所行，體履之義，故和而至。謙尊而光，不謙則必自尊自耀。自尊，則人必賤之；自耀，則德喪。能謙則自卑自晦。自卑，則人尊之；自晦。則德益光顯。復小而辨於物。復貴不遠，言動之微，念慮之隱，必察其為物所誘與否。不辨於小，則將致悔咎矣。恆雜而不厭，人之生，動用酬酢，事變非一。人情於此，多至厭倦，是不恆其德者也。能恆者雖雜而不厭。損先難而後易，人情逆之則難，順之則易。凡抑損其過，必逆乎情，故先難。既，損抑以歸於善，則順乎本心，故後易。益長裕而不設。益者，遷善以益己之德，故其德長進而寬裕。設者，侈張也，有侈大不誠實之意。如是則非所以為益也。困窮而通，不脩德者，遇窮困則隕穫喪亡而已。君子遇窮困，則德益進，道益通。井居其所而遷，如君子不以道徇人，故曰居其所，而博施濟眾。無有不及，故曰遷。巽稱而隱，巽順於理，故動稱宜，其所以稱宜者，非有形迹可見，故隱。」《折中》引陸九淵此語，復加案云：「復小而辨於物，陸氏蓋用韓氏之說，與朱子異。然朱子之義為精。」王夫之《船山易內傳》：「此實陳卦德以申釋上文之意：履說而應乎乾，應乾則行而不倦，而能至於理，所以為德之基，雖履虎尾而不傷也。謙稱物平施，不失其尊，而物不能揜之，所以為德之柄而終吉。復陽初動，而察事幾之善惡於早，所以為德之本，而由此以入出皆无疾。恆陰入陽中，陽動陰內，陰陽雜矣，而藏於深密以立主，則不以雜為厭患，故為德之固而立不易方。損懲忿窒欲，先之遏止也難，而後說則易。故為德之修。遏欲者，欲已淨而自得也，益遷善改過，日新以進德，而不先立一止境，以自畫，故為德之裕，而其益无疆。困剛為柔揜，而能遂其志，則遇窮而心自通，所以為德之地，而於土皆安。井不改而往來皆成乎養以不窮，故為德之辨，而因事制宜，皆利於物稱舉也。巽陰入陽，而舉陽於上，以保中位，使不失其尊。隱用其順德以求巽入，所以為德之制，而能裁已亢之陽也。」韓、朱、陸與船山皆合九卦而通釋之，船山後出而尤精。

❸巽以行權

帛書〈衷〉作「渙以行權也」，釋見〈渙卦〉。今通行本作「巽以行權」。《集解》引《九家易》曰：「巽象號令，又為近利，人君政教進退，擇利而為權也。」案：《九家易》，或以即漢淮南王劉安《九師道訓》。劉向《別錄》：「《九師道訓》者，淮南王安所造。王聘善為《易》者九人，從之采獲，故中書著為《淮南九師書》。」或以為即《荀爽九家集注》，陸德明《經典釋文・卷一》言〈注解傳述人〉，有《荀爽九家集解注》十卷。云：「不知何人所集，稱荀爽者，以為主故也。其序有：荀爽、京房、馬融、鄭玄、宋衷、虞翻、陸績、姚信、翟子玄，子玄不詳何人，為《易義》。注內又有張氏、朱氏，並不詳何人。」未知孰是。又《說卦傳》以「巽」為「風」，「近利市三倍」，為《九家易》言「巽象號令，又為近利」之所本。而《春秋公羊傳・桓公十一年》：「權者，反于經然後有善者也。」意思是權變雖違反了經常的道理，卻有善美良好的效果。《孟子・離婁》：「男女授受不親，禮也；嫂溺援之以手者，權也。」更具體舉了例證。《集解》復引《九家易》云：「此所以說九卦者，聖人履憂濟民之所急行也。故先陳其德，中言其性，後敘其用，以詳之也。」《九家》蓋以「巽以行權」已是三陳九卦最後一句，故述每陳大義於此。《注疏》先述韓康伯《注》：「權，反經而合道，必合乎巽順，而后可以行權也。」再述孔穎達《疏》：「《正義》曰：『巽順以既能順時合宜，故可以權行也。若不順時制變，不可以行權也。』」案：《正義》於「巽，德之制也」下疏云「自此已上，明九卦各與德為用也」。（已上，同以上；各與，《集解》引作「各以」。）於「履和而止」下疏云「自此已下，明九卦之德也」。於「巽稱而隱」下疏云「自此已上，辨九卦性德也」。《正義》所謂「巽稱而隱」以上，即「履和而止」以下。余疑《正義》文字必有錯誤。因無版本證據，姑誌余疑於此。俞琰《大易集說》：「巽以行權者，巽順而不與物忤，則能隨物輕重而行權。權，所以平物之輕重也。聖人行權，酌而處之，以合於義而已。」又引「安定胡氏曰：『九卦皆即「以」之一字言之，亦如六十四卦〈象辭〉皆著一「以」字，蓋以明其用易也。』」「安定胡氏」為胡瑗。黃宗羲《宋元學案》全書以〈安定學案〉居首，其宋代理學之開山祖地位可知。伊川程頤即為安定門下大弟子。胡瑗於《易》，著有《易傳》（〈宋志〉作《易解》，又以其為胡瑗弟子所記錄者，故又名《周易口義》，實為一書）。俞琰《集說》又云：「《九家易》云：『先陳其德，中言其性，後敘其用也。』紫陽朱子曰：『《易》中儘有處憂患之卦，非謂九卦之外，皆非所以處憂患也。若以困為處憂患之卦，則屯、蹇非處憂患而何？觀聖人之經，正不當如此。後世拘於象數之學，乃以為九陽數，聖人之舉九卦，蓋合此數也。尤泥而不通矣。』平菴項氏曰：『三陳之中，皆有辨字。其一曰困之辨，辨於已也。其二曰復小而辨於物，辨於人也。其三曰井以辨義，人已之閒兩極其辨也。』史學齋曰：『三陳九卦有深旨焉。自「履德之基」至「巽之制」皆以「之」字發明其德，此初陳也。自「履和而至」至「巽稱而隱」，皆以「而」字發九經之體，此再陳也。自「履以和行」至「巽以行權」皆以「以」字發九經之用，此三陳也。此九卦有德、有體、有用，益切於人事之要。』」所引《九家易》已見於前文。「紫陽朱子」為朱熹，其言見於《朱子語類》，為朱子答鄭仲履所問，李方子所錄。「平菴項氏」即項安世，其說已於履卦通釋引之。「史學齋」，其人名不見於《經義考》，生平著作不詳。

語譯

巽，是道德上順時制宜和量宜接物。……巽順是估量事物的本末輕重而行事，卻不要露出機鋒和得意的樣子來。……巽順可用來施行一些權宜而合道的措施。

說卦傳

風以散之❶。……齊乎巽❷。……齊乎巽：巽，東南也；齊也者，言萬物之絜齊也❸。……橈萬物者莫疾乎風❹。……巽，入也❺。……巽為雞❻。……巽為股❼。……巽，一索而得女，故謂之長女❽。……巽，為木，為風，為長女，為繩直，為工，為白，為長，為高，為進退，為不果，為臭❾。其於人也，為寡髮，為廣顙，為多白眼，為近利市三倍❿。其究為躁卦⓫。

注釋

❶風以散之

此句孔穎達《正義》在第四節，朱熹《本義》在第四章。章旨在闡八卦之功能，本句言巽為風之功能。李鼎祚《集解》：「謂建巳之月，萬物上達，布散田野。」蓋言「夏曆」孟夏四月，動物驚蟄，出戶散行。草木萌生，布散於田野。案：散，有吹拂、散播、舒展等義。之，指動植萬物。

❷齊乎巽

此句孔穎達《正義》仍屬第四節，朱熹《本義》析孔本第四節為四、五兩章，此句在第五章。《正義》：「絜齊萬物，則在乎巽。」《集解》：「立夏則巽王，而萬物絜齊。」立夏，在「夏曆」四月初，公曆五月五日至七日間。王，謂帶領統率。絜齊，絜度整齊之意。《橫渠易說》：「造化之功……畢達乎順。」船山《周易內傳》：「『齊乎巽』，風以動物而使疏秀整齊之謂。」

❸**齊乎巽：巽，東南也；齊也者，言萬物之絜齊也**

《正義》在第四節，《本義》在第五章。《集解》引鄭氏康成曰：「風搖動以齊之也。絜猶新也。」《正義》：「『齊乎巽：巽，東南也；齊也者，言萬物之絜齊也。』解上『齊乎巽』。以巽是東南之卦，斗柄指東南之時，萬物皆絜齊也。」項安世《周易玩辭》：「味絜齊之義，似當音齋，然古之齋者，亦以齊不齊為義，則不必改音也。」

❹**橈萬物者莫疾乎風**

此句《正義》在第五節，《本義》在第六章。橈，謂婉轉促使萬物枯榮、死生之功能。《正義》：「橈散萬物者莫疾乎巽，巽象風也。」《集解》：「言風能鼓橈萬物，春則發散草木枝葉，秋則摧殘草木枝條，莫急于風者也。」

❺**巽，入也**

此句《正義》在第六節，《本義》在第七章。《集解》：「乾初入陰。」案：《集解》言震為「陽出動行」，震☳既為「出」，巽☴與震相反，故為乾初爻滅，入於坤中，而為「入」也。巽入與震出正好相對。邵雍〈觀物外篇〉：「巽，入也。一陰入二陽之下，故天下之入莫如風。」

❻**巽為雞**

此句《正義》在第七節，《本義》在第八章。《正義》曰：「巽主號令，雞能知時，故為雞也。」《集解》：「風應節而變，變不失時；雞時至而鳴，與風相應也。」

❼**巽為股**

此句《正義》在第八節，《本義》在第九章。《正義》：「股隨於足，則巽順之謂，故為股也。」蓋《正義》上文既云「震為足，足能動用，故為足也」，而〈說卦傳〉「震為足，巽為股」連言之，故《正義》接言「股隨於足……也」。《集解》：「巽為順，股順于足，故『巽為股』。」殆本於《正義》。

❽**巽，一索而得女，故謂之長女**

此句《正義》在第九節，《本義》在第十章。《正義》：「乾初求得坤氣為巽，故曰長女。」《集解》唯錄「孔穎達曰」，即《正義》文，而省去「求」字。《郭氏傳家易說》記「白雲」曰：「巽自乾變而得陰畫於初。」

❾ **巽，為木，為風，為長女，為繩直，為工，為白，為長，為高，為進退，為不果，為臭**

此條《正義》在第十三節，《本義》在第十一章。《正義》曰：「此一節廣明巽象。巽為木，木可以輮曲直，即巽順之謂也。為風，取其陽在上搖木也。為長女，如上釋巽為長女也。為繩直，取其號令齊物，如繩之直木也。為工，亦正取繩直之類。為白，取其風吹去塵，故絜白也。為長，取其風行之遠也。為高，取其風性高遠；又木生而上也。為進退，取其風之性，前卻其物，進退之義也。為不果，取其風性前卻，不能果敢決斷，亦皆進退之義也。為臭，王肅作『為香臭』也；取其風所發也；又取下風之遠聞。」案：《集解》於本條「巽為木」引宋衷曰：「陽動陰靜，二陽動于上，一陰靜于下，有似于木也。」於「為風」下引陸績曰：「風，土氣也。巽，坤之所生，故為風。亦取靜于本而動于末也。」於「為長女」下引荀爽曰：「柔在初。」於「為繩直」下引翟玄曰：「上二陽共正一陰，使不得邪僻，如繩之直。」又引孔穎達曰，已見前文，不贅。於「為工」下引荀爽曰：「以繩木，故為工。」又引虞翻曰：「為近利市三倍，故為工。」更引子夏曰：「工居肆。」於「為白」下引虞翻曰：「乾陽在上，故白。」又引孔穎達曰，不贅。於「為長」下引崔憬曰：「取風行之遠，故為長。」於「為高」下引虞翻曰：「乾陽在上長，故高。」又引孔穎達曰，不贅。於「為進退」下引虞翻曰：「陽初退，故進退。」又引荀爽曰：「風行无常，故進退。」於「為不果」下引荀爽曰：「風行或東或西，故不果。」於「為臭」下引虞翻曰：「臭，氣也。風至知氣，巽二入艮鼻，故為臭。〈繫〉曰：『其臭如蘭。』」與《正義》可以互補，故錄之如上。案：臭，本是一切氣味的總稱，字从犬自會意，狗鼻子最靈，能辨別不同氣味也。《周易・繫辭傳》「其臭如蘭」，臭是各種「氣味」的總稱。後來因芬、芳、香等出現，代表美好的氣味；以致臭所保留的只有不美好氣味的意思了。此中國漢字字義有「縮小」之一例。

❿其於人也，為寡髮，為廣顙，為多白眼，為近利市三倍

此句《正義》連上、下文在第十三節，《本義》在第十一章。《正義》：「其為人也為寡髮：寡，少也；風落樹之葉，則在樹者稀疎，如人之少髮，亦類於此，故為寡髮也。為廣顙：額闊為廣顙，髮寡少之義，故為廣顙也。為多白眼，取躁人之眼，其色多白也。為近利，取其躁人之情，多近於利也。市三倍，取其木生蕃盛，於市則三倍之，宜利也。」

⓫其究為躁卦

此句連上文《正義》皆在第十三節，《本義》在第十一章。《正義》：「究，極也；取其風之近極於躁急也。」

語譯

和順的風可以吹拂、散播、舒展動植萬物的活動與生長。……均齊成長於巽所代表的立夏時候。……所謂「均齊成長於巽所代表的立夏時候」，巽在方位上是代表東南的卦，立夏時，北斗七星的斗柄正指向東南。所謂「均齊成長」呢，說明動植萬物之各依本身性能得到公平、和諧、均勻的發展機會啊。……促使萬物枯榮、死生的，沒有比風更快速的。……巽，表示一陰悄悄進入二陽之下。……在物方面，巽，選取雞作為它的象徵物。……在人身方面，巽，選取大腿作象徵物。……巽，是乾坤交合求到的第一個女孩，所以稱為長女。……巽代表的事物：是樹木，是風，是長女，是垂直下來的墨線，是木工的技巧，是白色，是長，是高，是徬徨，是不果斷，為各種不同的氣味。就人而說，是頭髮稀少，額頭寬廣，常用白眼看人。做工或貿易要得到三倍的利潤。總而言之，是一個毛躁的卦。

附錄古義

《漢書・五行志》：「於《易》：巽為雞，雞有冠，距文武之貌，不為威儀。貌氣毀，故有雞禍。」

《漢書・五行志》：「劉向以為：於《易》：巽為風，為木，卦在三月四月，繼陽而治，主木之華實，風氣盛，至秋冬木復華，故有華孽。」

《風俗通・祀典》：「《周禮》：以柳燎祀風師。風師者，箕星也。箕主簸揚，能致風氣。《易》：『巽為長女也。』長者伯，故曰風伯。鼓之以雷霆，潤之以風雨，養成萬物，有功於人，王者祀以報功也。」

《潛夫論・相列》已見坤卦〈繫下〉「古者包犧氏之王天下也」。

序卦傳

旅而无所容，故受之以巽❶。

注釋

❶旅而无所容，故受之以巽

韓康伯《注》：「旅而无所容，以巽則得出入也。」阮元《周易注疏校勘記》：「閩、監、毛本同。岳本、古本、足利本：『出』作『所』。」案：韓《注》「出入」，僅有「入」意，而行文連及「出」。〈說卦傳〉「巽為入」，是也。楊樹達《漢文文言修辭學》第十四章曰「連及」。其三為「事名連及」。舉《史記・吳王濞傳》云：「擅兵而別，多他利害。」「樹達按：利害，害也。」又〈刺客傳〉云：「多人不能無生得失。」「樹達按：得失，失也。」又〈倉公傳〉：「生女不生男，緩急無可使者。」「樹達按：緩急，急也。」又《三國志・吳書・諸葛恪傳》云：「一朝羸縮，人情萬端。」「樹達按：羸縮，縮也。」又《資治通鑑》云：「虞翻作〈表〉示呂岱，為愛憎所白。」「樹達按：愛憎，憎也。」……其四為「物名連及」。舉《易・繫辭》云：「潤之以風雨。」「樹達按：風不能潤物。」又《禮記・玉藻》：「大夫不得造車馬。」「樹達按：馬非可造之物。」最近的例子有魯迅說的「歷盡劫波兄弟在，相逢一笑泯恩仇」。「恩」為連及，「仇」為本字。阮元《校勘記》謂各本有作「出入」者，「出」為連及，「入」為本字。或作「所入」，疑後所改，而意更明確。《集解》引「韓康伯曰」，「出入」正作「所入」。《伊川易傳》：「羈旅親寡，非巽順何所取容？苟能巽順，雖旅困之中，何往而不能入？巽所以次旅也。」說理甚明。

語譯

在外旅行而不是住在家裡，所以接著的是巽卦，告訴你必須謙虛溫順。

雜卦傳

兌見❶而巽伏也❷。

注釋

❶**兌見**

見兌卦注釋。

❷**而巽伏也**

而，轉折連詞，謂「兌見」與「巽伏」意相反轉。韓康伯《注》：「巽貴卑退。」以巽所著重者在乎卑退。李鼎祚《集解》：「巽，乾初入陰，故伏也。」則言巽之成卦在於乾陽取代坤之初爻也。朱熹《本義》：「巽陰內伏。」與《集解》近。項安世《周易玩辭》：「坎之隱伏，伏於陰中，遇陷而不能出也；巽之伏，伏於陽下，順伏之也。」則與坎之隱伏較論。

語譯

兌卦喜悅之情可以顯現出來，但巽卦謙順之性卻是內斂的。

初六爻辭

初六❶：進退❷，利武人之貞❸。

注釋

❶**初六**

居巽最下，卑懦特甚，而又失位，為九二所抑，與六四無應。在筮法上，當巽初爻為老，他爻皆少，即由巽之小畜䷈；或巽初爻為少，他五爻皆老，即豫䷏之巽：這兩種情形，都以巽初六爻辭占。

❷**進退**

象也。竹書闕。帛書「退」作「內」。〈說卦傳〉：「巽為進退，為不果。」所以有進退失據，猶豫莫決的現象。程《傳》：「六以陰柔居卑巽而不中，處最下而承剛，過於卑巽者也。陰柔之人，卑巽太過，則志意恐畏而不安，或進或退，不知所從。」

❸**利武人之貞**

占也。竹書闕，帛書作「武人之貞」，與今傳本同。對過於懦弱的人，要鼓勵他勇敢。《論語・先進》：「子路問：『聞斯行諸？』子曰：『有父兄在，如之何其聞斯行諸？』冉有問：『聞斯行諸？』子曰：『聞斯行之！』公西華曰：『由也問「聞斯行諸」，子曰「有父兄在」；求也問「聞斯行諸」，子曰「聞斯行之」。赤也惑，敢問！』子曰：『求也退，故進之；由也兼人，故退之。』」孔子因為冉求個性退縮，所以鼓勵他前進，便是好例。郭雍《傳家易說》：「武人，三軍之勇者，不膚撓，不目逃，其志決於進者也；初六疑於申命行事之際，則敗且至矣！宜以武人之貞，自治其志可也。治己以武人之貞，斯无進退之疑矣！」

孔子語冉求以「聞斯行諸」是也。然道雖不一於進，而此利在行事，是亦行權之義。」案：白雲郭雍所言「不膚撓，不目逃」係引《孟子・公孫丑》文，是肌膚被刺而不會撓屈，眼睛受刺而不會眼光逃避的意思。

語譯

巽卦初位是陰爻。進退不定，猶豫徘徊。要有軍人剛強威武的正氣才有利。

象傳

進退，志疑也❶；利武人之貞，志治也❷。

注釋

❶志疑也

《漢上易傳》：「巽初，行事之始也。居卑體柔，不能自立，過於巽者也。退則不安，進則无應，又二剛據之，莫知所從。巽為不果，故曰：進退，志疑也。」《周易折中》引黃淳耀曰：「兩可不決之謂疑。」

❷志治也

朱駿聲《六十四卦經解》：「巽……其究為躁卦，故稱武人。陰柔善伏，此『慎而無禮則葸』者。『沈潛剛克』，利如武人之斷。如夫子論季文子三思，謂『再斯可也』；『求也退，故進之。』疑則志亂，果則志治。」案：「慎而無禮則葸」，《論語・泰伯》文。葸，音喜，膽怯的意思。「沈潛剛克」，《尚書・洪範》文。沈潛指地，含柔之德，引申指柔弱內向的人，要以剛克服自己性格弱點。「再斯可也」，《論語・公治長》文。《折中》引黃淳耀曰：「一定不亂之謂治。」

語譯

進退不定，心裡疑惑，無法決定啊；要有軍人剛毅正氣才有利，意志堅定，不再紊亂啊。

九二爻辭

九二❶：巽在牀下❷，用史巫紛若❸，吉，无咎❹。

注釋

❶九二

九二以陽居陰而失位，上與九五無應，但能居中。在筮法上，當巽第二爻為老，他爻皆少，即由巽之漸䷴；或歸妹䷵第二爻為少，他爻皆老，即由歸妹之巽：這兩種情形，都以巽九二爻辭占。

❷巽在牀下

象也。帛書作「筭在牀下」。張立文《今注今譯》云：「筭、選、巽古相通。『巽在牀下』，謂病人伏牀下也。」本剛而居陰而怯，有丈夫懼內，躲入牀下之象。《周易集解》引宋衷曰：「巽為木，二陽在上，初陰在下，牀之象也。二无應於上，退而據初，心在於下，故曰『巽在牀下』也。」弼《注》：「處巽之中，既在下位，而復以陽居陰卑順之甚，故曰『巽在牀下』也。」張載《橫渠易說》：「以陽居陰，其志下比，无應於上，故曰巽在牀下。」程《傳》：「二居巽時，以陽處陰而在下，過於巽者也。牀，人之所安。巽在牀下，是過於巽，過所安矣。人之過於卑巽，非恐怯，則諂說，皆非正也。」

❸用史巫紛若

占也。帛書「史」作「使」；「紛」作「忿」。張立文《今注今譯》：「『使』，假借為『史』。『忿』，假借為『紛』。」弼《注》：「卑甚失正。則入于咎過矣。能以居中而施至卑於神祇，而不用之於威勢，則乃至于紛若之吉，而亡其過矣。故曰：『用史巫紛若吉无咎』也。」孔《疏》：「史謂祝史，巫謂巫覡，並是接事鬼神之人也。紛若者，盛多之貌。」巽卦九二、九三、六四互體成兌，〈說卦傳〉：「兌為巫，為口舌，為毀折，為附決。」來知德《周易集註》因而說：「兌為巫，史巫之象也；又為口舌，為毀，為附，紛若之象也。」並與初六相較，闡其義理說：「初乃陰爻，居于陽位；二乃陽爻，居于陰位：均之過于卑巽者也。初教以武人之貞，教之以直前勇敢也；二教以巫之紛若，教之以抖擻奮發也。初陰據陽位，故教以男子之武；二陽據陰位，故教以女人之紛。爻辭之精至此。」

❹**吉，无咎**

占也。竹書闕，帛書作「吉无咎」，與今傳本同。王弼本「吉」字連上文「紛若」為一句。《注》曰：「則乃至于紛若之吉」，請參讀上條注釋。孔《疏》：「卑甚失正，則入於過咎。人有威勢，易為行恭。神道无形，多生怠慢。若能用居中之德，行至卑之道，用之於神祇，不行之於威勢；則能致之於盛多之吉，而无咎過。故曰『用史巫紛若，吉无咎』也。」程《傳》：「二實剛中，雖巽體而居柔，為過於巽，非有邪心也。恭巽之過，雖非正體，可以遠恥辱，絕怨咎，亦吉道也。……吉而无咎，謂其誠足以動人也。人不察其誠意，則以過巽為諂矣。」

語譯

巽卦陽居第二爻：膽怯得躲在牀下，又請祝史，又請巫師，紛紛向神明表達誠意，也能有收穫而沒有差錯。

象傳

紛若之吉，得中也❶。

注釋

❶得中也

程《傳》：「二以居柔在下，為過巽之象，而能使通其誠意者眾多紛然，由得中也。陽居中，為中實之象，中既誠實，則人自當信之，以誠意則非諂畏也。」

語譯

紛紛表達誠意的收穫，是表現得恰到好處啊。

九三爻辭

九三❶：頻巽❷，吝❸。

失位失中，居巽下之最高，上承巽上之六四。故其象占如此。在筮法上，當巽第三爻為老，他爻皆少，即由巽之渙䷺；或豐䷶第三爻為少，他爻皆老，即豐之巽：這兩種情形，都以巽九三爻辭占。

注釋

❶九三

❷頻巽

象也。帛書作「編筭」，皆假借也。頻，本義是水邊，與瀕、濱同。引申有連接、相並的意思。九三在巽下、巽上之際，是二巽相連相並，所以有頻巽之象。巽九三之言頻巽，就像乾九三之言「重剛」，坎六三之言「坎坎」。虞翻以「頻」為「頞」，作「憂」解；王弼亦說「頻感不樂」，蓋皆據許慎《說文・瀕部》：「瀕，水厓，人所賓附也；瀕卑戚不前而止。从頁，从涉。凡瀕之屬皆从瀕。顰，涉水顰戚也。从瀕，卑聲。」是瀕有水濱、顰眉蹙額二義，為虞、弼之所據。程朱都以「屢失」為釋，此從程朱。程《傳》：「三以陽居剛，不得其中，又在下體之上，以剛亢之質，而居巽順之時，非能巽者，勉而為之，故屢失也。」案：復六三言「頻復」，呂大臨《易章句》曰：「復之六三，陷眾陰之中，而未遠於陽，不得已而求復，故致於頻復；巽之九三，以陽居陽，主於高亢，而為六四陰柔所乘，不得已而卑巽，故至於頻巽。」相較立論，很可注意。不過「頻復」能復，「頻巽」不巽，效果卻異。來知德《周易集註》：「頻巽與頻復不同：頻復者，終于能復也；頻巽者，終于不巽也。」

❸吝

占也。在巽下巽上相接之際，本身卻是剛爻、剛位，居下卦之上而過剛，乘九二之上而失中，又為六四所抑，不得已而恭順，所以吝。《橫渠易說》：「三處陽剛，失巽之道，乘剛而動，頻吝所宜。」程《傳》：「居巽之時，處下而上臨之以巽，雖欲不巽，得乎？故頻失而頻巽，是可吝也。」朱熹《周易本義》：「過剛不中，居下之上，非能巽者，勉為屢失，吝之道也。」

語譯

巽卦陽爻居第三位：以剛強的性格，卻頻頻勉強表示恭順，事與願違，很值得擔憂。

象傳

頻巽之吝，志窮也❶。

注釋

❶志窮也

頻巽，先是勉強自己恭順，終於習慣於恭順，此時意志窮盡，堪為浩歎！《周易折中》引蘇濬曰：「九三之頻巽，非勉為之而失，習為之而過也。巽而頻巽焉，則振作之氣不足，其志亦窮，而無所復之矣。」又引張振淵曰：「志疑者，可以治救之；志窮則有吝而已。」

語譯

頻頻表示恭順，所以令人憂慮，是意志銷磨窮盡了啊。

六四爻辭

六四❶：悔亡❷，田獲三品❸。

注釋

❶六四

六四居九三之上，有乘剛之險；下與初六都是陰爻，互不相應。但是本身以陰居陰得位，立場正確；上承九五之陽，又能夠申九五君命。這是六四在數位上的特色。在筮法上，當巽第四爻為老，他爻皆少，即由巽之姤䷫；或復䷗第四爻為少，他爻皆老，即復之巽：這兩種情形，都以巽六四爻辭占。

❷悔亡

占也。帛書同。六四乘剛無應，所以本有悔恨。但是本身得位承陽，又能申命；以恭順的態度正確行事，所以悔恨也就消除了。王弼《周易注》：「乘剛，悔也；然得位承五，卑得所奉，雖以柔乘剛，而依尊履正，以斯行命，必能獲強暴，遠不仁者也。」案：弼云「獲強暴」，指獲得剛強之九三；「遠不仁者」，指與失位之初六無應。程《傳》：「四以陰居陰，得巽之正。在上體之下，居上而能下也；居上之下，巽於上也；以巽臨下，巽於下也：善處如此，故得悔亡。」

❸田獲三品

象也。帛書同。田，指畋獵。三品，有二說。王弼《注》：「一曰乾豆，二曰賓客，三曰充君之庖。」這是依據《春秋經．桓公四年．穀梁傳》文：「四時之田，皆為宗廟之事也。春曰田，夏曰苗，秋曰蒐，冬曰狩。四時之田用三焉，唯其所先得。一為乾豆，二為賓客，三為充君之庖。」范寧《穀梁傳集解》：

「上殺中心，死速，乾之以為豆實，可以祭祀。次殺射髀骼，死差遲。下殺中腸污泡，死最遲。先宗廟，次賓客，後庖廚；尊神敬客之義。」李鼎祚《周易集解》案語、程頤《易傳》、朱震《漢上易傳》、朱熹《周易本義》等，皆遵此說，又《集解》引翟玄曰：「田獲三品，下三爻也。謂初巽為雞，二兌為羊，三離為雉。」這是依據初在巽下，二三四爻互體為兌，三四五互體為離，再據〈說卦傳〉：「巽為雞，離為雉，兌為羊。」而立說。明來知德《周易集註》從之。至於爻象，翟玄以為三品是初二三這三爻。張載卻以為指二三五這三陽。《橫渠易說》：「近比於五，不為諂妄；而又二三，并為所獲，不私其累，而樂為己用，田獲之類也。使三陽見獲，四之功也。」其實三也可作「多」解，不一定要實指三件東西。

語譯

巽卦陰爻在第四位，面對剛強和不合作的部屬，本有點悔恨；但自己總是和顏悅色而站穩立場，上頭又有長官支持，悔恨也就消除了。就像畋獵捕獲許多獵物，倒也收穫多多呢。

象傳

田獲三品，有功也❶。

注釋

❶**有功也**

「田獲三品」是譬喻，「有功也」是解釋這個譬喻的意思。孔穎達《周易正義》：「有功者，田獵有獲，以喻行命有功也。」《周易折中》引沈該曰：「田獲三品，令行之效也。田，除害也；獲，得禽也。行君之令而致之民，將以興利除害也。害去利獲，令行而功著，是以田獲三品也。」

語譯

畋獵捕獲許多獵物，是比方說明申命行事，除害興利，著有功績啊。

九五爻辭

九五❶：貞吉，悔亡，无不利❷；无初有終❸；先庚三日，後庚三日，吉❹。

注釋

❶九五

在巽體居尊而得正得中，下比六四，但與九二無應。其象其占，皆本於此。在筮法上，當巽卦第五爻為老，他爻皆少，即由巽之蠱䷑；或隨䷐第五爻為少，他爻皆老，即由隨之巽：這兩種情形，都以巽九五爻辭占。

❷貞吉，悔亡，无不利

占也。竹書闕。帛書同今傳本。在巽卦，理宜柔順，而九五以剛居剛，處於君位，而與九二無應，本有悔恨；但九五居中得正，所以能貞而吉；又下比六四，通過六四之柔，對下卦三爻申命行事，所悔也消除，沒有不利的。總之，領導者應具適度正確的威嚴；執行者卻必須溫柔和藹的親和力。朱熹《本義》：「九五剛健中正而居巽體，故有悔；以有貞而吉也，故得亡其悔而无不利。」《集解》引虞翻曰：「得位處中，故『貞吉悔亡无不利』也。」唯以「得位處中」說之。弼《注》：「以陽居陽，損於謙巽；然秉乎中正，以宣其令，物莫之違。故曰『貞吉悔亡无不利』也。」意同於虞翻而言加詳。孔《疏》：「九五以陽居陽，違於謙巽，是悔也。然執乎中正，以宣其令，物莫之違，是由貞正獲吉，故得悔亡而无不利。」逐字解說，層次益明。程《傳》：「五居尊位，為巽之主，命令之所出也。處得中正，盡巽之善。然巽者柔順之道，所利在貞，非五之不足，在巽當戒也。既貞則吉而悔亡，无所不利。」各家之言已詳明矣。《周易折中》引鄭維嶽曰：「九五一爻，正所謂剛巽乎中正而志行者。五居巽體，有蠱壞之病，故有悔；而以剛中正之道，渙號更命，得其貞正，故吉悔亡而无不利。」則更與〈彖傳〉較論。

❸无初有終

占也。「无」，帛書作「橆」，當為「無」之訛字。又脫「初」字。凡興革之事，初都不得大眾支持；日久利顯功著，方得人民擁護。所以《史記・殷本紀》記盤庚遷都，開始時「殷民咨胥皆怨不欲徙」，及南渡黃河，行湯之政，「然後百姓由寧，殷道復興，諸侯來朝。」《左傳・襄公三十年》記子產：「從政一年，輿人誦之曰：『取我衣冠而褚之，取我田疇而伍之。孰殺子產，吾其與之！』及三年，又誦之曰：『我有子弟，子產誨之；我有田疇，子產殖之。子產而死，誰其嗣之？』」都是史證。《集解》引虞翻曰：「震巽相薄，雷風無形，當變之震矣。巽究為躁卦，故无初有終也。」依〈說卦傳〉以卦變說之。李道平《篹疏》釋虞義詳矣，此不贅引。王弼《周易注》：「化不以漸，卒以剛直用加於物，故初皆不說也。終於中正，邪道以消，故有終也。」是。案：无初有終，在九五爻辭中有承上啟下的作用。朱熹《本義》：「有悔，是无初也；亡之，是有終也。」是承上「悔亡」立義。程《傳》：「无初，始未善也；有終，更之始善也。若已善，則何用命也？何用更也？」是啟下「先庚後庚」而立說。

❹先庚三日，後庚三日，吉

占也。「先庚三日」之「日」，帛書脫。庚，取更新意思。先庚三日是丁，取叮嚀的意思；後庚三日是癸，取揆理的意思。丁之為叮嚀，已見蠱卦辭「後甲三日」注。鄭玄云：「甲後三日，取丁寧之義，故用丁也。」癸之為揆理、揆度，見於許慎《說文解字》：「癸，冬時水土平，可揆度也。」《禮記・月令》：「孟冬之月，其日壬癸。」鄭玄《注》：「壬之言任也；癸之言揆也。」先庚三日，是說凡事將更新之前的三日，要反覆叮嚀，即〈大象傳〉「申命」之意；後庚三日，是說凡事已更新之後之三日，要揆度考核，即〈大象傳〉「行事」的意思。能如此，則大有收穫，所以說「吉」。朱熹《本義》：「庚，更也，事之變也。先庚三日，丁也；後庚三日，癸也。丁所以丁寧於其變之前；癸所以揆度於其變之後。有所變更而得此占者，如是則吉也。」

語譯

巽卦陽爻居第五位。遵行正道，大有收穫，悔恨消除，沒有不利的。起初情況不好，未免遺憾；後來改革成功，有美滿結果。改革之前三天，要反覆叮嚀；改革之後三天，要揆度考核，一定有收穫的。

象傳

九五之吉❶，位正中也❷。

注釋

❶九五之吉

〈象傳〉不引爻辭，只引爻名而說吉，原因有二：一、爻辭字多，不便全引；語語都重要，也難節引；所以籠統說「九五之吉」。二、九五是巽卦主爻。卦辭所說的「大人」，〈象傳〉說的「剛巽乎中正而志行」，〈象傳〉說的「君子以申命行事」，都指本爻。此只言爻名，正暗示此爻重要，為全卦的主爻。《周易折中》引邱富國曰：「以九居五，位乎中正。此所以貞吉，而為申命之主也。」

❷位正中也

九為陽爻，五為陽位，陽爻居陽位，得位故稱「正」；又九五居上卦中央之爻，故又稱中。表示做事無過不及，恰到好處。《集解》引虞翻曰：「居中得正，故吉也。」即採這種解釋。但是程《傳》：「九五之吉，以處正中也。得正中之道則吉，而其悔亡也。正中謂不過无不及，正得其中也。處柔巽與出命令，唯得中為善，失中則悔也。」案：「正中」與「中正」意有小異。正中，指正好居中；中正是既中且正。伊川以「正得其中」釋正中，而不言得位與否，甚是。

語譯

九五所以大有收穫，是立場不偏不倚、無過不及，做得恰到好處啊。

上九爻辭

上九❶：巽在牀下❷，喪其齊斧❸，貞凶❹。

注釋

❶**上九**

在巽之最，在窮途而失位失中無應。故其象其占如此。在筮法上，當巽卦上爻為老，他爻皆少，即由巽之井䷯；或噬嗑䷔上爻為少，他爻皆老，即由噬嗑之巽：這兩種情形，都以巽上九爻辭占。

❷**巽在牀下**

象也。高亨以為「說事之辭」。帛書作「筭在牀下」。張立文云：「筭假借為巽，巽，伏也。」上九與九二，同樣以陽爻居陰位，本質陽剛，處勢柔弱；在巽無應，無人支援之下，只好乖乖躲入牀下了。項安世《周易玩辭》：「上九爻辭與九二同，皆以陽居陰也。當巽之時，惟此二爻以陽而失位，巽中之又巽者也。故皆為巽在牀下，言失位也。二雖失位而得中，中大於正，所以吉而无咎；上既失位，愈巽極而不反，故為喪資失斧之人。而猶固守其窮，凶之道者也。」

❸**喪其齊斧**

象也。帛書作「亡亓溍斧」。張立文云：「亡假借為喪」，「溍假借為資」，「『資斧』為錢幣。」齊，帛書作「溍」，王弼本作「資」，《集解》本作「齊」。《漢書．王莽傳》引文作「齊」。上九在巽，為木；二、三、四爻互體成兌，為金，木柄插入金屬物，有斧之象。又三、四、五爻互體成離，為兵戈。斧正是兵戈之一。齊斧，所以斷物之斧。上九居巽之極，過於遷就順從，失其所斷，所以說喪其齊斧。王弼《周易注》：

「斧，所以斷者也。過巽失正，喪所以斷，故曰喪其資斧。」朱震《漢上易傳》：「離為兵，巽為木，貫之為斧，所以斷也。」高亨《周易古經今注》：「巽伏也。資斧猶今言錢財也。巽在牀下喪其資斧者，盜賊入室，主人恐懼，伏於牀下，盜賊掠其錢財以去也。有外寇之來，無自衛之勇，喪室中之財，非凶而何，故曰，巽于牀下，喪其資斧貞凶。」參見旅九四爻辭「得其資斧」注釋。

❹**貞凶**

貞，守常固執的意思。執著恭順的態度，失去剛斷的本性，易受人欺侮，故凶。呂大臨《易章句》曰：「上九處巽之窮，以陽居亢位之地，其巽已甚。守是不變，正入於凶。」參閱師六五爻辭「貞凶」注釋。

語譯

巽卦最上面的一爻是陽爻：遇上盜賊，乖乖地躲入牀下，喪失了隨身帶著的錢財。這樣下去，危險得很哪。

附錄古義

《漢書・王莽傳》：「司徒尋初發長安，宿霸昌廄，亡其黃鉞。尋士房揚素狂直，迺哭曰：此經所謂『喪其齊斧者也。』」

象傳

巽在牀下，上窮也❶；喪其齊斧，正乎凶也❷。

注釋

❶**上窮也**

程《傳》：「處卦之上，巽至於窮極也。」

❷**正乎凶也**

正，王引之釋為「當」。《經義述聞・卷二》：「正，亦當也。正乎凶者，當乎凶也。」

語譯

乖乖地躲入牀下，因為恭順到了極點，反而走投無路了；喪失了隨身帶著的錢財，當然是遭受到凶險啊。

兌卦經傳通釋第五十八

卦　辭

䷹兌下兌上 兌（ㄉㄨㄟˋ）❶：亨（ㄏㄥ）❷，利（ㄌㄧˋ）貞（ㄓㄣ）❸。

注　釋

❶䷹兌下兌上兌

竹書此卦全闕。帛書卦名為「奪」，張立文《今注今譯》引《尚書·呂刑》「奪攘矯虔」，及《說文》：「敓，彊取也，〈周書〉曰『敓攘矯虔』。」此為「敓古奪字，兌為敓之省文」。注釋帛書，其說可從。兌，是喜悅的意思。其象為澤；坤三入乾，三索而得女，又為少女之象。澤能潤生萬物。劉熙《釋名·釋天》：「酉於《易》為兌。兌，說也。物得傳足，皆喜說也。」所以兌之德為悅。《集解》引虞翻曰：「大壯（䷡）五之三也。」《正義》曰：「兌，說也。」〈說卦〉曰：「說萬物者，莫說乎澤，以兌是象澤之卦，故以兌為名。澤以潤生萬物，所以萬物皆說。施於人事，猶人君以恩惠養民，民无不說也。」在筮法上，當兌卦六爻皆少，也就是本卦、之卦都是兌；或艮卦䷳六爻皆老，也就是艮之兌，這兩種情形，都以兌卦辭占。

❷亨

就卦象說，兌為澤，澤能滋生水產物，滋潤大地的農作物，並能調節河流水量，有其致亨之道。故孔穎達《周易正義》：「以兌為象澤之卦，……澤以潤生萬物，所以萬物皆說。」就卦德說，兌為悅。和悅以待人，人亦和悅待我，於萬物也是這樣。所以程《傳》：「兌，說也，說，致亨之道也。能說於物，物莫不說而與之，足以致亨。」

❸利貞

帛書本作「小利貞」。張立文《今注今譯》：「言小有利之貞問。」張君以貞作貞問解，亦可備一說。《集解》引虞翻《周易注》曰：「剛中而柔外，二失正，動應五承三，故亨利貞也。」字作「亨利貞」而以動變釋之。較為牽強。利貞，有二義：一是「利於貞」；二是「利與貞」。孔穎達《正義》：「以說說物，恐陷諂邪，其利在於貞正。」程《傳》：「然為說之道，利於貞正；非道求說，則為邪諂，而有悔咎，故戒利貞也。」都作「利於貞」解釋。項安世《周易玩辭》：「兌之亨利貞，自是三德，非利在於貞也。故曰：『說以利貞。』言以利與貞而得說也。利者，說之情；貞者，說之理。柔在外為利，利者，萬物之所說也；剛在內為貞，貞則天人之理得矣。」二說可並存，意更完足。案：兌卦僅具亨利貞三德，而無「元」者，元者，始也。兌三索所得，為少女，故無元始之功也。

語譯

三畫的兌在下，三畫的兌在上，重疊成六畫的兌卦。代表湖澤，也代表喜悅。湖澤滋潤大地，助長萬物；喜悅地面對世界，自為人人所喜悅：所以能夠亨通發展。和悅的形象固然得到許多利益；剛正的心志且秉持著堅定的原則：遵守正道是最有利的。

彖傳

兌，說也❶。剛中而柔外，說以利貞❷，是以順乎天而應乎人❸。說以先民，民忘其勞；說以犯難，民忘其死❹。說之大，民勸矣哉❺！

注釋

❶兌，說也

說有二解，一作本字「說話」解；一作假借字「喜悅」解。〈說卦傳〉：「兌為口。」所以有說話之象。虞翻《周易注》：「兌口，故說也。」而說話能夠溝通情意，使彼此喜悅，所以引申又有喜悅之意。古書多借「說」為「悅」字。王夫之《易內傳》：「兌為欣說之說，又為言說之說，而義相通。言說者，非徒言也，稱引詳婉，善為辭而使人樂聽之，以移其情，饋人千金之璧，而辭不善，則反以致怒。故言說者，所以說人。而人之有心不能言則鬱，稱引而詳言之則暢。故說者所以自說而說人也。」已綜合「說」、「悅」二義。惟其他各家多僅取「喜悅」一義。

❷剛中而柔外，說以利貞

剛中，指九二、九五以陽剛居中，代表內心剛正；柔外，指六三、上六以陰柔居下卦和上卦之外，代表處世和悅。兌卦因和悅而獲利，因剛正而能貞。王弼《周易注》：「說而違剛則諂，剛而違說則暴。剛中而柔外，所以悅以利貞也。剛中故利貞，柔外故說亨。」呂祖謙《東萊易說》：「以卦體論之，上下卦中爻皆剛，而外爻皆柔。夫柔和樂易，固為可說，儻其中无所守，則其所謂樂易可說者，必易流動。」都指出要剛中柔外，相輔並濟。

❸**是以順乎天而應乎人**

以象言，兌上是順乎天，五、上兩爻是天爻，此尤指五；兌下是應乎人，三、四兩爻是人爻，此尤指三。虞翻《周易注》：「天謂五也；人謂三矣。」項安世《周易玩辭》：「順乎天，兌上也；應乎人，兌下也。」以義言，剛中能貞，發揚天命的仁義禮智之性是順乎天；柔外安和樂利，喜樂之發皆中節是應乎人。《東萊易說》：「惟剛中而柔外，悅而利貞，則至公无偏，而上有以順乎天；歡欣浹洽，而下有以應乎人。此則兌之大體也。」案：革卦〈彖傳〉：「湯武革命，順乎天而應乎人。」兌卦二三四爻為離☲，四五上爻為兌，離下兌上成革卦（䷰）。《周易玩辭》對此有說：「革與兌皆言順天應人者，順天道之正，應人心之公，則革无私意，說无邪心矣。革者，天下之大利；說者天下之美名。此二者最易於失正，故革曰元亨利貞，兌亨利貞，蓋謂此也。兌自二至上互革。」

❹**說以先民，民忘其勞；說以犯難，民忘其死**

此四句說明兌的功用。先，動詞，領導的意思。《後漢書・宦者・呂強傳》：「強上疏云：『夫天生蒸民，立君以牧之。君道得則，民戴之如父母，仰之猶日月，雖時有征稅，猶望其仁恩之惠。《易》曰：「悅以使民，民忘其勞；悅以犯難，民忘其死。」』」先字作使，使也為動詞。郭雍以「先」為先後之先，說亦甚佳，詳下文。《東萊易傳》：「自『說以先民』而下，則兌之用也。大抵當適意時而說，與處安平時而說，皆未足為難；惟當勞苦患難而說，始見真說。聖人以此先之，故能使之任勞苦而不辭，赴患難而不畏。如文王之作靈臺，庶民攻之，不日成之，則民忘其勞也。楚莊王伐蕭，軍士多寒，王循而撫之，三軍之士如挾纊，此雖未足以望聖人之師，是亦三代使民忘勞之遺意也。」案：所謂「真悅」，是自然發自真心的喜悅，不是為了使民忘勞忘死而造作出來的假悅，郭雍《傳家易說》：「聖人惟知道耳，故聖人知道而不知說；天下知說而不知道。道行有必致之說，初非有期於民者也。『說以先民，民忘其勞；說以犯難，民忘其死。』非聖人固如是以說人也，在道論之，前非民情之說，聖人有所不敢為。必說在事為之先，則民可忘勞；說在患難之先，則民可忘死。民或未說，而欲覬其忘勞忘死，雖聖人不能也。」已見及此。

❺**說之大，民勸矣哉**

言喜悅功能之大，可以激勵人民忘勞忘死。《周易正義》：「施說於人，所致如此，豈非說義之大，能使民勸勉矣哉！」《周易玩辭》：「民忘其勞，民忘其死，即所謂勸也。」

語譯

兌，是說話誠懇感人，博得大家喜悅的意思。剛正的性格，和藹的形象，喜悅地為大眾謀福利，並且堅持著正道，所以能夠順從自然法則來做事，適應人民的需要。和悅地領導人民建設，人民會忘記勞苦；和悅地跟人民一起冒險犯難，人民就沒有死亡的恐懼。和悅功用的偉大，人民如此鼓舞歡欣的喲！

附錄古義

《後漢書・宦者・呂強傳》：「強上疏云：『夫天生蒸民，立君以牧之，君道得則民戴之如父母，仰之猶日月，雖時有征稅，猶望其仁恩之惠。《易》曰：「悅以使民，民忘其勞；悅以犯難，民忘其死。」』」

《三國志・魏書・王肅傳》：「肅上疏曰：『言之前代，則武王伐紂，出關而復還；論之近事，則武文征權，臨江而不濟；豈非所為順天知時，通於權變者哉？兆民知聖上以雨水艱劇之故，休而息之，後日有釁，乘而用之，則所謂悅以犯難，民忘其死者矣。』」

象　傳

麗澤，兌❶；君子以朋友講習❷。

注釋

❶麗澤，兌

麗，是相連並行的意思。〈說卦〉：「兌為澤。」兌卦由兩個☱畫的兌組合而成，有兩澤相連並行之象，所以說麗澤構成了兌卦。王弼《周易注》：「麗，猶連也。」王夫之《周易內傳》：「澤雖曲折遷流，而固一澤，故重兌之卦，不可以上下言，而取象於兩澤之左右並行者，為麗澤焉。」至其含意，王弼以為「施說」，孔穎達以為「潤說」，程頤以為「交相浸潤互有滋益」；獨王夫之《易內傳》以為：「兩澤並流，有若將不及而相競以勸於行之象。然其歸也，則同注於大川，以至於海。」採並流競行，殊途同歸之意。

❷君子以朋友講習

以象言，虞翻《周易注》：「兌二陽同類為朋，兩口對，故朋友講習也。」以義言，以朋友講習為悅樂，本於《論語・學而》首章所記孔子語。郭雍《傳家易說》：「說之大，有見於順天應人；而其微，有見於朋友講習。大小不同，其情一也。孔子曰：『學而時習之，不亦說乎？有朋自遠方來，不亦樂乎？』此朋友講習所以為說也。」已指明此點。程頤等，都說：「朋友講習，互相益也。」俞琰《大易集說》：「講者，講其所未明，講多則義理明矣；習者，習其所未熟，習久則踐履熟矣，此朋友講習，所以為有滋益，而如兩澤之相麗也。若獨學無友，則孤陋而寡聞。故《論語》以『學之不講』為憂；以『學而時習』為說，以『有朋自遠方來』為樂。」誠集前說之大成。王夫之則以：「君子之道，學之者一以聖人為歸，而博約文質，本末先後之異趣，各以其質之所近而通焉。乃恐其專己而成乎私意，則取益於同門同志之學者，相與講習，各盡其說，以競相辨證。當其論難之時，若爭先求勝而不相讓，而辨之已通，則皆至於聖人之道，如麗澤之不相後而務相合也。」

語譯

兩澤相連並行，互有滋益，互相競賽，構成了兌卦；君子受到這種現象啟示，因而也要跟朋友彼此溝通和辯論，互相觀摩和實踐。

附錄古義

《蔡邕集・正交論》：「聞之前訓曰：君子以朋友講習，而正人無有淫朋。是以古之交者，其義敦以正，其誓信以固。逮夫周德始衰，頌聲既寢，〈伐木〉有『鳥鳴』之刺，〈谷風〉有『棄予』之怨，其所由來，政之缺也。」

說卦傳

兌以說之❶。……說言乎兌❷。……兌，正秋也，萬物之所說也，故曰「說言乎兌」❸。……說萬物者莫說乎澤❹。……兌，說也❺。……兌為羊❻。……兌為口❼。……兌，三索而得女，故謂之少女❽。……兌為澤，為少女，為巫，為口舌，為毀折，為附決。其於地也，為剛鹵。為妾，為羊❾。

注釋

❶兌以說之

此句《正義》在第四節，《本義》在第四章。章旨在闡八卦之功能，本句言兌有喜說之功能。古文字兌、說、悅每相通用。《集解》：「謂建西之月，萬物成孰也。」蓋如《禮記・月令》所言：「夏曆」仲秋八月，鴻雁來，玄鳥歸，趣民收斂，務畜菜，多積聚。乃勸種麥，毋或失時。上言收斂積聚，勸民種麥等，皆謂建酉之月，時值仲秋，萬物成熟，民所樂悅也。韓康伯未注。《正義》亦未對此句作疏解。張栻《南軒易說》：「太和所稟而无所乖戾，大順所鍾而无所偏陂；勞者自此而少息，華者自此而向成者，有『兌以說之』者歟？」程、朱皆未多說。

❷說言乎兌

此句《正義》屬第四節，《本義》此句在第五章。《正義》：「說萬物而可言者，則在乎兌。」只解字義，無助理解。蓋另詳《集解》：「秋分則兌王，而萬物所說。」秋分，在「夏曆」仲秋八月，西曆九月二十二、或二十三、或二十四日。案：「說言乎兌」之「言」字，《正義》以「可言者」解之，蓋為「講說」之意；或以為語中助詞，無義。考〈說卦傳〉此節有『成言乎艮』，或以為「兩國交好」為「成言」。參見艮〈說卦傳〉「成言乎艮」注釋。

❸兌，正秋也，萬物之所說也，故曰「說言乎兌」

此《正義》屬第四節，《本義》屬第五章。釋前文「說言乎兌」者也。《正義》：「『兌，正秋也。萬物之所說也。故曰「說言乎兌」』者，解上『說者乎兌』。以兌是象澤之卦，說萬物者，莫說乎澤，又位是西方之卦，斗柄指西，是正秋八月也。立秋而萬物皆說成也。」於天文氣象釋義甚明，惟「立秋」二字似當作「秋分」，《集解》言「秋分」則兌王。《集解》：「兌三失位不正，故言正秋。」《篹疏》從之。蓋以兌三「不正」須「正」釋「正」秋也。《折中》引蔡清曰：「蓋『神』如君、后，六子則六官之分職也。六官所措行，皆帝后所主宰，然後六職交舉，而治功成矣。」是本於儒家「齊家」、「治國」之旨，可作參考。

❹說萬物者莫說乎澤

此句《正義》在第五節，《本義》在第六章。《正義》：「光說萬物者，莫說乎兌。兌，象澤也。」是「說」有亮麗可悅之意。而湖澤溼地有滋潤草木，生養水產蚌蛤小魚蟹蝦，停集水鳥之功能也。《集解》：「言光悅萬物，莫過以澤而成說之也。」大意與《正義》近。

❺**兌，說也**

《說文》：「兌，說也。从儿，㕣聲。」朱駿聲《說文通訓定聲》：「按：『㕣』非聲，當从八口會意。『八』象氣之舒散。……今字作悅，又加心旁。」是「兌」从儿㕣會意，「㕣」又从八口會意，「八」象口氣舒散，口氣舒散，喜悅之皃也。是以兌本義為喜悅，古書多作「說」。《論語．學而》：「學而時習之，不亦說乎？」即最顯著之例。今字則作「悅」。《周易．說卦》此句於《正義》在第六節，《本義》在第七章。《正義》：「兌，說也。兌象澤，澤潤萬物，故為說也。」邵雍〈觀物外篇〉：「兌，說也。一陰出於外而說於物，故天下之說莫如澤。」《本義》自「乾健也」至「兌說也」下云：「此言八卦之性情。」又云：「此第七章。」

❻**兌為羊**

此句《正義》在第七章，《本義》在第八章。《正義》引王廙云：「羊者，順從之畜，故為羊也。」王廙，晉人，著有《周易注》。余於一九七二年就讀臺灣師範大學國文研究所時，所撰博士論文《魏晉南北朝易學書考佚》，第十章為〈晉王廙《周易注》〉，據〈說卦傳〉：「坤，順也；兌，說也。」之言，以王廙之《注》「恐非〈說卦〉之意。」今再思之：「坤為母，順也。巽為長女，遜順也；兌為少女，悅順也：皆坤母之遺傳。如此說之，亦無不可。又以羊為順畜，亦不僅王廙一人而已。誌乎此以糾前失。

❼**兌為口**

《說文》對「兌」字的說解，在注釋❺已詳。今更簡單說明如下。「兌」字可分為三部分：上面的「八」像口氣舒散；中間的就是「口」，人的嘴巴；下面的「儿」是古文奇字「人」字。綜合言之，就是人嘴巴舒放暢動。這當然是暢所欲言淋漓痛快的意思。所以「兌」主要的代表器官是「口」，而行為方面，代表「說話」和「喜悅」。朱震《漢上易傳》引鄭康成曰：「上開似口，艮為鼻，口鼻通氣，山澤通也。以兌☱一陰居二陽之上，陰爻二分，上開似口也。以卦形似口立說，倒也直接了當。」《集解》：「震為大笑，陽息震成兌，震言出口，故說。以上虞義也。」認為兌☱是由震☳初陽成長，使六二也變成九二所成的。於是兌也由震之「大笑」與「言出口」而成「說」了。說來雖也有些道理；但總覺有些拐彎抹角。《正義》：「兌為口：兌，西方之卦，主言語，故為口也。」以五行四方配合八卦為義。亦嫌牽強。但也顯示儒家強烈寬弘的容納性，這點卻值得肯定。

❽兌，三索而得女，故謂之少女

此句《正義》在第九節，《本義》在第十章。《正義》：「乾三求得坤氣為兌，故曰少女。」《集解》錄「孔穎達曰」，即《正義》文，而省去「求」字。下更云「此言所以生六子者也」，為「震一索而得男」……至此句之結論。案：此節始於「乾，天也，故稱乎父；坤，地也，故稱乎母」。彼二句下《集解》已引崔憬曰「欲明六子，故先說乾稱天父，坤稱地母」。綜結乾父坤母。故《集解》此處但言「六子」也。

❾兌為澤，為少女，為巫，為口舌，為毀折，為附決。其於地也，為剛鹵。為妾，為羊

此條《正義》在第十七節，《正義》曰：「此一節廣明兌象。兌為澤，取其陰卦之小，地類卑也。為少女，如上釋『兌為少女』也為巫，取其口舌之宮也。為口舌，取西方於五事為言，取口舌為言語之具也。為毀折，為附決，兌西方之卦，又兌主秋也。取秋物成熟，稾稈之屬則毀折也，果蓏之屬則附決也。其於地也為剛鹵，取水澤所停，則鹹鹵也。為妾，取少女從姊為娣也。為羊，如上釋，取其羊性順也。」所疏仍有不甚通達者。《本義》合併《正義》第十節至十七節為第十一章，以為：「此章廣八卦之象。其間多不可曉者，求之於《經》，亦不盡合也。」而胡炳文《周易本義通釋》云：「此章廣八卦之象，凡百十有二。《本義》以為多有不可曉。蓋有當解者，有不必強解者。其中有相對取象者，如乾為天坤為地之類是也。上文乾為馬，此則為良馬、老馬、瘠馬、駁馬，良取其德，老取其知，瘠取其骨，駁取其力，皆取其健也。上文坤為牛，此則為子母牛，取其生生有繼，兼取其順也。乾為木果，結於上而圓；坤為大輿，載於下而方。震為決躁，巽為進退，為不果，剛柔之性也。震巽獨以其究言，剛柔之始也。坎內陽外陰，水與月則內明外暗；離內陰外陽，火與日則內暗外明。坎中實，故於人為加憂，為心病，為耳痛；離中虛，故於人為大腹。艮為閽寺，為指陽之止也；兌為巫，為口舌，陰之說也。有相反取象者：震為大塗，反而艮則為徑路。大塗陽闢乎陰，无險阻也；徑路陽阻而下陰，不能闢也。巽為長，為高；反而兌則為毀折。長且高者。陽之上達；毀而折者，陰之上窮也。有相因取象者；乾為馬，震得乾初之陽，故於馬為善鳴。馵足，作足，的顙，震陽下而陰上也；坎得乾中爻之陽，故於馬為美脊、亟心、下首、薄蹄、曳；坎陽中而陰外也。善鳴似乾馬之良，美脊似乾馬之脊也。作足者，陽下而強；薄蹄者，陰下而弱也。坤為大輿，坎為輿，為多眚，坤中虛而力能載，坎中滿而下无力也。巽為木，幹陽而根陰也。坎中陽，故於木為堅多心；艮上陽，故於木為堅多節；離中陰而虛，故於木為科上槁。震為敷，乾為木果，震之一陽，花之敷；乾之三陽，果之結。乾為木果，艮為果。蓏果陽在上，果蓏陽上而陰下也。有一卦之中自相因取象者：坎為隱伏，因而為盜；巽為繩直，因而為工，艮為門闕，因而為閽寺；兌為口舌，因而為巫。有不言而互見者：乾為君，以見坤之為臣；乾為圜，以見坤之為方。吝嗇者，陰之翕也，以見陽之闢。均者，地之平也，以見天之高。為文者，物生於地，雜而可見也；知其始於天者，不可見矣。為柄者，有形之可執也；乾之氣不可執矣。離為乾卦，以見坎之為溼。坎為血卦，以見離之為氣。巽為臭，以見震之為聲。震坎艮三男，巽離兌三女。震為長子，而坎艮不言者，尊嫡也。於陽之長者尊之也。兌少女為妾，而巽離不言者，少女從娣為娣，於陰之少者，卑之也。乾為馬，震坎得乾之陽，皆言馬，而艮不言者，艮止也，止之性非馬也。他可以觸類而通矣。」依據《本義》，再引申疏通之。對乾、坤、六子之象，極明辨之能事。張栻《南軒易說》曰：「澤能畜水而說物於枯悴之時，故兌為澤。三索於坤而得之，故為少女。為巫，以言語而說神而又以說人者也。為口舌，以言而說人，以食而說己。兌正秋，故毀折，異乎震之蕃鮮也。震為決躁，以其剛陽。至於兌則不能決物，附於人而決之耳。剛鹵者，色白，外柔而內剛者也。為妾，陰之不正而說於人者。為羊者，外說而狠者乎！」則針對兌之諸象，作了簡明說解。

語譯

兌代表秋分時節，萬物成熟，人民喜悅。……成熟喜悅講的是代表秋分的兌卦。……兌，是仲秋八月秋分時節，萬物最盼望最喜悅的收穫時候。所以說「成熟喜悅講的是代表秋分的兌卦」。……喜悅造福萬物的沒有比湖澤更令萬物喜歡的。……兌卦，正是喜悅的意思。……在遠取動物方面，兌像溫順的羊。……在近取身體方面，兌像能講話的嘴巴。……兌，是乾坤交合求得的第三個女孩，所以稱為少女。……兌所代表的現象：是湖澤，是少女，是女巫，是口舌，是毀傷折損，是依靠人力來採摘。它在土地方面，是堅硬鹹鹵的。是小老婆，是羊。

序卦傳

巽者，入也❶；入而後說之，故受之以兌❷。

注釋

❶巽者，入也

《集解》引韓康伯曰：「旅而无所容，以巽則得所入也。」所入，有內斂入道，為人所容之意。參見巽〈說卦傳〉「巽，入也」注釋。案：本句承前（巽卦）啟後（兌卦），〈序卦傳〉意正在說明前後卦順序相連的原因。

❷入而後說之，故受之以兌

此言巽入而後悅之故。案：今之心理學者每云：「注意就是興趣。」入，注意之謂也；悅，興趣之謂也。《集解》引虞翻曰：「兌為講習，故『學而時習之，不亦說乎？』」虞翻《周易注》言「兌為講習」，乃據兌〈大象傳〉：「麗澤兌；君子以朋友講習。」而云然。下云「故……」，乃引《論語・學而》篇首句。虞《注》捨象言義，有根有據，亦有如此者。韓康伯於此句未注。《伊川易傳》：「物相入則相說，相說則相入；兌所以次巽也。」《南軒易說》：「入於道，故有見而說，故巽而受之以兌。」《周易玩辭》：「人之情相拒則怒，相入則說，故入而後說之也。」案：張栻與項安世所說，《折中》亦引之。

語譯

謙虛溫順呢，要內斂合道啊。內斂合道，然後別人才會喜歡你，所以接受謙虛溫順的效益的是代表喜悅的兌卦。

雜卦傳

兌見❶而巽伏也❷。

注釋

❶兌見

《正義》：「兌貴顯說。」以兌所著重者在乎顯現。《集解》：「兌，陽息二，故見；則『見龍在田』。」以兌☱初九為陽，陽繼續生息，使九二亦成陽爻。陽更加顯現出來了。「見龍在田」，是乾九二爻辭。

❷而巽伏也

已見巽卦〈雜卦傳〉注釋。

語譯

兌卦喜悅之情可以顯現出來，但巽卦謙順之性卻是內斂的。

初九爻辭

初九❶：和兌❷，吉❸。

注釋

❶**初九**

在兌卦初位是陽爻九，得位得正，與兌卦其他五爻都無特別關係。個人自得其樂。在筮法上，當兌卦初爻為老，他爻皆少，即由兌之困䷮；或賁䷕初爻為少，他爻皆老，即由賁之兌：這兩種情形，都以兌卦初九爻辭占。

❷**和兌**

帛書作「休奪」。《中庸》：「喜怒哀樂之未發，謂之中；發而皆中節，謂之和。」和兌，就是發而皆中節的喜悅態度。在象方面，初九在兌卦之初，天真未鑿；得位得正，行為正確；兌卦六爻，其他各爻都陰陽相比鄰，獨初九不與陰相比，與九四也不相應，跟任何一爻都無瓜葛，而能一視同仁。王弼《注》：「居兌之初，應不在一，无所黨係，和兌之謂也。」王夫之《易內傳》：「和兌者，以和而說也。初潛而在下，而陽剛得位，未嘗與天下相感，率其素，與物無競，始有月到天心，風到水面，無求而自得之意焉。」弼雖掃象，此注據象言理實勝於虞翻；《集解》引虞翻《周易注》曰：「得位，四變應已，故和兌吉矣。」初九、九四無應，必言四變應已，實無據也。程朱都從弼，船山《易內傳》遠祖王弼，近宗程朱，尤為詳明。在歷史上，最能實踐和兌之道的，可能是柳下惠。《孟子・萬章下》：「柳下惠不羞汙君，不辭小官，進不隱賢，必以其道。遺佚而不怨，阨窮而不憫。與鄉人處，由由然不忍去也。爾為爾，我為我，雖袒裼裸裎於我側，爾焉能浼我哉！」孟子因此稱之為「聖之和者」。要注意的是，態度和悅，能與人和諧相處，並不等於事事贊同別人的意見，和人共同行動，也不可為流俗所移。所以《論語》說「君子和而不同」，《中庸》說「君子和而不流」。

❸吉

《中庸》：「和也者，天下之達道也。」《孟子・公孫丑下》：「天時不如地利；地利不如人和。」所以和悅的態度，與人相處，必多有收穫。以象言，初九陽剛、居下、處兌、不偏，所以吉。程《傳》：「陽剛則不卑，居下而能巽，處說則能和，无應則不偏，處說如是，所以吉也。」

語譯

兌卦最下面開始的一爻是陽爻，用和藹謙恭而喜悅的態度與人相處，必有許多收穫。

象傳

和兌之吉，行未疑也❶。

注釋

❶行未疑也

初入社會，和藹喜悅，一片天真。既不疑人；而己身清白，也不被人所疑。《易內傳》：「自說其說，非待說於物，何疑之有？」傅隸樸《周易理解》：「自己無疑行，人也就不疑其行，故曰行未疑也。」

語譯

和藹喜悅所以能得到許多收穫，是自己既不猜疑別人，別人也不猜疑自己啊。

九二爻辭

九二❶：孚兌❷，吉，悔亡❸。

注釋

❶**九二**

兌卦陽爻九居第二位，居下卦之中孚實；然上承六三，仰小人之鼻息，亦不能無悔。在筮法上，當兌卦第二爻為老，他爻皆少，即由兌之隨䷐；或蠱䷑第二爻為少，他爻皆老，即由蠱之兌：這兩種情形，都以兌九二爻辭占。

❷**孚兌**

帛書本「孚」作「㳻」，無「兌」字。張立文訂「㳻」作「評」；並據兌卦初、三、四、上爻辭文例皆有「兌」字，而補「兌」字。茲從之。九二以陽剛之爻，居兌下之中，代表中心信實喜悅，所以說孚兌。項安世《周易玩辭》：「陽為實，中實為孚。二五皆以陽在中，故二為孚兌，五為孚于剝，雖所用不同，其孚一也。」

❸**吉，悔亡**

中心信實喜悅，固然為吉；但九二以陽居陰失位，又上承六三陰柔之小人，也不免有悔。兩相比較，優點多於缺點，所以雖悔而終無悔，懊悔消失，所以說悔亡。王弼《注》：「說不失中，有孚者也。失位而兌孚，吉乃悔亡也。」是由失位說悔。程《傳》：「二承比陰柔。陰柔，小人也。說之則當有悔。二剛中之德，孚信內充，雖比小人，自守不失。君子和而不同，說而不失剛中，故吉而悔亡。非二之剛中，則有悔矣，以自守而亡也。」是由承比陰柔說悔。

語譯

兌卦陽爻居第二位。從誠實的內心發出的喜悅，是有收穫的；即使喜悅不太得當，或喜悅不該喜悅的人，會後悔，但這種後悔也會消失的。

象傳

孚兌之吉，信志也❶。

注釋

❶信志也

信志，因孚兌而來。信有二義，一是誠信，一是伸展。信志，是誠信的心意可以伸展。初九離六三「來兌之凶」還遠，非但志可信，而且行未疑；九二與六三凶爻相比鄰，志雖可信，但行不免可疑。《周易玩辭》：「初二皆與凶人相說，而不害為吉者，初正而二中也。初與三不相比應，无可疑者，獨以三來同體而與之和。和有相濟之義，以正濟不正，適足救三之凶，故〈小象〉曰：『行未疑也。』九二親與三比，始涉可疑，然二以剛實在內而得中，其志可信，絕无朋邪之理，惟與邪比，其悔亦亡，故〈小象〉曰：『信志也。』自二至上為革，故悔亡信志；初至五為中孚，故无疑；三至上為大過，故凶。此又互象之著明者也。」案：兌卦二三四為☲，四五上為☱，☲下☱上成為䷰，為革卦，卦辭言「悔亡」；兌卦初二三為☱，三四五為☴，☱下☴上成䷼，為中孚，〈象傳〉言「信及豚魚」；兌卦三四五為☴，四五上為☱，☴下☱上成☱，為大過，〈象傳〉言澤滅木，故凶。

語譯

真誠喜悅的收穫，是信實的心意可以伸展。

六三爻辭

六三❶：來兌❷，凶❸。

兌卦陰爻六居第三位，為下卦之上，失位失中，又與上六無應。上承九四之陽，下乘九二之剛。在筮法上，當兌卦第三爻為老，他爻皆少，即由兌之夬䷪；或剝䷖第三爻為少，他爻皆老，即由剝之兌：這兩種情形，都以兌六三爻辭占。

注釋

❶六三

❷來兌

關於「來」，有許多不同的說法。虞翻《周易注》：「從大壯來。」以為四陽二陰之卦，或從遯䷠來，或從大壯䷡來。而兌是從大壯來。程《傳》：「之內為來。」朱震《漢上易傳》：「兌，巽之反，初二三皆自外來。」以為兌卦由巽卦顛倒而來，巽卦上九、九五、六四，來為兌卦初九、九二、六三。個人以為：來往之詞，視卦爻與上下文而義有不同。此處來兌，似指坤之陰爻來至乾三，形成☱三畫的兌。〈說卦傳〉：「乾，天也，故稱乎父；坤，地也，故稱乎母。兌☱三索而得女，故謂之少女。」乾坤六子，震為乾入坤初，一索而得男。震初九得位，成震之主爻，爻辭：「震來虩虩，後笑言啞啞，吉。」辭與卦辭幾乎全同。巽為坤入乾初，一索而得女。巽初六失位，上有二剛，故〈爻辭〉言「進退」，〈小象〉言「志疑」。坎為乾入坤二，再索而得男。坎九二失位而居中，故爻辭言「坎有險求小得」。離為坤入乾二，再索而得女。離六二得位居中，故爻辭稱「黃離元吉」。艮為乾入坤三，三索而得男。艮九三以一陽要止二陰，故爻辭言「艮其限」。兌為坤入乾三，三索而得女。兌六三以一陰來悅二陽，所以有「來兌」之象。

❸凶

六三失位、失中、無應，來悅二陽，有陰柔之人以邪佞來諂媚君子之象，故凶。王弼《注》：「以陰柔之質，履非其位，來求說者也。非正而求說，邪佞者也。」朱熹《周易本義》：「陰柔不中正，為兌之主，上无所應，而反來就二陽以求說，凶之道也。」案：六三為兌主，兌卦亨利貞，六三凶者，王夫之《易內傳》：「兌之亨利貞，自三成之，而爻凶異於〈彖〉者，兌體已成，則剛中之德，外雖柔而自非容悅；三獨發動，則柔以躁進，而為小人之媚世。」辨析甚是。

語譯

兌卦陰爻居第三位。陰柔的人來諂媚取悅剛正的君子，會有損失的。

象傳

來兌之凶，位不當也❶。

注釋

❶位不當也

程《傳》：「自處不中正，无與而妄求說，所以凶也。」朱震《漢上易傳》：「柔不當位，而乘剛來說於二，說之不以道者也。三，高位也，柔邪而說高位，凶也。」

語譯

陰柔的人居於高位，偏來取悅在下剛正的君子；有失立場，不合中道，沒人支持：地位不恰當啊。

九四爻辭

九四❶：商兌未寧❷，介疾有喜❸。

注釋

❶九四

兌卦陽爻九居第四位，處上卦之下。上近九五之君，下有六三柔媚之佞臣。在筮法上，當兌卦第四爻為老，他爻皆少，即由兌之節䷻；或旅卦䷷第四爻為少，他爻皆老：這兩種情形，都以兌九四爻辭占。

❷商兌未寧

商，商量、考慮；兌，言在兌上，亦有說、悅二義。未寧，躊躇苦思。九四介乎兌下兌上之際，兩口相對；處九五、六三之間，取捨難決；四又多懼，所以有此種現象。王弼《注》：「三為佞說，將近至尊，故四以剛德裁而隔之。匡內制外，是以未寧也。」楊萬里《誠齋易傳》：「九四近君之臣也，故於兌悅之時，徬徨焉，躊躇焉，商榷而慎擇焉，其心安得而自寧也。」是說九四與九五商榷制裁六三之方。程《傳》：「四上承中正之五，而下比柔邪之三，雖剛陽而處非正，三陰柔，陽所說也，故不能決而商度未寧。」來知德《周易集註》：「比乎五者，公也，理也，故不敢舍公而從私；比乎三者，私也，情也，故不能割情而就理。此其所以商度未寧也。」則為九四在九五、六三間難於取捨。又《周易折中・案語》引《論語・子路》：「子曰：『君子易事而難說也，說之不以道，不說也。』」以為「其商兌之謂乎」！

❸介疾有喜

約有二說。王弼《注》：「介，隔也。閑邪介疾，宜其有喜也。」是防止邪惡，遠離疾病，因而可喜。

《誠齋易傳》更詳言之：「容兌之小人有以妄說而病吾君之心也。君心勤政，彼病之以逸豫；君心憂亂，彼病之以燕樂；君心裕民，彼病之以聚斂；君心靜治，彼病之以威武。六三之來兌，即容悅之小人也。非九四之剛正介而隔之，使不得近於九五，其不為疾者鮮矣！六三者，君心之膏肓也；九四者，君心之箴規也。故九四者，六三之所甚不喜也。六三不喜，則九四有喜矣！」另一說見程《傳》：「兩間謂之介，分限也；故人有節守謂之介。從五，正也；說三，邪也。四近君之位，若剛介守正，疾遠邪惡，將得君以行道，福慶及物，為有喜也。」是剛介守正，疾遠邪惡，因而可喜。朱熹《本義》全採程《傳》。又《周易折中・案語》云：「《易》中疾字皆與喜對。故曰：『无妄之疾，勿藥有喜。』又曰：『損其疾，使遄有喜。』以此爻例之，則疾者謂疾病也；喜者謂病去也。」

語譯

兌卦陽爻居第四位。是眷戀六三的私情呢？或奉行九五的公理呢？或者為九五的公理斷然制裁六三的諂媚呢？徬徨焦慮著，不得安寧。剛介守正，疏遠邪惡，並且為九五隔絕邪惡，這樣就可喜了。

象傳

九四之喜，有慶也❶。

注釋

❶**有慶也**

喜而中節，所以有慶；如不中節，就不可慶賀了。虞翻《周易注》：「陽為慶。」

語譯

九四爻辭所說的喜悅，是合乎情理的喜悅，是值得慶賀的。

九五爻辭

九五❶：孚于剝❷，有厲❸。

注釋

❶**九五**

兌卦陽爻九居第五位，居上卦之中，得中得位。惜上比陰柔之上六。在筮法上，當兌卦第五爻為老，他爻皆少，即由兌之歸妹䷵；或漸卦䷴第五爻為少，他爻皆老，即由漸之兌：這兩種情形，都以兌卦九五爻辭占。

❷**孚于剝**

九五以陽剛之爻，居兌上之中，中實為孚。而上比上六，上六陰柔嫵媚，最能剝陽。孚于剝，九五誠實孚信的盛德處於被上六侵蝕剝落的邊緣。項安世《周易玩辭》：「九五居兌而言剝者，以卦氣當之也。兌為正秋。下二爻七月為否，中二爻八月為觀，上二爻九月為剝。九五當剝之時，而說比小人，是助剝也，故以是戒之。」兌為正秋，〈說卦傳〉文。十一月為復䷗，十二月為臨䷒，正月為泰䷊，二月為大壯䷡，三月為夬䷪，四月為乾䷀，五月為姤䷫，六月為遯䷠，七月為否䷋，八月為觀䷓，九月為剝䷖，十月為坤䷁，為孟喜卦氣說，京房、虞翻、干寶等都用以說《易》。項安世以卦氣說孚于剝，可作參考。朱熹《周易本義》：「九五陽剛中正，然當說之時，而居尊位，密近上六，上六陰柔，為說之主，處說之極，能妄說以剝陽者也。」則僅以九五、上六密近說剝之義。

❸**有厲**

是有危險的意思。有危險並不一定有咎或凶，要看九五之孚是否被上六所剝而定。程《傳》：「九五得尊位而處中正，盡說道之善矣，而聖人復設有厲之戒；蓋堯舜之盛，未嘗无戒也，戒所當戒而已。雖聖賢在上，天下未嘗无小人，然不敢肆其惡也。聖人亦說其能勉而革面也。彼小人者，未嘗不知聖賢之可說也，如四凶處堯朝，隱惡而順命是也。聖人非不知其終惡也，取其畏罪而強仁耳。五若誠心信小人之假善為實善，而不知其包藏，則危道也。小人者，備之不至則害於善，聖人為戒之意深矣！」就認為「有厲」是「戒所當戒」。劉百閔《周易事理通義》：「言『有厲』，不言『无咎』，而无咎在其中也。乾九三『君子終日乾乾，夕惕若，厲，无咎。』其例也。」

語譯

兌卦陽爻居第五位。誠實孚信的盛德處於被消溶剝蝕的邊緣。注意：有危險。

象傳

孚于剝，位正當也❶。

注釋

❶位正當也

九五上比上六，正當被剝的位置。程《傳》：「戒孚于剝者，以五所處之位，正當戒也。」《周易玩辭》：「〈象〉曰『位正當也』，言雖兌爻，正當剝位也。履夬二卦皆成於乾兌，故履之九五稱夬，〈小象辭〉與此同，亦言其在履而當夬位也。中孚九五曰『有孚攣如』，即用小畜九五之辭，故其〈象〉亦曰『位正當也』。言巽體居上，四五以正相孚，皆與小畜相當也。否九五曰『大人吉』，其〈象〉亦曰『位正當也』，言此爻正當乾卦九五大人之位也。《易》中〈小象〉言『位正當也』凡四爻，皆兼取兩卦相當之義。」

語譯

誠實孚信的盛德處於被消溶剝蝕的邊緣，九五陽剛君子的位置，正好挨在上六陰柔誘人之人的下面啊。

上六爻辭

上六❶：引兌❷。

注釋

❶上六

兌卦陰爻六居最上位，得位而失中。下乘九五、九四二陽爻。在筮法上，當兌卦上爻為老，他爻皆少，即由兌之履䷉；或謙卦䷎上爻為老，他爻皆少，即由謙之兌：這兩種情形，都以兌卦上六爻辭占。

❷引兌

約有三說：一、六三與上六兩陰相引。虞翻《周易注》：「應在三，三未之正，故引兌也。」後項安世以為三引上，《周易玩辭》：「六三為說之主，而上六為其所引，故曰引兌。」楊萬里以為上引三。《誠齋易傳》：「上六，兌說之小人，必引六三來兌之小人。」二、上六引而長之。程頤倡此說，程《傳》：「上六成說之主，居說之極，說不知已者也，故說既極矣，又引而長之。」三、上六引下二陽。朱熹主此說。《周易本義》：「上六成兌之主，以陰居說之極，引下二陽相與為說。而不能必其從也。故九五當戒，而此爻不言其吉凶。」胡炳文《周易本義通釋》：「凡陰爻稱引。萃六二引吉，引下而升也，故吉。兌上六引下二陽而說。引之者，將以剝之也。五言有厲，上不言凶，可知矣。」三說之中，朱熹說似較長。上六引誘四五兩陽，所以稱引兌。但九五剛中正而知厲，四遠於上，承五比三而能介。縱然上六引其相悅，未必從也，故未有凶咎。

語譯

兌卦最上面的是陰爻，引誘下面兩陽爻來相悅作樂。

象傳

上六引兌，未光也❶。

注釋

❶未光也

引人作樂，不是光明正大可以表揚的事。光，光明，推廣的意思。《周易折中》引楊啟新曰：「來兌，引兌，皆小人也。在君子則當來而勿受，引而勿去也。君子以道德相引，其道為光明。引而為說，則心術曖昧，行事邪僻甚矣。豈得為光乎？」

語譯

地位崇高的小人，引誘屬下的君子相悅作樂，不是光明正大可以表揚的事。

渙卦經傳通釋第五十九

卦辭

䷺坎下巽上渙❶：亨❷，王假有廟❸，利涉大川❹，利貞❺。

注釋

❶䷺坎下巽上渙

六畫之卦名。楚竹書作「[illegible]」，从「𠬞」，象兩手形；其上「[illegible]」，「睿」、「爰」皆為聲符。李零：「渙，簡文從睿從爰，左右皆聲旁。其首字，睿旁加廾，其實就是奐字，等於奐加爰。」孟蓬生：「『[illegible]』字讀『渙』，為一雙聲符字。」（李零、孟蓬生之言。皆自侯乃峰《周易文字彙校集釋》轉引。）是也。漢帛書與今傳本皆作「渙」。[illegible]渙二字聲近韻同，可以假借通用。字義依〈序卦傳〉與〈雜卦傳〉，為「離散」的意思。《集解》引虞翻曰：「否四之二，成坎巽。」意為否卦䷋九四到二位去，與六二換位，於是成坎下巽上，而變成了渙卦。這是由卦變說明渙卦的來由。孔氏《正義》：「渙，卦名也。〈序卦〉曰『說而後散之，故受之以渙。』然則渙者散釋之名。〈雜卦〉曰『渙，離也。』此又渙是離散之號也。」則依《傳》解《經》，重點在字義。程《傳》：「為卦巽上坎下，風行水上。水遇風則渙散，所以為渙也。」由渙卦上下兩體之象釋卦名之義。大抵從孔氏《正義》。朱熹《本義》：「渙，散也。為卦下坎上巽，風行水上，離披解散之象，故為渙。其變本自漸卦，九來居二而得中，六往居三得九之位而上同於四。」釋義同於程頤；而以渙卦本自漸卦䷴，言卦變異於虞翻。元儒吳澄《易纂言》：「渙，散也，離也。水凝結而冰合，風渙散之，則冰釋而離也。」以為冬季水凝結成冰，春風吹拂而冰始渙散。所言可作參考。

❷亨

占亦象也。吳澄以為「占也」，高亨以為「記事之辭」。亨，楚竹書作「卿」。疑為「鄉」之形誤。朱駿聲《說文通訓定聲》於〈壯部第十八〉云：「卿」假借「又為鄉」，未敢遽從。朱駿聲又云：「《左傳》多借亨為饗，《禮記》多借饗為享。」則可從。亨、享、饗、鄉，四字可以通假。古書此例甚多。漢帛書字畫作「亨」。與今傳本同。《集解》引虞翻曰：「天地交，故『亨』也。」蓋以為渙自否變成。否〈象傳〉云：「天地不交，否。」而渙卦坎下為中男，巽上為長女，為天地交索所得。由「不交」至相索，故「亨」也。是全憑數象而釋之。王弼於渙卦辭未注，孔氏《正義》：「蓋渙之義，小人遭難離散奔迸而逃避也。大德之人，能於此時建功立德，散難釋險，故謂之為渙。能釋險難，所以為亨。故曰渙亨。」近人每論「時勢造英雄」與「英雄造時勢」，《易・渙・正義》已見及此。程《傳》：「人之離散由乎中，人心離則散矣。治乎散亦本於中，能收合人心，則散可聚也。故卦之義皆主於中。」孔穎達以人民離散，正是大德之人立功立德之時，此渙散之所以亨也，所重在國家社稷；程頤以人心離散為渙，聚合人心則亨，所重在人之內心。二君所重雖異，其義實通。

❸王假有廟

象亦占也。上條言「亨」曰「占亦象也」，此條曰「象亦占也」者，蓋以「即占即象、即象即占」、「象、占有可分而不可分」也。楚竹書作「王叚于宙」，漢帛書作「王叚于廟」。張立文《周易帛書今注今譯》：「『叚』假借為『假』，『有』猶『于』也。……通行本『有』借為『于』，帛書《周易》作『于』，是其義也。」濮茅左〈考釋〉：「『宙』，同『庿』、『廟』。」皆是，可從也。《集解》引虞翻曰：「乾為王。假，至也。否體觀，艮，為宗廟。乾四之坤二，故王假有廟，王乃在中也。」虞翻蓋以渙自否來，否卦䷋，乾上為君，故有君王之象。《說文》：「假，至也。」段玉裁《注》：「《方言》曰：『假、佫，至也。』……《毛詩．三頌》『假』字，或訓『大也』，或訓『至也』。訓『至』則為『假』之假借。《尚書》古文作『格』，今文作『假』，如『假于上下』是也，亦『假』之假借。」故虞翻《周易注》曰「假，至也」。虞又曰「否體觀，艮為宗廟」者，蓋以否三四五為☴，初二三為☷，重疊成䷓，為觀卦也。觀三四五互體艮☶，〈說卦傳〉：「艮為門闕。」引申而有「宗廟」之逸象。虞結言「乾四之坤二，故王假有廟，王乃在中也」者，以觀由否來，否乾四為君王，下居坤二，乃在下卦之中也。虞說得字字有來歷，但囉唆附會有所不免。《正義》：「『王假有廟』者，王能渙難而亨，可以至於建立宗廟，故曰『王假有廟』也。」已捨象言理。張載《橫渠易說》：「萃『王假有廟』，渙然後聚，道乃久，故『王假有廟』互見於此。凡言『有廟』者，聚道之極也。」此後，《河南程氏遺書》，記謝顯道錄明道先生（程顥）曰：「萃、渙皆亨，于帝立廟。因其精神之聚，而形於此；為其渙散，故立此以收之。」楊時《中庸解》：「渙萃假有廟之象，則聖人所以自盡其心者，於是為至。非深知鬼神之情狀，其孰能知之如此？」《郭氏傳家易說》記白雲郭氏曰：「萃與渙其義相類。難渙則萃，萃則渙難。故當萃聚難渙之時，宜莫先於有廟，以致孝享也。」宋儒以萃、渙兩卦皆言「王假有廟」，於是較而論之者多矣。茲擇錄張載、程顥、楊時、郭雍四家之說。歸納、比較，治學之要領也。此條最後更錄吳澄《易纂言》：「象也。五為王，三四五互艮為宗廟。九五當互艮之上，象王者祭祀而至于宗廟之中也。案：萃卦、渙卦皆言『王假有廟』，蔡氏（佚名）曰：『人生則神氣聚，死則神氣散。』朱子曰：『祖考之精神既散，王者當至廟以聚之也。』」其言兼及象數、義理兩方面說明簡而清，可為此注釋之結論。

❹ **利涉大川**

占也。《集解》引虞翻曰：「坎為大川，渙，舟楫象。故『涉大川』。」〈說卦傳〉「坎為水」，故「坎為大川」。〈繫辭傳下〉：「刳木為舟，剡木為楫。舟楫之利，以濟不通；致遠以利天下，蓋取諸渙。」故渙「利涉大川」。如此據《傳》釋《經》中之象，於虞《注》中為最可取者。王弼後出，亦已無言。《正義》：「德洽神人，可濟大難，故曰『利涉大川』。」所謂「德洽神人」，以釋「王假有廟」，可；以釋「利涉大川」，未妥。程《傳》無專說本句者，朱熹《本義》：「巽木坎水，舟楫之象，故『利涉大川』。」言象而理在其中。《周易折中》「案」曰：「渙與萃對。假廟者，所以聚鬼神之既散也；涉川者，所以聚人力之不齊也。蓋盡誠以感格，則幽明無有不應；秦越而共舟，則心力無有不同。此二者，渙而求聚之大端也。」綜合前人之說，所言甚妥。

❺**利貞**

占也。《集解》引虞翻曰：「乘木有功。二失正，變應五，故『利貞』也。」渙卦巽上為木，坎下為水。故虞曰「乘木有功」。九二失位，倘能變為六二，以與九五相應，就能「利貞」了。其「失正變應」說，似甚附會。《正義》：「大難既散，宜以正道而柔集之，故曰『利貞』。」蓋「宜」字釋「利」；「以正道而柔集之」釋渙之「貞」。程《傳》：「卦之義皆主於中。利貞，合渙散之道，在乎正固也。」以「貞」為「正固」。朱熹《本義》：「其曰『利貞』，則占者之深戒也。」

語譯

三畫的坎卦在下，三畫的巽卦在上，重疊而成六畫的渙卦。像風吹水面，有渙散的樣子。象徵國家動亂，人心渙散，這正是聖賢救國救民，凝聚民心的時機，可以大大亨通。國王應該到祖廟祭祀，來團結族人。利於渡過大河，利於遵守正道。

彖傳

渙亨，剛來而不窮，柔得位乎外而上同❶。王假有廟，王乃在中也❷。利涉大川，乘木有功也❸。

注釋

❶渙亨，剛來而不窮，柔得位乎外而上同

《集解》引盧氏（景裕）曰：「此本否卦乾之九四來居坤中，剛來成坎，水流而不窮也；坤之六二上升乾四，柔得位乎外，上承貴王，與上同也。」案：盧氏，為盧景裕，南北朝時代北魏范陽涿（今河北省涿縣）人。《魏書・儒林傳》有《傳》。余昔撰博士論文《魏晉南北朝易學書考佚》第二十八章〈北魏盧氏周易注〉，於其人其書，考證、說解甚詳，此不贅述。此注渙〈彖傳〉大致承虞翻《周易注》「否四之二」說，亦可能受王弼《注》：「二以剛來居內而不窮於險，四以柔得位乎外而與上同。內剛而无險困之難，外順而无違逆之乖。是以『亨，利涉大川，利貞。』」也。（案：上引弼《注》，疑是〈卦辭〉注，而非〈彖傳〉注。今傳嘉慶二十年（一八一五）江西南昌府學開雕《重刊宋本周易注疏附校勘記》本，及中華書局《四部備要》王弼單註本《易經》均置於〈彖傳〉後，未敢遽改。特此說明。）凡剛得暢而无忌回之累，柔履正而同志乎剛，則皆『亨，利涉大川，利貞。』也。」孔《疏》：「《注》：『凡剛得暢』至『利貞也』。」《正義》曰：「『凡剛得暢而无忌回之累』者，此還言九二居險不窮，是剛得暢遂。剛既得暢，无復畏忌回邪之累也。『柔履正而同志乎剛』者，此還言六四得位履正，同志乎五也。剛德不暢，柔不同剛，何由得亨通而濟難，利貞而不邪乎？故言『則皆亨，利涉大川，利貞也』。」此條王弼《注》、孔穎達《疏》均未盡掃象數。可見象數有不可全掃者。程《傳》：「渙之能亨者，以卦才如是也。渙之成渙，由九來居二，六上居四也。剛陽之來，則不窮極於下，而處得其中；柔之往，則得正位於外，而上同於五之中。巽順於五，乃上同也。四、五，君臣之位，當渙而比，其義相通，同五乃從中也。當渙之時，而守其中，則不至於離散，故能亨也。」言象祖虞翻「否四之二」說，而說理則依王弼、孔穎達，而言更詳。朱子《本義》則僅以「以卦變釋卦辭」六字明之。「卦變」者，象數之一說也。

❷王假有廟，王乃在中也

《集解》引荀爽曰：「謂陽來居二，在坤之中，為立廟。假，大也。言受命之王，居五大位，上體之中。上享天帝，下立宗廟也。」蓋荀爽亦以渙卦乃否卦乾上九四來居坤下六二之位，二為坤下之中爻也。否體六畫之觀與三畫之艮，而觀、艮有宗廟之象。故曰「為立廟」。「假，大也。」《爾雅・釋詁》文。否、渙二卦皆九五居天子君王之大位。故荀爽言「受命之王，居五大位，上體之中。上享天帝，下立宗廟也」。請參閱卦辭注釋❸「王假有廟」。王弼《注》：「王乃在乎渙然之中，故至有廟也。」孔《疏》：「此重明渙時可以有廟之義。險難未夷，方勞經略，今在渙然之中，故至於有廟也。」弼《注》孔《疏》釋「渙」，於「散釋」、「離散」動詞之義外，更有「閒散」、「閒適」等形容詞之義，所以謂「渙然」也。程《傳》：「天下離散之時，王者收合人心，至於有廟，乃是在其中也。在中，謂求得其中，攝其心之謂也。中者，心之象。剛來而不窮，柔得位而上同。卦才之義，皆主於中也。王者拯渙之道，在得其中而已。《孟子》曰：『得其民有道，得其心，斯得民矣！』享帝立廟，民心所歸從也。歸人心之道，无大於此。故云『至於有廟』，拯渙之道，極於此也。」伊川以「王乃在中也」之中，為「心之象」，所引《孟子》語，在〈離婁上〉。然朱熹頗不以為然。《本義》惟言「中，謂廟中」。《語類》錄㬊淵所記朱子之言曰：「王乃在中，是指廟中；言宜在廟祭祀。伊川說得那道理多了。他見得許多道理，了不肯自做他說，須要寄搭放在《經》上。」朱子此言很有道理，我常以此自我警惕：不可把自己的想法勉強加進《周易》裡去。

❸利涉大川，乘木有功也

《集解》引虞翻曰：「巽為木，坎為水，故乘木有功也。」「巽為木，坎為水。」皆〈說卦傳〉文。〈繫辭傳下〉謂「五多功」。參見卦辭注釋❹「利涉大川」條。弼《注》：「乘木即涉難也。木者，專所以涉川也，涉難而常用渙道，必有功也。」孔《疏》：「先儒皆以此卦坎下巽上，以為乘木水上，涉川之象，故言『乘木有功』。王（弼）不用象，直取況喻之義。故言此以序之也。」已明指王弼此條注文「不用象，直取況喻之義」。程《傳》：「治渙之道，當濟於險難，而卦有乘木濟川之象。上巽，木也；下坎，水，大川也。利涉險以濟渙也。木在水上，乘木之象；乘木所以涉川也。涉則有濟渙之功，卦有是義，有是象也。」伊川此謂「卦有是義有是象也」，似上契〈繫辭傳上〉「顯諸仁，藏諸用。」之旨，下啟熊十力「體用不二」之說。

語譯

渙卦所以能亨通，是由於否卦乾上九四剛爻來居卦下第二爻，不致跌落最底下而處於卦下下爻；否卦坤下六二柔爻上升到四，以柔爻居陰得位於外卦而且上與九五同心合作。國王到祖廟祭祀，國王是九五，祖廟是九二，都正為卦上、卦下的中爻啊。應當涉過大河，乘坐木船有渡河的功能啊。

象傳

風行水上，渙❶；先王以享于帝立廟❷。

注釋

❶風行水上，渙

〈說卦傳〉：「巽為木，為風，……」。又「坎為水」。渙卦巽上坎下，「風行水上」。水上之物，皆被風吹散，故卦名渙。渙者，散也。《正義》：「『風行水上渙』者，風行水上，激動波濤，散釋之象。」所言是也。

❷先王以享于帝立廟

《集解》引荀爽曰：「謂受命之王，收集散民，上享天帝，下立宗廟也。……上為宗廟。」其意已詳於卦辭「王假有廟」及〈彖傳〉「王假有廟王乃在中也」之注釋。《正義》：「『先王以享于帝立廟』者，先王以渙然无難之時，享于上帝，以告太平；建立宗廟，以祭祖考。」說理更清。案：「上為宗廟」，《易緯・乾鑿度》文。朱震《漢上易傳》亦引之。案：若然，弼《注》嘗云：「四以柔得位乎外而與上同」，非但指渙卦六四上順同九五之帝王，兼順同上九之宗廟。而且荀爽「下立宗廟……上為宗廟」，非自我矛盾，乃異說並存。且首都立宗廟，無妨於地方亦可以立宗廟也。

語譯

風吹拂水面，水和水面上的物品都被吹散了；早期的國王用牲畜酒食饗祭天帝，並且建立宗廟祭祀祖先，來凝聚人心。

繫辭傳下

刳木為舟，剡木為楫❶。舟楫之利，以濟不通。致遠以利天下，蓋取諸渙❷。

注釋

❶刳木為舟，剡木為楫

「刳」、「剡」二字，《集解》本皆從「手」，茲據《注疏》大，從刀。《集解》引《九家易》曰：「木在水上，流行若風，舟楫之象也。此本否卦九四之二。挎，除也。巽為長為木，艮為手，乾為金。艮手持金，故挎木為舟，掞木為楫也。」古人最早以獨木挖空中部而為舟。刳，挖除也。剡，削平也。楫，今曰槳。《正義》：「舟必用大木，刳鑿其中，故云刳木也；「剡木為楫」者，楫必須纖長，理當剡削。故曰剡木也。」釋字義已很明白。

❷舟楫之利，以濟不通。致遠以利天下，蓋取諸渙

李道平《周易集解纂疏》：「卦辭曰：『利涉大川』，故曰『舟楫之利』。否時天地閉塞，故『不通』。四來二，通坤成坎，坎為通，故『濟不通』。乾為天為遠，又為利，故『致遠以利天下』。利涉大川，乘木有功，故法渙而作舟楫，蓋取斯義也。」依象釋義，頗為明白。朱熹《本義》疑「致遠以利天下」六字為「衍」文。

語譯

挖鑿樹幹做成木船，砍削木材做成船槳。船、槳的使用便利，使人可以渡過河流的隔絕，到達遠方，方便天下人們的來往。大致上是取法於渙卦，受到木頭能在水面漂流的啟示。

序卦傳

兌者，說也❶；說而後散之，故受之以渙❷。

注釋

❶兌者，說也

《集解》引虞翻曰：「兌為講習，故『學而時習之，不亦說乎？』」虞《注》先據〈兌大象傳〉：「麗澤兌；君子以朋友講習。」言「兌為講習」；再引《論語・學而》首句以明講習、學習所以為說之義。其意已明，故韓《注》孔《疏》均未置一詞；程《傳》朱《義》，亦未再言也。

❷說而後散之，故受之以渙

《伊川易傳》：「說則舒散也。人之氣憂則結聚，說則舒散。故說有散義，渙所以繼兌也。」張栻《南軒易說》：「惟說於道，故推而及人。說而後散，故受之以渙。」程頤以「散」為個人心情舒散；張栻以「散」為播散及於他人。二義可以並存互補。「明德」而後「新民」，「自覺」而後「覺他」，亦此類也。

語譯

兌，是同學們互相討論而喜悅舒暢的意思；喜悅舒暢於是鬱悶就散除了，所以用渙卦接在兌卦的後面。

雜卦傳

渙（ㄏㄨㄢˋ），離（ㄌㄧˊ）也（ㄧㄝˇ）❶。

注釋

❶渙，離也

《集解》：「渙散故離。」〈雜卦傳〉以「渙，離也；節，止也。」相聯並論。

語譯

渙，是離散、舒解的意思。

初六爻辭

初六❶：用拯馬壯❷，吉❸。

注釋

❶初六

居渙之初，渙散未甚，上與六四無應，惟承九二之陽而親比之。在筮法上，當渙卦初爻為老，他爻皆少，即由渙之中孚䷼；或小過䷽初爻為少，他五爻皆老，即由小過之渙：這兩種情形，都以渙初六爻辭占。

❷用拯馬壯

象也。楚竹書作「敌馬藏」。「敌」，从攴，丞聲。古从攴从手每相通，故濮茅左〈考釋〉逕作「拯」。段《注》本《說文》：「拯，上舉也。出休為拯，从手，丞聲。《易》曰：『拯馬壯吉。』撜，拯或从登。」《說文》「出休為拯」，朱駿聲《說文通訓定聲》據《選注》（當指《昭明文選李善注》）引《說文》作「出溺為抍，从手，升聲，或从登聲」。蓋「拯」、「敌」、「抍」、「撜」皆一字而異體也；而「出休」即「出溺」。竹書「藏」字，〈考釋〉云：「『藏』，同『藏』，讀為『壯』。」以為假借為壯字。漢帛書作「撜馬」。撜為拯之異體字，已見上文。今傳本作「用拯馬壯」。弼《注》：「渙，散也。處散之初，乖散未甚，故可以遊行，得其志而違於難也。」程《傳》：「六居卦之初，渙之始也。始渙而拯之，又得馬壯，所以吉也。六爻獨初不云『渙』者，離散之勢，辨之宜早；方始而拯之，則不至於渙也。為教深矣！馬，人之所託也，託於壯馬，故能拯渙。馬謂二也。二有剛中之才，初陰柔順，兩皆无應，无應則親比相求。」說理而推及爻象，並明渙初六獨不言「渙」之故：所《傳》甚為周到。《易纂言》：「象也。坎水在下，風渙之於上。

此冰凍將釋之初也。冰凍合則車行其上，冰將釋而不疾馳則陷矣。故用以拯渙必馬壯也。坎馬在後，二三四互震馬在前，與明夷六二同。」吳澄「冰凍」之說，可作參考。至於言象，可與程《傳》互補。

❸吉 占也。楚竹書、漢帛書「吉」下皆有「悔亡」。阮元《十三經注疏校勘記》於「用拯馬壯吉」下云：「古本下有『悔亡』二字。」可信。《集解》引虞翻曰：「故拯馬壯吉，悔亡之矣。」是虞所注之《易經》當亦有「悔亡」二字。弼《注》：「不在危劇而後乃逃竄，故曰『用拯馬壯吉』。」程《傳》：「初之柔順，而託於剛中之才，以拯其渙。如得壯馬以致遠，必有濟矣。故吉也。渙拯於始，為力則易，時之順也。」蓋王弼重在「早」而程頤重在「順」，倘二者兼顧則更好。朱子《本義》：「居卦之初，渙之始也。始渙而拯之，為力既易，又有壯馬，其吉可知。初六非有濟渙之才，但能順乎九二，故其象占如此。」先言卦初渙始，乃從王弼；再言順乎九二，乃從程頤。又「故其象占如此」(朱子《本義》於卦爻辭下屢言之)，既開吳澄《易纂言》於卦爻辭每語句下必先言「象也」或「占也」之先河，又已顧及《易經》「象占不二」之實況。《易纂言》既於「用拯馬壯」言「象也」；於「吉」下惟有「占也」二字。

語譯

渙卦初爻是陰爻六：在河川渙散之初在冰上奔行的馬匹很健壯，就能成功過河而有良好收穫。

象傳

初六之吉❶，順也❷。

注釋

❶**初六之吉**

言渙初位是六，所以有「吉」占之故。舉吉占以該渙初六爻辭全文。

❷**順也**

《集解》引虞翻曰：「承二，故順也。」以為初六能順從九二，「承」，是下爻緊依上爻。如果下爻為陰，上爻為陽，則曰「承陽」。承陽，有臣子尊重君父，身體聽命於心靈，感情服從於理智等等意義。唯虞《注》可能僅指第一項。弼《注》：「觀難而行，不與險爭，故曰順也。」是可順勢而為之意。孔《疏》同《注》，一字未改。程《傳》：「初之所以吉者，以其能順從剛中之才也；始渙而用拯，能順乎時也。」含「順從剛中」與「順時於始」二義。坤初六〈象傳〉：「履霜，陰始凝也；馴致其道，至堅冰也。」渙初六〈象傳〉「順也」，坤初六〈象傳〉「馴致其道」。試比較其異同。

語譯

渙卦初六所以能成功有收穫，是能順從九二英明的領導，順應時勢的發展啊。

九二爻辭

九二❶：渙奔其机❷，悔亡❸。

以九居二，失位而上與九五無應；唯居中而下與初六相親比。其象其占，多由於此。在筮法上，當渙第二爻為老，他爻皆少，即由渙之觀䷓；或大壯䷡第二爻為少，他爻皆老，即大壯之渙：這兩種情形，都以渙九二爻辭占。

注釋

❶九二

❷渙奔其机

象也。楚竹書作「䆪走丌凥」，「䆪」即卦名「𥩬」字，其下「廾」省去；釋已見於卦名注釋。「走」，《釋名》：「徐行曰步，疾行曰趨，疾趨曰走。」故步、趨、走有慢、速的不同。今閩臺方言步行曰「行」，快跑曰「走」，猶保存古漢語之本意。「凥」，《說文・几部》：「凥，処也。从尸几，尸得几而止也。」漢帛書作「渙賁亓階」。張立文《今注今譯》云：「『渙賁』猶言水流奔騰衝激。……階即升堂之台階。」今傳本作「渙奔其机」，《集解》引虞翻曰：「憑机之象也。渙，宗廟；中，故設机。」（案：中指九二居下卦之中，《纂疏》言「皆廟中」，則「中」連上文「宗廟」讀。）憑机之机，假借為几，《說文》：「几，凥几也。象形。」凥几，即憑几之意。弼《注》：「机，承物者也。謂初也。」孔《疏》：「机，承物者也。初承於二，謂初為机。」程《傳》：「机者，俯憑以為安者也。俯，就下也。奔，急往也。二與初雖非正應，而當渙離之時，兩皆无與，以陰陽親比相求，則相賴者也。故二目初為机，初謂二為馬。」釋義溯象而益明。

❸悔亡

占也。楚竹漢帛皆同。《集解》引虞翻曰：「二失位，變得正，故渙奔其机悔亡也。」以為九二失位而有悔，倘變成六二得正，則所悔可亡。弼《注》：「二俱无應，與初相得。而初得散道，離散而奔，得其所安，故悔亡也。」《疏》不破《注》，故無新意。程《傳》：「在渙離之時，而處險中，其有悔可知。……二急就於初以為安，則能亡其悔矣。初雖坎體，而不在險中也。」伊川蓋以二比於初說悔亡之故。《郭氏傳家易說》記白雲郭氏曰：「言『奔』與『悔亡』，皆去危之義。」指明奔象與悔亡之占同義。

語譯

陽爻九居渙卦第二位：在渙散局勢時奔跑找到合得來的異性伴侶，就像找到可以憑靠的桌几一樣，悔憾就消除了。

象傳

渙奔其机，得願也❶。

注釋

❶渙奔其机，得願也

《集解》引虞翻曰：「動而得位，故得願也。」言九二動變而為六二，以六居二為得位，得其所願也。弼不注。孔《正義》曰：「得願者，違難奔散，願得所安。奔初獲安，是得其願也。」以二與初親比釋得願。程《傳》：「渙散之時，以合為安。二居險中，急就於初，求安也。賴之如机，而亡其悔，乃得所願也。」義從孔，而言更有層次。呂大臨《易章句》：「二乘初六，柔靜在下，机之象也。俱无正應，而相得渙散之時，得所憑依，獲所願也。」

語譯

在渙散的時局奔跑找到可以憑靠的人物，達成自己的願望了。

六三爻辭

六(ㄌㄨˋ)三(ㄙㄢ)❶：渙(ㄏㄨㄢˋ)其(ㄑㄧˊ)躬(ㄍㄨㄥ)❷，无(ㄨˊ)悔(ㄏㄨㄟˇ)❸。

注釋

❶六三

以六居三位，失位失中。在渙卦，初、四皆陰而敵應，二、五皆陽亦敵應。惟六三、上九有應。其象其占，皆因於此。在筮法上，當渙卦第三爻為老，他爻皆少，即由渙之巽☴；或震☳第三爻為少，他爻皆老，即由震之渙：這兩種情形，都以渙六三爻辭占。

❷渙其躬

象也。楚竹書作「䜌丌躳」，濮茅左〈考釋〉：「『躳』，同『躬』，自身。」漢帛書作「渙亓躳」，張立文《周易帛書今注今譯》：「躳為躬之異體字。」《集解》引荀爽曰：「體中曰躬，謂渙三使承上，為志在外，故无悔。」在六畫的渙卦，六三、六四位於中，故六三在體中。否四之二成坎下巽上，已見渙卦名注釋。否，坤下為形身，故曰「躬」。六三與上九有應，故謂「三使承上」。餘續見下條注釋。弼《注》：「渙之為義，內險而外安者也。散躬志外，不固所守。」孔《疏》：「六三內不比二，而外應上九。是不固所守，能散其躬。」《注疏》蓋依渙上下二體與六三之比應，說明其不固所守，散躬志外，而注釋爻辭「渙其躬」之義。宋儒於此爻，多象占並釋，詳見下條。案：在以「離散」為重點的渙卦，六三像位「女大不中留，留來留去留成仇」的大姑娘。她的心願是與上九這個男子成婚，寧願離開娘家，嫁給上九。「渙其躬」正是這種意思。

❸无悔　占也。楚竹書作「亡咎」，漢帛書作「无咎」。荀爽以「渙三使承上，為志在外，故无悔」。謂離散下卦六三，使承應上九之陽，是六三忘己本身屬於內卦，志在於與外卦上九相應，因而免於「乘剛」（六三下乘九二之剛，乘剛則多咎凶。）之咎，而能「无悔」也。弼《注》：「散躬志外，不固所守，與剛合志，故得『无悔』也。」孔《疏》從之，皆承荀爽之說。張載《橫渠易說》：「援上而進，惟求自脫於險，无悔而已，非能及物者也。」《伊川易傳》：「三在渙時，獨有應與，无渙散之悔也。然以陰柔之質，不中正之才；『上』（指上九）居无位之地，豈能拯時之渙，而及人也？止於其身可以无悔而已！」六三殆「己欲立」而不能「立人」，「己欲達」而不能「達人」者也，白雲郭雍所以譏「是其志之小者也」。

語譯

陰爻六居渙卦第三位：寧願自己離開內卦，沒有什麼後悔的。

象傳

渙其躬，志在外也❶。

注釋

❶志在外也　《集解》惟引王弼渙六三爻辭注全文：「王弼曰：『渙之為義，內險而外安者也。散躬志外，不固所守。與剛合志，故得无咎。』」蓋弼《注》已受〈象傳〉啟示。《注疏》本列爻辭下而〈象傳〉無注。《集解》本

爻辭下未引弼《注》而〈象傳〉下引之：皆職是之故。《正義》曰：「志在外者，釋六三所以能渙其躬者，正為身在於內，而應在上九，是志意在外也。」《纂疏》云：「渙之為義，內坎水為險，外巽木乘舟為安。六三內不比二為散躬，外應上九為志外。內不固所守，外與上剛合志。故得『无悔』，而曰『志在外也』。」文雖詳略不同，而意無異。《伊川易傳》：「志應於上，在外也；與上相應，故其身得免於渙而无悔。悔亡者，本有而得亡；无悔者，本无也。」

語譯

寧願自己離開，心意本來就向外啊。

六四爻辭

六四❶：渙其羣，元吉❷。渙有丘，匪夷所思❸。

注釋

❶六四

此爻已離坎下之險，得位承五，下與初六無私應。其象其占，多本於此。在筮法上，當渙第四爻為老，他爻皆少，即由渙之訟䷅；或明夷䷣第四爻為少，他爻皆老，即明夷之渙：這兩種情形，都以渙六四爻辭占。

❷渙其羣，元吉

「渙其羣」為象，「元吉」為占。楚竹書作「霰丌羣元吉」。漢帛書作「渙亓羣元吉」。《集解》引虞翻曰：「謂二已變，成坤。坤三爻稱『羣』，得位順五，故『元吉』也。」謂渙九二已變六二，於是六二、六三、六四成為坤卦，坤卦由三陰爻構成，猶《說文》「众，眾立也，从三人。」之例，故為群眾。六四以陰爻居陰位而得位，上順承九五。有聖君賢臣之象，故其占為元吉也。（案：虞翻既以渙由「否四之二」而成，則四亦可謂本為否卦坤下六二離其陰群，而成渙卦六四。如此則後語與前言一致，何必曰「二已變」，以二、三、四互體為坤釋之？又渙九二失位，既變為六二矣，為何渙六三亦失位，卻不變為九三？余魯鈍，於《周易》象數，雖用力而終有不解處。）弼《注》：「踰乎險難，得位體巽，與五合志；內掌機密，外宣化命者也。故能散羣之險，以光其道。」則以六四已越坎下險難，以六居四為得位，在巽上之體，能與九五陰陽相比，仁智相得。內掌政治機密，對外宣示教化政令，是位一人之下，萬人之上的執政者。所以能夠解除人民大眾的險難，發揚光大「渙散」的道理。程《傳》：「渙四五二爻義相須，故通言之。〈彖〉故曰『上同也』。四巽順而正，居大臣之位；五剛中而正，居君位。君臣合力，剛柔相濟，以拯天下之渙者也。方渙散之時，用剛則不能使之懷附，用柔則不足為之依歸。四以巽順之正道，輔剛中正之君，君臣同功，所以能濟渙也。天下渙散而能使之羣聚，可謂大善之吉也。」言四五相須本於〈彖傳〉，略用虞《注》釋象之意；釋義與弼《注》相近，而所言甚詳明。

❸渙有丘，匪夷所思

象也。楚竹書作「霰丌丘非台所思」，濮茅左〈考釋〉：「『霰』，為上簡（指五十四簡）末字。『丘』，嵬脆不平之地。『台』，馬融云：『台，我也。』或讀為『夷』，意能執柔順之道，以事其君，使天下之眾不至離散。平暴亂之事，拯眾為心。」漢帛書作「渙□□娣所思」，張立文《今注今譯》：「『娣』假借為『夷』。《釋文》：『匪夷，荀作匪弟。』……故『夷』與『弟』相通。『弟』與『娣』相通。……故『夷』與『娣』古相通。『夷』，《唐韻》：『平也。』『非夷』，即不平。」今傳本《集解》引虞翻曰：「位半艮山，故稱丘。匪，非也。夷，謂震四，應在初。三變，坎為思，故匪夷所思也。」以渙六三、六四、九五互體為艮。六四位於艮山之半，所以為丘。丘取丘陵之意。匪、非，為古今字。渙二、三、四互體為震，〈說卦傳〉：「震為大塗。」大塗為九軌之大道，取平坦為義。倘六三因失位非正而變成為九三，此為「三變」，三變則震象毀壞。〈說卦傳〉：「坎為心病。」故虞云「坎為思」。就這樣，虞翻把「渙有丘匪夷所思」在「象」方面的依據都說到了。但意思是什麼？虞翻卻沒說。弼《注》：「然處於卑順，不可自專。而為散之任，猶有丘虛，匪夷之慮。雖得元吉，所思不可忘也。」以為渙六四雖到了巽體最下爻，處於巽順卑下的環境，不可以自我獨斷。而解除離散的責任，還是有些欠缺未盡之處，非平常思慮所能及。雖然大吉，所思慮的仍不可忘記。總算把意思說明白了。《周易折中》引胡氏瑗曰：「天下之渙，成於眾心乖離，人自為群。六四上承九五，當濟渙之任，而居陰得正，下無私應，是大臣秉大公之道。使天下之朋黨解散，則天下之心不至於乖散，而得以萃聚，故得盡善，元大之吉也。」案：胡瑗，北宋時人，少范仲淹四歲。《宋志》有胡瑗《易解》十卷。晁公武曰：「《安定易解》甚詳。或云門人倪天隱所纂，非其自著也。」李振裕曰：「安定講授之餘，欲著述而未逮。倪天隱述之，以其非師之親筆，故不敢稱『傳』而名之曰『口義』。傳諸後世，或稱《傳》，或稱《口義》，各從所見，無二書也。」胡瑗此解，既言上承九五、居陰得正、下無私應之象；亦強調大公之道、天下之心等道理。可謂兼顧象、義。《伊川易傳》云：「渙有丘匪夷所思」，贊美之辭也。丘，聚之大也。方渙散而能致其大聚，其功甚大，其事甚難，其用至妙。夷，平常也。非平常之見所能思及也，非大賢智孰能如是！」則注重義理，蓋程《傳》上文已明「渙四五相須」之象也。朱熹《本義》：「居陰得正，上承九五，當濟渙之任者也。下无應與，為能散其朋黨之象。占者如是，則大善而吉。又言能散其小羣以成大羣，使所散者聚而若丘，則非常人思慮之所及也。」似頗受胡瑗影響。

語譯

陰爻六居渙卦第四位，既離開坎下危險的一群，與初六也無私下勾結，而進入巽上忠君愛國的集團，大大吉祥有收穫。摒棄了自立小山頭的不正確的念頭，不是一般人平常考慮能到的。

附錄古義

《呂氏春秋・恃君覽・召類篇》：「趙簡子將襲衛使史默往睹之，期以一月，六月而後反。趙簡子曰：『何其久也？』史默曰：『謀利而得害，猶弗察也。今蘧伯玉為相，史鰌佐焉，孔子為客，子貢使令於君前；甚聽。《易》曰：「渙其羣，元吉。」渙者，賢也；羣者，眾也；元者，吉之始也。渙其羣元吉者，其佐多賢也。趙簡子按兵而不動。』」（《說苑・奉使篇》，史默作史黯，餘同。）

象傳

渙其羣元吉，光大也❶。

注釋

❶光大也

《集解》引虞翻曰：「謂三已變，成離，故四光大也。」言六三變為九三，則九三、六四、九五互體成離。〈說卦傳〉：「離為日。」又云：「離也者，明也，萬物皆相見。」是離為日，能發光，照明萬物，使萬物皆聚合相見，何其大也。案：虞翻注渙六四爻辭「渙其羣」，言「二已變」，不言「三已變」，蓋二變，則二、三、四互體成坤；此注〈象傳〉「光大」，則謂「三已變」。究竟三未變或已變？就隨虞說了！弼未注，《正義》曰：「光大也者，能散羣險，而獲元吉，是其道光大也。」棄象說義，甚好。程《傳》：「稱『元吉』者，謂其功德光大也。『元吉光大』不在五而在四者，二爻之義通言也。於四言其施用，於五言其成功：君臣之分也。」倘以國民為君，舉以治事者為臣，亦甚好。

語譯

離開坎下危險的一群，不與初六私下勾結，加入巽上忠君愛國的集團，立德立功，大大有收穫，前途光明正大啊。

九五爻辭

九五❶：渙汗其大號❷，渙王居❸，无咎❹。

注　釋

❶九五

九五以陽爻居陽位，是為得位，下與得位之六四相比鄰，而與失位之九二無私應。象徵仁君（九五）與賢臣（六四）相合作，能散國家之壅塞，恩及於百姓也。在筮法上，當渙第五爻為老，他爻皆少，即由渙之蒙䷃；或革䷰第五爻為少，他爻皆老，即革之渙：這兩種情形，都以渙九五爻辭占。

❷渙汗其大號

象也。楚竹書作「[illegible]丌大[illegible]」，「[illegible]」或「丌」下疑脫「汗」字。《說文·口部》：「嗁，号也。从口，虒聲。」又：「唬，虎聲也。从口虎。」《說文·号部》：「号，痛聲也。从口在丂上，凡号之屬皆从号。號，嘑也。从号，从虎。」疑竹書「[illegible]」，與《說文》「唬」字，似為一字異體。其義本為虎聲。因嘯聲高昂，故與「嗁」、「嘑」、「號」並相近，可以互訓。字義由「呼號」引申為「號令」。漢帛書作「渙亓肝大號」，「肝」當為「汗」之誤。張立文《周易帛書今注今譯》綜考渙二、三、四、上爻辭文例，以為渙九五爻辭「應作『渙其汗』。」「通行本作『渙汗其』，乃轉寫錯亂也。」張說可從。《集解》引《九家易》曰：「謂五建二為諸侯，使下君國，故宣布號令，百姓被澤，若汗之出身，不還返也。此本否卦，體乾為首，來下處二，成坎水，汗之象也。陽稱大，故曰『渙汗其大號也』。」《纂疏》：「五與二應，二互震為侯，故『謂五建二為諸侯』。否坤為國，故『使下君國』。巽為號令，『故宣布號令』。坤民為百姓，坎水為澤，故「百姓被澤」。坤為身，震為出。故「若汗之出身，不還反也」。虞云「否四之二」，此云「否乾首（即四）下處二成坎水為汗象」，蓋謂止居二也。五乾陽為大，故曰「渙汗其大號」。」《集解》所引《九家易》與虞翻之言，《篹疏》釋之已甚明白。故不再贅。弼《注》：「處尊履正，居巽之中，散汗大號，以盪險阨者也。」孔《疏》：「渙汗其大號者，人遇險阨，驚怖而勞，則汗從體出，故以汗喻險阨也。九五處尊履正，在號令之中，能行號令以散險阨者也，故曰渙汗其大號也。」弼《注》「散汗大號」之「號」，究為「痛聲」、「呼號」，或「號令」，語意模稜。孔《疏》明言「號令」，或受《九家易》之啟發。張載《橫渠易說》：「為渙之主，使物徧被其澤，正位凝命，可以免咎，不私於應，故為均布其大號也。」言道而未棄象。《伊川易傳》：「五與四君臣合德，以剛中正巽順之道治渙，得其道矣。惟在浹洽於人心，則順從也。當使號令洽於民心，如人身之汗浹於四體，則信服而從矣。如是，則可以濟天下之渙。」所言「以剛中正巽順之道治渙」，兼顧象義；「號令洽於民心」，於君主時代，實至理名言。近人高亨《周易古經今注》（一九四〇年成書）：「渙汗其大號疑當作渙其汗大號，蓋轉寫其汗二字誤倒耳。九二云：『渙奔其机。』六三云：『渙其躬。』六四云：『渙其羣。』上九云：『渙其血。』則此文當作渙其汗，明矣。……渙其汗猶云流其汗矣。渙其汗大號者，……流汗且大號，故知渙其汗大號者遭禍變抱病痛之象也。」高亨又作《周易大傳今注》（一九七九年初版）：「『渙其汗』原作『渙汗其』，誤，今據漢帛書《周易》移正。渙，流也。號，哭也。『渙其汗大號』，謂流其汗又大哭，必是抱病痛或遇禍事，此乃凶象。」高亨作《古經今注》，未及見帛書，已疑「汗其」誤乙；及見帛書，故所作《大傳今注》經文逕訂作「渙其汗大號」矣。先賢卓識，至可敬佩。然余以為經文若斷句為「渙汗，其大號」亦通，提供參考。又「號」字，自《九家易》以下，以至宋儒，均作「號令」解。高亨注《經》，已云「遭禍變抱病痛之象」，注《傳》更明言「號，哭也」。余注此條先引《說文》，實欲證明「號」本呼號之意。「號令」為引申義也。

❸渙王居

象也。楚竹書作「𩕦丌尻」，即「渙其居」。黃人二《上海博物館藏戰國楚竹書㈢研究・上博藏簡周易校讀》：「簡文『其居』之『其』，與帛書本、今本作『王』不同，然其指實相同，因為整個渙卦之主詞直是說『王』矣，由『王假于廟』知也。故此處視為異文而兩存之便可。」（黃人二原書未見，此自侯乃峰著《周易文字彙校集釋》轉引。）漢帛書作「渙王居」，與今傳本同。《集解》引荀爽曰：「布其德教，王居其所。」言王居九五之尊位，能散布其德教於國人也。《注》、《疏》之言，於注釋❹引之。《周易折中》引胡氏瑗曰：「九五居至尊之位，為渙散之主；居得其正，履得其中；能出其號令，布其德澤；宣天下壅滯，發天下堙鬱；使天下之人，皆信於上，咸有所歸。」胡瑗《安定易解》所言甚詳，義理精當，雖程《傳》、朱《義》，未能過之。

❹无咎

占也。楚竹書作「亡咎」。昔有今無曰亡，昔無今仍無曰无。然古籍此二字每通用，亦不可強古人以就己意也。漢帛書作「无咎」，與今傳本相同。弼《注》：「為渙之主，唯王居之，乃得无咎也。」孔《疏》：「為渙之主，名位不可假人，惟王居之，乃得无咎。」皆連上文「渙王居」而注疏之。《安定易解》：「所以居位而无悔咎。」則承上文而言。朱熹《本義》：「如陸贄所謂散小儲而成大儲之意。」「小儲」指個人或朋黨之財貨積聚，「大儲」指國家整體利益之積聚。

語譯

陽爻九居渙卦第五位：國王辛勞得渙散出汗水，大聲呼喊，發出號令。傳播國王導致國家富強的心得，使基層民眾也能做好基本建設，脫離貧苦鬱悶。這樣就不會有過錯災害了。

附錄古義

《漢書・劉向傳》：「向上封事：《易》曰：『渙汗其大號』，言號令如汗。汗，出而不反者也；今出善令，未能踰時而反，是反汗也。」

象傳

王居无咎，正位也❶。

注釋

❶**王居无咎，正位也**

舉「王居」，實包括爻辭「渙汗其大號，渙王居，无咎。」全文。〈象傳〉以為所以有是象是占者，其故在於九五能「正位」也。《集解》引虞翻曰：「五為王，艮為居。正位居五，四陰順命，故『王居无咎正位也』。」《易緯・乾鑿度》：「五為天子。」故虞曰「五為王」。〈說卦傳〉：「艮，止也。」有居止之意。渙六三、六四、九五互體為艮，故九五有居止之象。以陽爻九居陽位五，故虞曰「正位居五」。六四為渙巽上之下爻，以陰居陰，在巽順之體，上承陽九五之命，故虞云「四陰順命」。虞翻對爻象作出相當全面之詮釋，於後儒頗有影響。弼《注》：「正位不可以假人。」倘《老子》「國之利器不可以示人」之意乎？孔《疏》：「正位者，釋『王居无咎』之義。以九五是王之正位，若非王居之，則有咎矣！」疏弼意而已。程《傳》、朱《義》，已詳爻辭注釋。朱震《漢上易傳》：「渙時民思其主，故王居正位乃无咎。在它時安居不能順動，則有咎矣。故禹別九州而終於冀，湯勝夏而歸於亳，武勝商而至於豐，王正位而渙散者知所歸矣！乾五為王，艮為居止也，得正則无咎。然九五非六四之賢與上同志，安能發大號居其所而治哉？」蓋綜合虞翻、程頤之言，再加史證者也。

語譯

國王居尊，立功、立德、立業，惠及百姓萬民，而沒有過錯災害，這就站正了自己的位置了。

上九爻辭

上九❶：渙其血，去逖出❷，无咎❸。

注釋

❶上九

以陽剛居渙卦最上爻，遠於坎險。又在巽體，能順於事理時勢，故其象、占如此。在筮法上，當渙卦上爻為老，他爻皆少，即由渙之坎䷜；或離䷝上爻為少，他爻皆老，即離之渙：這兩種情形，都以渙上九爻辭占。

❷渙其血，去逖出

象也。楚竹書作「餟丌血欲易出」。濮茅左〈考釋〉云：「『血』，有傷害之義。『易』，變易。……渙散之時，禍害紛起，也有所傷，變換而擺脫出患難之境，自然无禍害。」案：竹書「欲」字，陳偉、季旭昇釋為「𣢟」。季旭昇云：「字當从『欠』、『去』聲。隸作『𣢟』，與『去』同音，本簡當逕讀為『去』。」見《上博三．周易》零釋七則〉，此自侯乃峰《周易文字彙校集釋》轉引。漢帛書作「渙亓血去湯出」。《說文》：「逖，遠也。从辵，狄聲。逷，古文逖。」帛書「湯」疑當作「逷」，為「逖」之古文。故湯、逷、逖三字可以通假。今傳本《集解》引虞翻曰：「應在三，坎為血為逖，逖，憂也。二變為觀，坎象不見，故其血去逖出，无咎。」以為上九與六三相應，六三在坎卦。〈說卦傳〉：「(坎)其於人也，為加憂，為心病，為耳病，為血卦，為赤。」故本有為血卦、為加憂之象；及渙九二變成六二，渙卦也變成觀卦䷓，坎下成為坤下，坎象不見了。於坎象所代表的血、憂惕也跟著不見了。象數解《易》，大致如此。弼

《注》：「逖，遠也。最遠於害，不近侵害，散其憂傷，遠出者也。」孔《疏》：「血，傷也。逖，遠也。上九處於卦上，最遠於險，不近侵害，是能散其憂傷，去而逖出者也。故曰『渙其血去逖出也』。」案：孔《疏》即《五經正義》中之《周易正義》，曾單獨成書，不與弼《注》合刊，故亦稱「單疏本」。文字有直引弼《注》者，而說理更詳細清楚。程《傳》：「渙之諸爻，皆无係應，亦渙離之象。惟上應於三，三居險陷之極，上若下從於彼，則不能出於渙也。險有傷害畏懼之象，故云『血』、『惕』。然九以陽剛處渙之外，有出渙之象。又居巽之極，為能巽順於事理。故云若能使其血去，其惕出，則无咎也。」由上九與六三相應，和坎險巽順二體卦德立論，說得很仔細。其門人呂大臨《易章句》：「上九雖與三應，而遠處物外，陰陽之所不爭，名位之所不累，全身遠害，得散之義，故血去逖出无咎。」蓋承伊川「初上無位說」，而言甚精當。朱熹《本義》：「上九以陽居渙極，能出乎渙，故其象占如此。血，謂傷害。逖，當作惕，與小畜六四同。言渙其血則去，渙其惕則出也。」小畜六四爻辭云：「有孚，血去，惕出，无咎。」朱子取以比較。

❸无咎

占也。楚竹書、漢帛書均無「无咎」二字。今傳《集解》本、《注疏》本、程《傳》、朱《義》本則均有「无咎」。《集解》所引虞翻《周易注》依象說占，全文已見注釋❷，此不再贅。弼《注》接云：「散患於遠害之地，誰將咎之哉？」言無人能咎之也。孔《疏》：「无咎者，散患於遠害之地，誰將咎之矣？」全承《注》義。程《傳》於渙上九爻辭，合象、占而統言之，已見上條注釋，不贅。朱《義》因象以明占，於「无咎」不再作詮釋。

語譯

渙卦上爻是陽爻九，驅散環境中存在的血光險象，解除心中的憂懼，突破困局，不會有差錯災害。

象傳

渙其血❶，遠害也❷。

注釋

❶**渙其血**

引渙上九爻辭首句，以賅全文。

❷**遠害也**

《集解》引虞翻曰：「乾為遠，坤為害。體遯上，故遠害也。」本書在渙卦名下之注釋，已引虞翻所說：渙為「否四之二」。此條虞更言否乾上為遠，謂上天高遠也；坤下為害，謂坤陰沉為害也。又否䷋、遯䷠皆體乾上，故虞云「體遯上」。天山知遯，則不致於天地不交之否矣。當體遯之時能避，故遠害也。弼注渙上九爻辭，已參〈象傳〉意，故於〈象傳〉未再作注。《正義》曰：「『遠害』者，釋『渙其血』也。是居遠害之地故也。」程《傳》：「若如〈象〉文為『渙其血』，乃與『屯其膏』同也，義則不然。蓋『血』字下脫『去』字，『血去惕出』，謂能遠害，則无咎也。」「屯其膏」，為屯九五爻辭文。程頤謂「血」字下脫「去」字，可供參考。朱熹《本義》：「血謂傷害，逖當作惕，與小畜六四同。言渙其血則去，渙其惕則出也。」大致祖虞（虞說已見渙上九爻辭注釋❷「渙其血，去逖出」下）而尊程。小畜六四爻辭：「有孚，血去惕出，无咎。」

語譯

驅散環境中存在的血光險象，遠離坎下隱伏的傷害。

節卦經傳通釋第六十

卦辭

䷻兌下坎上 節（ㄐㄧㄝˊ）❶：亨（ㄏㄥ）❷，苦（ㄎㄨˇ）節（ㄐㄧㄝˊ）不（ㄅㄨˋ）可（ㄎㄜˇ）貞（ㄓㄣ）❸。

注釋

❶䷻兌下坎上節

漢帛書字亦作「節」，與今傳本同。《說文》：「節，竹約也。从竹，即聲。」段玉裁《注》：「約，纏束也。竹節如纏束之狀。」是節本義為竹節。引申為草木之節，如《易・說卦傳》：「艮，其於木也為堅多節。」又為動物骨骼之連接處，《素問・至真要大論》：「客勝則大關節不利。」《注》：「大關節，腰、膝也。」又有「節制」、「節操」、「法度」、「禮節」、「節止」、「適度」、「限禁」、「徵驗」、「章節」、「節儉」、「時節」、「節拍」、「節奏」、「簡節」諸義。孔穎達《周易正義》：「節，卦名也。〈彖〉曰：『節以制度。』〈雜卦〉云：『節，止也。』然則節者，制度之名，節止之義。」對「節」之義，據《傳》解《經》，有扼要之說明。朱子《本義》：「節，有限而止也。為卦下兌上坎，澤上有水，其容有限，故為節。」則據〈說卦傳〉「兌為澤」、「坎為水」，以節卦下上二體，說明節「有限而止也」之義。最為周全。吳澄《易纂言》：「節猶竹節之節，有分限而不可踰越也。」純以竹節有分限釋之，亦直截了當。在筮法上，當節卦六爻皆少，也就是本卦、之卦都是節；或旅☶六爻皆老，也就是旅之節：這兩種情形，都以節卦卦辭占。

❷亨

占也，吳澄云。高亨則以為「記事之辭」。《集解》引虞翻曰：「泰三之五，天地交也。五當位以節，中正以通，故『節亨』也。」以為節卦由泰卦☷九三、六五換位而成。以泰卦乾天之三，換下坤地之五，這是「天地交也」。節卦九五得位得正，六三、六四、九五互體為艮☶，〈說卦傳〉「艮為止」，又言「其于木也，為堅多節」。故節九五「當位以節，中正以通」。節卦天地交，九五中正以通；交故通，通故亨也。象數之說如此。《周易正義》：「制事有節，其道乃亨，故曰節亨。」言處事遵守禮節法律，配合時局，有合適的進度，必能亨通也。

❸苦節不可貞

「苦節」，吳澄曰「象也」，高亨曰「說事之辭」；「不可貞」，吳澄曰「占也」，高亨曰「斷占之辭」。「苦」，漢帛書作「枯」。張立文曰：「『枯』假借為『苦』。」今傳《集解》引虞翻曰：「謂上也。應在三，三變成離，火炎上作苦。位在火上，故『苦節』；雖得位，乘陽，故『不可貞』。」節上六爻辭「苦節」，而卦辭亦曰「苦節」，故虞曰：「謂上也」。與節上六相應者為三，六三若變為九三，則九三、六四、九五互體成離。〈說卦傳〉「離為火」，《尚書．洪範》：「五行……二曰火。……火曰炎上。……炎上作苦。」故虞曰：「應在三，三變成離，火炎上作苦。位在火上，故苦節也。」上為陰位，而陰爻六居之，故虞曰「雖得位」。但上六以陰爻騎乘在陽爻九五頭上，這不是正常現象，故虞曰「乘陽故不可貞」。虞翻所言代表象數家的說法。《正義》：「節須得中，為節過苦，傷於刻薄，物所不堪，不可復正，故曰『苦節不可貞』也。」則依實情論之。程《傳》：「節貴適中，過則苦矣！節至於苦，豈能常也？不可固守以為常，『不可貞』也。」朱《義》：「節，有限而止也。……然至於太甚，則苦矣；故又戒以不可守以為貞也。」皆從《正義》之說，而文字不同。

語譯

三畫的兌卦在下，三畫的坎卦在上，重疊成六畫的節卦。是節制、節儉的意思。為人如此，是能夠亨通的。但是艱苦地接受節制，而且過分節儉，卻不可能經常固守。

彖傳

節，亨，剛柔分而剛得中❶。苦節不可貞，其道窮也❷。說以行險，當位以節，中正以通❸。天地節而四時成❹。節以制度，不傷財，不害民❺。

注釋

❶節，亨，剛柔分而剛得中

此釋卦辭「節亨」者也。《集解》引盧氏曰：「此本泰卦，分乾九三升坤五，分坤六五下處乾三，是『剛柔分而剛得中』也。」案：盧氏為北魏盧景裕。〈彖傳〉言「剛柔分」者凡二：噬嗑〈彖〉：「剛柔分動而明，雷電合而章；柔得中而上行。」一也。此云：「節，亨，剛柔分而剛得中。」二也。盧氏之釋噬嗑〈彖〉「剛柔分」，曰：「此本否卦，乾之九五，分降坤初；坤之初六，分升乾五。」殆以虞翻「卦變」說之。此注節〈彖〉曰：「此本泰卦，分乾九三升坤五，分坤六五下處乾三。」亦取虞翻卦變之說。噬嗑由否初六之五，故〈彖傳〉言「柔得中而上行」；節由泰九三之五，故〈彖傳〉言「剛得中」。盧注實得虞翻「卦變」之旨。弼《注》：「坎陽而兌陰也。陽上而陰下，剛柔分也。剛柔分而不亂，剛得中而為制主，節之義也。節之大者，莫若剛柔分，男女別也。」王弼以節卦坎上兌下說「剛柔分」，而捨棄虞翻卦變之說。孔《疏》：「《正義》曰：此就上下二體，居二、五剛中，釋所以為節得亨之義也。坎剛居上，兌柔處下，是剛柔分也。剛柔分，男女別，節之大義也。二、五以剛居中，為制之主，所以得節。節不違中，所以得亨。故曰『節，亨，剛柔分而剛得中』也。」依弼《注》而疏之亦詳矣！後來程《傳》曰：「節之道，自有亨義。事有節，則能亨也。又卦之才，剛柔分處，剛得中而不過，亦所以為節，所以能亨也。」程《傳》以詳明為特色，此唯數語而已，或《正義》既已說得仔細，《傳》已無能過之也。至於朱熹，《本義》唯以「以卦體釋卦辭」六字帶過便了。案：《郭氏傳家易說》記「白雲郭氏曰」：「節之成卦，自泰三五而來，剛柔分而上下，剛上而得中，故為節。且賁之與節，皆自泰來，其義相類，賁則柔來而文剛，剛上而文柔；節則柔來而節剛，剛上而節柔。夫泰為天地，純剛柔之卦。賁以剛柔純質而无文，故文之；節以剛柔過盛而无節，故節之。〈彖〉言剛柔分而剛得中，則知節之名卦，以剛柔皆過盛為義也。是以泰之〈象〉曰：『后以財成天地之道』而節則終其義者也。」郭雍以「節之成卦自泰三五而來」，蓋從虞翻與盧景裕「卦變」說；而又言「剛柔分而上下」，則取弼《注》、孔《疏》與程《傳》之意。兼二義而一之，頗為確當。又以泰、賁、節三卦並提較論，說理益為深入也。

❷苦節不可貞，其道窮也

此釋卦辭「苦節不可貞」者也。《集解》引虞翻曰：「位極于上，乘陽故窮也。」節卦上六爻辭云：「苦節貞凶。」故虞云「位極于上」。又上六居九五之上，是為「乘陽」。爻至於「上」，已窮極矣。所以虞云「乘陽故窮也」。以上為象數之說。弼《注》：「為節過苦，則物所不能堪也；物不能堪，則不可復正也。」孔《疏》：「為節過苦，不可為正；若以苦節為正，則其道困窮。故曰『苦節不可貞其道窮也』。」以節為節儉、節制之意，貞為「復正」或「正」也。苦苦守節，非人情之常，必有窮盡之時。案：美國教育家桑戴克嘗倡學習三定律之說：曰：準備律、練習律、效果律。其效果律略云：凡學習帶來喜悅效果者易成功；反之，若帶來痛苦，則易失敗。苦節道窮，其理與「效果律」說若合符節。郭雍《傳家易說》：「然天下之理，中則可久；不及與過，皆非可久之道。苦節過中，是以其道易窮而不能久也。」說理尤為簡明。

❸**說以行險，當位以節，中正以通**

此更依卦才爻位以明「節亨」卦義。《集解》於「說以行險」下引虞翻曰：「兌說坎險，震為行。故說以行險也。」〈說卦傳〉：「兌，說也。」坎九二爻辭：「坎有險。」〈說卦傳〉：「震，動也。」《集解》：「陽出動行」……「以上虞義也」。虞翻蓋依節卦兌下坎上，九二、六三、六四互體為震，依此而注「說以行險」也。《集解》又於「當位以節，中正以通」下引虞翻曰：「中正謂五，坎為通也。」節卦九二居兌下之中，九五居坎上之中，九二中而失位，不得其「正」；九五則中而當位得正，又〈說卦傳〉云「坎為通」，故虞曰「中正謂五，坎為通也」。象數之說如此。弼《注》：「然後及亨也。无說而行險，過中而為節，則道窮也。」孔《疏》：「上言『苦節不可貞，其道窮』者，正由為節不中，則物所不說，不可復正其道。困窮，故更就二體及四、五當位，重釋行節得亨之義，以明苦節之窮也。行險以說，則為節得中；當位以節，則可以為正。良由中而能正，所以得通。故曰『中正以通』，此其所以為『亨』也。」弼《注》過簡，而孔《疏》詳之，層次分明。郭雍《傳家易說》：「說以行險，非苦節也，中道也。九五居尊位，有能節之勢，而行甘節之道，道與位當，故言當位以節。居中得正，其道乃通。此節亨之義也。」依〈彖傳〉之言，釋卦辭「節亨」之義甚當。

❹**天地節而四時成**

此中節在天時之亨。《集解》引虞翻曰：「泰，乾天坤地。震春，兌秋，坎冬，三動離為夏。故『天地節而四時成』也。」以為節自泰來。泰乾下為天，坤下為地：天氣下降，地氣上升而交泰也。節卦六三變為九三，兌下復成乾下，則九三、六四、九五互體成離。震，春；離，夏；兌，秋；坎，冬：其義皆出於〈說卦傳〉。〈說卦傳〉固已言「兌，正秋也」。舉一隅可以三隅反也。天時簡言之有春、夏、秋、冬四季；詳言之一年有二十四節氣，其名目與年曆月日條舉如後：（農曆因閏月關係，每年節氣的日期差異較大。農曆平年每月有兩「氣」：月初的叫「節氣」，月中以後的叫「中氣」。閏月沒有「中氣」。）

		公曆	農曆
春	立春	2月3日至5日	正月節
	雨水	2月18日至20日	正月中
	驚蟄	3月5日至7日	二月節
	春分	3月20日至22日	二月中
	清明	4月4日至6日	三月節
	穀雨	4月19日至21日	三月中
夏	立夏	5月5日至7日	四月節
	小滿	5月20日至22日	四月中
	芒種	6月5日至7日	五月節
	夏至	6月21日至22日	五月中
	小暑	7月6日至8日	六月節
	大暑	7月22日至24日	六月中

		公曆	農曆
秋	立秋	8月7日至9日	七月節
	處暑	8月22日至24日	七月中
	白露	9月7日至9日	八月節
	秋分	9月22日至24日	八月中
	寒露	10月8日至9日	九月節
	霜降	10月23日至24日	九月中
冬	立冬	11月7日至8日	十月節
	小雪	11月22日至23日	十月中
	大雪	12月6日至8日	十一月節
	冬至	12月21日至23日	十一月中
	小寒	1月5日至7日	十二月節
	大寒	1月20日至21日	十二月中

弼於此句未作注。《正義》曰：「『天地節而四時成』者，此下就天地與人，廣明節義。天地以氣序為節，使寒暑往來，各以其序，則四時功成之也。」郭雍《傳家易說》：「人知過盛之可節，而不知天地非節亦不能有成，是非獨人事而已。」

❺ **節以制度，不傷財，不害民**

此言人法天地而有節，亦能亨也。《集解》引虞翻曰：「艮手稱制；坤數十為度，坤又為害，為民，為財。二動體剝，剝為傷。三出復位，成既濟定。坤、剝不見，故『節以制度不傷財不害命』。案：節六三、六四、九五互體為艮，「艮為手」，〈說卦傳〉文，虞據以說艮手稱制。京房《易傳》：「分天地乾坤之象，益之以甲乙壬癸。」陸績《注》曰：「乾坤二分，天地陰陽之本。故分甲乙壬癸，陰陽之終始。」蓋以八卦配十干，乾配甲，數一，與壬，數九；坤配乙，數二，與癸，數十。故虞曰「坤數十為度」。乾、坤相對而言：乾為義，坤為利，乾為理為益，坤為欲為害；乾為君，坤為民；乾為身，坤為財。《禮記・大學》：「仁者以財發身，不仁者以身發財。」其義同也。「二動體剝」，謂節九二變動成六二，則六二、六三、六四為坤；六三、六四、九五為艮。坤下艮上連互成剝（䷖）卦。而剝有傷象。倘六三再變成九三，則初九、六二、九三、六四、九五、上六成為既濟（䷾）而定了下來。坤、剝都不見了。用這種變來變去的方式解說「節以制度不傷財不害命」，真是胡說亂道！《正義》：「王者以制度為節，使用之有道，役之有時，則不傷財，不害民也。」掃去牽強附會之說。一以《孟子・梁惠王》所言：「不違農時，穀不可勝食也；數罟不入洿池，魚鼈不可勝食也；斧斤以時入山林，材木不可勝用也。」儒家之說，明「節」之大義，於是「節亨」之意大明。郭雍《傳家易說》：「故聖人因明天地節而四時成；為君者必法之以制度，故不傷財，不害民也。天地節者，剛之節柔，柔之節剛也。剛節柔猶冬之有春，柔節剛猶夏之有秋。不然，則大冬大夏而已，安能成四時乎？泰之六五，以剛節之而成坎，少陽也，春之象也；泰之九三，以柔節之而成兌，少陰也，秋之象也。天地之節，於此可見，故《易》之卦變於節為尤詳。然《易》卦雖以人事為主，亦未有不本於天地而來者，蓋上下二體，三才亦皆具天地之象，聖人明人道本於天地，故〈象〉之所言，或取變，或取二體三才，其稱天地，亦非一道也。革、節是已。」白雲郭雍，此處釋義有本於卦變、二體、三才之象者。蓋象亦有非胡說亂道者也。是非之別，讀者宜細辨之。

語譯

節卦講究節制、節儉，能夠亨通，因為坎為中男，陽剛而在上卦；兌為少女，陰柔而在下卦：男主外，女主內，分別得很清楚。而且九五得居上卦坎之中，九二得居下卦兌之中，中央和地方的領導人都掌握中道，互相利見與節制。艱苦地受節制，過分地節儉，都不能正常長久，必走到困窮的地步。喜悅地克服險難而前進，擔當起自己的本分而遵守制度。行事合乎中道，具有正當性，於是可以亨通。天地的運行有一定的規律，於是形成春、夏、秋、冬。依照天地運行規律來制定人類行事法則，就不會浪費資源，也不會傷害人們。

象傳

澤上有水，節❶；君子以制數度，議德行❷。

注釋

❶澤上有水，節

節卦兌下為澤，坎上為水，故形成澤上有水的現象。《集解》引侯果曰：「澤上有水，以隄防為節。」以節為限制澤水滿盈外溢之工程設施。於節之義，所言似不夠全面。《正義》：「『澤上有水節』者，水在澤中，乃得其節。」所言亦欠具體明白。程《傳》：「澤之容水有限，過則盈溢，是有節，故為節也。」以節為限度意。仍未周全。郭雍《傳家易說》：「『澤无水，困。』則為不足；『澤上有水』，則為有餘。不足則為『困』，有餘則當『節』，理之常也。」蓋以「節」為節約、節制之義，近是。如何使澤中恆有水，既不致無水而困，亦不至水滿而溢，是一門要實現的學問。近來世界掀起退田還湖的潮流，是一項進步。抑有進者，從湖泊推廣至江河，江河因為水流而問題更多。二〇一〇前後，我曾多次回故鄉浙江溫州探親並旅遊，見甌江麗水青田築了許多小型水壩和發電站，既可調節水量，以為灌溉民生之用，又可發電，惠及許多工廠與家庭。頗感欣慰。後來又遊覽了貴州省，這個「天無三日晴，地無三尺平，人無三分銀」的省分，現在正好利用「雨多地不平」，建了許多水力發電廠，既有「基本用電」的制度，還有用電越多，高出基本用電，電費優待的規定。真是從前想也想不到的事。而全國方面，還有南水北調、藏水入疆等工程在進行。這些都是「節」。我更聯想到一些跨國河流，如我國雲南瀾滄江，入越南、柬埔寨，名湄公河。其水資源之分配，必須有公平、合理之制度，此亦屬「節」之一端。此外，與俄羅斯的界河黑龍江，與朝鮮界河圖門江、鴨綠江，亦當有節。更擴而充之，一切資財之分配、使用，亦當有節。《基督教聖經・舊約・創世記・第四十一章・法老連得二夢》說：「法老作夢，夢見自己站在河邊，有七隻母牛從河裏上來，又美好、又肥壯，在蘆荻中喫草。隨後又有七隻母牛從河裏上來，又醜陋、又乾瘦與那七隻母牛一同站在河邊。這又醜陋、又乾瘦的七隻母牛，喫盡了那又美好、又肥壯的七隻母牛，法老就醒了。他又睡著，第二回作夢，夢見一棵麥子長了七個穗子，又肥大、又佳美。隨後又長了七個穗子，又細弱、又被東風吹焦了。這細弱的穗子，吞了那七個又肥大又飽滿的穗子。法老醒了，不料是個夢。」又〈約瑟為法老解夢〉說：「約瑟對法老說，法老的夢乃是一個上帝已將所要作的事指示法老了。七隻好母牛是七年，七個好穗子也是七年，這夢乃是一個。那隨後上來的七隻又乾瘦、又醜陋的母牛是七年，那七個虛空被東風吹焦的穗子也是七年，都是七個荒年。這就是我對法老所說，上帝已將所要作的事顯明給法老了。埃及遍地必來七個大豐年，隨後又要來七個荒年，甚至在埃及地都忘了先前的豐收，全地必被饑荒所滅。因那以後的饑荒甚大，便不覺得先前的豐收了。至於法老兩回作夢，是因上帝命定這事，而且必速速成就。所以法老當揀選一個有聰明有智慧的人，派他治理埃及地。法老當這樣行，又派官員管理這地，當七個豐年的時候，征收埃及地的五分之一，叫他們把將來豐年一切的糧食聚斂起來，積蓄五穀，收存在各城裏作食物，歸於法老的手下。所積蓄的糧食，可以防備埃及地將來的七個荒年、免得這地被饑荒所滅。」又〈法老立約瑟為埃及宰〉說：「埃及地的七個豐年一完七個荒年就來了，正如約瑟所說的，各地都有饑荒，惟獨埃及全地有糧食。及至埃及全地有了饑荒，眾民向法老哀求糧食，法老對他們說，你們往約瑟那裏去，凡他所說的你們都要作。當時饑荒遍滿天下，約瑟開了各處的倉，糶糧給埃及人，在埃及地饑荒甚大。各地的人都往埃及去，到約瑟那裏糴糧，因為天下的饑荒甚大。」上面所引《聖經・舊約》的話，當然是一個傳說或神話。但其中含有很嚴肅很實際的意義。就是豐年要存糧，以備荒年之需。二十一世紀，世界溫室效應越來越嚴重，南極上空臭氧層已經破了一個大洞，原因是人類排碳越來越多。〈京都議定書〉和〈巴黎減排碳協定〉，兩次世界性會議協商對策，作出規定，但是有排碳大國自認本國第一，本國優先，硬是拒絕遵守。這種蠻橫的態度，實違《周易》節卦大義。而《周易》意義之深邃廣大，亦由此等等而顯示出來。

❷君子以制數度，議德行

《集解》引虞翻曰：「君子，泰乾也。艮止為制，坤為度，震為議為行乾為德。故『以制數度議德行』乾三之五為制數度，坤五之乾為議德行也。」泰卦乾下坤上，而〈彖傳〉云：「內君子而外小人，君子道長，小人道消也。」故虞云「君子，泰乾也」。〈說卦傳〉「艮為手」，〈雜卦傳〉「艮止也」。故虞云「艮止為制」。又八卦配十干，乾配甲，數一；坤配乙，數二。乾又配壬，數九；坤又配癸，數十。無論二進位或十進位，二、十皆度也。故虞云「坤為度」。參閱本卦〈彖傳〉「節以制度」注釋。節九二、六三、六四互體為震。〈說卦傳〉：「震為雷。……其為馬也為善鳴。」又：「震，動也。……震為足。」虞云「震為議為行」，蓋本於此也。又《周易》以乾、坤為二元：〈彖傳〉謂「大哉乾元，萬物資始」，又謂「至哉坤元，萬物資生」：二者並重。然偶亦褒乾而貶坤。泰、否之以乾為君子，坤為小人，而言其道之消長，即其證也。又乾、坤於〈傳〉皆有「德」字，而乾言「德」特多。如乾九二〈象傳〉「見龍在田，德施普也」，乾用九〈象傳〉「天德不可為首也」。乾〈文言傳〉言「德」尤多。其釋卦辭曰：「君子行此四德者，故曰：『乾：元、亨、利、貞。』」又曰：「君子以成德為行，日可見之行也。」其釋初九曰：「龍德而隱者也。」其釋九二曰：「龍德而正中者也。」「德博而化。」「君德也。」其釋九三曰：「君子進德脩業。」「忠信所以進德也。」其釋九四曰：「君子進德脩業，欲及時也。」其釋九五曰：「飛龍在天，乃位乎天德。」「夫大人者，與天地合其德。」其釋上九、用九，皆無「德」字。計乾〈文言傳〉出現「德」字，凡十二次。〈繫辭傳上〉釋乾而言及「德」者，有「可久則賢人之德。」「盛德大業至矣哉！」「日新之謂盛德。」「顯道神德行。」〈繫辭傳下〉釋乾而言及「德」者，有「陰陽合德而剛柔有體。」「以通神明之德。」等，於八卦中，乾卦言「德」最多，確為事實。虞云「『乾為德』，故『以制數度議德行』」，不得謂其無據也。《纂疏》：「坤為數度，乾三之五成艮，故為制數度；乾為德行，坤五之乾成震，為議德行也。」其意已詳於節〈彖傳〉注釋❶，及本條上文。不贅。故虞云：「乾三之五為制數度，坤五之乾為議德行也。」以數象釋《易》，每繁瑣如此。弼於節〈大象〉未注。《正義》云：「『君子以制數度，議德行』者，數度謂尊卑禮命之多少，德行謂人才堪任之優劣。君子象節，以制其象數等差，皆使有度；議人之德行，任用皆使得宜。」盡棄虞說，而專言其義。程《傳》：「澤之容水有限，過則盈溢，是有節，故為節也。君子觀節之象，以制立數度，凡物之大小、輕重、高下、文質，皆有數度，所以為節也。數多寡，度法制，議德行者，存諸中為德，發於外為行。人之德行當義則中節。議謂商度，求中節也。」伊川此言，須與《中庸》：「喜怒哀樂之未發謂之中；發而皆中節，謂之和。」及王陽明「知行合一」說參看，較其異同。本書前偶已有所論，此不再贅。且此種較論讀者宜自思辨之，作者不宜說破了。郭雍《傳家易說》：「在人之節，則制數度，所以節於外；議德行，所以節於內也。為國，為家，至於一身，其內外制節皆一也。」大抵承伊川，而由一身擴之於「為國為家」。朱震《漢上易傳》：「澤之容水，固有限量。虛則納之，滿則泄之。水以澤為節也。君子於民亦然，制其多寡，制其隆殺，制數度也。制數度者，坎之象也。律度量衡皆始於黃鍾，冬至之律，於辰為子，於卦為坎。九五以中正為節也。乾為德，震為行，兌口為議。議德行者，恐其中而未正也。《易傳》（此指程《傳》）曰：『議謂商度，求中節也。』」漢上似欲兼虞翻、程頤二人之說而綜合之。

語譯

湖泊中儲積著水，要節制湖水滿溢，要節約水量運用；君子受此啟示，也要制定禮數制度，檢討道德行為。

序卦傳

渙者，離也❶。物不可以終離，故受之以節。

注釋

❶**渙者，離也**

渙者，離散之義。渙卦名下注釋詳矣。《集解》引虞翻曰：「風以散物，故離也。」蓋渙卦坎下巽上，〈說卦傳〉：「坎為水」，「巽為風」。有風吹散了水面的意思。〈序卦傳〉先說此句，有承先啟後，因渙而節之用意。與《周易》言「終始」而未嘗言「始終」用意一致。渙終而節始也。韓《注》：「渙者，發暢而无所壅滯，則殊趣；各肆而不反，則遂乖離也。」不由物質層面言，而由心理層面言。朱震《漢上易傳》：「渙者，險難離散也。離者必聚，散者必合。物无終離者也。聚者，離之節；合者，散之節。節之則无離散，故次之以節。」朱震，宋人。所言「離者必聚，散者必合」，似可代表中國人世事自循環中提升的觀念。從《老子》「禍福相倚」到《三國演義》「分久必合，合久必分」，皆然。《周易・序卦傳》更是這觀念最詳細的代表作。

語譯

渙，是離散的意思。事物不可能永遠離散，分久必合，合久必分。分合之際，要有些節制，要作出些調節，所以用節卦接在渙卦的後面。

雜卦傳

節（ㄐㄧㄝˊ），止（ㄓˇ）也（ㄧㄝˇ）❶。

注釋

❶節，止也

此條，虞、韓、孔、程均未置一詞。《集解》李鼎祚自云：「節制數度，故止。」李道平《篹疏》：「渙外體巽，巽為風。風以散之，散故離也。節〈象〉曰：『君子以制度數。』節互『艮為止』故止也。蓋渙、節皆有坎水，風以散之則離，澤以瀦之則止也。」《篹疏》以象釋渙、節二卦，並較其異同，甚好。案：宋儒張栻《南軒易說》：「渙者，民情散而離也；節者，民情有所憚而止也。」把重點落在「民情」上。《易》無所不涵，從政者亦宜習之。

語譯

節，是要求止於至善的地步。

初九爻辭

初九❶：不出戶庭，无咎❷。

注釋

❶初九

節卦兌下坎上，代表澤上有水。但初在兌之底部，當蓄而不當洩。又在天地人三才中，初為地下，故乾初九曰「潛龍勿用」。節初九雖得位有應，但仍以潛藏為妥，其象其占，皆因於此。在筮法上，當初爻為老，他爻皆少，即由節之坎䷜；或離䷝初爻為少，他爻皆老，即由離之節：這兩種情形，都以節初九爻辭占。

❷不出戶庭，无咎

吳澄以「不出戶庭」為「象也」；下文「无咎」為「占也」。高亨以「不出戶庭无咎」皆「斷占之辭」。此從吳澄。《集解》引虞翻曰：「泰坤為戶，艮為庭，震為出。初得位應四，故不出戶庭无咎矣。」蓋虞既以節為「泰三之五」，已見卦辭注釋。而泰由乾下坤上重疊而成。〈繫辭傳上〉：「是故闔戶謂之坤，闢戶謂之乾。」故虞曰「泰坤為戶」。大概門開著便不能禁人出入而不成門；關了，人不得出才算不出戶吧？（一笑！）節三、四、五互體為艮。〈說卦傳〉：「艮為門闕，為閽寺。」故虞引申曰「艮為庭」。又節二、三、四互體為震。〈說卦傳〉：「帝出乎震。」故虞曰「震為出」。初九陽位為陽爻所居，上與六四相應，故虞曰「初得位應四」，如此「故不出戶庭无咎」矣。以上為數象派虞翻的說法。王弼《注》云：「為節之初，將整離散，而立制度者也。故明於通塞，慮於險，為不出戶庭。慎密不失，然後事濟而无咎也。」孔

《疏》釋《經》文「初九至无咎」：「《正義》曰：初九處節之初，將立制度，宜其慎密，不出戶庭。若不慎而泄，則民情姦險，應之以偽，故慎密不失，然後事濟而无咎。故曰『不出戶庭无咎』。」又疏釋《注》：「將整離散而立制度者也」，《正義》曰：「〈序卦〉云：『物不可以終離，故受之以節。』此卦承渙之後，初九居節之初，故曰『將整離散而立制度也。』」於爻辭原文及王弼之《注》，疏通得很明白了。程《傳》：「戶庭，戶外之庭；門庭，門內之庭。初以陽在下，上復有應，非能節者也。又當節之初，故戒之謹守，至於不出戶庭，則无咎也。」節初九曰「不出戶庭无咎」，九二曰「不出門庭凶」，故伊川先辨「戶庭」、「門庭」之別。再由「位」、「應」爻象說明「不出」所以「无咎」之故。朱駿聲《六十四卦經解》：「堂內為室。室東南啟一戶以出曰戶。戶外曰堂。堂下階前庭直之路曰庭。其外闔雙扉為門。奇爻象戶。偶爻象門。」釋堂、室、庭、戶、門尤詳。郭雍《傳家易說》：「六爻惟初為有應，而曰『不出戶庭无咎』者，所以節之也。不知有節，則出入无時，而失慎密之道。且通則行，塞則止；當出則出，初不係於有應无應也。應者，助其外而已。而在我之節，其可廢乎？故〈象〉以『不出戶庭』為『知通塞』，而〈繫辭〉又明『慎密不出』之義。聖人之旨深矣！節之議德行，於此可見。」蓋白雲郭雍重視位「當」能「節」，而「應」僅為「外助」而已。又其《說》已涉及〈象傳〉與〈繫辭傳〉，使余之《經傳通釋》，頗有「淵源已久」、「吾道不孤」之感！又乾初九爻辭云：「潛龍勿用。」節初九爻辭之言，頗符乾初九爻辭之旨。

語譯

節卦初位是陽爻九：不隨便走出門戶庭院，不會有過錯禍害。

象傳

不出戶庭，知通塞也❶。

注釋

❶**知通塞也**

說明「不出戶庭」之故。《集解》引虞翻曰：「坎為通。二變坤土。壅初為塞。」又引崔憬曰：「為節之始，有應于四。四為坎險，不通之象。以節崇塞，雖不通，可謂知通塞矣。戶庭，室庭也。慎密守節，故不出焉，而无咎也。」虞曰「坎為通」，崔曰「坎險不通之象」。真是公說公有理，婆說婆有理。《集解》李鼎祚「案：初九應四，四互坎艮，艮為門闕。四居艮中，是為內戶，戶庭之象也」於「坎通或不通」，未置一詞。余至此亦更無言矣。弼未注，《正義》曰：「知通塞者，識時通塞，所以不出也。」「識時」二字，橫掃千軍，極有力氣。程《傳》：「爻辭於節之初，戒之謹守。故云『不出戶庭則无咎也』。〈象〉恐人之泥於言也，故復明之云：雖當謹守不出戶庭，又必知時之通塞也。通則行，塞則止。義當出則出矣。尾生之信，水至不去。不知通塞也。故君子貞而不諒，〈繫辭〉所解，獨以言者在人所節，唯言與行。節於言則行可知。言當在先也。」於爻辭與〈象傳〉之言，分辨最精。伊川所言之「尾生」，春秋，魯人。《史記・蘇秦傳》：「信如尾生，與女子期於梁下。女子不來，水至不去，抱柱而死。」事又見《莊子・盜跖》、《韓非子・守道》、《戰國策・燕策》。所記略同。或謂「尾生」即《論語・公冶長》所記孔子所說的「微生高」。

語譯

不隨便走出門戶庭院，是了解前途暢通或阻塞啊。

繫辭傳上

「不出戶庭，无咎。」子曰：「亂之所生也，則言語以為階❶。君不密則失臣❷，臣不密則失身❸，幾事不密則害成❹。是以君子慎密而不出也❺。」

注釋

❶亂之所生也，則言語以為階

此節見孔《疏》本〈繫辭傳上・第七章〉。講的是保靜密，慎言語之事。先引節初九爻辭原文，再錄孔子之詮釋。《集解》引虞翻曰：「節本泰卦。坤為亂；震為生，為言語；坤稱階：故亂之所生，則言語以為階也。」所重在象。《正義》：「『子曰「亂之所生則言語以為階」』者，階謂梯也，言亂之所生，則由言語以為亂之階梯也。」惟釋「階」字義與全句句義，而不言象。程《傳》於節初九〈象傳〉下云：「〈繫辭〉所解，獨以『言』者，在人所節，惟言與行；節於言則行可知，言當先也。」意似「言」當含言、行二者，節言在先，繼之以節行也。朱子《本義》此數句在〈繫上・第八章〉。云「釋節初九爻義」。而於「右第八章」下云：「此章言卦爻之用。」更無他言。

❷君不密則失臣

《集解》引虞翻曰：「泰乾為君。坤為臣，為閉，故稱密。乾三之坤五，君臣毀賊，故君不密則失臣。」仍依卦變之象釋之。前文已多次言之。《正義》曰：「『君不密則失臣』者，臣既盡忠，不避危難，為君謀事。君不慎密，乃彰露臣之所為，使在下聞之，眾共嫉怒，害此臣而殺之，是失臣也。」楊萬里《誠齋易傳》：「唐高宗告武后以『上官儀教我以廢汝』。此君不密而失臣也。」案：《舊唐書・列傳第三十》與《新唐書・列傳第三十》皆有〈上官儀傳〉。茲據歐陽修撰《新唐書》附其〈傳〉全文於後：「上官儀字游韶，陝州陝人。父弘，為隋江都宮副監，大業末，為陳稜所殺。時儀幼，左右匿免，冒為沙門服。寖工文詞，涉貫墳典。貞觀初，擢進士第，召授弘文館直學士。遷祕書郎。太宗每屬文，遣儀視藁，宴私未嘗不預。轉起居郎。高宗即位，為祕書少監，進西臺侍郎、同東西臺三品。時以雍州司士參軍韋絢為殿中侍御史，或疑非遷，儀曰：『此野人語耳。御史供奉赤墀下，接武夔龍，簉羽鵷鷺，豈雍州判佐比乎？』時以為清言。儀工詩，其詞綺錯婉媚。及貴顯，人多效之，謂為『上官體』。麟德元年，坐梁王忠事下獄死，籍其家。初，武后得志，遂牽制帝，專威福，帝不能堪；又引道士行厭勝，中人王伏勝發之。帝因大怒，將廢為庶人，召儀與議。儀曰：『皇后專恣，海內失望，宜廢之以順人心。』帝使草詔。左右奔告后，后自申訴，帝乃悔；又恐后怨恚，乃曰：『上官儀教我。』后由是深惡儀。始，忠為陳王時，儀為諮議，與王伏勝同府。至是，許敬宗構儀與忠謀大逆，后志也。自褚遂良等元老大臣相次屠覆，公卿莫敢正議，獨儀納忠，禍又不旋踵，由是天下之政歸於后，而帝拱手矣。子庭芝，歷周王府屬，亦被殺。庭芝女，中宗時為昭容，追贈儀為中書令、秦州都督、楚國公；庭芝黃門侍郎、岐州刺史、天水郡公，以禮改葬。」

❸臣不密則失身

《集解》引虞翻曰：「坤五之乾三，坤體毀壞，故『臣不密則失身』。坤為身也。」《正義》曰：「『臣不密則失身』者，言臣之言行既有虧失，則失身也。」以「言行既有虧失」釋「不密」，似範圍廣窄不盡相符。《誠齋易傳》：「陳蕃乞宣臣章以示宦者，此『臣不密而失身』也。」案：《後漢書・卷六十六》有〈陳蕃傳〉，記：東漢靈帝時，陳蕃嘗上書云：「陛下前始攝位，順天行誅，蘇康、管霸，並伏其辜。是時天地清明，人鬼歡喜，柰何數月復縱左右？元惡大姦，莫此之甚。今不急誅，必生變亂，傾危社稷，其禍難量。願出臣章宣示左右，並令天下諸姦知臣疾之。」於是事洩，陳蕃反被宦官王甫所逮捕。遂執蕃送黃門北寺獄。黃門從官騶蹋踧蕃曰：「死老魅！復能損我曹員數，奪我曹稟假不？」即日害之。徙其家屬於比景，宗族、門生、故吏皆斥免禁錮。陳蕃與李膺皆東漢末年名儒。蕃自視太高，誤以宦官不敢害己。竟罹殺身之禍。楊萬里引此事以為「臣不密則失身」之史證。悲哉！

❹幾事不密則害成

《集解》引虞翻曰：「幾，初也。謂二已變成坤，坤為事，故『幾事不密』。初利居貞，不密，初動則體剝，子弒其父，臣弒其君，故『害成』。」「二已變成坤」，指節九二變六二，則六二、六三、六四互體為坤。「初動則體剝」，初九再動，變成初六，則節卦變成了比卦䷇，比卦坤下坎上，三、四、五互體為艮☶，坤下艮上則成剝卦䷖，所以虞曰「初動則體剝」。至於「子弒其父，臣弒其君」，坤初六〈文言傳〉已言之。陽爻為君父，陰爻為臣子。節卦中的陽爻一一變成陰爻，只剩上九碩果獨存，有被弒之象。我如此不厭其煩把虞《注》說明清楚，是基於自己治學的信念：必先了解其說，才可論其說之是非。而尊重讀者的思考，有時連是非也不必說了。知我罪我，惟在我尊敬的讀者。閒言表過，再錄《正義》曰：「幾事不密則害成者，幾謂幾微之事，當須慎。預防禍害。若其不密而漏泄，禍害交起，是害成也。」盡棄象數，專言句義。《誠齋易傳》：「幾事不密，唐幾為周，漢遂為魏，尤可悼也。」案：《新唐書・則天皇后本紀》：「高宗自顯慶（六五六－六六〇）後，多苦風疾。官司奏事，時時令后決之，常稱旨，由是參豫國政。后既專寵與政，乃數上書言天下利害，務收人心。而高宗春秋高，苦疾，后益用事，遂不能制。高宗悔，陰欲廢之，而謀泄不果。」弘道元年（六八三），高宗崩。天授元年（六九〇），武則天乃改元為「載初」，改國號為「周」，自稱「聖神皇帝」。神龍元年（七〇五）正月，張柬之等以羽林軍討武后亂。唐中宗李顯復位，（李顯為唐高宗第七子，武則天所生。）二月，復國號「唐」。五月，遷武氏神主於崇恩廟。十一月，皇太后武則天崩。廢崇恩廟。神龍二年五月，葬則天大聖皇后。景龍元年（七〇七）二月，復武氏廟、陵。《誠齋易傳》所謂「唐幾為周」，大略如此。至於「漢遂為魏」，二十五史中的《三國志》，及歷史小說《三國演義》，言之詳矣。此不贅述。

❺是以君子慎密而不出也

《集解》引虞翻曰：「君子謂初。二動，坤為密，故君子慎密。體屯盤桓，利居貞，故不出也。」其意為初九得位得正，故為「君子」。九二動變為六二、與六三、六四互體成坤，〈繫辭傳上〉：「闔戶謂之坤，闢戶謂之乾。」坤闔戶，故密而不出也。且節二動，卦變成屯䷂。屯卦辭「勿用有攸往」，屯初九爻辭「盤桓，利居貞」。故虞曰「體屯盤桓利居貞故不出也」。《正義》：「『是以君子慎密而不出』者，於《易》言之，是身慎密，不出戶庭；於此義言之，亦謂不妄出言語也。」《正義》此疏，言「於《易》言之」，「於此義言之」，可知孔穎達已辨明《易》義有「本義」、「廣義」之分，對《易》多義性之承認也。《誠齋易傳》：「然則謹密而不出，遂忘世乎？曰：仲尼不云乎，『邦有道，危言危行；邦无道，危行言孫。』」仲尼此言，見於《論語．憲問》。意為慎密不出，要看時空情勢而定。節初九爻辭「不出戶庭无咎」，九二爻辭「不出門庭凶」，就是最具體的例子。續見九二爻辭注釋。

語譯

節初九爻辭說「不隨便走出門戶庭院，不會有禍亂」。孔子解釋說：「禍亂之所以發生，是由講話不慎作為階梯。領導人不能保密，就會損害到下屬；下屬不能保密，就會喪失性命；機要的事情不能保密，就會妨害成功。所以君子謹言慎行，保留機密。根本不出門，更不會家密外揚。」

九二爻辭

九二❶：不出門庭，凶❷。

注釋

❶九二

節卦兌下為澤，九二居澤之中位，已屆該用就用之時。就三才而言，二為地面，宜「見龍在田，利見大人」。故其象、占如此。在筮法上，當節卦第二爻為老，他爻皆少，即由節之屯䷂；或鼎䷱第二爻為少，他爻皆老，即由鼎之節：這兩種情形，都以節九二爻辭占。

❷不出門庭，凶

吳澄以「不出門庭」為「象也」；「凶」為「占也」。高亨以「不出門庭凶」皆「斷占之辭」。《集解》引虞翻曰：「變而之坤，艮為門庭，二失位，不變出門應五，則凶。故言『不出門庭凶』矣！」二變成坤，六二與九五相應，互體得艮，有門庭之象。蓋節初九得位，無須變動出戶，而能无咎；九二失位，倘不變動出門，則有凶險也。弼《注》：「初，已造之至，二宜宣其制矣，而故匿之，失時之極，則遂廢矣。故不出門庭則凶也。」「造之」，達到之意，即初九注「整離散而立制度」。弼以初九得時，九二失時釋之，與虞大異。呂大臨《易章句》：「戶謂房屋之戶，戶庭，內寢之庭，庭之不出乎內也；門，大門也，門庭，外寢之庭，自外寢達於大門之外及諸人也。」對「戶庭」、「門庭」有清楚的說明。郭雍《傳家易說》：「白雲郭氏曰：初為不當有事之地，而二以剛中居有為之位，其道不可同也。故初以不出戶庭為知塞，而二以不出門庭為不知通。知塞故无咎，不知通則有失時之凶矣。極，至也。有初，故可以節二；有二；則可以節初。二者亦相濟之道歟！」案：澤，類於今所言之「水庫」與湖泊。當水仍在庫下湖底，宜存而不宜洩。故節初九言「不出戶庭无咎」；而二水在庫湖中位，已可排放灌溉或發電，以備豪雨水之滿溢。故喻以「不出門庭凶」。事關雨候預測，水庫管理。近人尤鳳偉有〈清水衙門〉小說一篇，描寫論述水庫洩洪事件，頗為精采賣力，推薦讀者一閱。又乾初九言「潛龍勿用」，九二則言「利見大人」。與此似有關聯。

語譯

節卦陽爻九居第二位，不走出庭院的大門，會有損失凶險。

象傳

不出戶庭，失時極也❶。

注釋

❶**失時極也**

《集解》引虞翻曰：「極，中也。未變之正，失時極矣！」案：古漢語「極」多作「中」解。如：《書・洪範》「建用皇極」，《詩・氓》「士也罔極」，《周禮・天官・序官》「以為民極」，《左傳・文公六年》「陳之藝極」，《國語・周語》「無不得其極」：諸「極」字皆訓「中」。九二在下卦之中，二為陰位，失位當變而未變，故曰「失時極也」。《正義》：「極，中也。應出不出，失時之中，所以為凶。」程頤以「極」為「至極」，與虞、孔不同。蘇軾《東坡易傳》：「水之始至，澤當塞而不當通；既至，當通而不當塞。故初九以『不出戶庭』為『无咎』，言當塞也；九二以『不出門庭』為『凶』，言當通也。至是而不通，則失時而至於極。」東坡所謂「塞」，為儲水；所謂「通」，為洩水。又釋「極」為「至於極」似同伊川，而不同虞、孔。案：《說文・木部》：「棟，極也。」段玉裁《注》：「謂屋至高之處。〈繫辭〉曰：『上棟下宇。』五架之屋，正中曰棟。《釋名》曰：『棟，中也。』居屋之中。」《說文・木部》又云：「極，棟也。」是極、棟互訓，有「至高」、「中也」二義。虞、孔以「極」為「中也」；程、蘇以「極」為「至極」皆有所據，可以並存互參。

語譯

不走出庭院的門戶，就像不適度地調節水庫存量，大大錯失了適當的時機啊。

六三爻辭

六三❶：不節若，則嗟若，无咎❷。

六三以陰爻居陽位，失中失正。坎險當頭，下乘二剛，故其象占如此。在筮法上，當節卦第三爻為老，他爻皆少，即節之需䷄；或晉䷢第三爻為少，他爻皆老，即晉之節：這兩種情形，都以節六三爻辭占。

注釋

❶六三

❷不節若，則嗟若，无咎

吳澄以「不節若則嗟若」為「象也」，「无咎」為「占也」。高亨以前者為「說事之辭」，後者為「斷占之辭」。《集解》引虞翻曰：「三，節家君子也，失位故『節若』。『嗟』，哀號聲。震為音聲，為出。三動得正而體離，坎涕流出目，故『則嗟若』。得位乘二，故『无咎』也。」在三才中，三為腳踏實地的人，猶乾九三所謂「君子終日乾乾」。虞既以節為「泰三之五」，見節亨下注釋，則三本泰乾三，故虞云「三節家君子也」。虞前已言節九二「變而之坤」為六二，此又言節六三「失位……三動得正」為九三，則節卦變成䷾，為既濟卦而定矣。既濟離下為目，坎上為涕水。故虞云「坎涕流出目」。節六三本失位而乘九二之剛，但成既濟定後，九三得位而乘六二，也就「无咎」了。虞其他《注》，前已多次疏解，此就不再重複了。此再引《纂疏》，以明虞翻此《注》之全貌。《纂疏》：「三本泰乾，乾三君子之位，故三為節家君子也。三失位，當變成既濟定，則『節若』矣。不節則嗟，終當變也。〈釋詁〉：『嗟、咨，𨄔也。』故云哀號聲。震善鳴，為聲音。故曰『嗟』；又三在兌口，亦為嗟。萬物出乎震，為『出』。三失位，動得正，體互坎離，坎水為涕，流出離目，故『則嗟若』。失位宜咎。二已變，三變位乘二，故『无咎』也。」數象易，說到這兒為止。弼《注》：「若，辭也。以陰處陽，以柔乘剛，違節之道，以至哀嗟。自己所致，无所怨咎，故曰『无咎』也。」孔《疏》：「《正義》曰：節者，制度之卦。處節之時，位不可失。六三以陰處陽，以柔乘剛。失位驕逆，違節之道，禍將及己，以至哀嗟，故曰『不節若則嗟若』也。禍自己致，无所怨咎，故曰『无咎』。」案：「无咎」二字，弼《注》云「无所怨咎」，孔《疏》曰「无可怨咎」，是受〈象傳〉：「不節之嗟，又誰咎也」的影響。與通常解為「不會有禍害」者異。程《傳》：「六三不中正，乘剛而臨險，固宜有咎。然柔順而和說，若能自節而順於義，則可以无過。不然，則凶咎必至，可傷嗟也。」程頤頗注意數位，其釋「无咎」為「可以无過」，以「咎」仍為「凶咎」意，異於《注》、《疏》。朱熹《本義》：「陰柔而不中正，以當節時，非能節者，故其象、占如此。」重數位同於伊川，言「无咎」則依〈象傳〉、《注》、《疏》，而與伊川異。明來知德《周易集註》：「兌為口舌。又坎為加憂。又兌悅之極，則生悲歎：皆嗟歎之象也。用財恣情妄費，則不節矣；修身縱情肆欲，則不節矣。嗟者，財以費而傷，德以縱而敗，豈不自嗟。若，助語辭。自作之孽，何所歸咎？」來《註》將節水擴大至節財節欲，甚佳。

語譯

節卦陰爻六居第三位：不自我節制著，就只有哀歎著。沒可怨天尤人的。

象傳

不節之嗟❶，又誰咎也❷？

注釋

❶不節之嗟

為爻辭「不節若則嗟若」之省文，引以作〈象傳〉之對象。

❷又誰咎也

古漢語敘事句當疑問詞作賓語時，每置於述語之前。《論語・子罕》「吾誰欺？欺天乎？」「欺天」中「欺」為述語，「天」為賓語：述語在前，賓語在後；而「誰欺」，疑問詞「誰」作賓語時，卻置於述語「欺」之前。就是一個好例子。《孟子・滕文公上》：『「許子冠乎？」曰：「冠。」曰：「奚冠？」曰：「冠素。」』《戰國策・馮諼客孟嘗君》：「客何好？……客何能？」等等，疑問詞「奚」、「何」，都倒置於述語「冠」、「好」、「能」之上。〈象傳〉本句，《正義》疏云：「『又誰咎也』者，由己不節，自致禍災，又欲怨咎誰乎？」「怨咎誰」已改為述賓結構。

語譯

不自我節制造成的哀歎，又能責怪誰呢？

六四爻辭

六四❶：安節，亨❷。

注釋

❶六四

以陰爻居陰位，是為得位得正；上比九五，是為承上；下應初九，節制初、二，是為節下有應。朱熹《本義》：「柔順得正，上承九五，自然有節者也。故其象、占如此。」是也。在筮法上，當節卦第四爻為老，他爻皆少，即由節之兌☱；或艮☶第四爻為少，他爻皆老，即艮之節：這兩種情形，都以節六四爻辭占。

❷安節，亨

吳澄以「安節」為「象」，「亨」為「占」。高亨以「安節」為「說事之辭」，「亨」為「記事之辭」。《集解》引虞翻曰：「二已變，艮止坤安，得正承五，有應于初，故安節亨。」就卦變、互體注之。本卦前所注釋已多次說明，故不再贅。弼《注》：「得位而順，不改其節，而能亨者也。承上以斯，得其道也。」已不言卦變、互體；而所言「得位」、「承上」，仍同虞「得正承五」之說。程《傳》：「四順承九五剛中正之道，是以中正為節也。以陰居陰，安於正也。當位為有節之象。下應於初，四坎體水也。水上溢為无節，就下有節也。如四之義，非強節之，安於節者也。故能致亨。節以安為善，強守而不安，則不能常，豈能亨也？」伊川言剛中位應，未完全否定數位易象。其言「節以安為善，強守而不安，則不能常」尤能提示吾人應身體力行，習以為常，自然安於節之道也。俞琰《易集說》：「六三失位，而處兌澤之極，是乃溢而『不節』。六四當位，而順承九五之君，故為『安節』。安者，順而无所勉強之謂。安分守節，以輔成其君之『甘節』，故『亨』。」發揮伊川之意。更較論六三之「不節」，六四之「安節」，上探九五「甘節」之故。甚好。

語譯

節卦陰爻六居第四位：安分地接受節制，獲得暢流亨通。

象傳

安節之亨❶，承上道也❷。

注釋

❶安節之亨

引爻辭「安節亨」，而加一「之」字，意謂「安節」所以能「亨」，又此「亨」由於「安節」也。

❷承上道也

此「上」字指六四上面的九五，而不是指節卦的上六。《集解》引《九家易》：「言四得正奉五，上通于君。故曰『承上道也』。」弼未注，孔《疏》：「《正義》曰：『承上道』者，以能承於上，故不失其道也。」似不如《九家易》之完整。《四庫全書簡明目錄》云：「穎達諸經《正義》，皆元元本本，引據詳明，惟《周易》罕徵典籍。蓋所疏者，王、韓之《註》，而王、韓皆掃棄舊聞，目標新解，故不能以漢儒古義與之證明，非其考訂之疎也。」信然。程《傳》：「四能安節之義非一，〈象〉獨舉其重者。上承九五剛中正之道，以為節足以亨矣，餘善亦不出於中正也。」蓋本於《九家易》「得正奉五」之說，而添一「剛」字。

所謂「餘善」，殆為「剛」乎？《郭氏傳家易說》記「白雲郭氏曰：『以陰比陽，以柔從剛，安行承上之節，而无勉強矯為之意，此六四之所以亨也。』」強調「无勉強矯為之意」。朱震《漢上易傳》：「六四能安於節者，以承上中正之道。以此節下，下必應之。節道行乎上下而亨，亨則通矣！非中正豈能安其節哉！」於「承上」之外，更提出「節下」來。皆能補程《傳》之義。

語譯

安分接受節制之所以能得到暢達亨通，是因為能夠順從上級指導啊。

九五爻辭

九五❶：甘節吉❷，往有尚❸。

注釋

❶九五

節卦陽居第五位。得正居中，為卦之主，故其象、占如此。在筮法上，當節卦第五爻為老，他爻皆少，即由節之臨䷒；或遯䷠第五爻為少，他爻皆老，即遯之節：這兩種情形，都以節九五爻辭占。

❷甘節吉

吳澄以「甘節」為「象也」，「吉」為「占也」。高亨以「甘節」為「說事之辭」，「吉」為「斷占之辭」。《集解》引虞翻曰：「得正居中，坎為美，故甘節吉。」蓋〈說卦傳〉有「坎……其為馬也，為美脊」，虞即據此而言「坎為美」也。弼《注》：「當位居中，為節之主。不失其中，不傷財，不害民之謂也。為節之不苦，非甘而何？」弼云「當位居中」，同於虞翻「得正居中」。弼云「不傷財，不害民」，本於〈彖傳〉「節以制度，不傷財，不害民」。弼云「為節之不苦」，相對於上六「苦節」而言，參見節上六爻辭「苦節」注釋。程《傳》：「九五，剛中正居尊位，為節之主，所謂『當位以節，中正以通』者也。在己則安行，天下則說從。節之甘美者也，其吉可知。」大抵從弼《注》，所謂「當位以節，中正以通」，為〈彖傳〉文。《郭氏傳家易說》記白雲郭氏曰：「安節，自安而已，而人未必安；甘節則施之於己，施之於人，皆不以為苦。……以甘節節天下，上下同之，其吉宜矣！」以「安節」為「自安而已」；「甘節」更「施之於人」，是其區別在範圍之大小。余讀《論語・雍也》：「子曰：『知之者不如好之者，好之者不如樂之者。』」以為「安節」、「甘節」非範圍大小，乃程度之高下。「安節」者，知而好之而已；「甘節」者，好而樂之者也。

❸往有尚

占也。《集解》引虞翻曰：「往謂二，二失正，變往應五，故『往有尚』也。」自內卦到外卦曰「往」，此指節九二以陽爻居陰位，故失正。變回六二，往與九五相應，故稱「往有尚」，是「尚」為配應之意。弼《注》：「術斯以往，往有尚也。」有注等於無注。孔《疏》：「以此而行，所往皆有嘉尚，故曰『往有尚』也。」則指明「尚」為「嘉尚」之意。程《傳》：「以此而行，其功大矣！故往則有可嘉尚也。」蓋從孔《疏》。朱震《漢上易傳》：「先王建國宅中，均道里、制邦域之時乎？正則吉，二說從之，往有尚也。尚，配也。往有配乎中也。《詩》曰：『商邑翼翼，四方之極。』往有尚也。故九二『不出門庭凶』、〈彖〉言『當位以節、中正以通』、爻止言『居位中』，何也？〈彖〉言九五一爻，此言九五九二相易也。」漢上言理而不棄象。又能引相關之文較論，並溝通《經》、《傳》。所引《詩》曰，在《詩經・商頌・殷武》。「商邑」，指商之京師。「翼翼」，禮讓恭敬貌。「極」，中正可作模範也。

語譯

節卦陽爻九居第五位：樂於接受節制與指導，有收穫而能吉祥。接見各地方來朝貢述職的人，互相配合，互相勉勵。

象傳

甘節之吉，居位中也❶。

注釋

❶居位中也

解釋爻辭「甘節」之所以「吉」在《周易》數位上的原因。《集解》引虞翻曰：「艮為居，五為中，故『居位中也』。」《篹疏》：「互艮止為居，在五為中。故曰『居位中也』。」〈彖傳〉曰：「『當位以節，中正以通。』謂此爻也。」虞翻所言已甚明。故王弼不再注，《正義》曰：「居位中者，以居尊位而得中，故致甘節之吉也。」則拈出「尊」字。他皆從虞。程《傳》：「既居尊位，又得中道，所以吉而有功。節以中為貴，得中則正矣，正不能盡中也。」《折中》嘗引「俞氏琰曰」：「節貴乎中，當節而不節，則六三有『不節之嗟』；過於節，則上六有『苦節』之『凶』。唯九五甘節而吉者，蓋居位之中，當位以節，無過無不及也。」以九五「甘節」與六三「不節」、上六「苦節」較論，並提於「貴於中」，此中國人「中庸」觀念之表現歟！俞琰，元人。有《大易集說》十卷。清徐乾學、納蘭成德編《通志堂經解》輯有此書。

語譯

樂於接受節制與指導，所以有收穫能吉祥，因為所居的地位，所持的立場，恰當而合乎中道啊。

上六爻辭

上六❶：苦節❷，貞凶，悔亡❸。

注釋

❶上六

節卦最上之位為陰爻六，過「節」之中，居「節」之極，又是坎險之極。乘九五之陽於其上，與六三之陰相敵而無應。唯以陰處陰為當位耳。故其象占如此。在筮法上，當節卦上爻為老，他爻皆少，即由節之中孚䷼；或小過䷽上爻為少，他爻皆老，即小過之節：這兩種情形，都以節上六爻辭占。

❷苦節

象也。帛書作「枯節」，謂草木之枝節枯萎，義雖可通，然與九五「甘節」較，則「甘」、「苦」相對。後注《易》者多以文本作「苦節」而注解之。至於帛書「苦」作「枯」，張立文《周易帛書今注今譯》「注釋」云：「『枯』，假借為『苦』。」是也。《集解》引虞翻曰：「二、三變，有兩離。火炎上作苦，故苦節。」謂節九二變正成六二，六三變正成九三，則下卦變成離；而九三、六四、九五互體亦有一離。是「二、三變，有兩離」。〈說卦傳〉「離為火」，食物被兩倍的火燒焦了，每有苦味。所以虞曰「火炎上作苦」。這是爻辭所以言「苦節」的原因。《集解》又引干寶曰：「〈象〉稱『苦節不可貞』，在此爻也。稟險伏之教，懷貪狠之志，以苦節之性，而遇甘節之主，必受其誅。華士、少正卯之爻也。」余昔撰博士論文《魏晉南北朝易學書考佚》（一九七二）第九章為〈晉・干寶：《周易注》〉，嘗錄其《注》，而加「案」語云：「節卦辭：『亨，苦節不可貞。』〈象傳〉：『苦窮不可貞，其道窮也。』上六爻辭：『苦節貞凶悔亡。』〈象傳〉：

「苦節貞凶，其道窮也。」所言多同，故干寶以為「〈象〉稱苦節不可貞在此爻」，虞翻嘗先發此義。（節〈彖〉《集解》引虞翻曰：「位極於上，乘陽故窮也。」已以「上」釋〈彖傳〉。干寶言「稟險伏之性」者，據〈象傳〉：「習坎，重險也。」及〈說卦〉：「坎為隱伏。」而云然。言「懷貪狠之志」者，納甲應情之例也（坎上戊子，子主北方。翼奉《傳》：「北方之情好也，好行貪狠。」故懷貪狠之志。）言「以苦節之性而遇甘節之主」者，謂上六苦節之性遇九五甘節之主也（九五：「甘節吉，往有尚。」〈象〉曰：「甘節之吉，居位中也」）。苦甘既異，故「必受其誅」；證以史事，干寶以為則華士（華士事見《荀子・宥坐篇》，而詳於《韓非子・外儲說右上》：「太公望東封於齊，齊東海上有居士曰狂矞、華士，昆弟二人者，立議曰：「吾不臣天子，不友諸侯，耕作而食之，掘井而飲之，吾無求於人也。無上之名，無君之祿，不事仕而事力。」太公望至於營丘，使吏執殺之，以為首誅。」《淮南子・人間篇》及高誘《注》、《論衡・非韓篇》、《孔子家語・始誅篇》，嘗評論其事）、少正卯（少正卯事見《荀子・宥坐篇》：「孔子為魯攝相，朝七日而誅少正卯。門人進問曰：「夫少正卯魯之聞人也。夫子為政而始誅之，得無失乎？」孔子曰：「居，吾語女其故。人有惡者五，而盜竊不與焉。一曰心達而險，二曰行辟而堅，三曰言偽而辯，四曰記醜而博，五曰順非而澤。此五者，有一於人則不免於君子之誅，而少正卯兼有之，故居處足以聚徒成群，言談足以飾邪營眾，強足以反是獨立，此小人之桀雄也，不可不誅也。是以湯誅尹諧，文王誅潘止，周公誅管叔，太公誅華仕，管仲誅里乙，子產誅鄧析史付。此七子者，皆異世同心，不可不誅也。」尹文子《呂氏春秋》、《說苑》、《家語》、《史記》皆載其事。然王若虛《滹南遺老集》、閻若璩《四書釋地》又續少正卯條，崔述《洙泗考信錄》、梁玉繩《史記志疑》、錢穆《先秦諸子繫年考辨・卷一・孔子行攝相誅魯大夫亂政者少正卯辨》，極辨其無」）之爻，並以之釋「貞凶悔亡」之義焉。考《誠齋易傳》以「過於節」釋「苦節」，又以伯夷事當之，似較少正卯事為善。李道平《篹疏》云：「蓋仗節死義之臣，所守甚正，所遇則凶；然義實无咎。如比干諫而死之類是也。」所言甚是。少正卯非苦節者，干寶引喻失義矣。」余既引述《集解》而加說明畢，再述《注》、《疏》。弼《注》：「過節之中，以致亢極，苦節者也。以斯施正，物所不堪，正之凶也；以斯修身，行在无妄，故得悔亡。」孔《疏》：「上六處節之極，過節之中。節不能甘，以至於苦。故曰『苦節』也。為節過苦，物所不堪，不可復正，正之凶也。故曰『貞凶』。若以苦節施人，則是正道之凶；若以苦節脩身，則儉約无妄，可得亡悔。故曰『悔亡』也。」純由文本之語意字義，析論苦節樹人則「貞凶」；苦節修身則悔亡，入情合理，使人更易明瞭。宋儒程頤《易傳》：「上六居節之極，節之苦者也；居險之極，亦為苦義。固守則凶，悔則凶亡。悔，損過從中之謂也。節之悔亡與他卦之悔亡，辭同而義異也。」以為「苦節」一因「居節之極」，二因「居險之極」。又以「悔亡」之義，「節卦」與他卦不同：皆具卓見。伊川門人呂大臨作《易章句》，曰：「上六陰過乎中，居節之極，陽盈陰虛，其節已甚，苦節者也。用過於節，物所不堪。守是不變，物窮必乖。故曰『貞凶』。禮奢寧儉，未害乎義，故可以『悔亡』。」依據師說，有所補充。「禮奢寧儉」，見《論語．八佾》孔子答林放之問：「禮，與其奢也，寧儉。」朱熹《本義》，頗遵從藍田呂氏。元儒吳澄《易纂言》：「苦節，象也。上六變為剛，則六畫（䷼）成複體之離。離為火，火味苦。居節之極，而又變為剛節之太過者也。故曰苦節。」吳澄言《易》，頗能綜合王程朱云。案：《折中》於此卦卦爻辭之後，復有〈總論〉引邱氏富國曰：「〈彖傳〉『當位以節』，故節之六爻，以當位為善，不當位為不善。若以兩爻相比者觀之，則又各相比而相反。初與二比。初不出戶庭，則无咎；二不出門庭，則凶。二反乎初者也。三與四比。四柔得正，則為安節；三柔不正，則為不節。三反乎四者也。五與上比。五得中，則為節之甘；上過中，則為節之苦。上反乎五者也。」依〈彖傳〉論「當位不當位」，與奇偶爻比鄰而作較論，甚佳。

❸ **貞凶，悔亡**

占也。帛書字同。《集解》引虞翻曰：「乘陽故『貞凶』，得位故『悔亡』。」以節上六在上，下乘九五之陽，所以雖貞亦凶，但上六陰位而陰爻居之，所以其悔乃亡。《集解》又引干寶曰：「華士、少正卯之爻也，故曰『貞凶』；苦節既凶，甘節志得，故曰『悔亡』。」其意，余在上條注釋❷言之已詳，此不贅。弼《注》、孔《疏》、程《傳》，皆合「苦節貞凶悔亡」而釋之，蓋即象明占，亦已見上條注釋。項安世《周易玩辭》：「上六苦節之極，貞而不變。以此施於當世，其道則凶；乃若其心，則信正而行，不以為苦，故曰『悔亡』。古之苦節之士，蹈禍敗而不悔者多矣！」則以「貞凶悔亡」為只要行得正，雖凶而無悔之義。甚好。又《易纂言》：「『貞凶』，占也。節之太過正，主事則凶。『悔亡』，占也。苦節雖有悔，然能過於節，『禮與其奢也，寧儉。』故其悔亡。」吳澄先釋「苦節」之象，再釋「貞凶」、「悔亡」二占。分析甚清。

語譯

節卦最上之位是陰爻六：苦苦地自我壓抑，或強制別人接受痛苦的約束。即使這些要求是正確的，也會有凶險損失。與其過分，不如適可而止，懊悔可以消除。

象傳

苦節貞凶❶，其道窮也❷。

注釋

❶**苦節貞凶**

〈象傳〉引爻辭，有省略之例，前所注釋，言之多矣。然此條所釋，不包括「悔亡」，僅指「苦節貞凶」而已。故無「悔亡」二字。與前之「省略之例」有所不同。

❷**其道窮也**

《集解》引荀爽曰：「乘陽于上，无應于下，故其道窮也。」言上六乘九五之陽於節卦最上之位；而與下卦六三無應。乘陽無應，而位極於上，是窮途末路，孤立無援的表徵。所以說「其道窮也」。弼無注，孔無疏，蓋《彖傳》已言：「苦節不可貞，其道窮也。」《伊川易傳》：「節既苦，而貞固守之，則凶。蓋節之道至於窮極矣。」

語譯

苦苦地自我壓抑，或強制別人接受痛苦的約束，即使正確，也會有凶險損失。節制的道路走到窮盡了。

中孚卦經傳通釋第六十一

卦辭

䷼兌下巽上中孚❶：豚魚吉❷，利涉大川❸，利貞❹。

注釋

❶䷼兌下巽上中孚

「孚」，漢帛書作「復」，張立文《今注今譯》謂「復」，假借為「孚」，其說可從。《說文‧爪部》：「孚，卵即孚也，从爪子。一曰信也。」是鳥卵在母鳥腹下接受孵化，今多寫作「孵」。雞卵孵出就是小雞，鵝卵孵出就是小鵝：這是必然可信的。所以「一曰信也」。中孚，就是內心中正誠信。《集解》引虞翻曰：「訟四之初也。坎孚象在中，謂二也。故稱中孚。此當從四陽二陰之例，遯陰未及三；而大壯陽已至四，故從訟來。二在訟時，體離為鶴，在坎陰中，有鳴鶴在陰之義也。」意為訟卦䷅九四與初六陰陽互換，就成為中孚卦。訟卦坎下，坎為水，水，自古就有孚信的象徵意義。如潮汐，一直到唐詩，還有「早知潮有信，嫁與弄潮兒」的句子。坎下九二以陽剛誠信居中，故有「中孚」之稱。虞翻卦變說，本來以為四陽二陰之卦，多自遯䷠或大壯䷡來。可是遯陰只在初六、六二，沒有到達像中孚的六三；而大壯陰爻只在上

六、六五，沒有到達像大壯的六四。因此說中孚從訟來，不從遯與大壯來。虞翻此說殊費解。清儒焦循《易圖略》嘗引其文而批評云：「中孚、小過兩卦，無所依附，則云『中孚，訟四之初也。此當從四陽二陰之例，遯陰未及三，而大壯陽已至四，故從訟來。小過，晉上之三，當從四陰二陽臨、觀之例，臨陽未至三，而觀四已消也。』所說殊艱澀不易解。究而推之，不過謂遯初之四，而二不能及三；大壯上或之三，而陽實在四。惟自訟來，則遯二已及三，而初又之四，即為中孚。然則大壯五先之四為需，需上又之三成中孚，亦可也。臨陽未至三，二未至三成明夷也。觀四已消五，未之四成晉也。五先之四，則四不消；四不消而晉上之三為小過，則臨二先至三成明夷。明夷初又之四成小過，亦可也。蓋兩陽爻齊之乃成小過，兩陰爻齊之乃成中孚。無兩爻齊之之理。而其例既窮，乃變其說為訟四之初。晉上之三，晉上之三，仍是觀五先之四，觀上次之三也。訟四之初仍是遯二先之三，遯初次之四也。仍是兩爻齊之。虞氏自知其不可彊通，姑晦其辭。貌為深曲，而究無奧義也。……然則卦之來也：自乾坤，一也；自六子，二也；自十辟，三也；上下相加如損益，四也；上下剛柔相變，如小畜、履，五也；兩象易，六也；兩爻齊之，如遯先生訟，次生中孚，七也；謂諸卦各有所自來乎？謂每卦兼有所自來乎？余於此求之最深最久，知其非《易》義所有，決其必無此說！」駁虞「兩爻齊之」等「卦變」謬說甚雄辯。屈翼鵬先生《先秦漢魏易例述評》亦嘗引焦氏此段文字明虞氏「卦變」之不可信。王弼於中孚卦辭無注。《正義》曰：「中孚，卦名也。信發於中，謂之中孚。」《伊川易傳》：「為卦澤上有風，風行澤上而感於水中，為中孚之象，感謂感而動也。內外皆實而中虛，為中孚之象。又二五皆陽，而中實，亦為孚義。在二體則中實，在全體則中虛，中虛信之本，中實信之質。」朱熹《本義》：「孚，信也。為卦二陰在內，四陽在外，而二五之陽，皆得其中。以一卦言之為中虛，以二體言之為中實，皆孚信之象也。又下說以應上，上巽以順下，亦為孚義。」又《朱子語類》嘗錄林學履「問中孚孚字與信字，恐亦有別？」曰：『伊川云：『存於中為孚，見於事為信。』說得極好。因舉字說，孚字從爪從子，如鳥抱子之象。今之乳字，一邊從孚，蓋中所抱者，實有物也。中間實有物，所以人自信之。」孔穎達《正義》惟言「信發於中」，釋字義而已。不言其所以之象。程、朱則據全卦之象與上下二體之象言之。宋《易》雖重義理，然於象數亦有所說明。此可見象數之不可盡棄也。在筮法上，當中孚卦六爻皆少，也就是本卦、之卦都是中孚；或小過卦䷽六爻皆老，也就是小過之中孚：這兩種情形，都以中孚卦辭占。

❷**豚魚吉**

吳澄以「豚魚」為「象也」，「吉」為「占也」。高亨以「豚魚吉」全句為「斷占之辭」，高說似勝。高亨《周易古經通說》第二篇為〈周易卦名誤脫表〉，以為：履、否、同人、艮四卦卦名皆誤脫。又於大有，曰：「此卦可能脫『大有』二字。」於中孚，曰：「此卦可能脫『中孚』二字。」若然，則此處應作「中孚豚魚吉」。惟漢帛書，卦名「中復」，卦辭首句亦僅作「豚魚吉」，無「中復」二字。《集解》：「虞氏以三至上體遯，便以豚魚為遯魚。」《釋文》：「豚，黃（穎）作遯。」黃穎蓋從虞翻也。《集解》又「案」云：「坎為豕，訟四降初，折坎稱豚。初陰升四，體巽為魚。中二，孚信也。謂二變應五，化坤成邦，故信及豚魚吉矣！」仍本虞翻「訟四之初」之說，再據〈說卦傳〉「坎為豕」、及郭璞「震龍巽魚」說，綜合而附會發揮之。《纂疏》言之詳矣，此不贅錄。孔穎達《正義》：「魚者，蟲之幽隱；豚者，獸之微賤。人主內有誠信，則雖微隱之物，信皆及矣。莫不得所而獲吉。故曰『豚魚吉』也。」已以義理說之。程《傳》：「豚躁魚冥，物之難感者也。孚信能感於豚魚，則无不至矣。」朱熹《本義》：「豚魚，无知之物；……至信可感豚魚。」孔、程、朱皆以意為孚信能感及豚魚則吉。是也。《莊子・人間世》：「虎之與人異類，而媚養己者，順也。」「順」亦「孚信」之意。一九五〇年代，吾曾在《讀者文摘》看過一篇記事文章。略云一獸醫在非洲旅遊，見到一隻倒臥路旁的獅子，獸醫下車觀察，知獅子一腳骨折，不能站立行走。乃為之接肢抹藥包紮，並每日攜牛肉餵食之，如是十餘天。見該獅漸能站立行走，而獸醫自己預定非洲行程亦將結束，最後一次送去餵食牛肉特多，登車後並作出告別手勢。該獅子竟然站立隨車行走，並發出低沉的吼聲，頗有感謝惜別之態，使獸醫極為感動。職是余深信「信及豚魚」確有可能。而衷心盼人能與其他生物和平相處，包括蜂、蝶、菌類。近年醫學界頗倡人與病菌共存之說，余雖不懂醫學，但對人菌共存說頗為企盼。我願太平洋兩岸能聯手扶助貧窮落後國家，幫助世界各地做好基本建設，並把如「海水稻」等技術教導海島國家和地區的人民。……「豚魚吉」當如是聯想。案：王引之《經義述聞》：「中孚：『豚魚吉。』〈彖傳〉曰：『豚魚吉，信及豚魚也。』王《注》曰：『魚者，蟲之隱者。豚者，獸之微賤者也。爭競之道不興，中信之德淳著，則雖微賤之物，信皆及之。』引之謹案：物之微者多矣，何獨取豚魚為象？豚魚無知，可以愛物之仁及之，不可以化邦之信及之也。竊疑豚魚者，士庶人之禮也。〈士昏禮〉：『特豚合升去蹄，魚十有四。』〈士喪禮〉：『豚合升，魚鱄鮒九。朔月，奠用特豚魚腊。』〈楚語〉：『士有豚犬之奠，庶人有魚炙之薦。』〈王制〉：『庶人夏薦麥，秋薦黍。麥以魚，黍以豚。』豚魚乃禮之薄者。然苟有中信之德，則人感其誠而神降之福，故曰『豚魚吉』。言雖豚魚之薦亦吉也。信及豚魚者，及，至也，至於豚魚之薄而信亦章也。《左傳・隱公三年》曰：『苟有明信，澗谿沼沚之毛，蘋蘩薀藻之菜，筐筥錡釜之器，潢汙行潦之水，可薦於鬼神，可羞於王公。』此之謂也。損之〈彖〉曰：『二簋可用享。』既濟九五曰：『東鄰殺牛，不如西鄰之禴祭，實受其福。』其義通於此矣。虞仲翔求其說而不得，乃讀豚為遯，而以為遯魚。李鼎祚謂失化邦之指。近世說經者又以為魚之似豚者，江豚也。江豚欲風則踊，以此為豚魚之信。夫江豚有信，何益於人而以為吉乎？蓋說之愈鑿而失之愈遠矣。」王念孫、王引之不愧為清朝大儒，他們父子對經義有許多新見，引之此處所述，先依據《儀禮》之〈士昏禮〉、〈士喪禮〉，《國語・楚語》，《禮記・王制》，《左傳・隱公三年》為參證；更依據《周易》本文：損卦〈彖傳〉、既濟九五爻辭為主證。證明豚與魚是士庶人祭祀聖祖之信物祭品。「不可以化邦之信及之也。」引之此段文字中有「竊疑」二字，顯然亦不敢自許為定論。今二說並存，讀者自明辨可也。

❸利涉大川

占也，吳澄、高亨說同。帛書字同。《集解》引虞翻曰：「坎為大川，謂二已化邦，三利出，涉坎得正體渙。渙，舟楫象。故『利涉大川』、『乘木舟虛也。』」虞意謂九二不正，化九二為六二，與其上六三、六四互體成坤。坤為邦，故「謂二已化邦」。三為進爻，故「利出」。又六三與九二得坎半象，而外卦為巽，坎下巽上互體又成渙，故「涉坎得正體渙」。「利涉大川」，為中孚卦辭文；又「乘木舟虛也」，為中孚〈彖傳〉對「利涉大川」的詮釋。虞翻此處注有言卦變、互體者，亦有依〈彖傳〉釋卦辭者。《正義》：「微隱獲吉，顯者可知。既有誠信，光被萬物，萬物得宜。以斯涉難，何往不通？故曰『利涉大川』。」則全以義理言之。程《傳》：「忠信可以蹈水火、況涉川乎？」言雖簡而理甚明。《郭氏傳家易說》記白雲郭氏曰：「夫中孚之象，中虛也。虛己而對物，則无物在。物先來則應之，不來則无應。此中孚之為信，所以進乎誠也。苟實其中，則先物有物矣。先物有物，則不誠在物先，安得謂之孚乎？故子絕四。曰毋我，毋我，則虛己矣，是无先物之物也。上天之載，无聲无臭，亦不過如是而已。使有聲臭實其中，非天道也；有物以實其中，非聖人之道也。……利涉大川，中虛之有濟也。」郭雍之言，由中孚之象為中虛，中虛乃有濟，於是「利涉大川」。其言近乎今人所謂「不可預設立場」，方能容納異見；猶中虛之舟，方能濟眾過河也。「子絕四」，見《論語．子罕》：「子絕四：毋意，毋必，毋固，毋我。」又「上天之載，无聲无臭」，《詩經》、《禮記》皆言之。《詩．大雅．文王》：「上天之載，無聲無臭，儀刑文王，萬邦作孚。」《禮記．中庸》：「上天之載，無聲無臭，至矣！」最後，我還想要引清儒朱駿聲《六十四卦經解》言：「巽為木，為風，兌為澤。木在水上，而風行之。卦外實內虛，亦舟象。故『利涉大川』。」以作本注釋結。

❹利貞

占也，吳、高說同。帛書字亦作「利貞」。《集解》引虞翻曰：「謂二利之正而應五也。中孚以利貞，乃應於天也。」是說中孚九二利於改正為六二，而與九五相應。乾九五「飛龍在天」，中孚利於改正為六二，於是相應於九五在天之爻了。數象之說，每每如此把原不相應的孤陽「動變」成陰陽相應，指陽為陰，指白為黑，還有什麼不可能「變」的！案：〈彖傳〉已言「中孚以利貞，乃應乎天也」。《正義》：「信而不正，凶邪之道。故利在貞也。」程《傳》：「守信之道，在乎堅正故利於貞也。」皆能掃去各種象數說，倒也乾脆俐落。

語譯

三畫的兌卦在下，三畫的巽卦在上，重疊成六畫的中孚卦。是內心誠信而又無成見的意思。在參贊天地化育，保護生態環境的理念下，連地上養的豬，水中游的魚，都能得到好處。可以利用季風渡過大江大海。利於保持誠信過正常的生活。

彖傳

中孚柔在內而剛得中，說而巽；孚，乃化邦也❶。豚魚吉，信及豚魚也❷。利涉大川，乘木舟虛也❸。中孚以利貞，乃應乎天也❹。

注釋

❶中孚柔在內而剛得中，說而巽；孚，乃化邦也

「中孚柔在內而剛得中說而巽」，說中孚卦之剛柔結構，兩體德性也；「孚乃化邦也」，說其功能。《集解》以「說而巽孚」為句，「孚」字引王肅曰：「三四在內，二五得中。兌說而巽順，故孚也。」意為六三、六四以陰柔六居卦內中間兩爻，九二、九五以陽剛居下上兩卦之中位。兌下為悅，巽上為順。下民喜悅在上者之施政，在上之領導者也順從民意。所以彼此信服信任，故稱為孚也。王弼《周易注》：「有上四德，然後乃孚。」四德者柔內、剛中、兌悅、巽順也。孔《疏》：「此就三四陰柔，併在兩體之內。二五剛德，各處一卦之中。及上下二體，說而以巽。釋此卦名為中孚之義也。柔內剛中，各當其所；說而以巽，乖爭不作。所以信發於內，謂之中孚。故曰柔在內而剛得中，說而巽，孚也。」依上文所錄王肅

《注》、王弼《注》、孔氏《疏》，「孚」字上托四德，皆當合上文為句，標點當為「中孚柔在內而剛得中，說而巽：孚。」〈彖傳〉「乃化邦也」，知《集解》引虞翻曰：「二化應五成坤。坤為邦，故化邦也。」弼《注》：「信立而後邦乃化也。」孔《疏》：「誠信發於內，則邦國化於外。故曰『乃化邦也』。」然程《傳》云：「『中孚柔在內而剛得中』，二柔在內，中虛為誠之象；二剛得上下體之中，中實為孚之象。所以為中孚也。『說而巽孚乃化邦也』，以二體言卦之用也。上巽下兌，為上至誠以順巽於下，下有孚以說從其上，如是，其孚乃能化於邦國也。若人不說從或違拂事理，豈能化天下乎？」由「其孚乃能化於邦國也」，知伊川以「孚乃化邦也」為句，「孚」字下屬下句。余讀近人劉百閔《周易事理通義》（一九六六），郭建勳《新譯易經讀本》（一九九六），陳鼓應、趙建偉合著《周易注釋與研究》（一九九九），傅佩榮《解讀易經》（二〇〇五）……皆以「孚乃化邦也」斷句，蓋皆從程頤《易傳》也。惟傅隸樸《周易理解》（一九七三）作「〈彖〉曰：『中孚，柔在內而剛得中，說而巽，孚，乃化邦也。』」倘傅先生既從程《傳》，又兼顧王弼「孚」字上托四德說乎？但《理解》此段最後一句仍為「孚乃化邦也」。茲錄傅著《理解》原文於下：「柔在內是虛懷若谷的表現，也就是不設城府的意思，像文公之伐原示信，是為了城濮之戰的準備，商鞅之徙木示信，是為了令出必行的宣傳，都是胸有城府，而不是虛衷待物的。但徒有虛懷，是不能起任何作用的，中孚志在化民成俗，以國君之誠來激發全民的誠，使舉國皆誠，因之虛懷必以誠實來顯示，內卦之中有九二的誠實，於是外卦之中也出現九五的誠實，二與五以誠相見，便是以中相孚，上下都以誠相應，就成了上順（巽為順）民心，下悅（兌為悅）從上的國情，因此整個邦國都為誠信所融洽了，故曰孚乃化邦也。」案：晉文公「伐原示信」，見《左傳・僖公二十七年》文；「城濮之戰」，見《左傳・僖公二十八年》文。「商君徙木」，見《史記・商君列傳》。又：傅先生區別「胸有城府」與「虛衷待物」之別，極具卓見。

❷**豚魚吉，信及豚魚也**

《集解》引荀爽曰：「豚、魚，謂四、三也。四為山麓，豚所處；三為兌澤，魚所在。豚者卑賤，魚者幽隱。中信之道，皆及之矣。」中孚六三、六四、九五互體為山，為野豬活動的地方；兌下為澤，為魚類生長之所在。野豬是卑賤的獸類，游魚隱藏在幽暗隱密的所在，都是愚蠢難以溝通的生物。如果人類的誠信能達到使豚、魚也能感受到，那真是眾生平等，生態均衡的世界。這是人類追求的終極理想。弼《注》：「魚者，蟲之隱者也；豚者，獸之微賤者也。爭競之道不興，中信之德淳著，則雖微隱之物，信皆及之。」孔《疏》從《注》而言略簡。程《傳》：「信能及於豚魚，信道至矣，所以吉也。」亦從弼說。《折中》引吳氏曰慎（《周易本義翼》）曰：「豚魚吉，蓋信及豚魚者之吉，非豚魚吉也。故在〈卦辭〉，不可以『豚魚吉』三字為句；當以『中孚豚魚』為讀（音豆，句讀）。」案：卦辭「中孚」與卦名重複，誤脫。參見卦名注釋。

❸利涉大川，乘木舟虛也

此釋卦辭「利涉大川」者也。《集解》引王肅曰：「中孚之象，外實內虛。有似可乘虛木之舟也。」「外實」指初、二與五、上，在卦之外層，皆為陽爻九；「內虛」指三、四，在卦之內層，皆為陰爻六。王肅以為這有點像中間有空，可以讓人乘坐的木船。王弼《注》：「乘木於川舟之虛，則終已无溺也；用中孚以涉難，若乘木舟也。」弼此注承肅，而更添「終已无溺」等言，似反有「著相」之嫌，而失「無住」之妙。（「無住」哲學出於佛教《金剛經》與《維摩經》等書。有隨緣、不執著、不自以為是，不自鳴得意等意思。《金剛經》流傳較廣，此書卷二〈的示無住以生信〉、卷三〈推闡無住以開解〉、卷四〈約心明無住以顯般若理體〉、〈深觀無住以進修〉、尤應細看）王夫之《船山周易內傳》：「『乘木』，澤載木也；『舟虛』者，外實中虛，有刳木為舟之象焉，舟之利於涉，以中虛；而非外之實以為之閑，則不能成中虛之用。惟四陽在外，左右相均而無隙，故中得以有其虛而受物之載，以經險而利於行。二、五能函二陰，故二陰虛以受感而不窒。亦以明二五剛中之德，足以致陰之孚也。」宋明解《易》者，於此多承二王而乏勝見，惟船山較詳於說理耳。

❹中孚以利貞，乃應乎天也

《集解》引虞翻曰：「訟乾為天，二動應乾，故『乃應乎天也』。」虞翻嘗以中孚乃「訟四之初也」。訟坎下乾上，故虞曰「訟乾為天」。中孚九二不正，當變動為六二得正，與訟乾九五相應，故虞曰「二動應乾故乃應乎天也」。弼《注》惟「盛之至也」四字。孔《疏》：「釋中孚所以利貞者，天德剛正，而氣序不差，是正而信也。今信不失正，乃得應於天，是中孚之盛，故須濟以利貞也。」除正確解說〈彖傳〉之義外，於弼《注》「盛之至也」，亦有所齒及也。關於「天德剛正而時序不差」，《禮記・月令》有有系統的說明，文長不便全引，盼讀者自行閱讀。又天人之間，人所宜者，參贊天地之化育而已。《荀子・天論》：「大天而思之，孰與物畜而裁之？從天而頌之，孰與制天命而用之？……」云云。這種「裁天」、「制天命」，改變天文時序，地面生態的作法，個人覺得需要再思。

語譯

中孚卦虛空的六三、六四在六爻的內部；而剛健的陽爻得在兌下和巽上的中爻。兌下喜悅而巽上遜順：這是誠信卻不預設立場的表現，是能夠感化全國民眾團結的。連豬類、魚類都得到好處，是這種誠信感動了豬和魚。利於過江過海，所坐的船隻中間有空的坐位。中心誠信卻不預設立場，利於遵守正常的道理，是與天地自然和諧相處。

象傳

澤上有風，中孚❶；君子以議獄緩死❷。

注釋

❶澤上有風，中孚

《集解》引崔憬曰：「流風令于上，布澤惠于下，中孚之象也。」中孚卦兌下為澤，巽上為木為風，前人有以風帆釋之者。《論語・公冶長》記孔子之言曰：「道不行，乘桴浮於海。」可見周朝春秋時代航海事業已很發達。《周易・繫辭傳下》：「刳木為舟，剡木為楫，舟楫之利，以濟不通，致遠以利天下，蓋取諸渙。」釋已見渙卦。《詩・衛風・竹竿》：「淇水滺滺，檜楫松舟。」又〈河廣〉：「誰謂河廣，曾不容刀。」刀，小船也。又〈小雅・采菽〉：「汎汎楊舟，紼纚維之。」楊舟，楊木所製之舟。紼，大索。纚維，綁繫之也。《禮記・月令》：「季春之月，命舟牧覆舟。五覆五反，乃告舟備具於天子焉。天子始乘舟，薦鮪於寢廟。」舟牧，主乘舟之官。五覆五反，檢查舟之安全性，看是否有漏縫小洞與在水中之正斜。這些記載，說明了《十翼》，尤其是〈象傳〉寫作之時，舟船之存在與管理都上制度了。之後，明成祖時，鄭和下西洋，海上交通已大開。明西洋人艾儒略撰《職方外紀》對航海有所敘述。清南懷仁撰《坤輿圖說》，上有〈海舶圖〉，並作〈海舶圖考〉云：「海舶廣大，容載千餘人。風帆十餘道，約二千四百丈布為之。桅高二十丈。鐵錨重六千三百五十餘斤。纜繩重一萬四千三百餘斤。」可見其形狀與鉅大。

海舶圖

順便說一說臺灣和中國大陸古早時代的交通情形。我主要的參考書是李壬癸《台灣南島民族的族群與遷

徙》（一九九七）。李著先提出了一、「麥可羅尼西亞是起源地」。二、「凌純聲的中國學說」。三、「柯恩的中南半島學說」。四、「戴恩的西新幾內亞學說」。凡四說。而「結論」是：「從語言學的證據而言，柯恩在一八八九年所提出的主張，最具說服力，漏洞最少。他運用語言古生物學的方法以及其他一些線索，推論古南島民族（約五千年前）的居住地以在中南半島沿海一帶的可能性為最大。他的主要證據是古南島語有許多熱帶植物名，以及屬於亞洲地區的動物名、海生動物名、以及與航海有關的工具（如船、船槳、帆）等。此外，南島語言普遍的有『向海』與『內陸』的相對用語，可證原居地不像是在小海島上，而是在大陸（或大島）沿海一帶。更進一步的證明是：中南半島的語言如泰、高棉、越南都含有不少借自南島語的詞彙（只可惜他沒有列舉那些借字來），可見當年他們必定有密切的接觸。那麼古南島民族的起源地非中南半島沿海一帶而何地？」我個人對古人類學沒有研究。我想：臺灣是一個大島，從四面八方來的移民應該都有。而浙江（越）、福建（閩）、兩廣、雲、貴，離臺最近，來往最方便。移民之外，原居住在島上可能還有小矮黑人，他們與苗、傜、侗、傣族的關係也需要作進一步研究。李著〈第一部——台灣土著民族的來源〉的總結論是：「對於南島民族的史前史，我們只能根據所能收集到的一切線索加以合理的推測。就我們目前所擁有的知識而言，我們只能下這樣的結論：南島民族的起源地以中南半島沿海一帶的可能性為最大，其他地方如中國、台灣、新幾內亞、麥拉尼西亞、蘇門答臘、麥可羅尼西亞的可能性都相對的降低。各種數據都指向中南半島與中國南疆這一區域，多數權威學者也做這種主張。」（頁五一）話得遠一些了。快轉回「中孚」與舟船的關係。李著（一九九七）曾列舉南島語系有「轉方向」、「掉轉船尾向著風」（頁七八），皆與帆船有關，也與風澤中孚有關。李著（一九九七）同頁還記載著田樸夫和戴恩的一段文字：「田樸夫(Dempwolff 1938)曾擬測的舟船古南島語詞共有四個。他和後來的戴恩(Dyen 1971)都擬測了古南島語的 *paraqu『船』，*baxət'ay『船槳』。此外，田氏還擬了 *bagka[h]『船，獨木舟』，*t'ampan『船』，*waŋkaŋ『獨木舟』，*layav『帆』等詞。可惜這幾個詞都只見於東區和西區的南島語言，卻不見於北區的台灣南島語言。」我特別請讀者注意「帆」字。而最逗趣的是李著（頁七九）：「當年泰雅族隔一條河與住在台北的人貿易往來，隔河向對岸的人大喊『bnka', bnka'』（獨木舟！獨木舟！）住在對岸的閩南人（泰雅人稱為kmukan）從此就管當地叫作『艋舺』[banka']，後來日治時代才改稱『萬華』[manka]。」獨木舟與中孚也有關係，因為中孚巽上為風又為木，兌下為澤。風澤可能是帆船，木澤可能就是獨木舟了。所以當臺灣海峽風平浪靜時，兩岸划獨木舟就過來了。要是利用西風、西南風季節，乘帆船就更方便了。

❷君子以議獄緩死

《集解》引虞翻曰：「『君子』謂乾也。訟坎陷為獄；震為議，為緩；坤為死。乾四之初，則二出坎獄。兌說震喜，坎獄不見，故『議獄緩死』也。」虞翻既以中孚為訟四之初「卦變」而成，而訟坎下乾上。「乾」為君子。〈說卦傳〉：「坎，陷也。」又：「為隱伏，為加憂。」皆含為獄之象。又中孚九二、六三、六四「互體」為震。〈說卦傳〉：「震，其於馬也，為善鳴，為馵足。」善鳴似「議」，馵足則「緩」。中孚九二倘變正為六二，則六二、六三、六四「互體」為坤，坤全屬陰間為「死」。訟卦九四與初六陰陽互易，則成中孚卦，中孚九二就脫離坎獄。下體兌為「悅」；九二、六三、六四互體震，為動、為萬物之所出，故為「喜」。既然坎獄不見，內心喜悅，那一定因為「議獄緩死」了。虞翻用「卦變」、「互體」之說得〈象傳〉字字在象數上有根有據，其想像力之豐富，其立論之大膽，也真可歎為觀止了。弼《注》唯「信發於中，雖過可免」八字而已。孔《疏》：「中信之世，必非故犯；過失為辜，情在可恕。故君子以議其過失之獄，緩捨當死之刑也。」就詳明得多了。孔穎達此處《正義》，頗與《尚書・舜典》所記皋陶一段話相似。皋陶曰：「帝德罔愆，臨下以簡。御眾以寬。罰弗及嗣（處罰不會遷連到後嗣），賞延于世。宥故無大，刑故無小（指無心所犯，雖大而宜宥；有意而犯刑，雖小必罰）。」此儒家執法之原則，與法家「信賞必罰」不同。我記得《聊齋志異・考城隍》中有二句話：「有心為善，雖善不賞；無心為惡，雖惡不罰。」孩童之時，於此頗不以為然。今年過八十八，始悟此阿拉伯裔華人蒲松齡所撰神怪小說，並非「天方夜譚」，而具中國儒家精神也。又案：中孚既有風帆之象，其與「議獄緩死」有何關係？憶學生時代，好讀各國小說中譯本。法國大仲馬名著《基度山恩仇記》（一八四四）當然快讀過。檢察官韋爾福和唐高斯夫人的私生子班尼第，就曾是一艘囚船上服勞役的囚徒。又雨果《悲慘世界》（一八六二）的主角尚萬勤，也曾是囚船的苦力。這兩件眾所熟知的小說情節，說明了海船和囚犯關係密切，但我個人對中國法制史未曾涉獵，舉不出本國事證來。

語譯

江湖海洋上有和風，風吹水面，適中而適時，執政的君子大人們，受到啟示，審議獄政也要公平適當，甚至以勞動服務來取代死刑。

序卦傳

節而信之，故受之以中孚❶。

注釋

❶節而信之，故受之以中孚

韓康伯《注》：「孚，信也。既已有節，則宜信以守之。」《集解》引崔憬曰：「節以制度，不傷財，不害民，則人信之。故言『節而信之，故受之以中孚也。』」「節以制度，不傷財，不害民。」節卦〈彖傳〉文，崔憬據以說「則人信之」又以信即中孚之義，故以中孚繼承節卦也。崔憬，唐人，晚於晉人韓康伯。韓《注》簡略，崔憬引〈彖傳〉以注釋〈序卦傳〉而理益明。程《傳》：「節者，為之制節（今言多曰節制），使不得過越也。信而後能行，上能信守之，下則信從之。『節而信之』也，中孚所以次節也。」伊川強調中孚之信，並分上下，析為信守、信從，立言益精。張栻《南軒易說》：「此出於中心之誠信，非勉強也。」《郭氏傳家易說》記白雲郭雍曰：「如人之言无節、行无節者，皆不可信也。」心誠則言行自然有節；言行有節則必達於誠也。朱駿聲《六十四卦經解》：「古以符節為信，故中孚次節。」

語譯

施政有所節制，領導信任幹部，幹部敬仰領導，彼此都心存誠信。所以中孚卦接在節卦後面。

雜卦傳

中孚，信也❶。

注釋

❶中孚，信也

中孚之為「信」，前文注釋已詳。此再引朱駿聲《六十四卦經解》作為總結：「孚，卵孚也。从爪从子。鳥裒（抱）恆以爪反覆其卵。鳥之孚卵，皆如其期而不失，故轉訓為信。」

語譯

中孚，講的是內心誠信的問題。

初九爻辭

初九❶：虞吉，有它不燕❷。

注釋

❶**初九**

中孚卦注重本心之孚信，與比鄰誠意相處；而不求上下卦之相應或敵應關係。初九唯以九居初得位，潛藏勿用自處，更無他求。在筮法上，當中孚初爻為老，他爻皆少，即由中孚之渙䷺；或豐䷶初爻為少，他爻皆老，即豐之中孚：這兩種情形，都以中孚初九爻辭占。

❷**虞吉，有它不燕**

占也。吳澄以「虞吉」為「象連占也」，「有它不燕」為「占也」。高亨以此爻辭六字全部為「斷占之辭」。今從高。帛書作「杅吉有它不寧」。「杅」、「虞」，古音皆屬「虞」韻，張立文以為「音近相通」。而「虞」，「安也」。「又與『娛』通」。「故『虞吉』，言安樂而吉也。」「虞亦祭名。……虞為喪祭。謂士既葬其父母，迎神而反，日中而祭之於殯宮以安之，故吉祥。」《集解》引荀爽曰：「虞，安也。初應于四，宜自安虞，无意于四則吉。故曰『虞吉』也。四者承五，有它意于四則不安。故曰『有它不燕』也。」荀爽意中孚初九與六四相應，並且都得正。初九應明白六四上承九五，陰陽相比鄰。於是自己潛龍勿用，不會招惹六四引起九五猜嫉。這樣就能安吉。如果初九蛤蟆想吃天鵝肉，有了這種念頭就不能平安了。弼《注》：「虞猶專也。為信之始，而應在四，得乎專吉者也。志未能發，繫心於一，故有它不燕也。」弼《注》受荀爽影響頗深，雖文字不同而意實近。程《傳》、朱《義》，意皆與荀、弼相近。項安世《周易玩辭》：「中孚六爻，皆不取外應，而以比相孚。孚在其中，无待於外也。初九安處於下，不假他求，而自比於中孚之主。

靜而自度，何吉如之！苟變其志，動而求乎於四，則失其安。虞，度也。燕，安也。」項氏論中孚九二、六三、九五、上九各條之比孚，分見各條注釋。唯於六四，項氏在初九、六三、九五附及之，未獨立討論。

語譯

中孚卦初位是陽爻九：安分守己就能吉祥有收穫，如果三心二意就不能安心了。

象傳

初九虞吉，志未變也❶。

注釋

❶初九虞吉，志未變也

《集解》引荀爽曰：「初位潛藏，未得變而應四也。」乾初九爻辭：「潛龍勿用。」〈文言傳〉：「潛龍勿用，陽氣潛藏。」荀爽《周易注》言「初位潛藏」，潛龍陽氣潛藏之意也；荀言「未得變而應四」，「勿用」之意也。大抵從乾初九。我此《通釋》，嘗以乾、坤之外六十二卦三百七十二爻爻辭，多含乾、坤十二爻爻辭之基因。視其所處之卦之不同（如本「初九」處於中孚卦），而具有本卦（如此卦為中孚）之特色。前所注釋已屢言之，惜無同音者可引為憾。今見《集解》所引荀《注》，始悟前人已有如此說者。特誌於此。

語譯

安分守己就能吉祥有收穫，堅守誠信的初心永遠沒有改變啊。

九二爻辭

九二❶：鶴鳴在陰，其子和之❷；我有好爵，吾與爾靡之❸。

注釋

❶九二

中孚卦九二以陽剛居下卦之中，而九五以陽剛居上卦之中。依照乾九二與九五爻辭皆有「利見大人」之辭，而乾〈文言〉以「同聲相應，同氣相求」釋之。其中關係，大可參詳。虞翻時以「訟四之初」為解，可供比較。在筮法上，當中孚第二爻為老，他爻皆少，即由中孚之益䷩；或恆䷟第二爻為少，他爻皆老，即恆之中孚：這兩種情形，都以中孚九二爻辭占。

❷鶴鳴在陰，其子和之

帛書「其」作「亓」，餘與今傳本同。此句吳澄以為「象也」；高亨以為「取象之辭」：判斷相同，是也。《集解》引虞翻曰：「震為鳴，訟離為鶴，坎為陰夜。鶴知夜半，故『鳴鶴在陰』。二動成坤，體益，五艮為子。震、巽同聲者相應，故『其子和之』。」中孚九二、六三、六四互體為震☳，〈說卦傳〉：「震為雷。……為善鳴。」又中孚既為「訟四之初」，訟卦䷅九二、六三、九四互體為離，〈說卦傳〉：「離為雉。」雉、鶴皆鳥類，故虞翻又以「訟離為鶴」。坎☲之為卦，上、下皆陽剛之爻，惟其中爻為陰虛。是兩個白天之中的夜晚。故虞云「坎為陰夜」。《淮南子・說山》：「雞知將旦，鶴知夜半。」虞據此以釋「鳴鶴在陰」。中孚九二倘變為六二，則六二、六三、六四為坤☷，中孚成了益卦䷩。益卦六三、六四、九五互艮為少子，又益卦震下巽上，震☳、巽☴同位之爻皆陰陽相應，故「震巽同聲」。案：乾九五〈文言傳〉「同聲相應」，《集解》引虞翻曰：「謂震、巽也。庖犧觀變而放（倣，謂模倣）八卦，雷風相薄，故「相應」也。」以雷風相薄釋同聲相應。《易》無定象，聽聽可也。虞氏說「其子和之」，大致如此。弼《注》：「處內而居重陰之下，而履不失中，不徇於外，任其真者也。立誠篤至，雖在闇昧，物亦應焉，故曰『鳴鶴在陰，其子和之』。」是「鶴鳴在陰」之「陰」，虞以為「夜半」；弼則以為「重陰之下」，為樹蔭之意。兩說並存可也。又《爾雅翼・鶴》云：「《易》有『鳴鶴在陰』之文，然《詩》稱『鶴鳴于九皐，聲聞于天。』與《易》之『鳴鶴在陰，其子和之。』若不同者。蓋鳴于九皐，鶴之俊者，以喻士之及時而未仕者，至其老，則聲不能揚，和者獨其子而已。《禽經》又曰『鶴老則聲下而不能高，近而不能賨。』此之謂也。」萱案：《詩》稱「鶴鳴于九皐」，《易》言「鳴鶴在陰」，情境不同，故聲之高下亦不同。余每憶及抗戰時期，猶喜高唱〈流亡三部曲〉、〈黃河大合唱〉，其聲高昂；及低吟〈我的家庭真可愛〉，妻、女每隨我合唱。亦猶此也。人本屬「自然界物」，與鶴無不同也。又宋儒呂大臨《易章句》：「九二中孚之時，以剛居中，而无私應，至誠虛心，樂善者也。以陽居陰，又處二陰之下，慎獨為善，不愧屋漏也。至誠慎獨，則凡同氣類者，雖遠必應。故『鶴鳴在陰，其子和之。』」以「慎獨」釋中孚九二。把《詩經》、《禮記》、《周易》全連繫起來。《詩・大雅・抑》：「相在爾室，尚不愧于屋漏，無曰不顯，莫予云覯。」相，視也。尚，庶幾，希冀之詞。屋漏，屋之西北隅，隱闇處。全句意為看你在你自己的房間裡，也希望不要以為房間陰闇隱密而做出令自己慚愧的事。不要以為：房裡不顯明，不會有人看到我。《禮記・中庸》：「《詩》云：『相在爾室，尚不愧于屋漏。』故君子不動而敬，不言而信。」先引《詩經》句，說明君子端莊，謹慎，誠信，習慣成自然。不需要有什麼舉動，大家都尊敬他；不需要有什麼辯解，大家都相信他。藍田呂氏《章句》，言理而不棄象，頗有新意。

❸ **我有好爵，吾與爾靡之**

帛書惟存「贏」字，餘字皆脫。張立文《今注今譯》：「『贏』、『靡』古音同韻，音近相通……，共也……。『吾與爾靡之』，言我有一杯美酒，與你共飲。」象也。《集解》引虞翻曰：「坤為身，故稱『我』。

「吾」，謂五也。離為「爵」，爵位也。坤為邦國，五在艮，閽寺庭闕之象，故稱「好爵」。五利二變之正應，以故「吾與爾靡之」矣。」《通釋》於虞《注》注釋，前文已繁，此不贅。惟此虞云「爵」為「爵位」，似不如「酒爵」正確。王弼《周易注》：「不私權利，唯德是與，誠之至也。故曰『我有好爵，與物散之。』」孔《疏》：「靡，散也。又无偏應，是不私權利，惟德是與，若我有好爵，吾願與爾賢者分散而共之。」說理稍清。呂大臨《易章句》：「至誠好善，則樂與賢者共之，故『我有好爵，吾與爾靡之。』」

語譯

中孚卦陽爻九居卦之第二位：鶴的鳴聲在半夜陰闇的時候發出，牠的小鶴們也跟著鳴叫；我有好酒，我會與你分享。

象傳

其子和之，中心願也❶。

注釋

❶**中心願也**

《集解》引虞翻曰：「坎為心，動得正應五，故『中心願也。』」中孚為訟四之初，已見本卦卦名注釋所引虞《注》。訟卦坎下乾上，坎有心象，故虞言「坎為心」。中孚九二失正，倘變為六二，則得正，且與九五陰陽相應。虞如此說明「中心願也」。弼未注，孔穎達《正義》曰：「中心願者，誠信之人，願與同類相應；得誠信而應之，是『中心願也。』」孔《疏》不採虞翻「動得正應五」之說，直據乾九五〈文言〉「同聲相應，同氣相求」意，以中孚九二與九五「同類相應」，聲應氣求。虞、孔所釋大異，孰是孰非，讀者宜自思之。吳澄《易纂言》：「五之孚二，出於中心之所願，自然之應；非彊非偽。」簡單了當。

語譯

小鶴們和著父母一起唱唱，是內心自動願意的啊。

繫辭傳上

「鳴鶴在陰，其子和之；我有好爵，吾與爾靡之。」❶子曰：「君子居其室，出其言善❷，則千里之外應之，況其邇者乎❸？居其室，出其言不善❹，則千里之外違之，況其邇者乎❺？言出乎身，加乎民❻；行發乎邇，見乎遠❼。言行，君子之樞機。樞機之發，榮辱之主也❽。言行，君子之所以動天地也，可不慎乎❾？」

注釋

❶「鳴鶴在陰，其子和之；我有好爵，吾與爾靡之。」

孔《疏》本於〈繫上〉第六章引中孚九二爻辭與同人九五爻辭之原文，其下更記錄孔子闡發之言。此先引中孚九二之爻辭也。朱熹《本義》合孔《疏》本〈繫上〉六、七兩章為第八章。韓康伯《注》云：「鶴鳴則子和，脩誠則物應。我有好爵，與物散之，物亦以善應也。明擬議之道，繼以斯義者，誠以吉凶失得存乎所動。同乎道者，道亦得之；同乎失者，失亦違之。莫不以同相順，以類相應。動之斯來，綏之斯至，鶴鳴于陰，氣同則和。出言戶庭，千里或應，出言猶然，況其大者乎？千里或應，況其邇者乎？故夫憂悔吝者，存乎纖介；定失得者，慎於樞機。是以君子擬議以動，慎其微也。」韓《注》已連下文，並注之，故下文不贅。

❷君子居其室，出其言善

《集解》引虞翻曰：「君子謂初也。二變，五來應之。艮為居，初在艮內，故居其室。震為出言，訟乾為善，故出言善。此亦成益卦也。」虞意：中孚九二失正，變為六二而得正；初九得正，又為陽爻，故為君子。中孚六三、六四、九五互體為艮，〈說卦傳〉「艮為門闕，為閽寺」。故此云「艮為居」。初爻在三、四、五之下，故此言「初在艮內，故居其室」。〈說卦傳〉「震為善鳴」，故此言「震為出言」。中孚乃「訟四之初」，已見卦名下注釋。訟卦坎下乾上，而乾陽為善。故此言「訟乾為善，故出言善」。案：此句僅九個字，意甚清楚明白，虞翻卻說出這麼多的來歷來。讀者無論贊成或反對，都必須先了解虞《注》的意思，然後方可論其是非。

❸則千里之外應之，況其邇者乎

《集解》引虞翻曰：「謂二變，則五來應之。體益卦，坤數十，震為百里，十之，千里也。『外』謂巽，震巽同聲。同聲者相應，故『千里之外應之』。『邇謂坤』，坤為順。二變順初，故『況其邇者乎』！此信及豚魚者也。」意為二爻由陽變陰，九五就會來與六二相應，於是中孚卦也變成了益卦䷩。二、三、四互體為坤。依據象數「納甲」說，以八卦配十干。乾配甲與壬，坤配乙與癸。京房《易傳》：「分天地乾坤之象，益之以甲乙壬癸。」即有此意。坤配乙，其數為二；坤配癸，其數為十。故虞曰「坤數十」。「震為百里」，已詳言於震卦，請參閱。「十之」，謂以百里乘十，百里之十倍也，故為「千里」。益卦震下巽上：內卦為震，外卦為巽。故虞曰「外謂巽」。震下巽上同位之爻皆陰陽相應，故震巽「同聲相應」。虞以此釋「千里之外應之」。益卦互體有坤，虞以「邇者」說的就是這個「坤」。坤為順，已詳言於坤卦。二變明明是三陰重而又重，重重地騎在初九上，乃乘剛之極者，但虞用「卦變」、「互體」說它是「坤順」「順初」。聽聽算了。「信及豚魚」，已見中孚〈彖傳〉注釋。

❹居其室，出其言不善

《集解》引虞翻曰：「謂初陽動，入陰成坤，坤為不善也。」《篹疏》：「謂益初陽既動，則入陰成坤。坤〈文言〉曰：『積不善之家，必有餘殃。』虞彼《注》云：『坤積不善』，故知坤為不善也。」意為中孚九二變成六二，便成益卦（已詳注釋❸），今初九再變為初六，投身陰群，卦便成觀䷓。觀卦坤下巽上，下卦成坤為「不善」。這種詮解，都不顧坤〈文言〉和〈繫辭傳上〉的「善」、「不善」的兩面論述。坤〈文言〉原文是：「積善之家，必有餘慶；積不善之家，必有餘殃。」而中孚〈繫辭傳下〉原文是：「出其言善」與「出其言不善」。本是「善」與「不善」都說到的，並未說「坤」必然「不善」。而是說善有善果，「餘慶」是也；不善有不善之果，「餘殃」是也。又注釋❷已引虞云「訟乾為善」，此又云「坤為不善」。其褒乾貶坤之意甚明，其實乾、坤亦各有「善、不善」。乾卦雖多善，然上九「亢龍有悔」則不善；坤卦雖多不善，然六二「直方大，不習无不利」則善。已於坤卦言之甚詳，敬請參閱。

❺則千里之外違之，況其邇者乎

《集解》引虞翻曰：「謂初變體剝，弒父弒君，二陽肥遯，則坤違之，而承于五，故『千里之外違之況其邇者乎？』」虞蓋以為中孚九二失正，當變為六二，於是卦成為益䷩。益初九、九五相繼亦變為初六、六五，於是卦更變成剝䷖。倘再以「消息」之「消」言之，乾䷀初九被陰消滅變成姤䷫，九二再被陰消滅變成遯䷠。遯卦艮下乾上，有艮子弒父之象。消至三陰成否䷋。否卦坤下乾上，有臣弒其君之象。乾〈文言〉說：「積不善之家，必有餘殃。臣弒其君，子弒其父，非一朝一夕之故，其所由來者漸矣！由辯之不早辯也。」即有此意。「肥遯」本為遯上九爻辭，此指中孚九二之陽肥而遯去，卦成為益。益二至四皆陰爻，互體成坤。益六二乘初九之剛，而上承九五。益初、二、三互震為千里，六四居震之上，是千里之外謂四也。四與二、三互坤，承九五而不應初爻，故「千里之外違之」。四且違初，而何況近初之二乎？邇指的就是二爻。

❻**言出乎身，加乎民**

《集解》引虞翻曰：「震為出，為言；坤為身，為民也。」《纂疏》：「帝出震為出，善鳴為言。坤形為身，坤眾為民也。謂益震互坤，故『言出乎身』而『加乎民』也。」案：益卦震下；二、三、四互體為坤。故虞如此云。

❼**行發乎邇，見乎遠**

《集解》引虞翻曰：「震為行，坤為邇，乾為遠，兌為見。謂二發應五，則千里之外，故行發邇見遠也。」《纂疏》：「益震足為行，互坤地為邇。訟乾天為遠。中孚兌見為見。中孚二發為陰，上應五陽。二至四為坤，五在坤外，為千里之外。二體坤為邇，五體乾為遠，故曰『行發乎邇見乎遠也』。」所言已甚淺明。請參閱❶至❻注釋。

❽**言行，君子之樞機。樞機之發，榮辱之主也**

《說文·木部》：「樞，戶樞也。」是門戶轉動開閉用的軸頭部位。又：「機，主發謂之機。」是能發動或發射（如弓弩）的機械。所以樞機是機械運作或發動最主要的部分。猶今言關鍵。《集解》引荀爽曰：「艮為門，故曰『樞』；震為動，故曰『機』也。」案〈說卦傳〉：「震，動也。……艮，為門闕。」荀爽蓋據〈說卦傳〉而言其象。《集解》又引翟玄曰：「樞主開閉，機主發動；開閉有明暗，發動有中否，主于榮辱也。」則於字義句旨，有所訓詁發揮。此段〈繫辭傳〉「子曰」部分，至本句，韓康伯方有《注》云：「樞機，制動之主。」六字而已。蓋原文意甚明顯，無庸費詞也。孔《疏》甚嚕囌。程《傳》於中孚九二爻辭下傳云：「有孚於中，物无不應，誠同故也。至誠无遠近幽深之間，故〈繫辭〉云：『善則千里之外應之，不善則千里違之。』言誠通也。至誠感通之理，知『道』者為能識之。」特別提出「誠」字，道理甚精。楊時《荊州語錄》記：「褚遂良脩起居注。唐太宗曰：『朕有不善，亦當記之乎？』或為之言曰：『借使遂良不記，天下亦當記之。』曰：此語亦善；但人主好名，則可以此動之耳。不盡也。夫君子居其室，出其言善，則千里之外應之；出其言不善，則千里之外違之。故言行，君子之樞機，不可不慎。縱使史官不記，而言之應違如此，雖欲自掩其不善，其可得乎？」故領導人必須謹言慎行。以今日傳媒之發達，網訊之迅速普遍，人人均須謹慎，以免一失足成千古恨也。

❾言行，君子之所以動天地也，可不慎乎

《集解》引虞翻曰：「二已變成益，巽四以風動天，震初以雷動地。中孚十一月，雷動地中，艮為慎，故『可不慎乎？』」言中孚九二變為六二，則卦成益卦。益卦震下巽上，六四在巽上為風以動天，初九在震下為雷以動地。中孚六三、六四、九五互體為〈說卦傳〉「艮為門闕」。門闕所以防盜賊，故有「慎」象。虞翻就這樣解釋了「可不慎乎」。韓未注，孔氏《正義》云：「言行雖切在於身，其善惡積而不已，所感動天地，豈可不慎乎？」重點在善惡積而感動天地。程《傳》：「中誠所通，出處語默，无不同，天下莫能閒也。」則強調中誠感動。個人淺見：人之言行「動天地」者多矣。小至汽車排的氣，養牛放的屁，對「臭氧層的破壞」和「溫室效應」都有影響。大至有些大建設，如長江三峽水壩，對汶川大地震、四川山形大地震，土壤液化，有沒有因果關係，都需要進一步調查研究。不可不慎。

語譯

「鶴的鳴聲在半夜陰闇的時候發出，牠生的小鶴們也跟著應和；我有好酒，我會與你分享。」孔子說：「君子在自己家裡，所發的言論是善良的，那麼連千里之外的人民都會響應，何況近處的家人呢？在自己家裡，所發的言論是不好的，那麼連千里之外的人民都會反對，何況近處的家人呢？言論出於自身，施加在民眾身上；行為發生在近處，傳播到遠方。言語與行為，是分辨君子與小人的關鍵。關鍵一經發動，就形成個人光榮或羞辱的主宰。言語與行為，正是君子用來參贊天地萬物的，怎能不慎重呢？」

六三爻辭

六三❶：得敵，或鼓或罷，或泣或歌❷。

注釋

❶六三

六三、六四以陰居中孚卦之中，下面初、二兩爻是陽，上面五、上兩爻也是陽，於是六三、六四特別醒目。三、四相比，本以合作為妥。但是六三失位失中，下乘二剛，與四為敵。六四卻得位承陽。二陰相嫉，其勝敗歌泣，觀象即知。在筮法上，當中孚第三爻為老，他爻皆少，即由中孚之小畜䷈；或豫䷏，第三爻為少，他爻皆老，即豫之中孚：這兩種情形，都以中孚六三爻辭占。

❷得敵，或鼓或罷，或泣或歌

吳澄以為「象也」；高亨以為「說事之辭」。個人以為「得敵」為象，「或鼓或罷或泣或歌」則象中有占。「罷」，帛書作「皮」；「泣」，帛書作「汲」。張立文歷舉古韻書，證明「皮」、「罷」韻同，音近相通。其義為「疲」，言疲勞也。侯乃峰《周易文字彙校集釋》案云「『罷』、『皮』古音同在並紐歌部」，可證張說之正確。張又云：「『汲』假借為『泣』，古音同屬緝韻，音近相通。」其義則引《說文》等字書，以為「无聲出涕（古『涕』非指鼻涕，乃指眼淚。）曰泣」。今傳本《集解》引荀爽曰：「三、四俱陰，故稱『敵』也。四得位，有位故鼓而歌；三失位，無實故罷而泣之也。」六三、六四比鄰而相敵，得位者勝，失位者敗，其意甚明。王弼《周易注》：「三居少陰之上，四居長陰之下，對而不相比，敵之謂也。以陰居陽，欲進者也。欲進而閡敵，故或鼓也。四履正而承五，非己（按：指三）所克，故或罷也。不勝而退，懼見侵陵，故或泣也。四履乎順，不與物校，退而不見害，故或歌也。不量其力，進退无恆，憊可知也。」謂中孚六三、六四都是陰爻，相伴同類。但是六三居少女兌☱之上，六四居長女巽☴之下，少女長女互相猜忌，卻不肯結伴合作。「敵」就是指這種情況。六三以陰爻居陽位，是想向上再前進者。這就得罪了六四，擊鼓打起仗來。六四以陰爻居陰位，得位正當，並且上有九五支持。不是六三所能打敗克服的，所以六三「或罷」，疲倦敗退。不勝而敗退，恐怕敵人乘勝追擊，所以「或泣」，淚流滿面。六四得位順五，也不與六三計較。六三雖敗退，並沒有受六四進一步迫害，所以不禁唱起歌來。可是六三不自量力，進退搖擺不定，勞民傷財是可以知道的。以上王弼的話，有兩個特點：一、「三居少陰之上，四居長陰之下。」「四履正而承五。」「四履乎順。」皆言象也，置於虞翻、荀爽《注》中，無大差異。王弼偶亦據「象」言「理」，於此可知。二、「欲進而閡敵。」「不與物校，退而不見害」皆戒進而勸退，具有濃厚的道家色彩。程《傳》：「敵，對敵也。謂所交孚者正應上九是也。三四皆以虛中為成孚之主，然所處則異。四得位居正，故亡匹以從上；三不中失正，故得敵以累志。以柔說之質，既有所係，惟所信是從。或鼓張，或罷廢，或悲泣，或歌樂，動息憂樂，皆從乎所信也。惟係所信，故未知吉凶，然非明達君子之所為也。」說理則強調「正」與「信」；明象則強調「正應」與「得位居正」。伊川弟子呂大臨《易章句》云：「六三以陰居陽，雖與上九應，而比於六四。近不相得，所以『得敵』。以柔處下，既不能勝，故『或鼓或罷』；位既不當，又不安常，故『或泣或歌。』」承師說而未棄象。朱熹《本義》：「敵謂上九，信之窮者。六三陰柔不中正，以居說極，而與之為應。故不能自主，而其象如此。」孚為孚信，上九居中孚上爻，孚信至此，已窮途末路。故朱子云：「敵謂上九，信之窮者。」六三陰爻，既非兌下之中位，以陰爻居陽位又失正。故朱子云「六三陰柔不中正」。〈說卦傳〉：「兌，說也。」六三居兌下，為兌下最後一爻，而與上九相應。故朱子云「以居說極，而與之（指上九）為應」有「所應非人」之意。六三自己失中失正，悅樂至極；而與窮途失位已無信用的人相應作伴，前途怎能自我把握呢？所以朱子說「故不能自主，而其象如此」。由數位而顯示現象，由現象顯示後果，朱子《本義》在此說得十分清楚。

語譯

中孚卦陰爻六居第三位：碰到敵人了。或許擊鼓進攻，也可能疲乏而退兵；或許因敗退而流淚，也可能對方不計較而高唱和平。

象傳

或鼓或罷，位不當也❶。

注釋

❶或鼓或罷，位不當也

《集解》引王弼曰：「三四俱陰，金木異性，敵之謂也。以陰居陽，自彊而進，進而敵，故或鼓也。四履正位，非己敵所克，故或罷也，不勝而退，侵陵，故或泣也。四履謙巽，不報讎敵，故或歌也。歌泣无恆，當也。」文字與《注疏》本弼《注》頗有出入。請參閱中孚六三爻辭注釋。《注疏》本孔穎達《疏》云：「六三與四俱是陰爻，相與為類；然三居少陰之上，四居長陰之下，各自有應對，而不相比，敵之謂也。故曰『得敵』。欲進礙四，恐其害己，故或鼓而攻之。而四履正承尊，非己所勝，故或罷而退敗也，不勝而退，懼見侵陵。故或泣而憂悲也。四履于順，不與物校，退不見害，故或歌而歡樂也。故曰『或鼓或罷，或泣或歌』也。孔君又疏〈象傳〉，曰：「位不當者，所以或鼓或罷。進退无恆者，止為不當其位，妄進故也。」而《集解》既引「王弼曰」後，《纂疏》云：「三四俱陰，兌金巽木，既異其性；金又剋木，故曰『得敵』。」《疏》「欲進礙四，恐其害己，故或鼓而攻之。而四履正承尊非己所勝，故或罷而退敗也。不勝而退，懼見侵陵，故或泣悲也。四履于順，不與物校。退不見害，故或歌而歡樂也。進退无恆者，止為不當其位，妄進故也。」《篡疏》作者李道平案：三失位不自正，應在上，登天不下，與三易位，故曰『位不當』。讀者宜比較孔《疏》與李《篡疏》之異同，並追究義理《易》與象數《易》詮釋重點之不同。程《傳》於爻辭傳述甚詳，已見上引；於〈象傳〉惟言：「居不當位，故无所主，惟所信是從。所處得正，則所信有方矣！」

語譯

或許擊鼓進攻，也可能疲乏而退兵。因為己方立場並不得當啊。

六四爻辭

六四❶：月幾望❷，馬匹亡❸，无咎❹。

注釋

❶六四

在中孚，惟六三、六四為陰爻，其類相同。然六四居正，上承九五，巽順而與初九絕應；六三居陽位為不正，上應亢龍，下乘二陽。三、四雖同類而作風大不同。在筮法上：當中孚第四爻為老，他爻皆少，即由中孚之履䷉；或謙䷎第四爻為少，他爻皆老，即謙之中孚：這兩種情形，都以中孚六四爻辭占。

❷月幾望

象也。帛書作「月既朢」，既與幾音近，朢為望之異體字。《集解》引虞翻曰：「訟坎為月，離為日。兌西震東，月在兌二，離在震三。日月相對，故『月幾望』。」意為中孚由訟䷅初六與九四陰陽互易而來。訟卦坎下為月，二、三、四互體成離為日。中孚兌下為西，二、三、四互體成震為東。坎月在兌二，離日在震三，西東相望，故曰「月幾望」。《經典釋文》：「『幾望』，音機，又音祈。京作近，荀作既。」幾望為接近望日（「望日」為陰曆月十五），既望為已過望日。依京本作近，及下文弼《注》、程《傳》，作「幾」較妥。王弼《注》：「居中孚之時，處巽之始，應說之初，居正履順，以承於五。內毗元首，外宣德化者也。充乎陰德之盛，故曰『月幾望』。」由六四所居中孚之體，以及處中孚巽上之始，下應中孚兌下之初說起。就處巽上而言，六四以陰爻居陰位，是居正；巽有順德，是履順；上承九五之旨，是「以承於五」，「內毗元首」即指以上種種行為和態度。而「應說之初」、「充乎陰德之盛」，是「外宣德化」即指此等行為和態度。王弼就這樣詮釋了「月幾望」。《伊川易傳》：「四為成孚之主，居近君之位，處得其正，而上信之，至當孚之任者也。如月之幾望，盛之至也。已望則敵矣！臣之敵君，禍敗必至，故以幾望為至盛。」伊川作《易傳》，喜言君臣之理，余門生黃忠天嘗撰《二程易說》，附錄朱熹〈程伊川先生年譜〉云：「先生在經筵，每當進講，必宿齋豫戒，潛思存誠，冀以感動上意；（見《文集》。）而其為說，常於文義之外，反復推明，歸之人主。一日當講『顏子不改其樂』章。門人或疑此章非有人君事也，將何以為說，及講，既畢文義，乃復言曰：『陋巷之士，仁義在躬，忘其貧賤。人主崇高，奉養備極，苟不知學，安能不為富貴所移？且顏子，王佐之才也，而簞食瓢飲；季氏，魯國之蠹也，而富於周公。魯君用捨如此，非後世之監乎？』聞者歎服，（見胡氏《論語詳說》。）而哲宗亦嘗首肯之。（見《文集》。）」所言甚是。《本義》：「六四居陰得正，位近於君，為月幾望之象。」言簡意賅。吳澄《易纂言》：「象也。巽為月既望之象，六四當巽下畫，為中孚之主，陰之得位得時者也。其盛如既望之月。」上引多家之言，偶有異同出入。正可作讀者培養自家判斷力之資。

❸馬匹亡

象也。帛書作「馬必亡」。張立文云：「『匹』、『必』音近相假，然於文意均通。」既顧其「音」，言可「相假」；復顧其「意」，以為作「匹」作「必」均通。《易》多模稜語，張說可從。今傳本《集解》引虞翻曰：「乾、坎，兩馬匹。初、四易位，震為奔走，體遯山中，乾、坎不見，故『馬匹亡』。」〈說卦傳〉：「乾為良馬，為老馬，為瘠馬，為駁馬。」又：「坎，其為馬也，為美脊，為亟心，為下首，為薄蹄，為曳。」故虞謂「乾坎兩馬匹」。訟卦初與四陰陽互易成中孚卦後，二、三、四互體成震☳，〈說卦傳〉：「震，動也。」又：「震為足。」故虞云「震為奔走」。三、四、五互體成艮☶，〈說卦傳〉：「艮為山。」而九五、上九二陽為乾半卦，視為乾，與艮卦成「天山遯」，（如此附會，實難服人！）故虞云「體遯山中」。這樣又「卦變」，又「互體」，原本的訟卦坎下乾上都不見了。所以乾、坎所代表的馬匹也亡失了。故虞云「乾坎不見故馬匹亡」。象數之說，大致如此。再說《易》之義理。弼《注》：「『馬匹亡』者，棄群類也。若夫居盛德之位，而與物校其競爭，則失其所盛矣！故曰『絕類而上』。」除帶道家退讓哲學外，亦引〈象傳〉「絕類上也」意以解《經》。程《傳》：「馬匹亡：四與初為正應，匹也。古者駕車用四馬，不能備純色，則兩服、兩驂各一色，又小大必相稱，故兩馬為匹，謂對也。馬者，行物也。初上應四，而四亦進從五，皆上行，故以馬為象。」所言「匹」義，原原本本，最為詳明。朱熹《本義》參見〈象傳〉注釋。吳澄《易纂言》：「象也。二、三、四互震為馬，四與三同類而不孚於三，下絕其類，而上孚於五，如馬之亡其儔匹。」程頤以「初」與四匹，吳澄以「三」與四匹。《易》無定象，信矣！

❹**无咎**

占也。帛書同。今傳本《集解》引虞翻曰：「初四易位，故无咎矣！」訟初六、九四陰陽互換，成初九、六四。兩爻皆由失位變成得位，故虞云「故无咎矣」。弼《注》：「履正承尊，不與三爭，乃得无咎也。」則直接以六四履正得位，上承九五之尊，不與六三相爭。「乃得无咎」。全就中孚六四本爻解說。朱熹《本義》：「六四居陰得正，位近於君，為月幾望之象。馬匹，謂初與己為匹。四乃絕之，而上以信於五，故為馬匹亡之象。占者如是，則无咎也。」朱熹四絕初承五，意本於程頤，而與王弼「不與三爭」不同。吳澄《易纂言》：「占也。當位而孚於中實之君，故『无咎』。」不言所「亡」者為「三」或「初」。

語譯

中孚卦陰爻六居第四位：月亮快到陰曆十五「望」日。馬匹趁著月光逃亡了。卻不會發生咎害。

象傳

馬匹亡，絕類上也❶。

注釋

❶馬匹亡，絕類上也

《集解》引虞翻曰：「訟初之四，體與上絕，故『絕類上也』。」案：虞氏釋「馬匹亡」，已見中孚六四爻辭注釋❸。訟初之四，四亦之初。訟上體是乾☰，中孚上體是巽☴。乾、巽不同類。故曰「絕類上也」。王弼《注》：「類謂三，俱陰爻，故曰『類』也。」認為「類」指的是六三。六三與六四都是陰爻，所以同類。孔《疏》：「『絕類上』者，絕三之類，不與三爭，而上承於五也。」把「絕類上也」四字都說清楚了，比王弼只說「類」一字當然好些。但是與上句「馬匹亡」又有什麼關係呢，仍然沒說。案：〈象傳〉引卦爻辭有省略之例。此言「馬匹亡」，實指六四爻辭全文。朱熹《本義》：「六四居陰得正，位近於君，為『月幾望』之象。馬匹，謂初與己為匹。四乃絕之，而上以信於五。故為『馬匹亡』之象。占者如是，則『无咎』也。」胡炳文《周易本義通釋》：「六三與上九為亢，故曰敵；六四與初九為配，故曰匹。三陰柔不正，故不能舍上九以從剛中之二；四陰柔得正，故能絕初九以從剛中之五。然則三之得敵，非所以為得；四亡其匹，乃所以為得也。坤以喪朋為有慶，中孚之四以絕類為无咎。」《本義》與《本義通釋》皆能兼顧《周易》象數與義理。然中孚九四之匹究為三或為初，仍爭論不休。

語譯

馬匹趁著月光逃亡了。這正好使自己斷絕了同類的朋黨，一心一意地為國家民族向上努力。

九五爻辭

九五❶：有孚攣如，无咎❷。

注釋

❶九五

中孚九五以陽居尊位，得中得正，以至誠至信團結全民，故其象、占如此。在筮法上，當中孚第五爻為老，他爻皆少，即由中孚之損䷨；或咸䷞第五爻為少，他爻皆老，即由咸之中孚：這兩種情形，都以中孚九五爻辭占。

❷有孚攣如，无咎

占也。吳澄、高亨說同。帛書作「有復論如无咎」。復，假借為孚，已見卦辭注釋。又古音攣、論，聲同韻近，亦可以通假。《集解》引虞翻曰：「孚，信也，謂二在坎為孚。巽，繩；艮，手。故攣二使化為邦，得正應己，故无咎也。」「孚，信也。」《說文》文，已見卦辭注釋。九二本在訟卦䷅坎下中爻，坎為水，水之大者莫如海潮。而海潮漲落有信，故虞以「謂二在坎為孚」。九五在中孚巽上，〈說卦傳〉云「巽為繩直」。又中孚三、四、五互體為艮，〈說卦傳〉云「艮為手」。故虞云「巽繩艮手」。九五居中孚上體中位，九二居中孚下體中位。《說文・手部》「攣，係也。」是聯係的意思。九五聯係九二，使九二得正成六二，得正應己，並且使訟卦坎下變成坤下，〈說卦傳〉：「坤為地，……為眾，為柄。」擁有土地、民眾、權柄，此正邦國之象。虞曰「故攣二使化為邦得正應己」，倘或有此意乎？中孚九五所以「无咎」者，虞以為其因在此。說完象數，再說義理。弼《注》：「攣如者，繫其信之辭也。處中誠以相交之時，居尊位以為群物之主，信何可舍？故『有孚攣如』，乃得『无咎』也。」程《傳》：「五居君位，人君之道，當以至誠感通天下，使天下之心信之。固結如拘攣然，則為无咎也。人君之孚，不能使天下固結如是，則億兆之心，安能保其不離乎？」強調君、民互信立誠之重要。朱熹《本義》：「九五剛健中正，中孚之實。而居尊位，為孚之主者也。不應九二，與之同德。故其象占如此。」胡炳文《本義通釋》：「九五，孚之主也。合九二以成一體，包二陰以成中孚。」朱熹《易》學，既尊伊川，又受益於邵康節，重義理而兼顧象數，大致如此。

語譯

中孚卦陰爻九居第五位：具有至誠的為國效勞的信心，和民意溝通，和民眾心身相連，不會有差錯的。

象傳

有孚攣如，位正當也❶。

注釋

❶**有孚攣如，位正當也**

《集解》李鼎祚「案」云：「以陽居五，有信攣二，使變己是，位正當也。」九五以陽爻居陽位，是為得正；又在巽上之中爻，是為處巽順而得中。因此具備居中得正巽順等美德。向下和九二聯係，使九二由不正（非）變而為正（是），和自己（九五）同心協力。這全靠九五本身地位正確適當。領導人必須自己行事正確得當；自己倘有不正確得當處，而要部下正確得當，這是不可能的。王弼既為爻辭作了《注》，中有

「居尊位以為群物之主」之語。於〈象傳〉未再作注。孔穎達《正義》：「位正當者，以其正當尊位，故戒以繫信，乃得无咎。若真以陽得正位而无有繫信，則招有咎之嫌也。」《伊川易傳》：「五居君位之尊，由中正之道，能使天下信之，如拘攣之固，乃稱其位。人君之道，當如是也。」皆能反覆詳言其義。

語譯

具有至誠為國效勞的信心，和民意溝通，和民眾心身相連，你的領導地位正應當這樣做啊。

上九爻辭

上九❶：翰音登于天，貞凶❷。

注釋

❶上九

以三才論卦，五、上為天，上九為外太空，天之最高者。以爻位論之，上本陰位，而陽九居之，為失位失正。以卦體論之，中孚巽上為雞，雞鳴之聲可登於天，但鳴雞本身卻不能登天。聲與身離，有名、實不符之嫌。中孚上九之象之占，由此思過半矣。在筮法上，當中孚上爻為老，他爻皆少，即由中孚之節䷻；或旅䷷上爻為少，他爻皆老，即旅之中孚：這兩種情形，都以中孚上九爻辭占。

❷翰音登于天，貞凶

「翰音登于天」，吳云「象也」，高云「取象之辭」；「貞凶」，吳云「占也」，高云「斷占之辭：其義一也」。「翰」，帛書作「韓」，張立文《今注今譯》：「韓疑為韓字，韓或為鶾之異體字。」《釋文》：「鶾，本作翰。」《說文・羽部》：「翰，天雞，赤羽也。从羽倝聲。……故『韓』、『鶾』、『翰』古相通。」（張著〈序〉寫於一九八五。）又鄧球柏《帛書周易校釋》：「疑『韓』是『鶾』字異體，即『翰』字。〈曲禮〉：『凡祭宗廟之禮，雞曰翰音。』」（鄧書未見，此自侯乃峰《周易文字彙校集釋》轉引，侯書原注云鄧書為一九九六年八月第二版。）張云「韓、翰，古相通」，鄧云「韓即翰字」：皆可從。《集解》引虞翻曰：「巽為雞；應在震，震為音。翰，高也，巽為高。乾為天：故『翰音登于天』。失位，故『貞凶』。《禮》：薦牲雞稱翰音。」「巽為雞」，〈說卦傳〉文。中孚二、三、四爻互體為震☳。上九與六三互應，故虞云「應在震」。〈說卦傳〉：「震為雷。……為善鳴。」故虞引申之謂「震為音」。「翰，高也。」見賁卦辭「白馬翰如」《釋文》所引荀爽、馬融《注》，又《詩・小宛》「翰飛戾天」毛亨《傳》等等文獻。「巽為高」、「乾為天」，皆〈說卦傳〉文。虞翻以此釋「翰音登于天」。上九失位，虞以此釋「貞凶」。《禮》，指《禮記》。在〈曲禮下〉有：「凡祭宗廟之禮：牛曰一元大武，豕曰剛鬣，豚曰腯肥，羊曰柔毛，雞曰翰音，犬曰羹獻，雉曰疏趾，兔曰明視。……」虞云「薦牲雞稱翰音」實本於《禮記・曲禮下》。及王弼作《注》，云：「翰，高飛也。飛音者，音飛而實不從之謂也。居卦之上，處信之終，信終則衰，華美外揚，故曰翰音登于天也。翰音登天，正亦滅矣！」弼《注》由「翰音登天」之現象，說明「正亦滅矣」（即「貞凶」）之斷占，較為合理。朱熹《本義》：「居信之極，而不知變。雖得其貞，亦凶道也。故其象占如此。雞曰翰音，乃巽之象。居巽之極，為登于天。雞非登天之物，而欲登天；信非所信，而不知變，亦猶是也。」《本義》兼顧象數與義理，而行文簡潔如此。又乾上九爻辭云「亢龍有悔」，可與中孚上九爻辭作較論。

語譯

中孚卦最上面的位置是陽爻九：雞啼的聲音傳升到天上，鳴雞本身卻不能登天，名實不符，而有凶險。

象傳

翰音登于天，何可長也❶？

注釋

❶翰音登于天，何可長也

《集解》引侯果曰：「窮上失位，信不由中。以此申命，有聲無實。中實內喪，虛華外揚，是翰音登天也。巽為雞，雞曰『翰音』，虛音登天，何可久也。」《唐書・儒學列傳・褚無量傳》提及「國子博士侯行果」，並言其曾為「侍讀」。馬國翰《玉函山房輯佚書》以為「意侯行果即侯果。唐人多以字行，果名而行果其字也」，並自「李鼎祚《集解》引其說，釐為三卷」云。朱彝尊《經義考》著錄侯氏果《易說》，云「佚」。〈象傳〉此句，弼未注。孔穎達《正義》：「『何可長也』者，虛聲无實，何可久也？」以「久」釋「長」，與侯果同。胡瑗《安定易解》：「上九徒以虛聲外飾，無純誠篤實之行。以此而往，愈久愈凶，故聖人戒之曰：『何可長如此』。蓋欲人改過反（返）誠，以信實為本也。」所解最是。

語譯

雞啼的聲音傳升到天上，但雞本身飛不到天上；這樣聲音和本身不在一起，聲音怎麼可能長久呢？

小過卦經傳通釋第六十二

卦辭

䷽ 艮下震上 小過❶：亨，利貞❷。可小事不可大事❸。飛鳥遺之音，不宜上宜下，大吉❹。

注釋

❶ ䷽ 艮下震上 小過

「小」，帛書作「少」，字雖可通，作「小」為是。「過」，是過分的意思。小過，言小事過分了。《集解》引虞翻曰：「晉上之三，當從四陰二陽臨觀之例。臨陽未至三，而觀四已消也。又有飛鳥之象，故知從晉來。杵臼之利，蓋取諸此。」虞先以為小過卦是由晉卦䷢上九下到三爻成為小過的九三；換取晉卦六三上到上爻，成為小過卦的上六。再說四陰二陽之卦，大抵從臨卦䷒或觀卦䷓變成。可是臨卦陽爻只有初九、九二，未曾發展到九三；而觀卦陽爻只在上九、九五，也沒降臨到九四，九四已被陰爻消除了。因此說小過從晉來，不提從臨、觀來。請參閱中孚卦辭注釋❶。又晉卦離上，〈說卦傳〉「離為雉」，故知小過卦辭所謂「飛鳥」是從晉來，又為「小過從晉來」添一證據。〈繫辭傳下〉：「斷木為杵，掘地為臼，臼杵之利，萬民以濟，蓋取諸小過。」虞云：「杵臼之利，蓋取諸此。」實據〈繫下〉。

小過卦名，弼未注。孔氏《正義》曰：「小過，卦名也。王（弼）於大過卦下注云：『音相過之過。』恐人作罪過之義，故以音之。然則小過之義，亦與彼同也。過之小事，謂之小過。即『行過乎恭，喪過乎哀』之謂，是也。」《伊川易傳》：「過者，過其常也。若矯枉而過正，過所以就正也。」朱熹《本義》：「小謂陰也。為卦四陰在外，二陽在內，陰多於陽，小者過也。」此條最能看出程、朱言《易》之異：程言理者多，而朱則兼受邵雍影響，偶亦言象。在筮法上，當小過卦六爻皆少，也就是本卦、之卦都是小過；或中孚卦䷼六爻皆老，也就是中孚之小過：這兩種情形，都以小過卦辭占。

❷亨，利貞

占也。吳澄之言同。高亨以「亨」為「記事之辭」，「利貞」為「斷占之辭」。此從吳。漢帛書字亦作「亨利貞」。今傳本《集解》引虞翻曰：「柔得中而應乾剛，故『亨』。五失正，故『利貞』，『過』以『利貞』，與時行也。」王弼於「亨利貞」未注。《正義》此句所疏，文頗枝蔓，亦不錄。程《傳》：「過者，過其常也。若矯枉而過正，過所以就正也。事有時而當然，有待過而後能亨者，故小過自有亨義。利貞者，過之道利於貞也。不失時宜之謂正。」朱熹《本義》：「小謂陰也。為卦四陰在外，二陽在內，陰多於陽，小者過也。」胡炳文《周易本義通釋》：「《易》貴陽賤陰，故二陽函四陰為頤，四陽函二陰為中孚。中孚、頤皆美名也；二陰函四陽為大過，四陰函二陽為小過：過非美名也。大過陽多於陰，小過陰多於陽。《易》於陽之過，則猶許其往；此則『利貞』以下，无非戒辭。蓋曰：陽之過利往而亨，陰之過其亨必利貞，不貞則不亨也。」胡氏歸納分析，於《本義》頗多發揮。

❸可小事不可大事

占也。吳澄、高亨皆同此說。帛書字同。《集解》引虞翻曰：「小謂『五』，晉坤為事，柔得中，故可小事也。大謂『四』，剛失位而不中，故不可大事也。」虞翻既以小過為「晉上之三」。晉卦坤下離上。坤六五〈文言傳〉：「發於事業」，故云「晉坤為事」。蓋小過六五與坤六五亦有其異同也。《篹疏》：「五陰為小，故「小謂五」也。晉坤「發于事業」為「事」。五得中，「故可小事也」。大事謂四，四剛失位而不得中，故「不可大事」也。」疏解甚明，故毋需再釋。弼於此句仍未注。《正義》曰：「可小事不可大事者，時也，小有過差，惟可矯以小事，不可正以大事。故曰：『可小事不可大事』也。」朱熹《本義》：「卦之二五，皆以柔而得中，故可小事；三四皆以剛失位而不中，故不可大事。」其由象數而言義理甚明。王夫之《周易內傳》：「然陰之為道，柔弱曲謹而不能勝大任，故可小而不可大，乃聖人於此寓扶陽抑陰之深意。」直以「扶陽抑陰」釋之。「柔弱曲謹」者，可不慎與！

❹飛鳥遺之音，不宜上宜下，大吉

吳澄以為全句惟「大吉」為「占也」；他皆「象也」。高亨以為「飛鳥遺之音」為「取象之辭」；「不宜上宜下大吉」為「斷占之辭」。高亨說後出轉精，此從高。帛書「飛」作「翡」。「𦐊」、「翡」、「蜚」，皆「飛」之異體字。張立文以為「假借」，亦可。又帛書「大」作「泰」，張立文云：「泰與大通。大吉是也。」《集解》引虞翻曰：「離為飛鳥，震為音，艮為止。晉上之三，離去震在，鳥飛而音止，故『飛鳥遺之音』，上陰乘陽，故『不宜上』；下陰順陽，故『宜下大吉』。」晉卦坤下離上。晉上之三，則艮下震上而成小過。晉卦離上去了。現所在者為震，虞所言各種現象皆由於此。本卦注釋前文多已言之，此不贅述。虞又以「乘陽」、「順陽」釋「不宜」與「宜」，其褒陽抑陰之意甚明。王弼《注》：「飛鳥遺其音，聲哀以求處。上愈无所適，下則得安。愈上則愈窮，莫若飛鳥也。」蓋鳥飛愈高，愈乏棲處，猶乾上九「亢龍」之窮境。鳥飛宜下，繞樹覓枝，方有棲所。《正義》所言：「飛鳥遺其音，聲哀以求處，過上則愈无所適，過下則不失其安。」是也。《集解》引虞翻又曰：「俗說或以卦象二陽在內，四陰在外，有似飛鳥之象，妄矣！」提出飛鳥象形說，而斥之「妄矣」！然此說言者代不乏人。明季王船山《周易內傳》仍云：「三四象鳥軀，四陰在旁，其翼也。軀從翼以上，陽為陰所挾，而從之往陰，亢而不順陽，逆也。初上以之翼，從軀以下，陰不挾陽而從陽，陽居內以制外，順也。二五比於三四，然九三有或戕之凶，以九三妄動，不能居重而御輕也。」至今仍有主此說者。異說存之可也。

語譯

三畫的艮作下卦，三畫的震作上卦。重疊成六畫的小過卦。具有溝通諸事彰顯諸物的功能。各種事物都要遵循正道正常地溝通發展。若是稍有過分柔弱曲謹的性格及行為，只能處理小事，而不能處理大事。飛鳥發出迷途的哀音，這時不應當向上飛，而要下飛，以求可棲的樹枝，會大有收穫吉利。

彖傳

小過，小者過而亨也❶。過以利貞，與時行也❷。柔得中，是以小事吉也❸；剛失位而不中，是以不可大事也❹。有飛鳥之象焉❺。飛鳥遺之音，不宜上宜下，大吉，上逆而下順也❻。

注釋

❶小過，小者過而亨也

《集解》引荀爽曰：「陰稱小，謂四應初，過二而去；三應上，過五而去。五處中，見過不見應，故曰『小者過而亨也』。」陰稱小，陽稱大：泰卦卦辭「小往大來」與否卦卦辭「大往小來」釋之已明。《篹疏》：「陽大陰小，故陰稱小。四應初陰，過二而去；三應上陰，過五而去。五處中，見過不見應，故曰『小者過而亨也』。」李道平為《集解》所引荀爽《周易荀氏注》作《篹疏》後，復加案語云：「小陰謂五，五過乎陽而應乾剛，故過而亨。」蓋道平不以為荀《注》全然正確，故另加案語，以示正詁。但案語之牽強複雜，尤過於荀《注》。余魯鈍，不強作解人。王弼《周易注》：「小者，謂凡諸小事也。過於小事而通者也。」孔《疏》：「此釋小過之名也。并明小過有亨德之義。過行小事，謂之小過；順時矯俗，雖過而通。故曰『小者過而亨也』。」呂大臨《易章句》：「小過，過於小事者也。……小者過也。君子之過，皆以濟其不及，然後可以會於中。大過以濟其大不及，小過以濟其小不及者，濟所以亨也。」朱震《漢上易傳》：「小過與中孚相易，其卦四陰二陽。陽為大，陰為小，小者過也。六五過四而亨於外，六二過三而亨於內。蓋事有失之於偏，矯其失，必待小有所過，然後偏者反於中。謂之過者，比之常理，則過也。過反於中，則其用不窮而亨矣！」亦以過度矯正小事之偏枉，使歸於適當而亨通之意也。呂大臨以小過與大過比，朱震以小過與中孚比，二人皆強調「中」字，可供參考。

❷**過以利貞，與時行也**

《周易集解纂疏》李道平案語云：「艮為時，震為行，過五利變之正，成咸。泰、否相反，終則有始，與時偕行，故『過以利貞，與時偕行也。』」〈說卦傳〉：「艮，東北之卦也。萬物之所成終而所成始也。」又曰：「終萬物始萬物者莫盛乎艮。」故道平以「艮為時」。〈說卦傳〉：「雷以動之。」又曰：「帝出乎震。……萬物出乎震。」又曰：「動萬物者莫疾乎雷。」又曰：「震，動也。」又曰：「震為足。」〈說卦傳〉所說「震為動」，為行動之意；所說「出」，為出發之意；所說「震為足」，足為身體行走器官。故道平以「震為行」。小過卦艮下震上，震向上行，經過六五，利於把六五變成九五，既得中又得正，小過六五變九五，也就成為咸卦䷞了。故道平案云「過五利變之正成咸」。泰䷊乾下坤上，否䷋坤下乾上。是相反的。卦辭說泰「小往大來」，說否「大往小來」，都含終始循環之意。故道平有「泰否相反……與時偕行也」之案語。附帶一句：《周易》整本書，包括《經》、《傳》，從沒說過「始終」，而只說「終始」。道平說「終則有始」，是合乎《周易》時間觀念的。

❸**柔得中，是以小事吉也**

《集解》引虞翻曰：「謂五也。陰稱小，柔而得中，故小事吉也。」《纂疏》云「五柔得正」五非陰爻六之正位，其疏可疑。然程《傳》亦言「陰柔」。案：六二、六五，皆柔而得中。惟六五得中而失位，有過者也；六二得中且得位，無過者也。故虞惟曰「五」，以其失位，能得中改過也。而未及「二」。弼於此句未注。《正義》曰：「柔順之人，惟能行小事；柔而得中，是行小中時。故曰『小事吉也』。」程頤《易傳》：「小過之道，於小事有過則吉者，而〈彖〉以卦才言吉義：『柔得中』，二、五居中也。陰柔得位，能致『小事吉』耳，不能濟大事也。」孔《疏》、程《傳》，言義已明。請參閱小過六四、六五爻辭注釋。

❹剛失位而不中，是以不可大事也

《集解》引虞翻曰：「謂四也。陽稱大，故不可大事也。」指九四以陽爻九而居四陰之位，失位失中，所以不可做什麼大事。弼《注》：「成大事者，必在剛也。柔而浸大，剝之道也。」弼此注似與其平素所信「柔弱勝剛強」之道家哲學相背。然「剛」亦非成大事之充足條件，仍須與時位配合，故「失位而不中」，是不能成「大事」的。程《傳》：「『剛失位而不中，是以不可大事。』大事非剛陽之才不能濟；三不中，四失位，是以不可大事。小過之時，自不可大事；而卦才又不堪大事，與時合也。」伊川此《傳》，象數、義理，面面俱到。朱熹《本義》惟「以三四言」四字而已，似不如伊川說得明白。

❺有飛鳥之象焉

《集解》引宋衷曰：「二陽在內，上下各陰，有似飛鳥舒翮之象。故曰『飛鳥』。」案：宋衷，《經典釋文・序錄》云：「字仲子，南陽竟陵人，官至荊州五等從事。」馬國翰《玉函山房輯佚書》：「考衷於〈七經緯讖〉、《世本》、揚子《太玄經》，皆有注。」其學於緯讖《易》象有所專可知。官至「荊州五等從事」，其時荊州牧為劉表，表亦研究《周易》，著有《周易章句》，衷為表之從事，或與其同習《周易》有關也。宋衷《周易注》之釋「飛鳥」，上本於〈彖傳〉，至王船山猶持此說，至今倡者仍不乏其人。虞翻斥之為「俗說」、「妄矣」（見本卦卦辭注釋❹），可商。

❻飛鳥遺之音，不宜上宜下，大吉，上逆而下順也

《集解》引宋衷曰：「震為聲音，飛而且鳴，鳥去而音止，故曰『遺之音』也。」前釋已多，此不贅。

又引王肅曰：「四、五失位，故曰『上逆』；二、三得正，故曰『下順也』。」小過震上九四以陽爻居陰位，六五以陰爻居陽位：皆失位。在上體而失位，故曰「上逆」。艮下六二以陰爻居陰位，九三以陽爻居陽位。在下體而得位，故曰「下順」。又肅言「位」惟及二、三、四、五，而未提初、上。王弼《周易略例·辯位》以三、五為陽位，二、四為陰位，初、上無位。倘承王肅之意乎？王弼《周易注》：「上則乘剛，逆也；下則承陽，順也。施過於不順，凶莫大焉；施過於順，過更變而為吉也。」肅以「得正」釋「下順」，以「失位」釋「上逆」。弼以「承陽」為「順」，「乘剛」為「逆」。雖理由微有不同，然據數位而言義理順逆，則一也。胡瑗《安定易傳》：「飛鳥翔空，無所依著。愈上則愈窮，是上則逆也；下附物則身可安，是下則順也。猶君子之人，過行其事以矯世勵俗，必下附人情，亦宜下而不宜上也。」《安定易傳》盡棄「互體」等等象數，而專以事理物情解《易》，於此條可見。呂大臨《易章句》：「凡事之過，則聲遠聞而實不稱，如飛鳥遺之音也。飛鳥不宜上宜下，上窮，而下有止也。過慢過奢則凶，不宜上也；過恭過儉則吉，宜下也。上偪（侵迫也）下則可，下僭上則不可也。」大臨言上可偪下，下不可僭上，似受乃師伊川「尊君抑臣」思想之影響，非正道也。

語譯

小過卦講的是小小的過錯，使人反省悔改；小小的過分，如矯枉過正，使人痛改前非：這樣的過錯或過分，反而使人懂得如何溝通發展啊。過錯或過分，所以利於配合正常的道理，是指能適應時機而做事啊。溫柔合乎中庸，所以處理小事情，能有收穫而吉祥。倘使剛強卻有失身分，而且不合中庸之道，所以不可以成就大事啊。小過卦中二陽，上下各二陰，有飛鳥中身體外二翼的形象含於其中。飛鳥留下哀音，不適宜上飛，而適宜下飛。下飛能有樹枝可棲，大有收穫而吉祥，上飛逆時而下飛順勢啊。

象傳

山上有雷，小過❶；君子以行過乎恭，喪過乎哀，用過乎儉❷。

注釋

❶山上有雷，小過

《集解》引侯果曰：「山大而雷小，山上有雷，小過于大，故曰『小過』。」《纂疏》：「艮一陽在上，陽為大，故曰山大；震重陰在上，上陰為小，故曰雷小。今山上有雷，是小過于大也，故曰『小過』。」蓋純以數位釋之。弼未注。《正義》曰：「雷之所出，不出於地，今出山上，過其本所，故曰『小過』。」《伊川易傳》：「雷震於山上，其聲過常，故為小過。天下之事，有時當過，而不可過甚，故為小過。」

❷君子以行過乎恭，喪過乎哀，用過乎儉

「君子以行過乎恭」，《集解》引虞翻曰：「『君子』謂三也。上貴三賤，晉上之三，震為行，故『行過乎恭』，以存其位，與謙三同義。」以三才喻六爻，三、四屬人位，三為腳踏地面的人，四為腳不著地的人。《通釋》於乾卦言之已詳。又六十四卦中之初九、九二、九三、九四、九五、上九，皆帶有乾六爻之基因，惟所處之卦不同，而微有異耳。此說前文亦多次言及。乾九三爻辭「君子終日乾乾」，故虞此云「君子謂三也」。謙九三爻辭云：「勞謙君子有終吉。」小過所謂「行過乎恭」等等，亦「勞謙」之義也。《集解》又於「喪過乎哀」下引虞翻曰：「晉坤為喪，離為目，艮為鼻，坎為涕洟，震為出；涕洟出鼻目，體大過遭死，『喪過乎哀』也。」於「用過乎儉」下引虞翻曰：「坤為財用，為吝嗇，艮為止，兌為小。小用止，密雲不雨，故『用過乎儉』也。」《纂疏》疏通其意已好；王新春撰《周易虞氏學》尤其詳明。余於象數不想太花腦筋，請讀者自己檢閱二書。弼未注。孔《疏》：「小人過差，失在慢易、奢侈。故君子矯之，以行過乎恭，喪過乎哀，用過乎儉也。」程《傳》：「天下之事，有時當過，而不可過甚，故為小過。君子觀小過之象，事之宜過者，則勉之行過乎恭，喪過乎哀，用過乎儉，是也。當過而過，乃其宜也；不當過而過，則過矣。」孔《疏》重在過正以矯差失；程《傳》則注意「當過而不可過甚」與事有「當過」與「不當過」者，意更全面。《郭氏傳家易說》記白雲曰：「凡可過者過之，則不為失；不可過而過之，斯為過矣！孔子曰：『禮與其奢也，寧儉；喪與其易也，寧戚。』此其所以為可過也歟？自道論之，三者猶為道之小者，故稱『小過』。」大致從程《傳》。所引「孔子曰」，見於《論語．八佾》。拙見此句當與《中庸》「發而皆中節」、《漢書．諸王年表》「撟枉過正」、《後漢書．仲長統傳》、及《南史．王琨傳》之「矯枉過正」，相提並論。

語譯

連山頭也有雷響，這稍微有些過分了。君子因此要檢討行為是否過於恭讓，喪事是否過於哀痛，費用是否過於節儉。

序卦傳

有其信者必行之，故受之以小過❶。

注釋

❶有其信者必行之，故受之以小過

韓康伯《注》：「守其信者，則失『貞而不諒』之道，而以信為過。故曰『小過』也。」「貞而不諒」，猶今言「得理不饒人」，是有失道小過也。《集解》所引亦惟「韓康伯曰」一條。「而以信為過」下多一「也」字；「故曰小過」下少一「也」字。程《傳》：「人之所信，則必行，行則過也。小過所以繼中孚也。」吳澄《易纂言・序卦傳第九》：「此言小過所以次中孚也。……過者，行動而踰越之也。故大過云『動』，小過云『行』。凡行動未至其所，為『未及』；既至其所，為『至』；既至而又動又行，則為踰越其所至之地而『過』也。」吳澄此段話宜與《禮記・大學》釋「止于至善」及《禮記・中庸》釋「致中和」諸章同讀。方能行道而免過。

語譯

具有信用的人一定篤行其信念，所以接在中孚卦之後的是小過卦。

雜卦傳

小過，過也❶。

注釋

❶**小過，過也**

《集解》：「五以陰過陽，故過。」《纂疏》：「小過，五以陰過陽，是小者過也。」蓋以六五以陰居九四陽爻之上。陰小陽大，小者踰越身分，而乘剛過大，是小者陰爻之過也。韓未注，孔未疏。程《傳》：「為卦山上有雷，雷震於高，其聲過常，故為小過；又陰居尊位，陽失位而不中，小者過其常也。蓋為小者過，又為小事過，又為過之小。」說得很全面。吳澄《易纂言》：「小過，九四主也，而為六五所過。蓋陰盛能過，陽衰不及也。」大抵尊程，而提出九四為「卦主」之說。

語譯

小過，是稍有過度、稍有過錯的意思。也可說過度還小，過錯不大啊。

初六爻辭

初六❶：飛鳥以凶❷。

注釋

❶初六

小過卦之初六，最嚴重的問題是與九四有應。「有應」本來多般是好的。可是飛鳥一向棲留樹枝上就行了。如果受九四蠱惑一直往上飛，會看到棺材等不祥東西（說詳於後面注釋），並且失去可棲息的地方。就不好了。在筮法上，當小過初爻為老，他爻皆少，即由小過之豐䷶；或渙䷺初爻為少，他爻皆老，即渙之小過：這兩種情形，都以小過初六爻辭占。

❷飛鳥以凶

吳澄以為「象連占也」。高亨以為「飛鳥以」下，脫「矢」字。「飛鳥以矢」為「取象之辭」，「凶」為「斷占之辭」。高亨《周易古經今注》：「疑『以』下當有『矢』字，轉寫挩去。『飛鳥以矢』者，鳥帶矢而飛也。《國語・晉語》：『仲尼在陳，有隼集于陳侯之庭而死，楛矢貫之，石砮其長尺有咫。陳惠公使人以隼如仲尼之館問之，仲尼曰：「隼之來也遠矣！此肅慎氏之矢也。」』此隼中矢於肅慎，死於陳庭，是帶矢飛數千里也。鳥既中矢，飛而矢不脫，其矢貫深矣，其被創甚矣，未有不死者，故曰『飛鳥以矢，凶。』」又「飛」字，帛書作「翡」，乾九五爻辭「飛龍在天」之「飛」亦作「翡」。張立文云：「『翡』假借為『飛』。」是也。說明象、占，校訂文字已畢，以下再說明句義，仍從數象說起。《集解》引虞翻曰：「應四離為飛鳥，上之三，則四折入大過死。故『飛鳥以凶』。」本卦一開始，就曾引虞翻「晉上之三」說。此謂晉初六與晉九四相應，而晉九四在離上，離為飛鳥。「晉上之三」，艮下震上，九三、九四、六五互體為兌，兌為毀折。小過二至五連互成大過卦（六二、九三、九四、六五為巽下，九三、九四、六五為兌上，巽下兌上成䷛）。〈繫辭傳下第二章（制器尚象）〉：「古之葬者，厚衣之以薪，葬之中野。不封不樹，喪期無數。後世聖人易之以棺槨，蓋取大過。」故大過卦有喪葬棺槨死亡之象。虞翻就這樣解說「飛鳥以凶」。我個人對為什麼不由小過本卦說「飛鳥」，卻由「晉上之三」上離說「飛鳥」？不由小過本卦說「飛鳥以凶」，卻由小過互體有大過棺槨之象說「飛鳥以凶」？「棺槨」是富貴人家才有的，與飛鳥吉凶何干？弼《注》：「小過上逆下順，而應在上卦，進而之逆，无所措足。飛鳥之凶也。」「上逆而下順也」，〈彖傳〉文，弼引以為據。「應在上卦」，指初六與上卦九四陰陽互應。「進而之逆」，飛鳥上進不止，高空空無一物，此飛鳥之逆境，無棲息之處也。故弼云：「无所措足，飛鳥之凶也。」此條有一個值得再思的問題：有「應」是否皆「吉」？未必！弼所謂「應在上卦」，而終於「飛鳥之凶」，即其一例也。孔《疏》尊王《注》，無新意。程《傳》：「初六陰柔在下，小人之象。又上應於四，四復動體。小人躁易而上有應，助於所當過，必至過甚，況不當過而過乎？其過如飛鳥之迅疾，所以凶也。躁疾如是，所以過之速且遠，救止莫及也。」四在震上。震為動，故程頤云「四復動體」。此處程《傳》由初六本身德性「躁易」，與所處環境「有應於動體」等存在之現象，抽繹出其「凶」之後果。讀《周易》者最宜如此讀。

語譯

小過卦初位是陰爻六：像上飛的鳥以至於凶。

象傳

飛鳥以凶❶，不可如何也❷。

注釋

❶飛鳥以凶

先引爻辭原文，以作〈象傳〉之張本。

❷不可如何也

《集解》引虞翻曰：「四死大過，故『不可如何也。』」小過初六與九四相應；二至五連互為大過，大過有棺槨死象。小過初六爻辭「飛鳥以凶」之注釋已詳言之，此不贅。弼無《注》。孔《疏》：「『不可如何也』者，進而之逆，孰知不可；自取凶咎，欲如何乎？」大致依乎卦辭、〈象傳〉、〈大象傳〉而云然。程《傳》：「其過之疾，如飛鳥之迅，豈容救止也？凶其宜矣。不可如何，无所用其力也。」純就事物之理言之，釋義甚精。朱震《漢上易傳》：「兌，口；如何也。……是為惡成而不及改者。」以小過初六與九四相應，九三、九四、六五互體為兌，兌有「口」象，以釋「如何」，反成蛇足矣！

語譯

像上飛的鳥以至於凶，不可能怎樣補救啊。

六二爻辭

六二❶：過其祖，遇其妣❷；不及其君，遇其臣❸。无咎❹。

注釋

❶六二

居小過艮下之中，得位得正。上與六五無應，惟比於九三，承陽而已。下同初六之陰，而無乘剛之咎。在筮法上，當小過第二爻為老，他爻皆少，即由小過之恆䷟；或益䷩第二爻為少，他爻皆老，即益之小過：這兩種情形，都以小過六二爻辭占。

❷過其祖，遇其妣

象也。帛書作「過亓祖愚亓比」。《爾雅》、《說文解字》之前，中國無「字書」。又唐、宋始有印刷術，宋後方有字書印刷出版，而流行不廣。所以古人常寫「錯別字」，名之曰「通假」。此句「遇」、「妣」為正確字，「愚」、「比」為錯別字。說為「通假」，是厚道、客氣的說法。《集解》引虞翻曰：「祖謂祖母，初也。母死稱妣，謂三。坤為喪、為母、折入大過死，故稱祖妣也。二過初，故『過其祖』；五變三體姤遇，故『遇妣』也。」小過初六是陰爻，代表女性，虞曰「祖為祖母」，是可以理解的。但是女性死了還是女性，男性死了仍是男性。因此「母死稱妣，謂三」，小過九三明明是陽爻，怎麼會是「妣」呢？我無法代為辯解。小過由晉䷢變來，本卦注釋已多次言之。晉坤下。坤與乾相對而言：乾為生，坤為喪；乾為父，坤為母。《說卦傳》即有「坤，地也；故稱乎母」之文。為虞曰「坤為喪為母」所本。「折入大過死，故稱祖妣也」，本卦前此注釋已屢言之，不贅。《纂疏》：「初，坤體之始，故為祖母也。二在初上，為過初，故『過其祖』。」《集解》引虞翻曰下文更有「五變三體姤遇，故『遇妣』也」，《篡疏》未疏之。蓋小過卦六五失位非正，倘能變正，則小過六二、九三、九四，及變正之後的九五，連互可得姤䷫，〈象傳〉「姤，遇也。」是虞言之所據也。弼《注》：「過而得之謂之遇，在小過而當位，過而得之之謂也。祖，始也，謂初也。妣者，居內履中而正者也。過初而履二位，故曰『過其祖而遇其妣』。」試將虞《注》與弼《注》作一比較：虞謂「祖為初，妣為三」，弼謂「祖為初，妣為二」。虞用「卦變」、「互體」為釋，弼純由爻序、爻位釋之。此後，張載《橫渠易說》：「與其上比於陽，不若下遇於陰。」蓋以九三為祖，初六為妣。《伊川易傳》：「陽之在上者，父之象；尊於父者，祖之象。四在三上，故為祖。」則以九四為祖，而未言妣。呂大臨《易章句》：「六二過於初而處於內，故曰『過其祖遇其妣』。」是呂氏以初為祖，以二為妣，與王弼同。朱震《漢上易傳》：「三乾在上為父，四為祖；五坤陰居尊位，配乎祖，妣也。」以九四為祖，六五為妣。船山《易內傳》：「五、上以陰居天位，有鬼神之道焉，故為『祖妣』：上，祖也；五，妣也。」公說公有理，婆說婆有理。《易》無定象，於此可知。

❸不及其君，遇其臣

象也。帛書作「不及亓君愚丌僕」。臣、僕義近。《說文解字・臣部》：「臣，牽也，事君者。象屈服之形。」又：〈丵部〉：「僕，給事者。从人丵，丵亦聲。䑑，古文从臣。」由僕古文从臣作䑑而可知古代臣僕同義。《集解》引虞翻曰：「五動為君，晉坤為臣，二之五隔三艮為止，故『不及其君』；止如承三得正，體姤遇象，故『遇其臣无咎』也。」虞意：小過六五失位不正，須變為九五，始居中得正，有九五為君之尊。小過由晉變成，晉卦坤下為臣。六二之臣想往上見由六五變成的九五之君，卻被小過艮下的九三阻止了（〈說卦傳〉「艮止也」），所以見不到君主。止如之如，《篡疏》云「如與而通」。為承接連詞，與《詩・邶風・柏舟》「耿耿不寐，如有隱憂」，《禮記・檀弓》「天下豈有無父之國哉？吾何行如之」二「如」字通「而」同。「止如承三得正」，謂六二在艮下與九三比鄰，承蒙九三得正之爻的牽連；「體姤遇象」，已見上文「遇其妣」注釋，不贅。弼《注》：「過而不至於僭，盡於臣位而已。」依據六二爻位，參照〈象傳〉而以人事言之。參考下文〈象傳〉注釋。《橫渠易說》：「與其上合於五，不若退附於初，宜下之義也。」程《傳》：「『不及其君遇其臣』，謂上進而不陵及於君，適當臣道。」《易章句》：「不進於上而安於下，故曰『不及其君遇其臣。』」《漢上易傳》：「五不應二，以中相會，故遇之。言過而適與中相當也。五，君之位，坤居之。坤，臣也，過而適及於臣之分，則可；過而及於君，過臣之分也。」船山《易內傳》：「陽為君，陰為臣。二非剛中，於君道為不及；而柔順當位，於臣道為得遇其臣也。」張載、程頤、呂大臨、朱震、王夫之諸儒，所言或有詳略出入，綜而觀之，大義全矣。

❹无咎

占也。吉、凶，悔、吝，无咎、有咎，都是由個人身分、行為，和當時局勢等「現象」決定的。此言「无咎」，正是上文所述各種「現象」的結果。請參閱注釋❷、❸。吳澄《易纂言》：「无咎，占也。二、五當陰過之時，而无害陽之事，得中故也。五，中而不正；二，中而正。故其爻辭比六五尤善。」船山《易內傳》：「小過以陰過為咎，惟二以柔自靖，為可以无咎。」

語譯

小過卦陰爻六居第二位：通過了祖父，遇見了祖母；不僭越領導人，卻禮遇幹部們，不會犯什麼錯誤。

象傳

不及其君，臣不可過也❶。

注釋

❶臣不可過也

釋爻辭「不及其君」之理由。言為臣者不可超越其君也。《集解》引虞翻曰：「體大過下，止舍巽下，故不可過。與隨三同義。」「體大過下」，小過二至五連互成大過卦，六二在大過最下面，釋已詳於本卦初六爻辭「飛鳥以凶」之注釋。此不贅。小過艮下為止；六二、九三、九四互體巽，故六二「止舍巽下」。停留在巽遜下面，做個乖乖的臣子，不會僭越過君主。與隨卦䷐六三之陰聽命於九四之陽同一個意思。虞《注》釋畢，再說王弼。弼《注》爻辭，已參照〈象傳〉而以人事言之，故於〈象傳〉不再作注。孔《疏》：「『臣不可過』者，臣不可自過其位也。」宋儒之說，大抵亦如是。多尊君而戒臣不可僭越之封建思想，程《傳》固如此，朱《義》亦不能免。及船山《易內傳》，曰：「臣不可以君道自居，安於不及而柔順，則當過之世而无咎。」仍無一根硬骨頭，令人訝異而不解。

語譯

不可僭越領導人，作部下的人不可過分啊。

九三爻辭

九三❶：弗過防之，從或戕之❷，凶❸。

注釋

❶九三

以剛爻九居剛位三，本為得位得正。但有過剛之嫌。且與其上九四，頗多矛盾；又與上六相應，而上六以陰居六爻最高位，已至亢窮。皆「凶」象也。然天無絕人之路，吉凶操之在我，故爻辭中有「或」字，示人力可回天也。在筮法上，當小過第三爻為老，他爻皆少，即由小過之豫䷏；或小畜䷈第三爻為少，他爻皆老，即小畜之小過：這兩種情形，都以小過九三爻辭占。

❷弗過防之，從或戕之

象也。《易纂言》：「『弗過』，象也；『防之』，象也；『從或戕之』，象也。」高亨《周易古經通說》以為此八字皆「說事之辭」。帛書：「弗過仿之，從或臧之。」防為預防、防止之意，為正字；仿，模仿、仿效之意，為假借字或別字。戕為弒戕、戕害之意，為正字；臧為善，如臧否之臧；又古代稱奴婢為臧獲。故臧有奴隸義；又為收藏、藏匿義。為「戕」之假借字。《集解》引虞翻曰：「『防』，防四也。失位，從或而欲折之初。『戕』，殺也。離為戈兵，三從離上入坤，折四死大過中，故『從或戕之凶』也。」虞翻此注，語焉不詳，似需與朱震《漢上易傳》與吳澄《易纂言》、李道平《集解纂疏》合看，方可得其全貌。《漢上易傳》：「九三剛正而應上六，應則過五。五、中也。中不可過。三戒在小不忍，用剛以過中，故弗過。宜正己自守，防小人則吉。兌澤，坤土止之，防也。三不防乃舍所守從之，剛過乎中，上或戕害之矣。離為戈兵，已動失正，戕之也。戕者，外傷之。」《易纂言》：「『九三』，九居第三畫，為小過之豫。『弗過』，象也。過謂踰越也，九三弗過上六也。九三與上六正應，然陽不及之時，豈可踰越於陰。上六在上體，九三在下體，而不敢上進，以就正應，是謂弗過。『防之』，象也。惟當如扞水之防以隄備上六，俾不能為己害，斯可矣。防之扞水，內不得出，外不得入，則在內者可以避害，而在外者不能加害也。九四陽畫，連亙在前，象扞水之防。『從或戕之』，象也。若往從上六，則或為其所戕害矣。」《集解纂疏》：「尋虞義，當作『弗過』句，『防之』句，『從或』句，『戕之凶』句。『防，防四』者，謂三弗過四應上而防四也。四失位應初，故從或而欲折之初。或即初也。《公羊傳・宣公十八年》：『戕鄫子于鄫者何？殘賊而殺之也。』故云：『戕，殺也。』晉離為戈兵，故為戕三，從離上入坤，成小過，折四至二，象死大過中。故從或戕之凶也。凶謂四也。四之凶不當見于三，謂三不防四，四折之初，則體飛鳥而成明夷，離災眚，故致凶耳。」總之，依象數言，此九三爻辭所謂「弗過」之過，是踰越的意思。弗過，言不可踰越。九三以陽剛處陽位，而與上六相應。本應踰越四、五兩爻而與上六相會。但如此一則引起九四猜忌，二則超過六五中爻而違反中庸之道，故戒之以「弗過」。「防之」，是防四。九三、九四是小過中兩個陽爻，所謂一山不容二虎也。但九三得位而九四失位；九三與上六相應而九四與初六相應。就本身言，有得正、失正之異；就接交對象言，有應上、應下之別。故九三對九四要有所隄防。小過自晉來。晉坤下而離上，〈說卦傳〉「離為戈兵」，故有戕三之可能。象數解此句，大意若此。弼《注》：「小過之世，大者不立，故令小者得過也。居下體之上，以陽當位，而不能先過防之。至令小者或過，而復應而從焉。其從之也，則戕之凶至矣。故曰：『弗過防之，從或戕之凶』也。」孔《疏》：「弗過防之者，小過之世，大者不能立德，故令小者得過。九三居下體之上，以陽當位，不能先過為防，至令小者或過。上六，小人最居高顯，而復應而從焉。其從之也，則有殘害之凶至矣。故曰：『弗過防之』。『從或戕之凶』者，《春秋傳》曰：『在內曰弒，在外曰戕。』然則戕者，皆殺害之謂也。言『或』者，不必之辭也，謂為此行者，有幸而免也。」由九三失位而不能防過，上六復應而從之，致生弒戕之凶。有所說明。《橫渠易說》：「居陽以剛，而應於上，為眾所疾。非過為防慎，人或戕之，凶之甚也。」程頤闡之，《伊川易傳》：「小過，陰過，陽失位之時，三獨居正。然在下无所能為，而為陰所忌惡，故當過者，在過防於小人。若弗過防之，則或從而戕害之矣，如是則凶也。三於陰過之時，以陽居剛，過於剛也。既戒之過防，則過剛亦在所戒矣。防小人之道，正己為先。三不失正，故无必凶之義。能過防則免矣。三居下之上，居上為下，皆如是也。」所言「防小人之道，正己為先」最宜明辨篤行。

❸凶

占也。此「凶」字，實據上文「弗過防之，從或戕之」之象而發生，非僅「從或戕之」為「凶」也。注家每連上文「從或戕之」而注釋之。惟吳澄《易纂言》：「占也。往從上則凶，不往可也。」此從吳。

語譯

小過卦陽爻九居第三位，不可存心超越九四、六五，隄防受他們妒害。如果從心所欲，要超四越五，或許因此為他們殺害，凶險得很。

象傳

從或戕之，凶如何也❶！

注釋

❶凶如何也

謂損傷的對象和受傷的程度將會是怎麼樣的凶險啊！《集解》引虞翻曰：「三來戕四，故『凶如何也』。」《纂疏》：「三不防四，四從初受傷。是三來戕四，而三亦受傷。故『凶如何也』。」《漢上易傳》：「『如何』，兌口也。與初六『如何』同象。不能守正，見戕於外，其凶果如何也。」以小過三至五爻互體兌口釋「如何」。

語譯

隨心所欲，力求超越九四、六五，而與上六相應，或許因此想害人反被別人殺了。凶險到怎樣情況，教人不敢想像！

九四爻辭

九四❶：无咎❷。弗過，遇之❸。往厲必戒，勿用永貞❹。

注釋

❶九四

小過卦初、二、五、上皆陰，惟三、四兩爻為陽；而九四以陽爻居陰又失位。在這種本身失位，上下受困的情況下，只好隨宜而動。在筮法上，當小過第四爻為老，他爻皆少，即由小過之謙䷎；或履䷉第四爻為少，他爻皆老，即由履之小過：這兩種情形，都以小過九四爻辭占。

❷无咎

占也。帛書同作「无咎」。《集解》引《九家易》曰：「以陽居陰，行過乎恭。今雖失位，進則遇五，故『无咎』。」九，陽爻；四，陰位。故「以陽居陰」，有〈象傳〉所謂「行過乎恭」之象。九四雖失位，上進會遇到六五，有了這位「黃裳元吉」的貴人加持，故「无咎」。弼《注》：「雖體陽爻，而不居其位，不為責主，故得『无咎』也。」說「失位」為「不居其位」，已有誤差；引申為「不為責主」，未免有些推卸責任。讀者試將《論語・泰伯》：「子曰：『不在其位，不謀其政。』」比較，分辨其異同。《橫渠易說》：「道非剛亢，故『无咎』。……一云九四以陽居陰而乘九三之剛，非其過也，乃適與之遇爾，故『无咎』。」同一人而對小過九四爻辭「无咎」作出兩種不同解釋，而各有理由。《易》辭之多義性，亦可知矣。程頤《易傳》：「四當小過之時，以剛處柔，剛不過也。是以『无咎』。」蓋察其時、位而言其理。朱熹《本義》：「當過之時，以剛處柔，過乎恭矣。无咎之道也。」大抵依程《傳》。

❸弗過，遇之

象也。高亨以為「說事之辭」。「遇」，帛書作「愚」，張立文云：「『愚』和『遇』通。」於古是也。今傳本《集解》引《九家易》曰：「四體震動，位既不正，當動上居五，不復過五。故曰『弗過遇之矣』。」《纂疏》：「四體震初為動，位既不正，當動而上。居于五，不復過五，而遇五。故曰『弗過遇之』矣。」言象甚明。弼《注》：「失位在下，不能過者也。以其不能過，故得合於免咎之宜。故曰『弗過遇之』。」惟以「失位在下不能過」釋「弗過」；以「合於免咎之宜」釋「遇之」。大異於《九家易》。程《傳》：「既『弗過』，則合其宜矣。故云『遇之』，謂得其道也。」更以「得其道」釋「合其宜」，進一步形而上之。朱熹《本義》：「『弗過遇之』，言弗過於剛，而適合其宜也。」言最平實易曉。

❹往厲必戒，勿用永貞

吳澄以為皆「占也」。高亨以為「往厲必戒」為「說事之辭」；「勿用永貞」為「斷占之辭」。帛書作「往厲必革勿用永貞」。張立文云：「『革』假借為『戒』，……古音近相通。」《集解》引荀爽曰：「四往危五，戒備于三，故曰『往厲必戒』也；勿長居四，當動上五，故曰『勿用永貞』。」謂九四以陽居陰位為不正，因而思位置有所變動。若向上前進，必危及六五；若向下退回九三，則二陽相爭，各自戒備。在這兩難的情形下，不能長久居於四位，應當行動上去五位。不必永遠保持常態，維持現狀。貞者，常也。象數之說，大致如此。弼《注》：「夫宴安酖毒，不可懷也。處於小過不寧之時，而以陽居陰，不能有所為者也。以此自守，免咎可也；以斯攸往，危之道也。不交於物，物亦弗與。无援之助，故危則必戒而已，无所告救也。沈沒怯弱，自守而已。以斯而處於羣小之中，未足任者也，故曰『勿用永貞』，言不足用之。」案：「宴安酖毒，不可懷也。」《左傳・閔公元年》「管敬仲言于齊侯」的話。《左傳》全文是：「狄人伐邢。管敬仲言於齊侯曰：『戎狄豺狼，不可厭也；諸夏親暱，不可弃也；宴安酖毒，不可懷也。《詩》云：「豈不懷歸，畏此簡書。」簡書，同惡相恤之謂也。請救邢以從簡書。』齊人救邢。」此段話宜與王弼《易注》同看。可悟弼意。程《傳》：「若往則有危，必當戒懼也。往去柔而以剛進也。『勿用永貞』，陽性堅剛，故戒以隨宜而不可固守也。方陰過之時，陽剛失位，則君子當隨時順處，不可固守其常也。四居高位，而无上下之交；雖比五應初，方陰過之時，彼豈肯從陽也？故往則有厲。」伊川《易》學，雖重義理。但爻義須顧卦義，又講位、比、應，是其特色也。

語譯

小過卦陽爻九居第四位：沒有過錯和災殃。以剛健的本性而行事顧全需要合作互助的大局，不致過分而中節合道。要奮鬥向前當然會遇到險境，必須事先防止和戒備，不用永保常態維持現狀。

象傳

弗過遇之，位不當也❶；往厲必戒，終不可長也❷。

注釋

❶位不當也

釋爻辭「无咎弗過遇之」。《集解》未解。弼亦無《注》。孔《疏》云：「『位不當』者，釋所以弗過而遇，得免於咎者，以其位不當故也。」程《傳》：「『位不當』謂過柔。九四當過之時，不過剛而反居柔，乃得其宜。故曰『遇之』，遇其宜也。以九居四，位不當也。居柔乃遇其宜也。」言甚囉嗦，說理則是。

❷終不可長也

釋爻辭「往厲必戒勿用永貞」。《集解》引虞翻曰：「體否上傾，故『終不可長』矣。」蓋小過初六、六二皆陰，坤象半見；九三、九四皆陽，乾象半見。坤下乾上，則成否卦䷋。否上九爻辭云：「傾否，先否後喜。」〈象傳〉曰：「否終則傾，何可長也？」虞《注》大體本此「半象」說。屈萬里先生《先秦漢魏易例述評》於此說先述後評，敬請參閱。弼注爻辭，已含〈象傳〉意，故於〈象傳〉不再注之。孔《疏》：「『終不可長』者，自身有危，无所告救，豈可任之長以為正也。」以位不正自身難保明不可長久之理。

語譯

不致過分卻能顧全大局，中節合道，因為知道自己性格和所處時局間的矛盾啊；奮鬥突圍的險境，必須防範戒備，最終不能讓被圍堵的現狀長久維持下去啊。

六五爻辭

六五❶：密雲不雨，自我西郊❷；公弋取彼在穴❸。

注釋

❶六五

以陰柔之六，居五之尊位；又當四陰過多，以困二陽；在小過，為卦之主爻。在筮法上，當小過第五爻為老，他爻皆少，即由小過之咸䷞；或損䷨第五爻為少，他爻皆老，即損之小過：這兩種情形，都以小過六五爻辭占。

❷密雲不雨，自我西郊

象也。「郊」，帛書誤作「茭」。《集解》引虞翻曰：「『密』，小也。晉坎在天為雲，墜地成雨。上來之三，折坎入兌，小為密。坤為自我，兌為西。五動，乾為郊。故『密雲不雨，自我西郊』也。」意為：「密，細小密集之意。晉卦䷢的六三、九四、六五互體為坎，〈說卦傳〉「坎為水」，水在天上是雲，雲降落在地上就成為雨。小過卦由晉卦上九、六三陰陽互易而成。當晉上之三，晉卦三、四、五爻構成的坎就折損了，換成小過卦三、四、五構成的兌。兌為少女，為陰卦，為小，有細密之意。晉卦坤下為「我」，故曰「自我」。（案：坤為「我」，則乾為與「我」相對的「人」。於是乾、坤有「公眾」、「小我」，「公益」、「私利」之相對與區別。自朱熹倡言「陽主義，陰主利」後，王夫之以乾為理，為志，坤為欲，為形。熊十力更以心、理、公屬乾，形、欲、私屬坤。此說已詳於坤卦辭「君子有攸往，先，迷；後，得主，利。」注釋。小過卦虞《注》以「坤為自我」，惜未能發揮至「乾為大我公益」為憾！）〈說卦傳〉：「兌，正秋也。」以方位言之，則為西方，故虞曰「兌為西」。小過六五失位，倘變正為九五，則九三、九四、九五互乾。坤上六爻辭：「龍戰於野」，指坤與乾戰於西北之野也。〈說卦傳〉：「乾，西北之卦也。」是乾有西北郊野之象，此虞所以曰「乾為郊」也。虞翻言象，已如上述。再言弼《注》：「小過，小者過於大也。六得五位，陰之盛也。故『密雲不雨，至于西郊』也。夫雨者，陰在於上，而陽薄之，而不得通，則烝而為雨。今艮止於下，而不交焉，故不雨也。是故小畜尚往而亨則不雨也；小過陽不上交，亦不雨也。雖陰盛于上，未能行其施也。」弼言「小者」，指陰；言「大」，指陽。說已見泰卦辭「小往大來」與否卦辭「大往小來」注釋。孔《疏》：「『密雲不雨，自我西郊』者，小過者，小者過於大也。六得五位，是小過於大，陰之盛也。陰盛於上，而艮止之。九三陽止於下，是陰陽不交，雖復至盛，密雲至于西郊，而不能為雨也。施之於人，是柔得過而處尊，未能行其恩施，廣其風化也。故曰：『密雲不雨，自我西郊』也。」孔《疏》除疏解此句原義外，更疏解其「施之於人」的意義。使其人事道義大明。程《傳》：「五以陰柔居尊位，雖欲過位，豈能成功？如密雲而不能成雨。所以不能成雨，自西郊故也。陰不能成雨，小畜（䷈）卦中已解。」更取小畜卦辭已有「密雲不雨，自我西郊」句，提示讀者參考比較。呂大臨《易章句》：「小畜一陰，不足以固三陽。陽尚往而莫之畜。小過二陽在內，四陰足以固之。陰上於陽為已甚，而陽不足，故皆是以致『密雲不雨』也。六五得位，陰之盛者，且在二陽之上，故應斯象。『自我西郊』，陰生於西，陰盛陽弱而不交也。」呂大臨所謂「一陰不足以固三陽」，「一陰」，指小畜䷈六四；「三陽」，指小畜初、二、三，三陽爻也。又所謂「六五得位」，此「得位」指得「黃裳元吉」之貴位，非以陰爻居陰位之謂也。又所謂「陰生於西」，乃由〈說卦傳・第五章〉：「萬物出乎震。震，東方也。……兌，正秋也，萬物之所說也。」推出。請參閱小畜卦辭、兌說卦傳之注釋。

❸**公弋取彼在穴**

象也。吳澄亦以為「象也」；高亨以為「記事之辭」。楚竹書作「取皮才坹」，缺「公弋」二字。「彼」為正體，「皮」為簡體誤字。「在」為正體，「才」為初文。甲骨文之「才」即「在」的意思（之後「才」加「土」形成从土才聲之「在」）。「穴」、「坹」，為簡、繁異體字，今多作「穴」。漢帛書作「公射取皮在穴」，張立文云：「『皮』、『彼』同聲系，古相通。彼，指鳥。」是也。「張云」特別要注意的是「古相通」的「古」字。今人不宜如此通用。今傳本《集解》引虞翻曰：「『公』謂三也。『弋』，矰繳射也。坎為弓彈，離為鳥、矢，弋无矢也。巽繩連鳥，弋人鳥之象。艮為手，二為穴，手入穴中，故『公弋取彼在穴』也。」《易緯・乾鑿度》：「初為元士，二為大夫，三為三公，四為諸侯，五為天子，上為宗廟。」此說亦見於京房《易傳》。為虞翻「公為三也」之所本。《周禮・夏官・司弓》：「矰矢、茀矢，用諸弋射。」鄭玄《注》：「結繳於矢謂矰。矰，高也。茀矢象焉，茀之言刜也。二者皆可以弋飛鳥。」唐代賈公彥《疏》曰：「繳，則繩也，謂結繩於矢以弋射鳥獸者。言『矰高』者，欲取向上射飛鳥之義也。」虞《注》「弋，矰繳射也」實本《周禮》與鄭《注》。晉卦坤下離上，三、四、五互坎。〈說卦傳〉「坎為弓輪」。虞翻推廣其意，言「坎為弓彈」。〈說卦傳〉「離為雉」、「離為戈兵」。故虞云「離為鳥、矢」。又《集解》引虞《注》「弋无矢也」，《纂疏》云：「『无』當作弓，言弋者用弓矢也。」〈說卦傳〉「巽為繩直」，故虞云「巽繩」。再由虞《注》「矰，繳射也。……離為鳥矢。」合而視之，「巽繩連鳥」之意明矣。虞云「弋人鳥之象」，「弋人」下疑脫「取」字，《纂疏》亦言如此。山東大學哲學系教授王新春著《周易虞氏學》（一九九九）云：「『弋人鳥之象』，疑為『人弋鳥之象』之誤。」亦甚好。〈說卦傳〉「艮為手」。又艮下初、二皆陰，似山下之洞穴。手入穴中，故虞云：「艮為手，二為穴。手入穴中，故公弋取彼在穴也。」《集解》所引虞《注》，解釋既明。再說弼《注》：「公者，臣之極也。五極陰盛，故稱公也。弋，射也。在穴者，隱伏之物也。小過者，過小而難未大作，猶在隱伏者也。以陰質治小過，能獲小過者也。故曰『公弋取彼在穴』也。」弼以「過」為「過錯」，與各家多釋為「過分」、「過差（差別）」者異。又注解亦未盡周到。程《傳》：「『公弋取彼在穴』，『弋』，射取之也。射止是射，弋有取義。『穴』，山中之空，中虛乃空也。『在穴』，指六二也。五與二本非相應，乃弋而取之。五當位，故云『公』，謂公上也。同類相取，雖得之。兩陰豈能濟大事乎？猶密雲之不能成雨也。」伊川於「公弋取彼在穴」有較合理的解釋，而且與「密雲不雨」繫聯起來。也較完整。

語譯

小過卦陰爻六居第五位：像細小濃密的雲氣從西郊吹來，卻不能成雨降落。象徵已獲致「黃裳元吉」的尊貴地位，卻未能施恩於民，缺乏政績。又像王公用繫了細繩的箭射下飛鳥，在山坳中取得那隻鳥。

象傳

密雲不雨，已上也❶。

注釋

❶已上也

《集解》引虞翻曰：「謂三坎水已之上六，故已上也。」是說晉卦三、四、五互體為坎，坎在地為水，在空為雨，未雨為雲。晉上之三成小過，小過九三之上六則復為晉。晉三坎水已之上六，故成為天頂密雲而不雨。弼《注》：「陽已上，故止也。」孔《疏》：「已上者，釋所以『密雲不雨』也。以艮之上陽爻，已上於一卦之上而成止，故不止交而為雨也。」虞曰「三坎水已之上六」；弼《注》「陽（指艮）已上故止也」。所上者雖有「坎」、「艮」之異，其為「卦變」則一也。此顯示「掃象」而純「言理」，有所不能也。程《傳》：「陽降陰升，合則和而成雨。陰已在上，雲雖密，豈能成雨乎？過不能成大之義也。」強調陰陽和合。朱熹《本義》：「已上，太高也。」直以「太高」二字釋〈象傳〉「已」，簡易直截之至！

語譯

細小濃密的雲氣聚集，卻不能成雨降落，因為已經太上面太高些了。

上六爻辭

上六❶：弗遇過之，飛鳥離之❷。凶，是謂災眚❸。

注釋

❶上六

小過上位是陰爻六。得位而下與九三相應，本來相當好的。問題出在位於「小過」卦，以為過小而為之，終至於「亢」的地步。故為天理所不容，人情所厭惡，而生凶險。在筮法上，當小過上爻為老，他爻皆少，即由小過之旅䷷；或節䷻上爻為少，他爻皆老，即節之小過：這兩種情形，都以小過上六爻辭占。

❷**弗遇過之，飛鳥離之**

象也。高亨以為「說事之辭」。楚竹書作「弗遇𨑨之飛鳥羅之」。濮茅左〈考釋〉云：「『𨑨』，簡文多用作『過』。『羅』，《說文·网部》：『羅，以絲罟鳥也。从网，从維。』」案：離之作網羅之羅，猶〈離騷〉之訓「遭憂」，離有遭、罹、羅之義。漢帛書作「弗愚過之翡鳥羅之」。遇，帛書作「愚」，釋已見小過九四「弗過遇之」。飛，帛書作翡，古書或作「𦑣」、「蜚」，皆「飛」之異體字也。離，帛書作「羅」，與竹書同。疑字本作羅，今傳本改作「離」。今傳本《集解》引虞翻曰：「謂四已變，之坤，上得之三，故『弗遇過之』。離為飛鳥，公弋得之，鳥下入艮手而死，故『飛鳥離之凶』。」（案虞以「凶」屬上句。）蓋以小過九四以陽爻居陰位為失位不正，當變作六四得正。於是六四、六五、上六，成為坤。坤上六也能不必等待不正的六五變正得位，而上六已越過六五而能與九三相過相應。簡言之，上六越過六五而遇到九三也。當上爻在晉卦䷢時，本為上九。九四、六五、上九為晉卦離上，離有飛鳥之象。晉上之三，三為三公。故虞曰「公弋得之」。由於晉上之三，陰陽互易，晉卦坤下六三也變為九三，而晉坤下也變成小過的艮下。坤代表死亡，艮代表人手。離這隻飛鳥，被繫著細繩的箭射死而落入獵人三公的手中了。這當然是凶險有所損失的。虞云「飛鳥離之凶」，「凶」字上屬「飛鳥離之」。其象占大致如此。弼《注》：「小人之過，遂至上極。過而不知限，至於亢也。過至于亢，將何所遇？飛而不已，將何所託？」以「不知限」、「何所遇」、「何所託」，釋「弗遇過之飛鳥離之」，點出了存在之現象實況。程《傳》：「六陰而動，體處過之極。不與理遇，動皆過之。其違理過常，如飛鳥之迅速，所以凶也。」以「弗遇」為「不與理遇」。「過之」為「違理過常」。「飛鳥離之」為「如飛鳥之迅速」：說理舉例，最為清楚精當。

❸凶，是謂災眚

占也。楚竹書作「凶是胃亦㚒禬」。濮茅左〈考釋〉云：「『胃』，讀為『謂』。『㚒』，古文『災』，《說文・火部》：『𤆎，古文从才。』『禬』，讀為『眚』。」漢帛書作「凶是謂兹省」。張立文《今注今譯》云：「『兹』與『災』相通。說見无妄六三『邑人』。於无妄六三爻辭「邑人之兹」注釋云：「『兹』假借為『災』。」（案：《說文》『桼』字下段玉裁《注》：「凡言『讀若』者，皆擬其音也；凡傳、注言『讀為』者，皆易其字也。」故濮君所言「讀為」，與張君所言「相通」、「假借」，字雖有異，其意相同。皆「易其字」也。）《集解》引虞翻曰：「晉坎為災眚，故『是謂災眚』矣！」晉卦六三、九四、六五互體得坎，〈說卦傳〉：「坎，其於人也，為加憂，為血卦。……其於輿也，為多眚。」故虞曰「晉坎為災眚」矣。弼《注》：「災自己致，復何言哉？」其意頗近於《尚書・商書・太甲中》：「天作孽，猶可違；自作孽，不可逭。」張載《橫渠易說》：「不宜上而上，乃自取之災也。」猶同於王弼。而程頤《伊川易傳》：「災者，天殃；眚者，人為。既過之極，豈惟人眚，天災亦至，其凶可知。天理人事皆然也。」所言「天理人事皆然」，頗具特識。（在這裡，我忽然想起了早年讀過的海明威的長篇小說《戰地春夢》（*A Farewell to Arms*）。這本小說情節安排在第一次世界大戰期間。亨利中尉是個年輕的美國人，派在義大利前線，腿部受了重傷。手術後，亨利在米蘭療養，由英國籍護士凱撒琳照顧。晚上亨利孤獨無法入眠，常與凱撒琳幽會，並且使她懷了孕。義大利軍隊被德、奧聯軍攻擊，節節敗退。一條小船，使亨利和凱撒琳得以逃到瑞士。凱撒琳的分娩期近了，在醫院裡，凱撒琳劇痛，她流產了，出血過多。亨利走進病房裡，伴著她到氣絕。回頭再來看這本小說第一章開頭第一段的後半段：「部隊從房子前面循道走過去，他們所激起的灰塵像替樹葉上了粉一樣，樹幹上也盡是土。那年葉子落得早，我們見到部隊沿著路行軍，塵土飛揚，樹葉被微風吹動紛紛落下，部隊繼續前進。後來路上白白的，空闃無人，祇有落葉。」「部隊」，當然是暗示戰爭；「所激起的灰塵」，該指戰事的後果吧；「上了粉」使人聯想到戀愛中的女性；「那年葉子落得早」，葉子代表生命，那年落得早，正指在戰爭中生命提早凋零。「微風吹動」，單是「灰塵」還不一定會落葉，加上「微風」，如兵敗、懷孕卻得不到正常照顧等等，樹葉才會「紛紛落下」。「後來路上白白的，空闃無人，祇有落葉。」更描述戰爭對人類的浩劫。你是否發覺：上引原書中譯本首段短短幾行，非但寫出了戰爭對自然界如林木生機的破壞，也暗示了戰爭對人類生命的摧殘。伊川所謂「天理人事皆然」，是否可以這樣理解呢？）《郭氏傳家易說》記白雲郭氏曰：「知不可大事而『遇』之者，二、四之『无咎』也；知不可大事而『過』之者，上六之『災眚』也。」言「弗過遇之」與「弗遇過之」之異，甚能明辨。案：朱子《本義》於小過九四爻辭下云：「或曰：『弗過遇之』，若以六二爻例，則當如此說；若九三爻例，則『過遇』當如『過防』之義。未詳孰是？當闕以俟知者。」又《朱子語類・卷七十三》夒淵所記朱子之言曰：「九四『弗過遇之』，過遇猶言加意待之也。上六『弗遇過之』，疑亦當作『弗過防之』，與九三『弗過防之』，文體正同。」孔子嘗告子張「多聞闕疑」，朱熹得之矣。

語譯

小過卦最上面的一爻是陰爻六：不與天理遇合，違理過常，就像飛鳥猛向上飛，以至無枝可棲，為網羅所困，為連繩的箭射落。凶險至極，這正是天災加自作自受。

象傳

弗遇過之，已亢也❶。

注釋

❶已亢也

《集解》引虞翻曰：「飛下稱亢。晉上之三，故已亢也。」《說文》：『頏，人頸也。本作亢。』是頏、亢，古字通也。〈邶風〉『頡之頏之』，毛《傳》：『飛而上曰頡，飛而下曰頏。』故曰『飛下稱亢』。晉上飛而下三，不與上應，故曰『已亢也』。陽言亢，陰不言亢。故不從俗說也。」請參閱乾上九爻辭「亢龍」之注釋。弼《注》於小過上六爻辭，已採〈象傳〉意，故於〈象傳〉不復作《注》。孔氏《正義》曰：「已亢者，釋所以『弗遇過之』，以其已在亢極之地故也。」項安世《周易玩辭》：「上六，一切過之，而不與之遇。由是天惡其盈，而降之災；人忿其亢，而成其眚。此其為凶，蓋天人之所同棄，非常辭之所謂凶也。故於凶之下，證之曰：『是謂災眚。』」王夫之《易內傳》：「翱翔天位之上，肆志以逞，故害及天下。」近代之倡「大日爾曼主義」、「東亞共榮圈」者，其失敗固已成人類悲劇；今之倡「某國第一、某國優先」，發展太空戰者，可不慎歟？世人亦惟有研究太空科學，爭取軍力平衡，夫「止戈為武」，此所以「令和」也。

語譯

不與天理人情遇合，違反情理過常；事事只顧自己，不顧別人，已高傲得過分了。

繫辭傳下

斷木為杵，掘地為臼❶。臼杵之利，萬民以濟，蓋取諸小過❷。

注釋

❶**斷木為杵，掘地為臼**

《集解》引虞翻曰：「晉上之三也。艮為小木，上來之三斷艮，故『斷木為杵』；坤為地，艮手持木以闕坤三，故『闕地為臼』。」虞言「晉上之三」詳已見小過卦卦辭注釋❶。晉䷢二、三、四爻互體為艮。〈說卦傳〉：「艮，其為木也，為堅多節。」故虞云「艮為小木」。晉上來之三成小過䷽，二、三、四互體為巽，艮斷矣。故「斷木為杵」。（案：小過卦艮下震上，艮實未斷；又互體成巽，〈說卦傳〉：「巽為木。」巽之為木，更較艮為直接。奈何虞《注》如此迂曲也！）〈說卦傳〉：「坤為地」、「艮為手」、「巽為木」。故虞《注》云：「坤為地，艮手持木以闕坤三，故『闕地為臼』。」（案《篹疏》云：「晉上來之三互兌。兌，西方金。以金斷艮，故曰『斷木為杵』。」異說錄以參考。）《集解》從虞《注》本作「闕地為臼」，《注疏》本則作「掘地為臼」。今於〈繫辭傳〉原文從《注疏》本；虞《注》文字則從虞本。韓《注》見注釋❷。孔氏《正義》：「杵須短木，故『斷木為杵』；臼須鑿地，故『掘地為臼』。」簡單明白。朱震《漢上易傳》：「小過䷽，明夷䷣初之四也。兌金斷巽木，『斷木為杵』也；巽木入坤土，『掘地為臼』也。」以卦變說象，與虞翻又有異同。朱熹《本義》：「下止上動。」四字而已。

❷**臼杵之利，萬民以濟，蓋取諸小過**

《集解》引虞翻曰：「艮止于下，臼之象也；震動而上，杵之象也。震出巽入，艮手持杵出入臼中，舂之象也。故『取諸小過』。本有乾象，故不言『以利天下』也。」《篹疏》：「臼象坤土在下而止，故云『艮止于下，臼之象也』；杵象震木在上而動，故云『震動而上，杵之象也』。體震為出，互巽為入，艮手持震木出入臼中，舂之象也。坤為萬民，故曰『萬民』。有過物者必濟，故曰『萬民以濟』。以小用而濟物，故『取諸小過』也。乾以美利利天下，小過无乾象，故不云『以利天下』也。」象數之說，於此備矣。韓《注》只言：「以小用而濟物也。」孔《疏》：「『取諸小過』，以小事之用，過而濟物；杵臼亦小事，過越而用以利民。故『取諸小過』也。」張載《橫渠易說》：「備物致用，過以養物。」皆嫌語也欠明。張栻《南軒易說》：「斷木為杵，掘地為臼，以去其糠粃，以治其稻粱。粒食既精，饔飧既備，而萬民以濟者，蓋取諸小過也。小過之成卦，上動而下止。聖人教人知艱食矣，復為杵臼以治其五穀，此小有所過者乎？」於杵臼之所以為小過，解說頗可信。案：〈繫辭傳下〉論及觀象制器者凡十二次，十三卦：離、益、噬嗑、乾、坤（乾坤併合）、渙、隨、豫、小過、睽、大壯、大過、夬。本《通釋》以《周易》上下經六十四卦為序。故最後釋及者為此「小過」。而於「觀象制器」之綜論亦於此最後述之。近人顧頡剛嘗撰〈論易繫辭傳中觀象制器的故事〉，先將〈繫辭傳〉此段所言制器者，與《世本》（一本專記古人創作的書）〈作篇〉所記制器者，列表比較，指出〈繫辭傳〉的話「頗不合理」。再表明「制器尚象」「看的象乃是自然界的象而不是卦爻的象。」「例如造船，一定是看見了木頭浮在水面而想出來的。倘單看渙卦，則但知木在水上而已。」舉〈渙卦〉一例，對「制器尚象」有較合理的解釋。

語譯

折斷樹木做成舂米的杵，挖掘地面做成舂米的臼。用木杵把泥臼裡的糙米搗成白米，這種功能，讓眾多的人民因此得到濟助，這大概是取法於小過卦杵動於上、臼止於下的現象吧。

既濟卦經傳通釋第六十三

卦辭

䷾離下坎上既濟❶：亨小，利貞❷；初吉，終亂❸。

注釋

❶䷾離下坎上既濟

卦名。《集解》引虞翻曰：「泰五之二。」謂泰卦䷊六五下降到二位而成六二，而九二上升到五位而成九五，於是泰卦就成為既濟了。既濟卦有二特點：初、三、五皆為陽爻，二、四、上皆為陰爻，六爻皆得位得正，此其一。又初九與六四，六二與九五，九三與上六，皆陰陽互應，此其二。這兩點正是既濟數位方面特徵，決定了全卦及各爻的象和占。弼未注。《正義》：「濟者，濟渡之名；既者，皆盡之稱。萬事皆濟，故以『既濟』為名。」朱子《本義》：「既濟，事之既成也。為卦水火相關，各得其用；六爻之位，各得其正。故為『既濟』。」孔、朱之言，正好補充了虞氏於字義、句意所言之不足。在筮法上，當既濟六爻皆少，也就是本卦、之卦都是既濟；或未濟䷿六爻皆老，也就是未濟之既濟：這兩種情形，都以既濟卦辭占。

❷亨小，利貞

占也。吳澄亦以為「占也」。高亨以「亨」為「記事之辭」，「小利貞」為「斷占之辭」。楚竹書缺，漢帛書字與今傳本同。《集解》引虞翻曰：「小謂二也。柔得中，故亨小。」既濟六二為陰爻，依泰卦䷊，乾下坤上，卦辭「小往大來」之例，故知既濟六二陰爻為小也；陰柔之六，居下卦之中二位，是為「柔得中」，虞以為「亨小」指此。《集解》引虞翻繼曰：「六爻得位，各正性命，保合大和，故『利貞』矣。」既濟六爻都得位，而且也都陰陽相應。在六十四卦中，能如此者，既濟一卦而已。所以虞翻說「卦變」，有「成既濟定」一說。此處虞《注》更暗用乾〈彖傳〉「乾道變化，各正性命，保合大和，乃利貞。」以說既濟之「利貞」。極好！王弼於既濟卦辭無注，而於既濟〈彖傳〉注之。蓋既濟〈彖傳〉釋卦辭已甚詳明故也。請參閱〈彖傳〉注釋❶所引弼《注》。陸德明《經典釋文》：「『亨小』絕句。以『小』連『利貞』者非。」孔穎達《正義》曰：「既萬事皆濟，若小者不通，則有所未濟。故曰『既濟亨小』也。小者尚亨，何況于大？則大小剛柔，各當其位，皆得其所當。此之時，非正不利。故曰『利貞』也。」《郭氏傳家易說》：「既濟亨小者，小為衍字。」朱熹《本義》：「『亨小』當為『小亨』。」所以關於「亨小」，唐代陸德明所見《周易》，有以「亨小」斷句者，亦有以「小利貞」斷句者；郭雍以「小」為「衍字」（誤增之字）；朱子以為「小亨」誤乙為「亨小」：真是眾說紛紜。我個人以為「亨小」與「利貞」相對；猶「初吉」與「終亂」相對。「亨小」是使小者亨的意思，「亨」為「致使動詞」。能使小者亨，則大小無不亨矣。「利貞」於此是「利於遵守正常之道」的意思。而非「既利且貞」。

❸初吉，終亂

《集解》引虞翻曰：「初，始也。謂泰乾。乾知大始，故稱初。」案：〈彖傳〉：「初吉，柔得中也。」《集解》引虞翻曰：「中謂二。」然則初吉究指初爻？或為泰卦乾下？或為既濟六二？不無疑問。弼惟有既濟〈彖傳〉注；於既濟卦辭反無注。孔氏《正義》曰：「但人皆不能居安思危，慎終如始。故戒以今日既濟之初，雖皆獲吉。若不進德脩業，至於終極，則危亂及之。故曰：『初吉終亂』也。」言理甚好。程頤《易傳》：「初吉，方濟之時也；終亂，濟極則反也。」李光地《周易折中》案語云：「天地交為泰。不交則為否；水火交為既濟，不交則為未濟。以治亂之運推之：泰否其兩端也，既未濟其交際也。既濟當在泰之後，而否之先；未濟當在泰之先，而否之後。泰，猶夏也。否，猶冬也。未濟，猶春也。既濟，猶秋也。故先天之圖，乾坤居南北，是其兩端也；離坎居東西，是其交際也。既濟之義，不如泰者，為其泰而將否也；未濟之義，優於否者，為其否而將泰也。是以既濟彖辭曰『初吉終亂』，即泰『城復於隍』之戒；未濟彖辭曰『汔濟濡其尾，无攸利』，即否『其亡其亡』之心。」《折中》案語將泰、否、既濟、未濟相提並論，並以夏、冬、秋、春況喻之，極有卓見。又所云「既濟彖辭」、「未濟彖辭」之「彖辭」，指「卦辭」，而非「彖傳」。

語譯

三畫的離在下，三畫的坎在上，重疊而成六畫的既濟卦。能使小者亨通，利於遵守正常的道理；開始的時候很順利，結果可能遭到一些亂象。

彖傳

既濟，亨，小者亨也❶；利貞，剛柔正而位當也❷；初吉，柔得中也❸；終止則亂，其道窮也❹。

注釋

❶既濟，亨，小者亨也

《集解》引荀爽曰：「天地既交，陽升陰降，故小者亨也。」泰卦䷊乾下坤上，是乾天下照，坤地上蒸，天地相交也。既濟則由泰卦九二升為九五，六五降為六二。故既濟六二、九五，是泰卦九二、六五陰陽又交的成果。六二為陰，故稱「小者」，又交而得通，通是亨通，所以說「亨也」。王弼《注》：「既濟者，以皆濟為義者也。小者不遺，乃為皆濟。故舉小者，以明既濟也。」既釋〈彖傳〉，兼明〈卦辭〉。孔《疏》、程《傳》，皆無新義。不贅。《郭氏傳家易說》記白雲郭雍曰：「小者皆亨，故曰『既濟』。小或未亨，非『既』也。『既』者，皆盡之辭。」說得最清楚。朱熹《本義》：「『濟』下疑脫『小』字。」郭、朱之說，皆與其釋卦辭配合，請參閱卦辭注釋。

❷利貞，剛柔正而位當也

《集解》引侯果曰：「此本泰卦六五降二，九二升五，是剛柔正當位也。」既濟等三陰三陽之卦，多自泰、否來。此虞翻「卦變說」。前已多次提及。弼《注》：「剛柔正而位當，則邪不可以行矣。故唯正乃利貞也。」依位言理，已很明白。白雲郭雍曰：「利貞者，既濟以六爻剛柔皆當位而濟，以是知其利貞也。使不當位而可濟，則非利貞矣。」其說更詳。

❸初吉，柔得中也

《集解》引虞翻曰：「中謂二。」指六二居既濟離下之中，為得中也。弼《注》：「柔得中，則小者亨也；柔不得中，則小者未亨。小者未亨，雖剛得正，則為未既濟也。故既濟之要，在柔得中也。」孔《疏》：「《正義》曰：『初吉柔得中』者，此就六二以柔居中，釋初吉也。以柔小尚得其中，則剛大之理，皆獲其濟。物无不濟，所以為吉。故曰『初吉』也。」疏通王弼《注》，意更詳明。程《傳》：「二以柔順文明而得中，故能成既濟之功。二居下體，方濟之初也。而又善處，是以吉也。」以六二以陰爻故具「柔順」美德，在離下故具「文明」之效，居二位故「得中」也。王弼、孔穎達、程頤，此處所說，皆同於虞翻「中謂二」之說，而於理有所發揮。

❹終止則亂，其道窮也

《集解》引虞翻曰：「反否終坤，故其道窮也。」因為既濟是「泰五之二」而成卦。泰卦乾下坤上，泰九三爻辭已曰：「无平不陂，无往不復。」暗示泰極反否，上卦終於成坤。上六竟至於「城復于隍」，城牆傾倒，崩落護城河中。泰極返否，既濟之後為未濟，皆「其道窮也」。《集解》更引侯果曰：「正有終極，濟有息止。止則窮亂，故曰終止則亂，其道窮也。一曰：殷亡周興之卦也。成湯應天，初吉也；商辛毒痡，終止也。由止故物亂而窮也。物不可窮，窮則復始。周受其未濟而興焉。〈乾鑿度〉曰：『既濟、未濟者，所以明戒慎，全王道也。』」侯果此注先以易道循環說之，再以商、周史事證之，末引《易緯・乾鑿度》言以輔己說。案：《易緯・乾鑿度》嘗引孔子曰：「陽三，陰四，位之正也。故《易》卦六十四，分而為上下，象陰陽也。夫陽道純而奇，故上篇三十所以象陽也；陰道不純而偶，故下篇三十四所以法陰也。乾坤者，陰陽之根本，萬物之祖宗也。為上篇始者，尊之也。離為日，坎為月。日月之道，陰陽之經，所以終始萬物，故以坎離為終。咸恆者，男女之始，夫婦之道也。人道之興，必由夫婦，所以奉承祖宗，為天地主也。故為下篇始者，貴之也。既濟未濟為最終者，所以明戒慎而存王道。」《易緯》所引「孔子曰」，是否確為孔子所言，固有待審辨；但上引孔子此段文字，論《易》上下經始終八個卦之大義，頗精而有序，則可參考也。弼《注》：「道及无進，終唯有亂。故曰『初吉終亂』。終亂不為自亂，由止故亂，故曰『終止則亂』也。」孔《疏》無新義，不贅。程《傳》：「天下之事，不進則退，无一定之理。濟之終不進而止矣，无常止也。衰亂至矣，蓋其道已窮極也。九五之才，非不善也。時極道窮，理當必變也。聖人至此奈何？曰：唯聖人為能通其變於未窮，不使至於極也。堯舜是也，故有終而无亂。」伊川言「无一定之理」和「堯舜是也」，甚具思辨價值。

語譯

既濟卦所說的「亨」，是說不但大事亨通，連小事也能亨通；利於遵守正常道理而立場恰當啊。開始的時候很順利，是因為六二以柔順合乎中庸之道，而且處在文明的離下啊。結果可能遭到一些亂象，要及時警惕，隨時改革，免得走到窮途末路啊。

象傳

水在火上，既濟❶；君子以思患而豫防之❷。

注釋

❶水在火上，既濟

此釋既濟離下坎上之象。孔穎達《正義》曰：「水在火上，炊爨之象。飲食以之而成，性命以之而濟，故曰：『水在火上，既濟。』」所言甚好。程《傳》：「水火既交，各得其用，為『既濟』。」《郭氏傳家易說》記白雲郭雍曰：「水性下而居上，火性上而居下，交則相濟，是為『既濟』也。」皆不如《正義》具體。

❷君子以思患而豫防之

此解釋既濟對人生的啟示。《集解》引荀爽曰：「六爻既正，必當復亂。故君子象之，思患而豫防之，治不忘亂也。」案：《周易》每言「周流變易」，似有屈就「治亂循環」之嫌。《三國演義》首回首句即云：「話說天下大勢，分久必合，合久必分。」最為代表國人此種「循環」觀念。熊十力於此辨析最詳。《讀經示要・卷三》說乾九三爻辭曰：「三爻雖言人事，而實亦通天化。象曰，終日乾乾。反復道也。三居下卦之終。【下卦亦名內卦。】終者，所以開上卦之始也。【上卦亦名外卦。】終則又始。反復之道，於此而見。如萬物資乾元以始。既始漸壯。壯已，必至於究。究者終也。終又將始。是謂反復。故反復者，明大化推盪，【推者，推遷不住。盪者，動盪不息。】無有已止。此其所以為乾而又乾，健之至也。【虞翻云至三體復。故反復道。非是。】或以反復作循環解者，亦大誤。自物之由始而終，終則又始言之。似屬循環。然物非實有，但幻迹耳。若掃迹而談，只是大化之行，乾而又乾。非有實物重疊也。將顯大化推盪之妙，不得不假迹以為徵。萬物終始，皆化迹也。由物之終則又始，即可見神化之虛而不屈，動而愈出。故反復之義，乃假迹以徵妙。未可妄作循環會去。」其說乾九四，云：「生命躍進上一階地。若與其元來下一階地相離異。其實，上下元為一體。何離異之有。從全體之進程看去，生命畢竟是一直上進。〈象〉曰，『或躍在淵，進无咎也。』夫子於此爻，直以『進无咎』三字贊之。意深遠哉。吾人欲吾生命超拔於墮沒之中，而遠於咎。亦唯果於進而已矣。」於乾九五，熊氏《示要》未提有關「反復」、「循環」者。其說乾上九爻辭「亢龍有悔」，曰：「物盛而極，將違失天道。是物之窮也。故以亢龍象之。【九五飛龍在天，是恰到好處。上九之龍，欲更上乎。則窮高而無可復之。故是亢龍。以喻物之極盛而窮也。】夫天道之行，健而又健。莫可為阻者。物至極盛，而益成滯礙，以違天道，則必為天行之所摧滅。【天行猶言天道之行。】滅故所以生新。以此見天道生生之仁也。物生而有成型。至於盛之極，而益為成型所限。將無以繼天。【天道，亦省云天。繼字，甚吃緊。萬物本資於天道以生。然物既生，則將漸成為機械性的死物。而不能顯發其所得於天之生生之仁。故云無以繼天也。】此其所以窮也。推而言之，凡人事之處滿居盈，而有違於天道生生之仁者，皆天之所不佑。而其窮以至究也，無可倖而免矣。【近者希特勒當德國勃興之運，而凶狡以逞。卒陷其族類於危亡。】亢龍之象，其寄意深遠哉。」其說乾用九曰：「見羣龍无首者，於大用流行，而特舉乾之方面以言。則見眾陽俱為君長，更無有超越眾陽而為首出之上神者。故以羣龍無首象之。如乾卦，自初九、九二，乃至上九，是謂眾陽。且不獨乾卦而已，坤之元即乾元。是坤卦六爻，所表之一切動端，或一切物事，皆乾陽隱為之主。坤陰非離乾陽而獨在也。六十二卦，皆陰陽相待成變。而凡陰皆以陽為主。【陰為質，而陽為神。徧運乎羣陰之中而為其宰者，陽也。】故乾卦眾陽，已統攝六十三卦之陽。易言之，六十四卦，三百八十四爻，所表一切動端，或一切物事，莫非乾元也。故以羣龍象眾陽焉。既於一切動端，或一切物事，而皆見為乾元，則非獨不承認有超越萬有之上神，即亦不可離現象而覓本體，乃即於一切現象而識本體。故為羣龍無首之象。嗚呼，斯義微矣。至矣。」熊十力於乾九三強調「大化推盪，無有已止」、「動而愈出」；於乾九四強調「上下原為一體」，而「進无咎」；於乾上九強調「滅故所以生新」，以為「乾卦眾陽已統帥六十三卦之陽；六十四卦，三百八十四爻，所表一切動端，或一切物事，莫非乾元也」。其理既雄辯又精確。而既濟〈象傳〉言「思患而豫防之」，亦「大化推盪」之一端也。

語譯

水在火上面，固然可以燒成開水和煮飯煮菜；但是，也可能水滿出來澆息了火，火燒乾了水釀成火災。推而廣之，政府努力地為人民服務，人民固然擁護政府合理的政策；但官民之間應該預防誤會、矛盾的產生。更進一步說，人類與天地自然之間，人要參贊天地之化育，配合自然現象而運用它，並且預防天災地變可能造成災害。

序卦傳

有過物者必濟，故受之以既濟❶。

注釋

❶有過物者必濟，故受之以既濟

韓康伯《注》曰：「行過於恭，礼過乎儉，可以矯世厲俗，有所濟也。」孔穎達《正義》錄之；李鼎祚《集解》亦唯引此注。而「礼」作「禮」，「厲」作「勵」。請參閱小過〈象傳〉。

語譯

對事物稍有矯枉過正處也必然有成就，所以接在小過卦之後的，是既濟卦。

雜卦傳

既濟，定也❶。

注釋

❶既濟，定也

韓康伯未注，孔穎達未疏。李鼎祚《集解》曰：「濟成六爻，得位定也。」既濟六爻皆得位居正，且皆陰陽互應。六爻排列，至此定矣。故曰既濟，定也。推而廣之，社會秩序的安定，自然現象的穩定，都是「既濟」，也都是「定」。參閱卦辭注釋❷。

語譯

既濟，是已經成功，已有成就；也就是社會安定，天地穩定。所以說「既濟」就是「定」的意思。

初九爻辭

初九❶：曳其輪，濡其尾❷，无咎❸。

注釋

❶初九

在既濟卦，六爻皆得位有應，在六十四卦中可謂至善矣。初九自無須再濟。曳輪濡尾之象，无咎之占，皆源於此。在筮法上，當既濟初爻是老，他爻皆少，即由既濟之蹇䷦；或睽䷥初爻為少，他爻皆老，即睽之既濟：這兩種情形，都以既濟初九爻辭占。

❷曳其輪，濡其尾

象也。帛書作「抴亓綸，濡亓尾」，張立文《今注今譯》云：「『抴』假借為『曳』。」並引《說文》段注「抴與曳音義皆同」為證。是也。曳，拖牽。張又云：「『綸』與『輪』通。」並引《釋名・釋車》：「輪，綸也。」等多例以證之。最後引近人高亨《周易古經今注》：「曳其輪，當謂曳其車輪矣。然車陷水中，馬力不足，人或曳其軥轅，或推其輿軫，無曳其輪之理；即或加力於輪，亦推其輪，而不曳其輪。余故謂此輪字，非用其本義，輪疑借為綸。」以明帛書作「綸」之確當。高亨作《周易古經今注》，其時帛書《周易》尚未出土；高說與帛書合，此既可證帛書此條字作「綸」之為本字；又可窺高亨注《易》之工力。我在此謹向高、張二先生致敬佩之意。今傳本《集解》引宋衷曰：「離者，兩陽一陰。陰方陽圓，輿輪之象也。其一在坎中，以火入水必敗，故曰『曳其輪』也。初在後稱尾。」宋衷以為既濟離下兩端為陽，中間夾著六二為陰，《考工記》：「輪崇輿廣。」鄭玄《注》：「載物為輿，行地為輪。輿方象陰，輪圓象陽。故云輿輪之象也。」（萱案：陰方陽圓，猶言「地方天圓」也，此指輿方而靜，輪圓而動。）既濟六二、九三、六四互體為坎。宋衷所謂「其一」，指離下九三也。〈說卦傳〉：「離為火」、「坎為水」，九三在既濟二、三、四互體「坎」中，有「以火入水必敗」之象。爻例：有以上為首，初在下為尾者，〈說卦傳〉：「坎為弓輪為曳。」故初九有「曳其輪濡其尾」之象。（萱案：初九爻辭，當據初九言之。既濟初九，已在離下。而宋衷卻偏說「其一在坎中」，於是李道平《篹疏》以「離下九三」釋之。捨本身在離下初九不說，而以離下九三釋之，似有「文不對題」之嫌。象數派之牽強附會，於此可見一斑。然古有此說，必當先知之而後破之。故不避囉嗦而釋之如上。）弼《注》：「最處既濟之初，始濟者也。始濟未涉於燥，故輪曳而尾濡也。」意為：「初九始濟，未至燥地而涉水，故輪曳而尾濡濕也。」程《傳》：「初以陽居下，上應於四，又火體，其進之志銳也。然時既濟矣，進不已則及於悔咎；故曳其輪、濡其尾，乃得无咎。輪，所以行，倒曳之使不進也；獸之涉水，必揭其尾，濡其尾，則不能濟。」程頤由既濟初九之位，與六四相應，又在離下火體，說明其銳於進，說象可從。又以曳為「倒曳之使不進也」，釋義更明。朱熹《本義》：「輪在下，尾在後，初九象也。曳輪則車不前，濡尾則狐不濟。」從程而以程所謂「獸」為「狐」，則據未濟卦辭「小狐汔濟濡其尾」而云然。又《朱子語類》曼淵記朱熹之言曰：「曳輪濡尾是只爭些子時候，是欲到與未到之間；不是不欲濟，是要濟而未敢輕濟。如曹操臨敵，意思安閑，如不欲戰。」引史事而說得更淺明具體。

❸无咎

占也。帛書亦作「无咎」。《集解》引宋衷曰：「尾濡輪曳，咎也；得正有應，于義可以危而无咎矣！」以初九得位，與外卦六四有應，所以「无咎」。王弼《注》：「雖未造易，心无顧戀，志棄難者也。其于義也，无所咎也。」頗得莊子逍遙之旨。程《傳》：「方既濟之初，能止其進，乃得无咎；不知已，則至於咎也。」頗類《大學》「止於至善」意。朱子《本義》：「既濟之初，謹戒如是，无咎之道；占者如是，則无咎矣。」以為濟渡當著重謹戒。韓愈嘗言「名滿天下，謗亦隨之」，俗語云「不被人妒是庸人」、「人生不如意事十之八九」。總得自我檢討，謹慎處世才好。

語譯

既濟卦初位是陽爻九：表示渡河的開始要拉住舟船的繂繩，不讓它前進得太快；又像游泳過河的狐狸沾溼了尾巴，不能迅速渡河：於是戒慎小心，不會有災害過失。

象傳

曳其輪❶，義无咎也❷。

注釋

❶曳其輪

此引爻辭作為〈象傳〉之對象。〈象傳〉引經原有省略之例。所以「曳其輪」下可能省去「濡其尾」。但「曳其輪」者，人力也；「濡其尾」者，非人力也。故〈象傳〉僅說「曳其輪」，亦有可能。

❷義无咎也

《集解》引宋衷曰，已見爻辭注釋。弼《注》爻辭已用〈象傳〉義，故於〈象傳〉無注。孔亦未疏。程《傳》：「既濟之初而能止其進，則不至於極。其義自无咎也。」程《傳》所說已明，故朱熹《本義》亦不再贅。

語譯

拉住過河舟船的繂繩，意味著不會有災害過失。

六二爻辭

六二❶：婦喪其茀❷；勿逐，七日得❸。

注釋

❶六二

既濟卦老陰六居第二位，在離下中位，得位有應，其象其占，皆由此出。在筮法上，當既濟第二爻為老，他爻皆少，即由既濟之需䷄；或晉䷢第二爻為少，他爻皆老，即由晉之既濟：這兩種情形，都以既濟六二爻辭占。

❷婦喪其茀

象亦占也。吳澄以為象也，高亨以為「斷占之辭」。帛書作「婦亡亓發」。喪、亡，義同。《說文》：「喪，亡也。」茀、發，皆假借為「髴」，《釋文》引「子夏作髴」，又虞翻亦作髴，是也。請參閱張立文《周易帛書今注今譯》。《集解》引虞翻曰：「離為婦，泰坤為喪，髴，髮，謂鬒髮也，一名婦人之首飾。坎為玄雲，故稱髴。《詩》曰：『鬒髮如雲。』乾為首，坎為美，五取乾二之坤為坎，坎為盜，故『婦喪其髴』。」六二居既濟離下，〈說卦傳〉「離為中女」，故「離為婦」。虞翻以既濟由「泰五之二」變來。已見卦名注釋。泰卦坤下乾上，而坤有喪象。引「《詩》曰」，在〈鄘風・君子偕老〉：「鬒髮如雲，不屑髢也。」指稠密的頭髮像雲朵似的，不屑於再戴假髮。〈說卦傳〉：「坎為矯揉。」戴假髮則失真，為矯揉之一。又：「其為馬也，為美脊。」推而廣之，有「坎為美」之象。「乾為首」、「坎為盜」，皆〈說卦傳〉文。弼《注》：「居中履正，處文明之盛，而應乎五，陰之光盛者也。然居初、三之間，而近不相得；上不承三，下不比初。夫以光盛之陰，處於二陽之間，近而不相得，能无見侵乎？故曰『喪其茀』也。稱婦者，以明自有夫，而它人侵之也。茀，首飾也。」以為既濟六二居離下之中而得位，離為火為日，六二居離之中，故「處文明之盛」。而又與九五相應，九五為夫，六二為婦。可是六二處在初九、九三兩陽之間。上不奉承九三，下不理會初九，相近卻不友好，能不被欺侮嗎？所以說「喪失了假髮等首飾」。爻辭稱六二為「婦」，是說明六二是有夫之婦，卻受別人欺負。茀，是首飾假髮之類。說完弼《注》，再說程《傳》：「二以文明中正之德，上應九五剛陽中正之君，宜得行其志也。然五既得尊位，時已既濟，无復進而有為矣。則於在下賢才，豈有求用之意？故二不得遂其行也。自古既濟而能用人者鮮矣！以唐太宗之用言，尚怠於終，況其下者乎？於斯時也，則剛中反為中滿，坎離乃為相戾矣。人能識時知變，則可以言《易》矣。二，陰也，故以婦言。茀，婦人出門以自蔽者也。喪其茀，不可行矣。二不為五之求用，則不得行，如婦之喪茀也。」伊川此處《易傳》，象義兼顧，言之詳矣。後儒說《易》者，罕有過之者。

❸勿逐，七日得

象亦占也。吳澄以為象，高亨以為占。帛書作「勿遂，七日得」。「遂」似為「逐」之誤字。張立文云：「『遂』、『逐』義皆可通。」引證頗詳，可為參考。《集解》引虞翻曰：「泰震為七，故『勿逐，七日得。』與睽『喪馬勿逐』同義。」案：〈繫辭傳〉嘗言：「天一、地二，天三、地四，天五、地六，天七、地八，天九、地十。」《集解》：「天一，水甲；地二，火乙；天三，木丙；地四，金丁；天五，土戊；地六，水己；天七，火庚；地八，木辛；天九，金壬；地十，土癸。」並云「此上虞翻義也」。泰卦九三、六四、六五互體為震。〈繫辭傳〉又云「在天成象」，《集解》引虞翻曰：「謂日月在天成八卦，震象出庚。」故天干庚七為震。此所以虞翻注「七日得」言「泰震為七」也。再案：京房《易傳》：「分天地乾坤之象，益之以甲乙壬癸；震巽之象配庚辛，坎離之象配戊己，艮兌之象配丙丁。」已以八卦與十干相配。虞翻「納甲」之說，實祖於京房。至於弼《注》：「夫以中道執乎貞正而見侵者，眾之所助也。處既濟之時，不容邪道者也。時既明峻，眾又助之。竊之者逃竄而莫之歸矣。量斯勢也，不過七日，不須已逐，而自得也。」則以六二得中居正有應，以人事說明之。「不須已逐」，臺灣藝文印書館影印清嘉慶二十年江西南昌府學《重刊宋本周易注疏附校勘記》與中華書局《四部備要》本王弼註《周易》字皆如此，疑「已」當作「己」。謂自己親逐也。然作「已」亦可通。又程《傳》云：「然中正之道豈可廢也！時過則行矣。逐者，從物也。從物則失其素守，故戒勿逐。自守不失，則七日當復得也。卦有六位，七則變矣。七日得，謂時變也。雖不為上所用，中正之道无終廢之理。不得行於今，必行於異時也。聖人之勸戒深矣！」請參閱復卦辭「七日來復」與震六二爻辭「勿逐，七日得」之注釋。

語譯

既濟卦陰爻六居卦之第二位：中年婦女掉了自己的假髮或首飾。不必追究尋找，過了七天自然會出現再得回來。

象傳

七日得，以中道也❶。

注釋

❶以中道也

《集解》引王肅曰：「勿逐自得，履中道也。二、五相應，故七日得也。」《篡疏》：「『勿逐自得』者，以二履中道也。『二五相應』，以二加五為七，故『七日得也』。」余於一九七二年所撰博士論文《魏晉南北朝易學書考佚・魏王肅周易注》釋之甚詳，文長不贅錄，敬請參閱。弼未注。孔穎達《正義》曰：「『以中道』者，釋不須追逐而自得者，以執守中道故也。」於「七日得」亦未疏解。蓋於爻辭已作疏解也。程《傳》：「中正之道，雖不為時所用，然无終不行之理。故喪茀七日當復得，謂自守其中，異時必行也。不失其中，則正矣。」對「中道」有更重要的提示。

語譯

過了七天自然會出現再得回來，這是因為執守適中的原則。

九三爻辭

九三❶：高宗伐鬼方，三年克之❷。小人勿用❸。

注釋

❶九三

以剛爻居剛位，與上六雖應而實敵。在筮法上，當既濟第三爻為老，他爻皆少，即由既濟之屯䷂；或鼎䷱第三爻為少，他爻皆老，即由鼎之既濟：這兩種情形，都以既濟九三爻辭占。

❷高宗伐鬼方，三年克之

象也。吳澄言同，高亨以為「記事之辭」。帛書文字全同。惟上脫爻題「九三」二字。竹書缺。《集解》引虞翻曰：「高宗，殷王武丁。鬼方，國名。乾為高宗，坤為鬼方，乾二之坤五，故高宗伐鬼方。坤為年，位在三，故三年。坤為小人，二上克五，故三年克之。」又引干寶曰：「高宗，殷中興之君；鬼方，北方國也。高宗嘗伐鬼方，三年而後克之。離為戈兵，故稱伐。坎當北方，故稱鬼。在既濟之家，而述先代之功，以明周因于殷，有所弗革也。」《纂疏》云：「《後漢書・西羌傳》：『殷室中衰，諸侯皆叛。至高宗征西戎鬼方，三年乃克。』或曰：鬼方，南方之國，《國語》：『九黎亂德，民神雜糅。』又曰：『三苗復九黎之德。』是以三苗為鬼方也。干氏又以為北方國。《詩・大雅》：『覃及鬼方。』《毛傳》：『鬼方，遠方也。』《漢書・匡衡傳》『成湯化夷俗而懷鬼方』應劭云：『鬼方，遠方也。』于西、于南、于北：皆無所指。」萱案：《後漢書・西羌傳》「諸侯」作「諸夷」，「至高宗」作「至于武丁」。又《纂疏》所言「干氏」為干寶。《詩・大雅》指「蕩之什」首篇〈蕩〉。《漢書・匡衡傳》在卷八十一，「夷俗」作「異俗」。說象記事，已甚淺明。民國之初，王國維著《觀堂集林》，卷十三〈鬼方昆夷玁狁考〉，更據《周易》、《詩・大雅・蕩之什・蕩》、《世本》、《竹書紀年》、《黃氏日鈔》等古籍，並徵之古器物小盂鼎、梁伯戈（此以古籍文獻與出土文物綜合作考證，即所謂「二重證據法」。）說明鬼方、昆夷、玁狁，即後人所稱之「匈奴」。王國維更云：「鬼方之地，實由宗周之西而包其東北，與下所考昆夷、玁狁正同。」大約在今尚保存之長城之西與北方、東北方。《史記・匈奴列傳》、《古史辨》第三冊上編有顧頡剛所撰〈周易卦爻辭中的故事〉，第二即「高宗伐鬼方的故事」，可以參閱。我懷疑「鬼方」非其國自名，是我中國對入侵我國或欺負我國者之醜名。無論東、南、西、北，皆可稱為鬼。魯迅〈阿Q正傳〉尚有「假洋鬼子」之名，抗戰時期稱日寇為「東洋鬼子」，乃古代稱外敵為鬼之流傳至今者。《集解》之言，我解釋到此為止。再說弼《注》：「處既濟之時，居文明之終，履得其位，是居衰末而能濟者。高宗伐鬼方，三年乃克也。」孔《疏》除依弼《注》外，於虞翻、干寶之《注》，亦多所採取。程《傳》無新義。張載《橫渠易說》：「上六險而應此，處卦之未濟以終亂者也，故以比鬼方。九三以陽居陽，文明而正，故用師雖久，困而必克。」朱熹《本義》：「既濟之時，以剛居剛，高宗伐鬼方之象也。三年克之，言其久而後克，戒占者不可輕動之意。」最能代表宋儒《易》說。

❸小人勿用

占也，吳澄、高亨亦以為「占」。楚竹書惟存「勿用」二字，他皆殘缺。漢帛書作「小人勿用」，與今傳本同。《集解》引虞翻曰：「小人勿用，〈象〉曰『憊也』。」引《易傳》以釋《易經》，於虞《注》中頗罕見。弼《注》：「君子處之，故能興也；小人居之，遂喪邦也。」孔《疏》：「小人勿用者，勢既衰弱，君子處之，能建功立德，故興而復之；小人居之，日就危亂，必喪邦也。故曰『小人勿用』。」其說甚平實。而乏深義。程《傳》：「威武可及，而以救民為心，乃王者之事也。惟聖賢之君則可，若騁威武，忿不服，貪土地，則殘民肆欲也。故戒不可用小人。小人為之，則以貪忿私意也。非貪忿則莫肯為也。三年克之，見其勞憊之甚。聖人因九三當既濟而用剛，發此義以示人為法為誡，豈淺見所能及也。」近世之言

「大×××主義」、「×國第一」、「×國優先」者，當細思伊川此言，謹慎治國也。

語譯

既濟卦陽爻九居第三位：殷中興之王武丁討伐鬼方（即秦漢時的「匈奴」），交戰了三年，予以克服。除非有聖明如武丁者，才能辨得到；若是貪功好戰的小人是辦不到的。

象傳

三年克之，憊也❶。

注釋

❶三年克之，憊也

《集解》引侯果曰：「伐鬼方者，興衰除闇之征也。上六闇極，九三征之。三舉方及，故曰三年克之。興役動眾，聖猶疲憊，則非小人能為，故曰小人勿用。」又引虞翻曰：「坎為勞，故憊也。」象數之說如此。弼未注。《正義》曰：「『憊也』者，以衰憊之故，故三年乃克之。」孔穎達以「憊」為因，「三年乃克之」為果。與侯果以「三舉方及」為因，「聖猶疲憊」為果，有所不同。程頤《易傳》：「言憊以見其事之至難，在高宗為之則可；无高宗之心，則貪忿以殃民也。」

語譯

交戰了三年，才克服匈奴；勞民傷財，消耗國力啊。

六四爻辭

六四❶：繻有衣袽❷，終日戒❸。

注釋

❶六四

以柔居柔，得位有應於初九。但上下皆剛，前後阻攔，退不能與初相應；又居近君之位，為多懼之爻，進則有篡奪之嫌。故進退兩難。爻辭言「終日戒」，〈象傳〉言「有所疑也」，皆由於此。在筮法上，當既濟第四爻為老，他爻皆少，即由既濟之革䷰；或蒙䷃第四爻為少，他爻皆老，即由蒙之既濟：這兩種情形，都以既濟六四爻辭占。

❷繻有衣袽

象也。吳澄、高亨亦如此說。楚竹書作「需又衣絮」，漢帛書作「襦有衣茹」。有，早期多作「又」。作「需」者，「繻、襦」之省文也。《集解》引虞翻曰：「乾為衣，故稱繻。袽，敗衣也。乾二之五，衣象裂壞，故『繻有衣袽』。」案：〈繫辭傳下〉：「黃帝、堯、舜垂衣裳而天下治，蓋取諸乾坤。」而《九家易》云：「衣取象乾，裳取象坤。」是以虞云：「乾為衣，故稱繻。」（王引之《經義述聞》：「乾為衣，故稱襦。今本《集解》作『繻』，誤。」）又「袽」採「敗衣」義，謂破舊之衣也。弼《注》：「繻宜曰濡，衣袽所以塞舟漏也。履得其正，而近不與三、五相得。夫有隙之棄舟得濟者，有衣袽也。」亦取溼衣堵塞漏舟之縫隙義。程《傳》：「四在濟卦而水體，故取舟為義。四近君之位，當其任者也。當既濟之時，以防患慮變為急。繻當作濡，謂滲漏也。舟有罅漏，則塞以衣袽。」謂衣袽以塞漏舟，實本弼《注》。而強調四近君之位，此伊川好以君臣關係釋《易》之例。於既濟卦實無必要。《周易折中》引張氏清子《周易本義附錄集注》曰：「六四出離入坎，此濟道將革之時也。濟道將革，則罅漏必生。四，坎體也。故取漏舟為戒。」以濟道將革，四在坎體而解之。頗得《易》旨。

❸終日戒

占也。吳澄以為「象也」。高亨以為「斷占之辭」。終，楚竹漢帛皆作「冬」。冬為終之初文。我師高鴻縉先生《中國字例》於上冊〈第二篇「象形・託形寄意・服飾」〉列有「」字，曰：「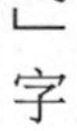前四・32・七 頌鼎  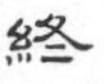 終。《說文》：『，絿絲也。从糸，冬聲。，古文終。』職戎切。按，原象繩端終結之形（或即結繩之遺），故託以寄終結之意。動詞，亦狀詞。周時秋冬之冬，從之得聲，作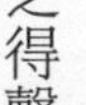。从夊（冰），聲。後人又造終字，从糸冬聲，而字遂廢。許書以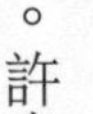為古文終。蓋至周末變為也。又以終為絿絲，當為借用之意，非本意也。」可為竹、帛作「冬」，今傳本作「終」之詮解。《集解》引虞翻曰：「離為日，坎為盜，在兩坎間，故『終日戒』。謂伐鬼方三年乃克，旅人勳勞，衣服皆敗。鬼方之民，猶或寇竊，故『終日戒』也。」案：既濟卦離下坎上，而六二、九三、六四互體又有坎，故虞曰「在兩坎間」。弼《注》：「鄰於不親而得全者，『終日戒』也。」不採虞翻「兩坎」說，逕以「鄰於不親」說之。程《傳》：「有衣袽以備濡漏，又終日戒懼不怠，慮患當如是也。不言『吉』，方免於患也。既濟之時，免患則足矣。豈復有加也！」張清子曰：「『終日戒』者，自朝至夕，不忘戒備。常若坐敝舟而水驟至焉，斯可以免覆溺之患。」呂大臨《易章句》云：「六二、六四皆處二陽之間，皆有正應，不私近比。近不相得，交來侵之。二以居中履正，不以喪茀易其志，卒得其所喪；四居多懼之地，備衣袽以防舟之漏，終日戒而不敢弛。二不以已侵而改其操，四疑其將侵而謹其備也。」上引三家說，程伊川於僅言「終日戒」而不言「吉」，有其新見。讀《易》宜於經、傳所言下工夫；尤宜注意經、傳不言者，探討其不言之理由。元儒張清子對爻辭原意解釋甚簡明清晰。宋儒呂大臨則較論六二、六四之異同。歸納比較，治學之要也。

語譯

既濟卦陰爻六居第四位：預防船隻產生漏縫先準備了堵塞的破舊衣服，整天在警戒。

象傳

終日戒，有所疑也❶。

注釋

❶**終日戒，有所疑也**

《集解》引盧氏曰：「繻者，布帛端末之識也。袽者，殘弊帛可拂拭器物也。繻有為衣袽之道也。四處明闇之際，貴賤无恆，猶或為衣，或為袽也。履多懼之地，上承帝主，故終日戒慎，有所疑懼也。」盧氏為盧景裕，南北朝時北魏人，余博士論文《魏晉南北朝易學書考佚》第二十八章為〈北魏盧氏《周易注》〉，於其人其書考證詮釋尚詳，此不贅。弼未注。孔氏《正義》曰：「『有所疑』者，釋所以『終日戒』。以不與三、五相得，懼其侵克，有所疑故也。」朱震《漢上易傳》：「制治保邦之道，患至而後慮之无及已。心有所疑知禍亂之源，必先事而塞之，乃保既濟之道。故曰：『終日戒，有所疑也。』」朱熹《朱子語類》：「六四以柔居柔，能慮患豫防，蓋是心低小底人，便能處事。柔善底人心不麤，處事細密；剛果之人心麤，不解如此。」乃門人戛淵所錄。案：近人胡適嘗言：「治學要在無疑處起疑，待人要在有疑處不疑。」（大意如此。早年所讀，但記在心，不詳出處。）此語甚好。

語譯

整天在警戒，因為有需要疑慮的現象出現啊。

九五爻辭

九五❶：東鄰殺牛，不如西鄰之禴祭，實受其福❷。

注釋

❶**九五**

在既濟之卦，居中得正，下與六二相應。九五、六二，可較者多矣。詳見注釋❷及〈象傳〉注釋。在筮法上，當既濟第五爻為老，他爻皆少，即由既濟之明夷䷣；或訟䷅第五爻為少，他爻皆老，即由訟之既濟：這兩種情形，都以既濟九五爻辭占。

❷**東鄰殺牛，不如西鄰之禴祭，實受其福**

象也。吳澄云「象也」，高亨謂「記事之辭」。楚竹書作「東嶅殺牛，不女西嶅之酌祭，是受福，吉」。漢帛書作「東鄰殺牛以祭，不若西鄰之濯祭，實受亓福，吉」。竹書「嶅」字，假借為鄰字。鄰，郭店竹簡作：。《玉篇》以「㕕」為：「古鄰字，近也，親也，五家也。」竹、帛，句末皆有「吉」字，疑今傳本誤脫。《集解》引虞翻曰：「泰震為東，兌為西，坤為牛，震動五殺坤，故『東鄰殺牛』；在坎多眚，為陰所乘，故『不如西鄰之禴祭』；禴，夏祭也，離為夏，兌動二體離，明得正，承五順三，故『實受其福』，吉大來也。」察虞翻《周易注》「吉大來也」，似爻辭當有「吉」字。與出土之竹帛同。或虞《注》「吉大來也」，實〈象傳〉言，引以注經。竹、帛有「吉」亦因〈象傳〉而衍。虞以既濟為「泰五之二」，已見卦名下之注釋。泰九三、六四、六五互體為震，九二、九三、六四互體為兌。〈說卦傳〉：「萬物出乎震。震，東方也。」又云：「兌，正秋也。」於方位為西。故虞曰「泰震為東，兌為西」。〈說卦傳〉：「坤為子母牛。」故虞曰「震動五殺坤，故『東鄰殺牛』」。蓋「泰五之二」，坤象破壞也。既濟九五在坎上，〈說卦傳〉：「坎，……其於輿也，為多眚。」上六在九五之上，有乘剛之象。故虞曰：「在坎多眚，為陰所乘，故『不如西鄰之禴祭』。」《爾雅・釋天》：「夏祭曰礿。」《說文・示部》：「礿，夏祭也。」段玉裁《注》：「《周禮》『以禴夏享先王』，《公羊傳》曰『夏曰礿』，……礿亦作禴。」故虞曰「禴，夏祭也」。〈說卦傳〉：「離也者，明也。萬物皆相見，南方之卦也。」於四季言，震春、離夏、兌秋、坎冬。《詩・小雅・天保》：「禴祠烝嘗，于公先王。」《傳》：「春曰祠，夏曰禴，秋曰嘗，冬曰烝。」故虞如此云。泰卦九二、九三、六四互體為兌。此互體之兌，九二如變回六二，則與九三、初九又體現為離，離為明。而且六二居中得正，上應九五之陽，近順九三之陽。應陽順陽為福。故「實受其福」。蓋既濟九五陷於坎險，上下皆陰闇；不如六二當始濟之時，麗乎文明，故虞從〈象傳〉曰「吉大來也」。案：同門友徐芹庭博士嘗撰《虞氏易述解》：「東、西稱鄰，五在震為東鄰，二在兌為西鄰。」言象最簡而明。可作象數解說此句之結論。弼《注》：「牛，祭之盛者；禴，祭之薄者。居既濟之時，而處尊位，物皆濟矣。將何為焉？其所務者，祭祀而已。祭祀之盛，莫盛脩德。故沼沚之毛，蘋蘩之菜，可羞於鬼神。故黍稷非馨，明德惟馨。是以東鄰殺牛，不如西鄰之禴祭，實受其福也。」考《左傳・僖公五年九月》：「晉侯復假道於虞以伐虢。……公曰：『吾享祀豐絜，神必據我。』（宮之奇）對曰：『臣聞之，鬼神非人實親，惟德是依。故〈周書〉曰：「皇天無親，惟德是輔。」又曰：「黍稷非馨，明德惟馨。」又曰：「民不易物，惟德繄物。」如是則非德民不和神不享矣。神所馮依將在德矣！……』……」弼言與《左傳》宮之奇言，意旨略同。朱熹《本義》：「東陽西陰。言九五居尊而時已過，不如六二之在下而始得時也。又當文王與紂之事，故其象占如此。彖辭（指卦辭）『初吉終亂』，亦此意也。」本象而言占意，又貫通卦辭、爻辭，言簡而意賅。

語譯

既濟卦陽爻九居第五位：東方鄰邦殷商宰牛大祭，不如在西邊的西周在夏季的薄祭，實際受到神祖的祝福。

象傳

東鄰殺牛，不如西鄰之時也❶。實受其福，吉大來也❷。

注釋

❶東鄰殺牛，不如西鄰之時也

《集解》引崔憬曰：「居中當位，于既濟之時，則當是周受命之日也。五坎為月，月出西方，西鄰之謂也。二應在離，離為日，日出東方，東鄰之謂也。離又為牛，坎水克離火，東鄰殺牛之象。禴，殷春祭之名。案《尚書》克殷之歲。厥四月哉生明，王來自商，至于豐，丁未祀于周廟。四月，殷之三月，春也。則明西鄰之禴祭得其時，而受祉福也。」案崔憬，唐人，著有《周易探玄》。《集解》此處所引崔憬之言，大抵根據《尚書‧武成》。崔「月出西方」不知所據，亦不知何解。又所言「哉生明」，〈武成〉作「既生魄」，孔安國《傳》云：「魄生明死，(陰曆月)十五日之後。」又《古史辨》第三冊有余永梁所撰〈易卦爻辭的時代及其作者〉一文，云：「既濟『東鄰殺牛，不如西鄰之禴祭，實受其福。』周初對商稱東土，己稱西土，如〈牧誓〉『逖矣西土之人，』『以役西土，』〈大誥〉『有大艱於西土，西土人亦不靜，』〈康誥〉『以修我西土，』〈洛誥〉『大相東土。』而〈酒誥〉『乃穆考文王，肇國在西土，』尤可知西鄰係周邦，在文王之時。《正義》曰『東鄰不能修德，雖復殺牛至盛，不為鬼神歆饗，不如我西鄰禴祭雖薄，能修其德，故神明降福。』西鄰正是指紂不能修德。」於東鄰指商紂，西鄰為周文王，有更清楚的說明。弼

《注》：「在於合時，不在於豐也。」把重點由東鄰西鄰轉移到在時不在豐上。使《易》由記事說象發展到通古貫今之禮儀，不能說不是一大進步。程《傳》：「五之才德非不善，不如二之時也。二在下有進之時，故中正而孚，則其吉大來，所謂受福也。」合六二與九五象傳下文「吉大來也」而言之，說理更清。

❷實受其福，吉大來也

《集解》引盧氏（景裕）曰：「明鬼享德不享味也。故德厚者，吉大來也。」李道平《纂疏》：「《書・君陳》：『黍稷非馨，明德惟馨。』故享德不享味。德厚則吉大來也。按乾為福，故實受其福；陽為大，故吉大來也。」君陳，周公之子。《尚書・周書・君陳》孔穎達《正義》曰：「周公遷殷頑民於成周。頑民既遷，周公親自監之。周公既沒，成王命其臣名君陳代周公監之。分別居處，正此東郊成周之邑，以策書命之。史錄其事，作策書為〈君陳〉篇名。」弼未《注》。孔氏《正義》：「吉大來者，非惟當身，福流後世。」以福流後世為「大」。頗能鼓舞人心。《詩・小雅・鹿鳴之什・天保》：「神之弔矣，詒爾多福；民之賈矣，日用飲食。羣黎百姓，徧為爾德。如月之恒，如日之升。如南山之壽，不騫不崩；如松柏之茂，無不爾或承。」此〈天保〉五、六兩章，可移作此「吉大來也」之註腳。

語譯

東方鄰邦殷商宰牛大祭，不如在西邊的西周在夏季的薄祭，實際受到神祖的祝福。吉祥的收穫豐厚盛大地來到。

上六爻辭

上六❶：濡其首❷，厲❸。

注釋

❶上六

位於既濟卦最上之爻，將入未濟，故其象為「濡其首」，其占為「厲」。在筮法上，當既濟上爻為老，他爻皆少，即由既濟之家人䷤；或解䷧上爻為少，他爻皆老，即解之既濟：這兩種情形，都以既濟上六爻辭占。

❷濡其首

象也。吳澄、高亨所說皆同。楚竹書作「需丌首」，漢帛書作「濡亓首」。濮茅左〈考釋〉云：「『需』，或讀為『濡』。」讀為者，易其字，謂假借也。則濡為本字，需為假借。《集解》引虞翻曰：「乾為首，五從二上，在坎中，故濡其首。」虞以既濟為泰五之二，泰卦乾下坤上，而乾為首。今泰九二上升為九五，六五下降為六二，成既濟後，則上卦六四、九五、上六為坎。故上六在坎水中，並以此釋「濡其首」。這是象數派的說法。弼《注》：「處既濟之極，既濟道窮，則之於未濟。之於未濟，則首先犯焉。過進不已，則遇於難。故濡其首也。」以既濟最上之爻，將入後之未濟卦。臺大哲學系陳鼓應教授於《道家易學建構・先秦道家易學發微》嘗言及「事物的對立和依存轉化」，弼此注正為事物對立轉化之一例乎？程《傳》：「既濟之極，固不安而危也。又陰柔處之，而在險之上，坎為水，濟亦取水義。故言其窮至於濡首，危可知也。既濟之終而小人處之，其敗壞可立而待也。」重點在以陰處極，小人陷於險，故有濡首之危。《郭氏傳家易說》記白雲郭氏曰：「上六處既濟之極，當終止之亂，是以有濡首之危，非可久於既濟之道也。既濟之極，難之始而未深也，故但濡首而已。惟聖人通其變而不至於極，則无是危矣！」「通其變而不至於極」，頗值吾人參考。（此言「參考」者，「變」有變好變壞之別，亦不可固執也。）

❸厲

占也。吳澄、高亨無異說。楚竹、漢帛字同。《集解》引虞翻曰：「『厲』，位極乘陽，故何可久也。」上爻為一卦之極，以六陰下乘九五之陽，故云「位極乘陽」；「何可久也」，為〈象傳〉文，虞翻引以釋《經》。弼《注》：「將沒不久，危莫先焉。」參〈象傳〉意以「危」釋「厲」字。乾九三爻辭「厲无咎」，〈文言傳〉以「雖危无咎矣」釋之。弼之釋「厲」，與乾〈文言傳〉合。《周易折中》引胡氏瑗曰：「物盛則衰，治極必亂，理之常也。上六處既濟之終，其道窮極，至於衰亂。如涉險而濡溺其首，是危厲之極也。皆由治之思亂，安不慮危，以至窮極而反於未濟也。」胡瑗，北宋人，著有《安定易解》。所言「治極必亂」，余不以為然。「於治慮亂，早作預防革新。」可也。朱熹《本義》：「既濟之極，險體之上，而以陰柔處之，為狐涉水而濡其首之象。占者不戒，危之道也。」朱言「狐涉水而濡其首」，似受後卦未濟卦辭「小狐汔濟濡其尾」之啟發。元朝熊良輔《周易本義集成》嘗引易氏曰：「乾下坤上為泰，天地之交也；離下坎上為既濟，水火之交也。泰之六爻雖相應，而二五處非其位；二五相易為既濟，則剛柔之位无一不當。六十四卦无如既濟六爻最正。然卦言『初吉終亂』者，乃盛衰安危之常理。聖人於既濟而示其戒，與泰之上六『城復于隍』之戒一也。」易氏為易祓，字彥章，號山齋。南宋時人。著有《周易總義》、《易學舉隅》。其書清初已佚，《經義考．卷三十二》有所說明。此條以泰卦與既濟較論，頗有卓見。

語譯

既濟卦最上面是陰爻六：水浸溼了頭，危險。

象傳

濡其首，厲，何可久也❶？

注釋

❶何可久也

《集解》引荀爽曰：「居上濡五，處高居盛，必當復危。故曰『何可久也』。」《篹疏》：「居坎之上，下濡五陽，處高位而居極盛，泰極必否。故云『必當復危』。乾為久，故曰『何可久』，即『終亂』之義也。」象數之說如此。王弼注爻辭已言「將沒不久，危莫先焉」。《折中》引胡瑗曰：「既濟之終，反於未濟，至於濡沒其首。故當翻然而警，惕然而改，何可久如此也。」以警惕當早，不可久等。其說以較王弼「危莫先焉」為積極可行。案：《易》言「何可長也」凡四，皆在上爻〈象傳〉。如屯上六〈象傳〉「泣血漣如，何可長也」、否上九〈象傳〉「否終則傾，何可長也」、豫上六〈象傳〉「冥豫在上，何可長也」、中孚上九〈象傳〉「翰音登于天，何可長也」。又言「何可久也」凡三：大過九五〈象傳〉「枯楊生華，何可久也」、離九三〈象傳〉「日昃之離，何可久也」、及此既濟上六〈象傳〉「濡其首，厲，何可久也」。蓋「何可長也」義與「何可久也」同。皆出於〈象傳〉。惟大過在五爻，離在三爻，其他五卦皆在上爻。《折中》「案」云：「厲未至於凶，特可危爾。知其危而反之，則不至於濡首矣。凡《易》言『何可長』、『何可久』者，自屯上至此爻，皆惕以改悟，而不可迷溺之意。」大是。此《易》所以為「寡過」之書也。

語譯

水浸溼了頭，危險。趁早覺悟改正，怎可長久如此下去啊？

未濟卦經傳通釋第六十四

卦辭

䷿坎下離上未濟❶：亨❷。小狐汔濟，濡其尾❸。无攸利❹。

注釋

❶䷿坎下離上未濟

卦名。《集解》引虞翻曰：「否二之五也。……濟，成也。六爻皆錯，故稱未濟也。」否卦䷋坤下乾上，六二與九五陰陽互易其位，則成未濟卦。《篹疏》於既濟曰：「三陽三陰之卦自泰來。」於未濟曰：「三陰三陽之卦自否來。」倘既濟初陽二陰，三陽四陰，五陽上陰；初、三、五之陽皆在二、四、上三陰之下，猶泰卦坤陰在上，乾陽在下乎？未濟初陰二陽，三陰四陽，五陰上陽；初、三、五之陰皆在二、四、上三陽之下，猶否卦乾陽在上，坤陰在下乎？是以既濟離火在下，坎水在上，代表火能煮水，水火能交也；未濟坎水在下，離火在上，代表在上之火不能煮在下之水，水火不交也。而泰卦地天交泰，否卦天地不交，亦猶是也。弼未注。《正義》曰：「未濟者，未能濟渡之名也。未濟之時，小才居位，不能建功立德，拔難濟險。」代表唐儒對《周易》的理解。程《傳》：「未濟，則未窮也。未窮則有生生之義。為卦離上坎下，火在水上，不相為用，故為未濟。」點出未濟為未窮，具有〈繫辭傳上・第五章〉：「富有之謂大業，日新之謂盛德，生生之謂易，成象之謂乾，效法之謂坤。」所言「生生」之大義。在筮法上，當未濟六爻皆少，也就是本卦、之卦都是未濟；或既濟䷾六爻皆老，也就是既濟之未濟：這兩種情形，都以未濟卦辭占。

❷亨

占也。吳澄亦如此說。高亨以為「記事之辭」。亨字，竹書殘缺，帛書則同作「亨」。《集解》引虞翻曰：「柔得中，天地交，故『亨』。」《篹疏》：「柔在五，為得中；二五易位，是天地交。交故通，通故亨。」疏解已甚明。二五易位，即上文「否二之五」意也。否卦坤下乾上，本是天地不交。由坤二與乾五陰陽易位而相交，故六五既為「柔得中」，又代表「天地交」而能亨通也。弼於卦辭未注，惟注〈彖傳〉。《正義》：「若能執柔用中，委任賢哲，則未濟有可濟之理，所以得通。故曰『未濟亨』。」孔穎達言「執柔用中」，既本〈彖傳〉「柔得中也」，復近於虞翻「柔得中，天地交」之注。至於言「未濟有可濟之『理』」，點出「理」字，則其特見也。程《傳》：「未濟之時，有亨之理。而卦才又有致亨之道。惟在慎處。」於「理」之外，更拈出「道」字，於此可見《易》學由數象而邁向道理之軌跡。又程頤所言之「卦才」，指卦之德性、才能等等，〈說卦傳〉第五章（朱子《本義》之分章）：「乾，健也；坤，順也；震，動也；巽，入也；坎，陷也；離，麗也；艮，止也；兌，說也。」朱熹所謂「此言八卦之性情」，皆指「卦才」也。《郭氏傳家易說》：「既濟曰『亨』，未濟亦曰『亨』者：既濟之『亨』，已然之亨也；未濟之『亨』，將然之亨也。」《傳家易說》此言為郭雍（白雲）所說。較論既濟、未濟，何以皆言亨？甚佳。

❸小狐汔濟，濡其尾

象也。吳澄、高亨無異說。竹書殘缺，帛書作「小狐乞涉，濡亓尾」。張立文《今注今譯》：「『乞』，假借為『汔』。」《集解》引虞翻曰：「否艮為小狐。汔，幾也。濟，濟渡。狐濟幾渡，而濡其尾，未出中也。」「艮為尾。狐，獸之長尾者也。尾謂二，在坎水中，故濡其尾。」《篹疏》：「〈說卦〉『艮為小石』；《九家說卦》『艮為狐』。故云『否艮為小狐』，謂四也。《詩・民勞》曰：『汔可小康。』鄭（玄）《箋》：

『汔，幾也。』楊子（揚雄）《方言》：「過渡謂之涉濟。」故云「濟，濟渡」也。艮為狐，二上之五，五未成坎水，坎心為疑。狐性疑，幾渡而坎水濡二。故曰『濡其尾』。」「黔喙之屬多長尾，故「艮為尾」。而狐尾尤長。否二至四互艮為狐，故尾為二。二在坎水中，故曰『濡其尾』。」於虞翻之《注》疏解已詳，故不贅。弼於未濟卦辭無注，孔君《正義》則合下文「无攸利」而疏之。詳見注釋❹。程《傳》：「狐能渡水，濡尾則不能濟。其老者多疑畏，故履水而聽，懼其陷也；小者則未能畏慎，故勇於濟。汔，當為仡，壯勇之狀。《書》曰：『仡仡勇夫』，小狐果於濟，則濡其尾，而不能濟也。」伊川以汔為誤字，當作「仡」，而舉《尚書・秦誓》「仡仡勇夫」以為證。發千古之未發。而千年以來，亦無人附和。錄以備一說耳。《郭氏傳家易說》記白雲郭氏曰：「既濟言濡其尾，而未濟亦言濡其尾者：既濟之濡其尾，以曳輪既濟而濡尾也；未濟之濡其尾，以小狐幾濟而濡尾也。」

❹无攸利

占也。吳澄、高亨說同。竹書缺，帛書亦作「无攸利」。《集解》引虞翻曰：「失位，故无攸利，不續終也。」又引干寶曰：「《說文》曰：『汔，涸也。』……小狐力弱，汔乃可濟。水既未涸，而乃濟之，故尾濡而无所利也。」虞、干皆曾撰《周易注》。此條虞《注》義甚淺明，干《注》引《說文》以「汔為涸也」亦具卓見。孔穎達《正義》曰：「『小狐汔濟，濡其尾，无所利。』者，汔者，將盡之名。小才不能濟難，事同小狐雖難渡水而无餘力，必須水汔，方可涉川。未及登岸，而濡其尾。濟不免濡，豈有所利？故曰『小狐汔濟，濡其尾，无攸利。』也。」程《傳》：「未濟之時，求濟之道，當至慎則能亨，若如小狐之果，則不能濟也。既不能濟，无所利矣！」案：未濟卦辭首言「亨」，末言「无攸利」，似有矛盾。程頤之《傳》提出「至慎」則能「亨」，果敢而不慎，則「无所利」也。於為人之道，極富啟示。此《易》所以為「寡過之書」也。《傳家易說》記白雲郭氏曰：「夫濟難，大人之事，豈狐疑小人之所能哉？故宜其濡尾而无攸利，此其所以為未濟也。」

語譯

三畫的坎在下，三畫的離在上，重疊而成六畫的未濟卦，表示一時不能成功渡河。將來還是能夠亨通的。小狐大膽地涉水過河，被水沾溼了大尾巴，沒有什麼好處。

彖傳

未濟，亨，柔得中也❶；小狐汔濟，未出中也❷；濡其尾，无攸利，不續終也❸。雖不當位，剛柔應也❹。

注釋

❶未濟，亨，柔得中也

《集解》引荀爽曰：「柔上居五，與陽合同，故亨也。」《簒疏》：「否二柔上居五，五陽位，故與陽合同。天地交，故亨也。」疏解已明。弼《注》：「以柔處中，不違剛也；能納剛健，故得亨也。」孔《疏》：「此就六五以柔居中，下應九二，釋未濟所以得亨。柔而得中，不違剛也。與二相應，納剛自輔，故於未濟之世，終得亨通也。」試比較荀爽、王弼之《注》：荀云「柔上居五」，是言否卦坤下六二之柔爻上升，換下九五之陽；王云「以柔處中」，僅指未濟六五以陰柔之六居離上之中位，而不言「否二柔上居五」。此荀、王之異一也。荀云「與陽合同」；王云「不違剛也」。言不同而意則同。此荀、王之同一也。荀直云「故亨也」；王云「能納剛健，故得亨也」謂「與二相應，納剛自補……終得亨通也」。此則荀所未言，弼以二、五相應補之者也。數象之說，與弼掃象言道之說，可較者如此。程《傳》：「以卦才言也。」

所以能亨者，以柔得中也。五以柔居尊位，居剛而應剛，得柔之中也。剛柔得中，處未濟之時，可以亨也。」伊川重視卦才。其《傳》較荀《注》、弼《注》均更詳明。王夫之《易內傳》：「六五得中，柔道亨矣。虛中以受陽，乘剛而麗之以明：未濟之愈於既濟以此。故既濟言『亨小』，而未濟言『亨』。柔道得，則剛志亦行。」船山分辨既濟亨小與未濟言亨固可參考；但六五失位，船山以「虛中受陽」說之；六五乘剛，船山以「麗之以明」說之：則「失位」、「乘剛」均成佳象，《易》象大亂矣。此我個人陋見，亦未必是。

❷小狐汔濟，未出中也

《集解》引虞翻曰：「謂二未變，在坎中也。」言未濟九二未變，在坎下之中，亦即在水中。又引干寶曰：「狐，野獸之妖者，以喻祿父。中謂二也，困而又處中故也。此以託紂雖亡國，祿父猶得封矣！」謂「狐，野獸之妖者」，乃據《說文》「狐，妖獸也」。「以喻祿父」，《史記・殷本紀》：「周武王遂斬紂頭。……封紂子武庚祿父，以續殷祀。……周武王崩，武庚與管叔、蔡叔作亂。成王命周公誅之。而立微子於宋，以續殷後焉。」案：干寶有《周易注》，好援史說《易》。此條言妖狐以喻祿父。即其一例也。《尚書・周書》於〈洪範〉曰「立武庚」，於〈大誥〉言「殷小腆」，於〈微子之命〉曰「殺武庚」。孔安國《傳》曰：「武庚，一名祿父。」則為《史記》記武庚祿父事之所本。虞《注》為象數《易》立說，干《注》開史事《易》之先河。及弼作《注》：「小狐不能涉大川，須汔然後乃能濟。處未濟之時，必剛健拔難，然後乃能濟。汔乃能濟，未能出險之中。」孔《疏》依《注》。言「必須水汔乃濟」，知《注》、《疏》皆本《說文》「汔，水涸也。」「涸，渴也。」以「汔」為水涸渴也，並以剛健拔難勉之。注疏蓋重訓詁，並發揮其義理。程《傳》：「小狐汔濟，據二而言也。二以剛陽居險中，將濟者也。又上應於五，險非可安之地，五有當從之理，故果於濟，如小狐也。」於虞翻《注》、王弼《注》、干寶《注》，皆有所取與不取。

❸濡其尾，无攸利，不續終也

《集解》引虞翻曰：「否陰消陽，至剝終坤，終止則亂，其道窮也。乾五之二，坤殺不行，故不續終也。」否卦䷋坤下乾上，下三爻原為陽爻者，已被陰爻消滅。如否陰再向上發展，消滅了九四而為六四，則為觀卦䷓；倘再上消，則為剝卦䷖；以致於最後消滅了上九，終成坤卦，坤〈文言傳〉所謂「臣弒其君，子弒其父」之亂乃作矣。人道至此，乃窮途末路。今未濟由否卦乾五之坤二，坤下變成離下，一片文明景象，弒殺之亂不會實行，職是之故，變亂也就不能繼續發展了。《集解》又引干寶曰：「言祿父不能敬奉天命，以續既終之禮，謂叛而被誅也。」為諸侯者，可不慎與？王弼《周易注》：「小狐雖能渡，而无餘力。將濟而濡其尾，力竭於斯，不能續終，險難猶未足以濟也。濟未濟者，必有餘力也。」既不附會於象數，亦不附會於殷史。惟以事實說之。程《傳》：「其進銳也其退速，雖勇於濟，不能繼續而終之，无攸往而利也。」由形下之具體事實逐漸上升於形上之普遍原則。其言「進銳」、「退速」，深值玩味。《朱子語類》憂淵記朱熹之言曰：「《易》不是說殺底物事；只可輕輕地說。若是確定一爻吉一爻凶，便是揚子雲《太玄》了；《易》不恁地。兩卦各自說『濡尾』、『濡首』，不必拘說在此言首，在此言尾。大概既濟是那日中衙晡時候，盛了只是向衰去；未濟是五更初時，只是向明去。聖人當初見這箇爻裏有這箇意思，便說出這一爻來，或是從陰陽上說，或是從卦位上說。」朱子這段話，很值得研《易》者注意。我先簡要地解說朱子的話。朱子先說「《易》不是說殺底物事」，「說殺底」是「說死了的」、「說固定了的」的意思。「物事」是吳語方言，意為「事物」。我祖籍溫州，少時常用「物事」一詞。「恁地」，猶言如此地，那麼地。朱熹一方面主張不要把《易》說得太「確定」了；但也說「或是從陰陽上說」、「或是從卦位上說」。「未濟」是《周易》六十四卦最後一卦。朱子此段話我也是寫到最後才看到。於是回想以前注釋，大致上尊重《周易》本是占筮之書，必須保留各種結果的可能性。不過以前都是用「模稜語」這一概念。現在讀了朱子的話，發現古人早已有類似想法與說法。而且表達得比我更圓滿，更清晰，深感我道不孤。

❹雖不當位，剛柔應也

《集解》引荀爽曰：「雖剛柔相應，而不以正；由未能濟也。」《傳家易說》記白雲郭雍曰：「六爻雖不當位，而剛柔皆相應。雖處己有失，然亦未嘗失於人。故得人之助，是以有終亨之象。而小狐之濟，亦止於无攸利而已。不然則凶及之矣。」可與荀爽《注》互補。惟白雲所言「雖處己有失」云云，頗難苟同。案：為人當以正己為先，其次則多交益友。吾個人很贊成《論語・子張》所記的子張的話：「君子尊賢而容眾，嘉善而矜不能。我之大賢與，於人何所不容？我之不賢與，人將拒我，如之何其拒人也？」

語譯

一時未能成功渡河，將來還是能夠亨通的。是因為六五以柔爻得居離上的中位，而與坎下的九二相應啊。小狐等待河乾再過河，未能馬上脫離河中啊。沾溼了自己大尾巴，沒有任何好處，不能持續終結困境啊。雖然立場不正確，但初六與九四，九二與六五，六三和上九：倒都是剛柔相應的。

象傳

火在水上，未濟❶；君子以慎辨物居方❷。

注釋

❶火在水上，未濟

《集解》引侯果曰：「火性炎上，水性潤下。雖復同體，功不相成，所以未濟也。」《纂疏》：〈洪範〉曰：『火曰炎上，水曰潤下。』其性相反。雖同居一體之中，然火在水上，不能成烹飪之功，所以名未濟也。」侯果先據《尚書・洪範》：「一，五行：一曰水，二曰火，……水曰潤下，火曰炎上，……」雖同處於未濟一卦之中，但火在水上，位置不對，未能完成烹飪的功能。侯果這種詮釋「未濟」，十分具體，是可以接受的。及至程《傳》：「水火不交，不相濟為用，故為未濟。」侯果提出「烹飪」具體事實以釋未濟；伊川則說出「不相濟為用」抽象的本質來，擴大了未濟對人事的啟發。

❷君子以慎辨物居方

《集解》引侯果曰：「（續❶）故君子慎辨物宜，居之以道，令其功用相得，則物咸濟矣！」於未濟之時，如何達成「咸濟」，說得明白而有道理。又引虞翻曰：「君子，否乾也。艮為慎。辨，辨別也。物，謂乾，陽物也；坤，陰物也。艮為居，坤為方。乾別五以居坤二，故以慎辨物居方也。」虞意謂：未濟自否來，否卦乾上為「君子」。否六二、六三、九四互體為艮；艮二陰一陽，故宜慎。《說文》：「辨，判也。」為判別之義。「乾，陽物也；坤，陰物也。」〈繫辭傳下〉文。艮止為居。坤〈文言傳〉：「坤，至靜而德方。」故虞曰「坤為方」。又虞曰「乾別五以居坤二」，即「否二之五」之逆向說法。參閱未濟卦名注釋。弼《注》：「辨物居方，令物各當其所也。」掃象重道，言簡意賅。程《傳》：「火在水上，非其處也。君子觀其處不當之象，以慎處於事物，辨其所當，各居其方。謂止於其所也。」頗有《大學》「在止於至善」意。

語譯

離上為火，處於坎水之上，構成了未濟卦；這樣要烹飪煮飯是不可能的。君子受到這種現象啟發，會以審慎的態度，分辨事物特性，安排在適當的位置。

序卦傳

物不可窮也，故受之以未濟，終焉❶。

注釋

❶物不可窮也，故受之以未濟，終焉

《集解》引崔憬曰：「夫易之為道，窮則變，變則通，而以未濟終者，亦物不可窮也。」蓋取義於〈繫辭傳下〉「易窮則變，變則通，通則久。」與〈繫辭傳上〉「往來不窮謂之通。」也。《周易・序卦傳》韓康伯《注》：「有為而能濟者，以巳（已）窮物者也。物窮則乖，功極則亂，其可濟乎？故受之以未濟也。」（此據臺灣藝文印書館印行《十三經注疏》重刊宋本。）「以巳（已）窮物」，中華書局《四部備要》本作「以己窮物」。字既不同，意亦難解。「巳」宜讀為「已」。程《傳》：「既濟矣，物之窮也。物窮而不變，則无不已之理。易者，變易而不窮也。故既濟之後受之以未濟而終焉。未濟則未窮也，未窮則有生生之義。」張栻《南軒易說》：「然事至於既濟，則人情倦於有為，事之隳廢，而物之窮也。故受之以未濟，然後民勉於從事矣。此《易》所以終之於未濟。」伊川重於《易》理，南軒重於人情，《易》理不外乎人情也。

語譯

事物一直在發展，不可能窮止的。所以承受既濟卦的，是未濟卦。未濟卦代表發展尚未圓滿達成，仍有繼續發展可能。《周易》就以這種觀點作為終結。

雜卦傳

未濟，男之窮也❶。

注釋

❶未濟，男之窮也

韓康伯《注》云：「剛柔失位，其道未濟，故曰『窮』也。」既然「剛柔失位」，則男女皆窮，為什麼只是「男之窮」呢？韓氏僅言「其道」「窮」，而不言「男之窮」，是聰明之注解。李鼎祚《集解》此條未引前人注，而自解云：「否艮為男位，否五之二，六爻失正，而來下陰。未濟主月晦，乾道消滅，故男之窮也。」鼎祚意：否䷋卦二、三、四爻互體為艮，〈說卦傳〉「艮為少男」，故「否艮為男位」。否卦九五、六二，陰陽互換，成未濟，六爻皆失位失正，而九二之陽也在六三之陰下面了。至於「未濟主月晦」，指否成未濟，否消至上成坤，陰曆為月三十日，月之亮光全沒有了，也就是乾道消滅已盡。故曰「男之窮也」。鼎祚此說也真夠嚕唆了。伊川《易傳》將〈序卦傳〉提前先作傳解，然後再解卦辭、〈彖傳〉、〈象傳〉，及爻辭、〈小象傳〉。不傳解〈繫辭傳〉、〈說卦傳〉、〈雜卦傳〉。故於本條未作傳解。張栻《南軒易說》：「男子有志於四方。今也剛柔失位而不當，故未濟而已矣夫？」特別提出「男子」來，餘大致從韓、李之說。而最後「矣夫」二字，為疑問語氣，留給讀者自行思考的空間。《朱子語類》於〈序卦〉曰：「伊川說『未濟男之窮』為三陽失位。以為斯義得之成都隱者，見張欽夫說：伊川之在涪也，方讀《易》，有箍桶人以此問伊川。伊川不能答。其人云：『三陽失位。《火珠林》上已有。』伊川不曾看雜書，所以被他說動了。」《語類》此條未記載記錄者姓名。又張欽夫語，亦不知出於何書。今傳《火珠林》亦未見「三陽失位」語。《語類》此條可疑。

語譯

未濟，代表一切陽剛事物位置錯誤，以致窮途末路。

初六爻辭

初六❶：濡其尾❷，吝❸。

注釋

❶初六

以陰柔之爻，居需剛強之位，其失一也；上應失位之九四，以失正之爻為靠山，其失二也；繼既濟上六「濡其首」之後，不知警惕，其失三也：其象其占，皆基於此。在筮法上，當未濟初爻是老，他爻皆少，即由未濟之睽䷥；或蹇䷦初爻為少，他爻皆老，即蹇之未濟：這兩種情形，都以未濟初六爻辭占。

❷濡其尾

象也。吳澄、高亨皆如此說。竹書殘缺。帛書作「濡亓尾」。《集解》引虞翻曰：「應在四，故濡其尾。」意謂初六所應在九四，九四在否卦䷋二、三、四爻互體所成的艮☶，而艮象尾巴；又九四在未濟卦六三、九四、六五互體所成的坎水中，更不必提未濟初六本身就是「坎下」的尾巴。虞翻就這樣描述了未濟初六「濡其尾」的現象。弼《注》：「處未濟之初，最居險下，不可以濟者也。而欲之其應，進則溺身。未濟之始，始於既濟之上六也，濡其首猶不反，至於濡其尾，不知紀極者也。」弼云「欲之其應」，似從虞翻「應在四」說。蓋弼於虞說，亦有所繼承也。程《傳》：「六以陰柔在下，處險而應四；處險則不安其居，有應則志行於上。然己既陰柔，而四非中正之才，不能援之以濟也。獸之濟水，必揭其尾，尾濡則不能濟。濡其尾，言不能濟也。」由濡其尾之現象，而論其不能濟之後果，層次分明，環環相扣。

❸吝

占也。吳澄、高亨無異說。吝，楚竹書作「利」。侯乃峰《周易文字彙校集釋》引陳劍〈上博竹書異文選釋（六則）〉云：「最有可能的一種情況，是竹書本初六爻辭本作『濡其尾，吝，无攸利』，多出『无攸利』三字。全面比較今本、帛書本和竹書本，各本之間類似的出入多見。……未濟初六多出卦辭中亦出現了的『无攸利』三字，實屬正常。」又「吝」，漢帛書作「閵」。閵本為鳥名，假借有踐踏義。此與吝音近通假。《集解》引虞翻曰：「失位，故吝。」考未濟六爻皆失位，為何九二、九四、六五，皆曰「貞吉」也？故知「失位」非充足之理由。弼《注》：「然以陰處下，非為進亢遂其志者也。困則能反，故不曰凶。事在己量，而必困乃反，頑亦甚矣，故曰『吝』也。」於爻辭之占「吝」，有所追究；於爻辭不言「凶」之故，亦有所推斷。讀《易》者宜如是，於有字處與無字處均宜反覆研討。程《傳》：「（上續注釋❷）不度其才力而進，終不能濟，可羞吝也。」呂大臨《易章句》：「初六，未濟之始，以柔居險之下，不可以有進也。然上應於四，不量其力，陷溺於難，不能以自濟，故濡其尾。不可進而進，宜有悔而曰『吝』者，私於其應，不能忘懷，以陷濡尾之難，終吝道也。」皆能依象說占，不可偏廢也。

語譯

未濟卦的初位是陰爻六：水沾溼了狐狸的大尾巴，有些遺憾可惜。

象傳

濡其尾，亦不知極也❶。

注釋

❶**亦不知極也**

孔穎達《周易正義》：「未濟之初，始於既濟之上六，濡首而不知，遂濡其尾。故曰『不知極』也。」《集解》編者李鼎祚案曰：「四在五後，故稱尾。極，中也。謂四居坎中，以濡其尾，是不知極也。」李道平《纂疏》：「初應四，四在五後，故稱尾。《說文》：『極，棟也。』《逸雅》：『棟，中也，居屋之中也。』故『極』訓『中』也。四居互坎之中，水濡其尾，是『不知極』，言不知陷于坎中也。」本條孔氏以為先有既濟上六「濡其首」，如不悟其險，則未濟初六「濡其尾」繼而至矣；李鼎祚則以初六應九四，九四居三、四、五互坎之中，故中極，以本卦互應與互體言之。皆由象論占，而重點有異。程《傳》：「不度其才力，而進至濡尾，是不知之極也。」則以「極」為表態副詞，純以物情言之。朱熹《本義》：「『極』字未詳，考上下韻亦不叶。或恐是『敬』字，今且闕之。」案：《說文・木部》：「極，棟也。」指屋子中間最高的一條棟樑。所以有「中」、「最主要」等等意思。「不知極」，意為不知如何做到適中最標準的地步。

語譯

水沾溼了大尾巴，也太不知道適中的標準了。

九二爻辭

九二❶：曳其輪❷，貞吉❸。

注釋

❶九二

九二居下卦之中，但以陽爻居陰位而失位。居中而失位，是禍是福？在本爻有明白的答案。行事合乎中道，重於身分地位。《周易折中》李光地案云：「程子言正未必中也，中無不正。故凡九二、六五，皆非正也，而多言『貞吉』者，以其『中』也。惟此象傳，釋義最明。」所言甚是。在筮法上，當未濟第二爻為老，他爻皆少，即由未濟之晉䷢；或需䷄第二爻為少，他爻皆老，即由需之未濟：這兩種情形，都以未濟九二爻辭占。

❷曳其輪

象也。楚竹書作「」，濮茅左〈釋文考釋〉隸定為「厡丌輪」，云：「『厡』，字待考，如據帛書、今本可讀為『抴』、『曳』。『抴』，《集韻》：『抴，拽也。』《說文》：『捈也。』或从曳。」「曳」，拖，《左傳・僖公二十八年》：『使輿曳柴而偽遁。』」漢帛書作「抴亓綸」。濮文已詳，不贅。《集解》引姚信曰：「坎為曳、為輪。兩陰夾陽，輪之象也。二應于五而隔于四，止而據初，故『曳其輪』。」《集解》又引干寶曰：「坎為輪，離為牛，牛曳輪，上以承五命。猶東藩之諸侯，共攻三監，以康周道。」余昔撰博士論文《魏晉南北朝易學書考佚》，第九章為〈晉・干寶：《周易注》〉。案云：「〈說卦〉：『坎為弓輪。』離卦辭：『畜牝牛吉。』故干寶以為『坎為輪，離為牛』也。二五相應，故云上承五命。以下『猶東藩之諸侯』云云，援史說《易》也。」蓋《集解》所著重者，雖為象數，然於史事易等，偶亦引而集之也。王弼（比干寶早生）《周易注》：「體剛履中，而應於五。五體陰柔，應與而不自任者也。居未濟之時，處險難之中，體剛中之質，而見任與，拯救危難，經綸屯蹇者也。」則由「體」、「履」、「應」、爻之陰陽、卦居何卦，以及在內卦、外卦等，尋言以觀象，尋象以觀意。最能顯示弼《注》典型。程《傳》太重「事上恭順之道」，不錄。《傳家易說》記郭雍白雲曰：「既濟初九，曳輪而已濟者也；未濟九二，曳輪而將濟者也。夫濟者，宜有用舟之象。而二卦皆言曳輪者，以見濟難，用力甚艱，而後有濟故也。」較論二卦皆言「曳輪」之異同，深得《易》旨。吳澄《易纂言》：「象也。三、四、五互坎為輪；二在其後，為曳輪。君子難進之象。」言象不同於姚信，異說錄作參考。並請參閱既濟初九「曳其輪」注釋。

❸**貞吉**

占也。楚竹書於「貞吉」外，下更多出「利涉大川」四字。漢帛書則只存「貞」一字。楚竹書有「利涉大川」，是也，詳本卦六三注釋。案：本爻〈小象傳〉已云：「九二貞吉，中以行正也。」《集解》引姚信曰：「處中而行，故曰『貞吉』。」弼《注》：「用健拯難，靖難在正，而不違中，故曳其輪，貞吉也。」皆本於〈小象傳〉。

語譯

陽爻九居於未濟卦第二位：拉住船隻的繂繩，使船在急流中不致被沖走或顛覆，這是適當而有收穫的。

象傳

九二貞吉❶，中以行正也❷。

注釋

❶九二貞吉

未濟九二爻辭言「占」者，「貞吉」二字而已。〈象傳〉於此僅釋「占」，而不及「曳其輪」之「象」者，或因「即占含象」，或因「重占輕象」。讀者似可歸納〈象傳〉全文而作一篇《易》學小論文。

❷中以行正也

《集解》引虞翻曰：「謂初已正，二動成震，故『行正』。」意謂未濟初六已改陰歸陽為初九，九二也接著變為六二，於是初九、六二、六三互體成為震卦。〈說卦傳〉：「震，動也。」為陽出動行意。虞翻以「行正」之意本於此。弼《注》：「位雖不正，中以行正也。」孔《疏》：「位雖不正，以其居中，故能行正也。」都強調行事合乎中庸之道，即使所處之位不正，行事亦能正常、正確。程《傳》：「九二得正而吉者，以曳輪而得中道，乃正也。」上推及爻辭「曳其輪」。最為周全。

語譯

未濟九二所以適當而有收穫，是由於處在坎下河流的中間，而行動正確啊。

六三爻辭

六三❶：未濟，征凶❷，利涉大川❸。

注釋

❶六三

陰爻六居未濟第三的位置：本身在坎下；六三、九四、六五互體又是坎。所以六三陷於雙重危險之中，因而行動要特別注意。在筮法上，當未濟第三爻為老，他爻皆少，即由未濟之鼎䷱；或屯䷂第三爻為少，他爻皆老，即由屯之未濟：這兩種情形，都以未濟六三爻辭占。

❷未濟，征凶

吳澄以為「占也」。高亨以為「未濟」為「取象之辭」，「征凶」為「斷占之辭」。楚竹書作「未淒征凶」，漢帛書作「未濟正凶」。濟，楚竹作「淒」，臺灣師大陳惠玲碩士論文《《上海博物館藏戰國楚竹書㈢・周易》研究》：「楚簡本作『淒』，帛書本、今本皆作『濟』。『淒』，上古音清紐脂部，『濟』，上古音精紐脂部，二字音近韻同，可通假。」征，漢帛書作「正」。朱駿聲《六十四卦經解》云：「又征或云當作貞。」則「征」當作「正」或「貞」。今本《集解》引荀爽曰：「未濟者，未成也。女在外，男在內，婚姻未成。征上從四則凶。」蓋未濟，離上為中女而在外，坎下為中男而在內：此在中國古代「男主外，女主內」之傳統上是不成體統的。又三在坎下，三、四、五互體又為坎，故六三上而從四，陷於兩坎之間，是很凶險的。象數之說，大略如此。弼《注》：「以陰之質，失位居險，不能自濟者也。以不正之身，力不能自濟，而求進焉，喪其身也。故曰『征凶』也。」案：王弼又著《周易略例》，其〈明卦適變通爻〉篇嘗云：「觀變動者存乎應，察安危者存乎位，辯逆順者存乎承乘，明出處者存乎外內。」此爻之注得之矣。程《傳》：「未濟征凶，謂居險无出險之用，而行則凶也。必出險而後可征。三以陰柔不中正之才而居險，不能以濟。未有可濟之道，出險之用，而征所以凶也。」《周易折中》「案」云：「此爻之義，最為難明。蓋上下卦之交，有濟之義。既濟之三，剛也，故能濟；未濟之三，柔也，故未能濟。《傳》曰：『其柔危，其剛勝邪。』於此兩爻見之矣。又既未濟兩卦爻辭，未有舉卦名者。獨此爻曰未濟。蓋他爻之既濟、未濟者，時也，順時以處之而已；此爻時可濟矣，而未能濟，是未濟在己，而不在時。故言『未濟』，見其失時也。」《折中》此案，分析爻義，很下工夫。惟其是非，仍可再討論。讀者宜自思索。

❸利涉大川

占也。案：楚竹書於未濟九二、有「利涉大川」四字，而漢帛書與今傳本無。於未濟六三，則楚竹書、漢帛書、今傳本，皆有「利涉大川」句。九二「貞吉」，則「利涉大川」可知；六三「貞凶」，為何亦能「利涉大川」？宋儒朱熹作《本義》，已云：「或疑『利』字上，當有『不』字。」俞琰《周易集說》：「紫陽朱子曰：『利字上當有不字。』」胡一桂《易本義附錄纂注》：「既曰『未濟征凶』，又曰『利涉大川』。文義相背。《本義》或疑『利』字上有『不』字，為得之。大抵未濟下三爻皆未能出險。三與初爻皆陰柔，才不足以濟險；九二剛中，才足以濟險，時未可進，守貞則吉。以此推之，三非利涉可知矣。」近人高亨《周易古經今注》：「濟，渡也。未濟者，渡水而未能過也。如在征伐，遇此必敗。故曰『未濟征凶』。既言『未濟』，不能又言『利涉大川』。疑『利』上當有『不』字，訟云『不利涉大川』，此《易》言不利涉大川之例。」朱熹雖已「疑『利』字上當有『不』字」，但僅懷疑而已，未能在《周易》中舉出文例來。高亨舉出文例，乃有佐證，可以作為定論矣。而未濟九二「貞吉」，乃可以「利涉大川」；六三「貞凶」，乃「不利涉大川」。亦豁然得解矣。案：《周易》經傳以「不」為句首，而屬否定句型者，如：「不易於世」、「不成乎名」、「不言所利」、「不利為寇」、「不永所事」、「不自失也」……。屢見。是以「不利涉大川」並非孤例。惜於校讎學方面欠缺版本證據為憾耳。

語譯

陰爻六居於未濟卦第三位：還未能渡水，前進或征討，會蒙受危險損失，不利於涉水渡過大河（末句譯文多出不字，從朱熹、高亨說）。

象傳

未濟征凶❶，位不當也❷。

注釋

❶未濟征凶

此先徵引爻辭而為之傳。《集解》引干寶曰：「吉凶者，言乎其失得也。祿父反叛，管蔡與亂，兵連三年，誅及骨肉。故曰『未濟征凶』；平克四國，以濟大難，故曰『利涉；大川，坎也』。」案：吉凶者，言乎其失得也，本於〈繫辭傳上〉：「吉凶者，失得之象也。」又：「吉凶者，言乎其失得也。」余於「吉」每語譯為「收穫」，於「凶」每語譯為「損失」。即本於〈繫辭傳〉。干寶下文更言「祿父反叛……」。以史釋《易》也。開史事《易》之先河。

❷位不當也

《集解》引干寶曰：「以六居三，不當其位，猶周公以臣而君，故流言作矣。」案：《尚書・周書・金縢》：「武王既喪，管叔及群弟乃流言於國。曰：『公將不利於孺子。』」周公乃告二公（姜太公、燕召公）曰：『我之弗辟，我無以告我先王。』」成王亦言：「已！予惟小子，若涉淵水，予惟往求朕攸濟。」或為干寶此注之所本。又《史記・周本紀》亦載其事，不贅。王弼注爻辭，已取〈象傳〉意，於〈象傳〉不另注。孔氏《正義》：「『位不當』者，以不當其位，故有征必凶。」卑之無甚高論。俞琰《大易集說》：「六爻皆位不當，而獨於六三曰『位不當』，以六三才弱而處下體之上也。」吳澄《易纂言・象下傳》：「未濟諸爻，位皆不當。而〈象傳〉特於六三言之者，陰柔居險極也。」於未濟獨於六三言「位不當」有所說明。《周易折中》亦曾引此三人之言，先吳澄而後俞琰。本書先俞而後吳者，以俞書成於一二九六年，吳書成於一三二三年。二人皆元代人，此據二書〈序〉所言元曆推算可知。

語譯

還未能渡水、前進或征討，會蒙受危險損失，因為本身立場不正，環境不當啊。

九四爻辭

九四❶：貞吉，悔亡❷。震用伐鬼方，三年有賞于大國❸。

注釋

❶九四

九四以陽居陰，失位失中；又已脫坎下之險，而躍居離上之初。其象其占，多本於此。在筮法上，當未濟第四爻為老，他爻皆少，即由未濟之蒙䷃；或革䷰第四爻為少，他爻皆老，即由革之未濟：這兩種情形，都以未濟九四爻辭占。

❷貞吉，悔亡

占也。楚竹書僅存「貞吉」二字，以下皆殘缺，故無「悔亡」字。漢帛書則「貞吉悔亡」四字皆存。今傳本《集解》引虞翻曰：「動正得位，故吉而悔亡矣。」言九四以陽九居陰四之位，倘能變動成為六四，則得位矣。〈繫辭傳上〉：「悔吝者，言乎其小疵也。」既變得位得正，則有所收穫，而懊惱的小毛病也就消失了。如此說《易》，則得位固吉，失位而可變正亦得吉，給有小疵的人一個重新作人的機會固然好。但得位、失位也失去分別了。弼《注》：「處未濟之時，而出險難之上；居文明之初，體乎剛質，以近互尊，雖履非其位，志在乎正，則吉而悔亡矣。」未濟九四已出坎險，而居離上文明之初。九體陽剛之質，四近至尊之五。雖然所居不是正確的位置，可是意志卻向正確方向發展。所以能有成就，而懊惱也消失了。弼此注據數位現象而言其義理。象、理實不能一刀兩斷也。程《傳》：「九四陽剛居大臣之位，上有虛中明順之主，又已出於險，未濟已過中矣，有可濟之道也。濟天下之艱難，非剛健之才不能也。九雖陽而居四，故戒以貞固，則吉而悔亡，不貞則不能濟，有悔也。」言未濟九四之義，皆有數象為依據。朱熹《本義》：「以九居四，不正而有悔也。能勉而貞，則悔亡矣！」說本弼、頤，而所言最簡。

❸震用伐鬼方，三年有賞于大國

吳澄以為「象也」，高亨以為「記事之辭」。楚竹書殘缺，漢帛書缺「震用伐鬼」，僅存「方，三年有商于大國」。張立文《今注今譯》：「『商』，假借為『賞』。」今傳《集解》本「國」字作「邦」。疑「邦」為本字，「國」字為漢今文經學家以避漢高祖劉邦諱改。《論語・學而》：「夫子至於是邦也，必聞其政。」司馬遷《史記・仲尼弟子列傳》作「孔子適是國，必聞其政」。諱「邦」字而改作「國」字，即漢代避君諱之一例。《集解》又引虞翻曰：「變之震，體師，坤為鬼方，故『震用伐鬼方』。坤為年，為大邦。陽稱賞，四在坤中，體既濟離三，故『三年有賞于大邦』。」意謂九四不正，倘變正，成六四，則九二、六三、六四互體為震。於是初六、九二、六三為坎下，六三、六四、六五為坤上，重疊則得師卦。「坤為鬼方」、「坤為年」、「伐鬼方」，皆已見既濟九三爻辭注釋❷。「陽稱賞」以下，讀者可逕讀李道平《篹疏》、徐芹庭《虞氏易述解》、王新春《周易虞氏學》。此不多說。偶留一手，讓讀者自己研究，培養治學的能力，獲致解讀之樂趣，亦所必須也。一笑！弼《注》：「(承上注釋❷)其志得行，靡禁其威，故曰『震用伐鬼方』也。伐鬼方者，興衰之征也。故每至興衰而取義焉。處文明之初，始出於難。其德未盛，故曰『三年』也。五居尊以柔，體乎文明之盛，不奪物功者也，故以『大國』賞之也。」弼言「處文明之初」，指九四在離上初爻，離為文明也；言「始出於難」，指九四已出坎下，坎為險難也；言「五居尊以柔」，指九四上輔六五，六五居五尊位而能謙柔待四之賢者也。案：王弼嘗著《周易略例》，其〈明卦適變通爻〉云：「內外者，出處之象也。……明出處者，存乎外內。」屈萬里先生著《先秦漢魏易例述評・王弼易例》云：「其(指王弼)述爻例也，則以比、應、承、乘、據、附、順、逆為說。」是也。宋儒呂大臨《易章句》：「九四與既濟九三皆離之體，有文明之德，利伐幽闇，故皆曰『伐鬼方』。既濟九三，陽剛當位，故曰『高宗』；斯爻以陽居陰，剛德不盛，故必『貞吉悔亡』，然後可以行其志。『震用伐』者，先之以威也。不曰『克之』

而曰『有賞于大國』者，既濟九三，強剛之質，尚力以取勝；斯爻不純以武，修文德以服之。不戰而服，故不曰『克之』而曰『有賞』也。」較論既濟九三、未濟九四，於象於理，皆有所據，言頗雄辯。案：清人汪中《述學・釋三九》：「凡一二之所不能盡者，則約之以三，以見其多；三之不能盡者，則約之以九，以見其極多。」所以「三年」可能是「多年」的意思。

語譯

陽爻九居於未濟卦第四位：必須遵守正道才能吉利，那些懊惱遺憾的事件也會消失。雷霆萬鈞的威力用來征伐敵國，經過多年的戰爭終於勝利，得到天子以大國封賞為諸侯。

象傳

貞吉悔亡，志行焉❶。

注釋

❶志行焉

李鼎祚《集解》自加案語云：「坎為志，震為行。四坎變震，故『志行』也。」未濟坎下，〈說卦傳〉「坎為隱伏。」一陽隱伏於二陰之間，猶心志藏於肉身之中也。故「其為馬也」「為亟心」，「其於木也，為堅多心。」推之動物植物，亦有「心」象。〈說卦傳〉又云：「雷以動之」，「萬物出乎震」，「動萬物者莫疾乎雷」，「震為足」，「震為雷」，所謂「動」、「出」、「雷」、「足」，皆與行動有關。故〈象傳〉言「志行焉」。弼注爻辭，已含〈象傳〉意，故於〈象傳〉不再注。孔穎達《正義》曰：「『志行』者，釋九四失位而得『貞吉悔亡』者也。以其正志得行而終吉故也。」余釋至此，忽憶肄業臺東師範時，與陳存恭學長討論「遺傳」、「學習」對人生影響時，存恭學長於「遺傳決定論」、「環境決定論」皆表反對，提出「意志決定論」來。當時我頗不以為然。存恭與我在一九五七年同進臺灣師範大學，他唸史地系（現已分為歷史、地理二系），我唸國文系。後來他進了中央研究院近史所作研究，我進師大國文研究所繼續作學生。對存恭我一直存著恭敬之心。存恭不幸早逝，今讀《周易》「貞吉悔亡，志行焉。」憶及存恭「意志決定論」之主張。恭敬之心，再起於心。立志在人類社會作一個正面有價值的人，從而言行遵之。務必，務必！俞琰《周易集說・爻傳下》：「爻以六三為未濟，則九四其濟矣乎？九四已脫下卦之險，為近君之大臣，是以其志行也。」以九四下比六三，上比六五，而釋爻之〈小象〉。亦甚好。

語譯

改過，遵守正道，獲得吉利，懊惱遺憾的事全消失了。於是脫險除害的心意都實現了。

六五爻辭

六五❶：貞吉无悔❷，君子之光❸，有孚吉❹。

注釋

❶六五

未濟卦陰爻六居第五位。居離上之中，與坎下九二有應。但以陰爻居陽位而失位失正。其象其占，多基於此。在筮法上，當未濟卦第五爻為老，他爻皆少，即由未濟之訟䷅；或明夷䷣第五爻為少，他爻皆老，即由明夷之未濟：這兩種情形，都以未濟六五爻辭占。

❷貞吉无悔

占也。楚竹書殘缺，漢帛書作「貞吉⿱母心亡」。⿱母心，疑為悔之異體字。《郭店楚墓竹簡》：「〈老甲25〉有[illegible]，同謀。」又「〈語叢2・38〉有[illegible]，〈尊德16〉有[illegible]」。隸定皆為「⿱母心」字。趙建偉《出土簡帛周易疏證》云：「帛本『貞吉無悔』涉九四爻辭而訛為『貞吉悔亡』。通行本、帛書本中『無悔』與『悔亡』互訛的情況很多，其實二者是有區別的。『悔亡』是過去完成時態或現在完成時態，表示不好的事情已經過去、已經結束；『無悔』是將來完成時態，表示將不會有悔恨之事。」趙君說明「無悔」與「悔亡」多互訛，以及二者之義的區別。甚值留意。今傳本《集解》引虞翻曰：「之正則吉，故『貞吉无悔』。」六五本失位不正，由不正走向正則吉。蘇軾〈水調歌頭——兼懷子由〉詞中有句云：「人有悲歡離合，月有陰晴圓缺，此事古難全。」無論生命與自然，總有吉或不吉的時候。在吉時能守吉行正，不吉時化吉改正，這就是人在變易的世界中的不易的行為準則了。故虞翻「之正則吉」說也有再思的必要。弼《注》：「以柔居尊，處文明之盛，為未濟之主，故必正然後乃吉，吉乃得无悔也。」未濟六五，以陰柔之六，居五黃裳元吉之尊位，必須行事得正才能吉祥而有收穫。請參閱坤六五爻辭之注釋。至於程《傳》：「五，文明之主，居剛而應剛，其處得中，虛其心而陽為之輔。雖以柔居尊，處之至正至善，无不足也。既得貞正，故吉而无悔，貞其固有，非戒也。以此而濟，无不濟也。」說理至明矣。朱熹《本義》：「以六居五，亦非正也。然文明之主，居中應剛，虛心以求下之助，故得貞而吉且无悔。」言簡意賅。呂大臨《易章句》：「凡言『悔亡』者，已有悔而今使之亡也；『无悔』，未有悔而不使之有悔也。」大臨，北宋人，對「无悔」、「悔亡」之時態已有所認識辨別。

❸君子之光

吳澄以為「象也」，高亨以為「斷占之辭」。蓋即象即占，即占即象也。楚竹書缺，漢帛書作「君子之光」，與今傳本同。《集解》引虞翻曰：「動之乾，離謂光，故『君子之光』也。」六五不正，動而變正，則「離上」變「乾上」。乾為君子，離為光，故曰「君子之光」。弼《注》：「夫以柔順文明之質，居於尊位，付與於能，而不自役。使武以文，御剛以柔，斯誠『君子之光』也。」「柔順」指六，「文明」指在離上，「居於尊位」指五位，「付與於能」指能信任九四，且與九二剛中有應，所以不須六五自己服役，可交付有能力的九二與九五辦理。「使武以文，御剛以柔」中「武」、「剛」指九二與九四，「文」、「柔」乃指六五自己。王弼以為這才是「君子之光」。程《傳》：「五，文明之主，故稱其『光』；『君子』德輝之盛，而功實稱之，有孚也。」程《傳》如此簡明，頗為罕見。

❹有孚吉

占也，吳澄、高亨皆以為占。楚竹書殘闕，漢帛書作「有復吉」。張立文云：「『復』假借為『孚』。」《集解》引虞翻曰：「孚謂二。二變應己，得有之，故『有孚吉』。坎稱孚也。」六五不正，既能改正為九五得正；而同位之九二也能改正為六二，與九五相應，所以說「有孚吉」。未濟坎下，坎水有信，故稱「孚」也。弼《注》：「付物以能，而不疑也，物則竭力，功斯克矣。故曰『有孚吉』。」信仰上級領導，自信能完美完成任務，並信任下級幹部：此三信心即「孚」，乃吉之基也。又《集解》引干寶曰：「以六居五，周公攝政之象也。故曰『貞吉无悔』。制禮作樂，復子明辟，天下乃明其道，乃信其誠，故『君子之光有孚吉』矣。」干寶以史說《易》，實難分割，故總述於此。

語譯

陰爻六居於未濟卦第五位，有過改正，無過守正，必然吉利有收穫，不會有懊惱遺憾的事。這代表君子之光榮，得到民眾信仰，吉利有獲。

象傳

君子之光，其暉吉也❶。

注釋

❶**君子之光，其暉吉也**

《集解》引虞翻曰：「動之正，乾為大明，故其暉吉也。」以為六五失位不正，必須變成九五，得位得正。這樣，離上成為乾上，而乾為君子，又〈象傳〉曰「大明終始」，具有君子的光輝。這當然代表吉利。弼無注。孔穎達《正義》曰：「『其暉吉』者，言君子之德，光暉著見，然後乃得吉也。」程《傳》：「光盛則有暉。暉，光之散也。君子積充而光盛，至於有暉，善之至也。故重云『吉』。」蓋本爻先言「貞吉」，自明明德而已；此言「其暉吉」，則德光普照，已至親民而新民矣。故伊川以為「善之至也」。朱熹《本義》亦云：「暉者，光之散也。」散非散失、散亡，乃散布、廣傳之意。

語譯

德行卓著的君子，他的光明磊落，照耀影響到大眾，明德新民，必然吉利有收穫。

上九爻辭

上九❶：有孚于飲酒，无咎❷。濡其首，有孚失是❸。

注釋

❶上九

居於最上面的是陽爻九。這已是未濟卦最後的一爻了。未濟卦一開始就是坎下，曾經受到濡尾之吝。才過了九二貞吉，接著又碰上六三、九四、六五互體坎，本來由於失位（位不當），有「征凶」之虞。但由於能努力糾正自己位不當的局勢，遵守正道，博得各方的信任。所以到了上九，已經通過未濟而將入既濟了。在筮法上，當未濟上爻為老，他爻皆少，即由未濟之解䷧；或家人䷤上爻為少，他爻皆老，即家人之未濟：這兩種情形，都以未濟上九爻辭占。

❷有孚于飲酒，无咎

占也。吳澄、高亨說同。楚竹書殘缺，漢帛書作「有復于㱃酒，无咎」。復，假借為孚，已見本卦六五爻辭注釋❹。侯乃峰《周易文字彙校集釋》：「帛本『㱃』即『飲』。《說文・㱃部》：『㱃，歠也。从欠，酓聲。』《玉篇・欠部》：『㱃，古文飲。』」是也。《集解》引虞翻曰：「坎為孚，謂四也。上之三介四，故有孚。坎酒流頤中，故有孚于飲酒。終變之正，故无咎。」未濟六三、九四、六五互體為坎，坎水有孚信意，釋已見上文。上九要去和六三相應卻有九四阻隔，而九四代表坎心有孚，把坎酒含在口腔裡品味。「故有孚于飲酒。」上九最後還是要變成上六得正的，所以「无咎」。王弼《注》：「未濟之極，則反於既濟。既濟之道，所任者當也。所任者當，則可信之无疑而已逸焉。故曰『有孚于飲酒无咎』也。」弼此注句句頂真，用前句頂出後句，頗有數學方程式的架勢。程《傳》：「九以剛在上，剛之極也；居明之上，明之極也。剛極而能明，則不為躁而為決，明能燭理，剛能斷義，居未濟之極，非得濟之位，无可濟之理，則當樂天順命而已。若否終則有傾時之變也。未濟則无極而自濟之理，故止為未濟之極。至誠安於義命，而自樂則可无咎，飲酒自樂也，不樂其處，則忿躁隕穫，入于凶咎矣。若從樂而耽肆過禮，至濡其首，亦非能安其處也。有孚，自信于中也。失是，失其宜也。如是則於有孚為失也。人之處患難，知其无可柰何而放意不反者，豈安於義命者哉！」伊川此《傳》，一氣呵成，不能截斷，而富理趣。呂大臨《易章句》：「上九以剛居未濟之終，濟未濟者也。既濟則无所事而佚樂矣。无事佚樂之志，形於外可以飲酒而无咎，故曰『有孚于飲酒，无咎。』」依乃師伊川之《傳》而意頗明快。

❸**濡其首，有孚失是**

吳澄、高亨皆以「濡其首」為象，「有孚失是」為占。楚竹書殘缺。漢帛書作「濡亓首，有復失是」。今傳本《集解》引虞翻曰：「乾為首。五動，首在酒中，失位，故『濡其首』矣。『孚』，信；『是』，正也。六位失正，故『有孚失是』。謂若殷紂沈湎于酒以失天下也。」虞翻以未濟為否二之五，已見卦名下注釋。否卦坤下乾上，上九本在否卦乾上，故虞言「乾為首」；坤二之乾五，乾上變坎上，乾首為坎水、酒等液體所濡，故虞言「五動，首在酒中」；未濟六位皆失正，故「有孚失是」。孚，意為信；是，意為正。有孚失是，意為所有的孚信都失去了正當性。虞翻下文更有「謂若殷紂沈湎于酒以失天下也」。虞翻《周易注》重點在「卦氣」、「納甲」、「卦變」、「旁通」、「反象」、「兩象易」、「互體」，說見山東大學王新春教授《周易虞氏學》，罕見以史說《易》者。疑「謂若殷紂」條或為干寶說而誤連併於虞《注》。惜此疑缺乏版本上之證據，姑書之於此。弼《注》：「以其能信於物，故得逸豫而不憂於事之廢；苟不憂於事之廢，而躭於樂之甚，則至于失節矣。由於有孚失於是矣，故曰『濡其首，有孚失是』也。」弼《注》承於上文，仍用頂真法作注解。我分而釋之，或不免「章句小儒破碎大道」之譏。此所以程《傳》，余不敢割分，統見於注釋❷也。讀者請諒之。呂大臨《易章句》：「无事佚樂之志形於外，飲酒可也。不知其節，至於濡首，則有孚之過也。故曰：『濡其首，有孚失是』。」

語譯

未濟卦最上面的一爻是陽爻九：否極泰來，使未濟邁向可濟的地步，可以放心自信地喝酒了，不會有差錯的。但假使整天埋頭在酒裡，那所有的信心都從此消失。

象傳

飲酒濡首，亦不知節也❶。

注釋

❶亦不知節也

《集解》引虞翻曰：「節，止也。艮為節。『飲酒濡首』，故『不知節』矣。」〈說卦傳〉云：「艮以止之。」「艮，止也。」「艮，其於木也，為堅多節。」又〈雜卦傳〉：「震，起也；艮，止也。」虞云「節，止也，艮為節」大抵本於〈說卦〉、〈雜卦〉二傳。「飲酒濡首」，為節錄爻辭文，彼處注釋已詳，此不贅。「不知節」，不知節制，不能適可而止。弼注爻辭，已用〈象傳〉意，於〈象傳〉無注。孔穎達《正義》：「『亦不知節』者，釋飲酒所以致濡首之難，以其不知止節故也。」程《傳》：「飲酒至於濡首，不知節之甚也。所以至如是，不能安義命也。能安，則不失其常矣。」「安義命」、「不失常」可不慎乎？

語譯

假如整天喝酒，埋頭在酒罇中，那也太不知節制了。

附錄一

御纂周易折中卷二十二 序卦雜卦明義

卦之序也，雜也，皆出於文王也。其所以序之雜之，必有深意，亦必有略例。至夫子為之傳，乃因其次第，而發明陰陽相生相對之義，以見易道之無窮。蓋文王之立法至精，而夫子之見理至大，二者皆不可以不知也。韓孔諸儒，疑卦序。若如夫子所言，則不應卦皆反對，故程《傳》於卦下既述夫子之意，又為上下篇義以繹其未盡之指。至歐陽修諸人，直斥〈序卦〉為非孔子之書者，妄也。若〈雜卦〉則乾坤之後，繼以比師，其次敘又與〈序卦〉無一同者，是豈無義存焉？而諸儒皆莫之及，惟元儒胡氏於篇終微發其端，未竟其緒也。今因程胡之說而詳推二篇之所以類序錯綜者，目曰明義以附焉。

序卦程子有上下篇義，今祖其意而詳推之。

上篇，陽也，天道也，故凡天道之正，陽卦陽爻之盛，及陰陽長少先後有序者，皆上篇之卦也。下篇，陰也，人事也，故凡人事之交，陰卦陰爻之盛，及陰陽交感雜亂，長少先後無序者，皆下篇之卦也。故以八卦而論，乾坤，陰陽之純也。坎離，陰陽之中也。皆正中之正，故為陽。震巽，陰陽始交也，艮兌，交之極也，皆正中之交，故為陰。

以八卦之交而論，惟否泰天地之交，交中之正也，故為陽。咸恆、損益，既未濟，六子之交，交中之交也，故為陰。又乾交陽卦凡六，需訟、无妄大畜皆為陽盛，惟以爻畫參之，則大壯為陽過中，遯為陰浸長，故雖陽卦而居陰也。坤交陰卦凡六，晉、明夷、萃、升，皆為陰盛；惟臨則陽浸長，觀則陰過中，故雖陰卦而居陽也。又乾交陰卦凡六，小畜、履、同人、大有，皆五陽而一陰，陽之盛也；惟以爻畫參之，則夬為陽已亢，姤為陰始生，故不得為陽而為陰也。坤交陽卦凡六，師、比、謙、豫、剝、復皆五陰而一陽，凡陽有主陰之義，陰雖多，不為盛而為役。陽雖少，不為衰而為主，故皆不為陰而為陽也。又陽卦相交凡六，屯、蒙、頤，長少先後以序者也，故為陽。蹇、解、小過，失序者也，故為陰。又陰卦相交凡六，獨大過為頤之對，又得其序，故亦為陽。家人、睽、革、鼎、中孚，皆陰也。革、鼎得序，故猶為陰中之陽也。又陰陽相交之卦凡十有二，其得序者六，隨、蠱、噬嗑、賁為陽中之陰，井、困為陰中之陽。其失序者六，漸、歸妹、豐、旅、渙、節，陰中之陰也。二篇之分既定，其逐節逐卦次第先後，則以陰陽盛衰消長之義次之，如後論。

乾、坤、屯、蒙、需、訟、師、比、小畜、履

右陽卦第一節

泰、否、同人、大有、謙、豫

右陽卦第二節

隨、蠱、臨、觀、噬嗑、賁、剝、復

右陽卦第三節

无妄、大畜、頤、大過、坎、離

右陽卦第四節

咸、恆、遯、大壯、晉、明夷、家人、睽、蹇、解

右陰卦第一節

損、益、夬、姤、萃、升

右陰卦第二節

困、井、革、鼎、震、艮、漸、歸妹、豐、旅、巽、兌

右陰卦第三節

渙、節、中孚、小過、既濟、未濟

右陰卦第四節

陽卦第一節

乾坤者，眾卦之宗，故居篇首。先儒謂《周易》首乾，則此是文王所定，不可易也。乾坤之外，三男為尊。屯蒙者，三男之卦也，而皆長少先後不失其序，得陽道之正，故次乾坤焉。需訟上下皆陽卦，二五皆陽爻，陽之盛也，故次屯蒙焉。師比皆以一陽為眾陰主，而居二五中位，亦陽之盛也，故次需訟焉。小畜履五陽一陰，陽既極多，而二陰又退居三四之偏位，皆陽盛之卦也，故次師比焉。

陽卦第二節

泰否者，乾坤之合體，義同乾坤者也。然以其乾坤之交，故亞於乾坤。同人大有義反師比，然以其陽多極盛，故同小畜履而亞於師比。謙豫義反小畜履，然陽為卦主，故同師比而亞於小畜履，此六者並為陽盛之次也。

陽卦第三節

以上二節，除屯蒙為三男純卦，餘則皆有乾坤為主，未嘗有男女之交也，故曰陽盛。至隨蠱、噬嗑賁，然後有男女之交，是陰始生也。然而長少先後皆不失序，故猶為陽中之陰，隨蠱之後，繼以臨觀，噬嗑賁之後，繼以剝復，則陽又盛矣。

陽卦第四節

无妄大畜，乾與陽卦合體，義同需訟，然二五不皆陽爻，故亞於需訟。頤大過男女類分長少先後，義同屯蒙。然二卦不皆陽卦，故亞於屯蒙、坎離，得天地之中氣，義同乾坤。然六子之卦也，故又亞於乾坤。此六卦者，顛倒與篇首六卦相對，並為陽復盛之卦也。

陰卦第一節

下篇主人事之交，故以夫婦之道始。男女之合，少則情專，老則誼篤，故咸為首，恆次之。遯大壯陰長陽過，陰之盛也，故次咸恆。晉明夷上下皆陰卦，二五皆陰爻，義反陽之需訟。家人睽三陰之卦也，而又長少失序，陰道也，義反陽之屯蒙，故四卦次遯大壯。蹇解本三陽之卦，而亦長少失序，義反屯蒙，故從家人睽焉。

陰卦第二節

損益二少二長之交，義同咸恆。夬姤陽極陰生，義同遯大壯。萃升，坤與陰卦交，義同晉明夷。故六卦相繼，陰盛之次也。

陰卦第三節

困井男女交而以序，義同陽之隨蠱。噬嗑賁，陰中之陽也，革鼎三陰之卦，同家人睽，然長少以序，故從困井，猶大過之從頤也。震艮雖下經之主，然本陽卦也，故此六卦並為陰中之陽。漸歸妹、豐旅，男女交而失序，與困井、革鼎反。巽兌陰卦，與震艮反，此六卦則又自陽而向乎陰矣。

陰卦第四節

漸歸妹、豐旅、渙節六卦，男女交而失序，相類也。然漸歸妹兩卦，長男長女皆在焉，豐旅有長男在焉，渙節惟長女在焉，則渙節者變之窮，陰道之極也。中孚小過與上篇頤大過相對，大過雖陰卦，以得其序而從頤，故小過雖陽卦，以失其序而從中孚，其義與蹇解之從家人睽者同，並為陰復盛之卦也。既濟未濟終篇，所重在未濟，蓋三陽失位，男之窮也，陰盛之極也。然物不可窮也，故受之以未濟終焉。

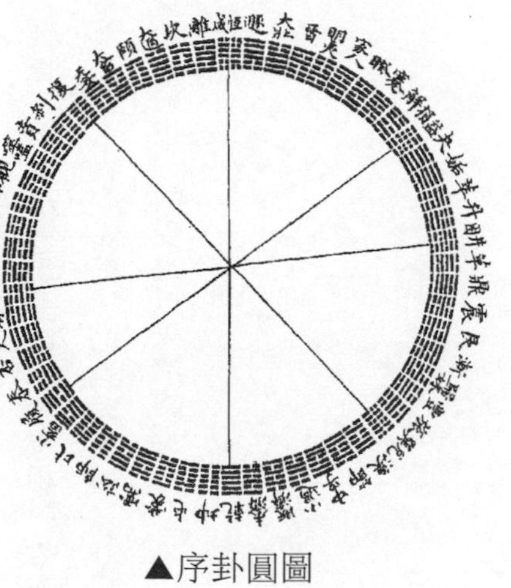

▲序卦圓圖

孔子〈繫辭傳〉敘上下篇九卦曰：「履，德之基也；謙，德之柄也；復，德之本也；恆，德之固也；損，德之脩也；益，德之裕也；困，德之辨也；井，德之地也；巽，德之制也。」先儒以其卦推配上下經皆相對，蓋乾與咸恆對，履與損益對，謙與困井對，復與巽兌對，每以下篇兩卦，對上篇一卦，凡十二卦。而二篇之數適齊矣。然十二卦之中，又止取九卦者，乾、咸其始也，兌其終也，略其終始，而取其中間之卦，以著陰陽消息盛衰之漸，故止於九。

前所推上下篇各四節，陰陽消息盛衰之次，與此圖密合。

雜卦 先儒有以〈雜卦〉為互卦者，今用其說而詳推之。

此互卦之根也，惟其方成四畫時，所互有此十六卦，故六十四卦成後，以中爻互之，只此十六卦，即以六爻循環互之，亦只此十六卦。

四畫互成十六卦，又以其中二畫觀之，則互乾、坤、剝、復、大過、頤、姤、夬者，皆中二爻為太陽太陰者也。互漸、歸妹、解、蹇、睽、家人、既未濟者，皆中二爻為少陽少陰者也。故十六事歸於四象而已。

▲四象相交為十六事圖

▲六十四卦中四爻互卦圖

▲十六卦互成四卦圖

互乾坤、既未濟之十六卦，即諸卦之所互而成者也，故十六卦又只成乾坤、既未濟四卦，猶十六事之歸於四象也，蓋四象即乾坤、既未濟之具體，故以太陽三疊之即乾，以太陰三疊之即坤，以少陰三疊之即既濟，以少陽三疊之即未濟。乾坤、既未濟統乎易之道矣，故〈序卦〉、〈雜卦〉皆以是終始焉。

乾坤，體也；既未濟，用也。故以乾坤始之，既未濟終之。中間則左方六卦，剝復、漸歸妹、解蹇為陽卦，皆以震艮為主，而統於乾坤。右方六卦，姤夬、大過頤、睽家人為陰卦，皆以巽兌為主，而統於既未濟，故圖之外一層者，六十四卦也。次內一層者，所互之十六卦也。又次內一層者，十六卦所互之四卦也。

以其象限觀之，則皆互乾坤者居前，互既未濟者居後。以其左右觀之，則左方者皆統於乾坤，右方者皆統於既未濟也。

為互卦之主，不在互卦之內者，十四卦

乾互之得乾，坤互之得坤，既濟互之得未濟，未濟互之得既濟，此四卦者不可變，故不在互卦之內也。陽卦六，剝復者震艮交於坤者也，漸歸妹者震艮交於巽兌者也，解蹇者震艮交於坎者也，故震艮為互陽卦之主。陰卦六，姤夬者巽兌交於乾者也，大過頤者巽兌交於震艮者也，睽家人者巽兌交於離者也，故巽兌為互陰卦之主。

以三畫言之，艮陽極而震陽生也；以六畫言之，剝陽極而復陽生也。故剝復象艮震而為陽卦之首。以三畫言之，兌陰極而巽陰生也；以六畫言之，夬陰極而姤陰生也，故夬姤象兌巽而為陰卦之首。乾坤之用在否泰，猶坎離之用

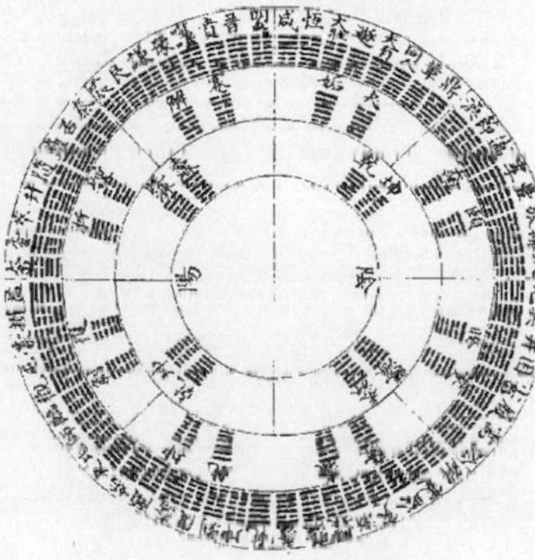

▲互卦圓圖

在既未濟也，故否泰乾坤之交，而為既未濟之宗，此十卦亦不在互卦之內。〈雜卦〉中遇此數卦，皆從本卦取義，不用互體，其餘自比師以後，需訟以前，悉以互體相次。

互卦陰陽次第

自乾坤至晉明夷二十八卦為陽卦。

皆互剝、復、漸、歸妹、解、蹇。凡上經之卦十八，而雜下經十卦於其中。

自井困至需訟二十八卦為陰卦。

皆互姤、夬、大過、頤、睽、家人，凡下經之卦十八，而雜上經十卦於其中。

自乾坤至噬嗑賁為陽卦之正。

首剝，復，次漸，歸妹，次解、蹇。

自兌巽至晉明夷為陽卦之變。

首漸、歸妹。次剝、復，次解、蹇。

自井困至否泰為陰卦之變。

首睽、家人，次姤、夬，次大過、頤。

自大壯遯至需訟為陰卦之正。

首姤、夬，次大過、頤，次睽、家人。

乾坤首諸卦

乾剛坤柔。

《周易》首乾坤，故〈序〉、〈雜卦〉皆不易焉。以互卦論之，惟乾坤、既未濟四卦互之，仍得乾坤、既未濟，不與他卦相變。然既濟猶變為未濟，未濟猶變為既濟，惟乾仍得乾，坤仍得坤，其體一定而不可變者也。易之道主於變易交易，〈序卦〉者，時之相生，變易者也。〈雜卦〉者，事之相對，交易者也。然非有不易者以為之體，則所謂乾坤毀无以見易者，而變化何自生哉！是故先之以乾坤，然後別互卦之陰陽以次之。

陽正卦首剝復

比樂師憂，臨觀之義，或與或求。屯見而不失其居，蒙雜而著。震起也，艮止也。損益，盛衰之始也。

此八卦皆互體為剝復，而雜震艮二卦於其中，蓋震艮陽卦之主，而剝復之具體也。自比師、臨觀、屯蒙，皆上經之卦，而損益獨為下經之卦，震艮亦下經之卦也，故次於損益之前。（上經之卦六，比師一陽，臨觀、屯蒙二陽。）

次漸歸妹

大畜，時也。无妄，災也。萃聚而升不來也。

此四卦，皆互體為漸歸妹，陽卦以上經居前，下經居後，故先大畜、无妄，後萃、升。

次解蹇

謙輕而豫怠也。噬嗑，食也，賁，无色也。

此四卦，皆互體為解蹇。（謙豫一陽，噬嗑賁三陽。）

以上為陽卦之正。

陽變卦首漸歸妹

兌見而巽伏也。

震艮交於兌巽，而成漸歸妹，下文將敘漸歸妹，故以兌巽先之。

隨无故也，蠱則飭也。

此兩卦互體為漸歸妹，上首剝復者，天行也，此首漸歸妹者，人事也。

次剝復

剝爛也，復反也。

此兩卦不用互體，但取剝復之義，此言剝以歸於復，篇終言姤以終於夬，皆扶陽之意。

次解蹇

晉晝也，明夷誅也。

此兩卦互體為解蹇。

以上為陽卦之變。

除篇終八卦自立義例外，餘皆入陰陽正卦。其變者，惟各舉兩卦以見義而已。

自乾坤至此，為陽卦者二十八。

陰變卦首睽家人

此兩卦互體為睽家人，陽卦之變，首於漸歸妹者，震艮交於巽兌，陽中之陰也，陰卦之變，始於睽家人者，巽兌交於離，陰中之陰也。陽主正，自天道而人事。陰主變，自人事而天道。

井通而困相遇也。

次姤夬

此兩卦互體為姤夬。

咸速也，恆久也。

次大過頤

此兩卦互體為頤。

渙離也，節止也。

六十四卦中有兩卦只互得一卦者，如剝復只互得坤，夬姤只互得乾，渙節只互得頤，豐旅只互得大過。

既未濟統陰卦

解緩也，蹇難也。睽外也，家人內也。否泰，反其類也。

解蹇、睽家人，皆互體為既未濟，故次於陰變卦之後。否泰不在互卦之內，而為既未濟之根者也，故次於既未濟之後。蓋凡陽卦皆統於乾坤，而尤以正卦為主，故比師之前，首以乾坤也。凡陰卦皆統於既未濟，而尤以變卦為主，故渙節之後，系以解蹇、睽家人、否泰也。

以上為陰卦之變。

陰正卦首姤夬

大壯則止，遯則退也。大有眾也，同人親也。革去故也，鼎取新也。

此六卦皆互體為姤夬，陰之大壯遯如陽之臨觀，陰之大有同人如陽之比師。前陽卦中先比師，次臨觀。此則先大壯遯，次大有同人者，陰卦先下經，後上經也。陰之革鼎如陽之屯蒙。

次大過頤

小過過也，中孚信也。豐多故，親寡旅也。離上而坎下也。

此六卦皆互體為大過頤，小過中孚、豐旅在下經居先，離坎在上經居後。

次睽家人

小畜寡也，履不處也。需不進也，訟不親也。

此四卦皆互體為睽家人。（小畜履一陰，需訟二陰。）

以上為陰卦之正。

自井困至此為陰卦者亦二十八。

▲循環互卦圖

「大過顛也，姤遇也，柔遇剛也。漸，女歸待男行也。頤，養正也。既濟，定也。歸妹，女之終也。未濟，男之窮也。夬，決也，剛決柔也。君子道長，小人道憂也。」

以上五十六卦，皆以兩相對，如〈序卦〉之例，獨此八卦錯綜而不反對者，以見卦之有互，不獨中四爻可互，六爻循環皆可互也，卦卦皆然。獨舉大過一卦者，中四爻以陽居之，惟大過一卦。且自初爻起，而正卦左旋，互卦右轉，恰始於姤，終於夬而乾，得易道用陰而尊陽之意也。故案圖觀之，自初至四為姤，自上至三為漸，自五至二為頤，自四至初為歸妹，自三至上為夬，自二至五為乾。然夫子傳文無乾者，乾在篇首，夬盡則為純乾，首尾相生之義也。既未濟不在互卦之內，故以義附於此。自陰陽相遇之後，如漸之得禮，如頤之養正，則為既濟而定矣。如歸妹之越禮失正，則為未濟而窮矣。故必決陰邪以伸陽道，然後君子道長，小人道憂也。既未濟統六十四卦之義，故〈雜卦〉以是終篇，與〈序卦〉同。

附錄二

古代妙器《易經》結構新窺——老外的科學眼看《易經》

幾千年以前文明尚在啟蒙當中的社會，雖然科技無法與現在的相比，可是居然能夠產生一些我們到現在還不能十分了解的文物。比方，埃及第四朝代的金字塔（它們是怎麼蓋的？為了什麼？），中國商朝的青銅器（我們懂得它們的造法，可是不懂的是：如何以那麼笨拙的技術卻能產生那麼多又那麼細緻的青銅器？），北歐以及北美、南美洲土人所築的巨大土墩（必須從很高的距離才看得出它圖案比率的完美），以及《神祕雜誌》第十三期所報導的馬雅「水晶骷髏」等等奇特的古物。這些例子讓我們稍微了解傳統社會裡的精神生活，在宗教的支配下，曾達到過相當程度的顛峰狀態。

毫無疑問的，西周時代的《易經》也應該列在這個單子中。我們都曉得《易經》是一本很古老的書，或應該說，它成書的時候是由很古老的資料而構成的。目前，考古學家確定了商朝的安陽時代武丁時期已經有所謂「怪字」：就是一些以六個數字排列的銘文，被認為是易卦的最早形式。武丁時期是相當早，因此我們可以推測《易經》，或是類似《易經》的資料，被中國人使用已經有三千多年了。

在這篇文章的開頭，我所要強調的，不只是《易經》的古舊，而是它的實用性。我們可以說：《易經》主要是一種能使用的器具，雖然它理論方面是非常深奧，可是那種理論卻離不開它的實用功能。《易經》就像一種語言：語言基本上是人類用以溝通的工具；人類應用語言時，並不能同時對它採取理論性的立場來分析，反而在不知不覺中遵守語言含有的規則，才說得出口。在中國文化當中，《易經》也是這樣的系統，它存在主要為的是：按照它的標準來分析人事。它像一種語言一般，是供應人類一種表現自己看法的象徵以及形式。雖然中國傳統上有專家的注疏來說明《易經》，可是那種說明是使《易經》使用法精益求精，是為了在具體的人事中，能夠應用《易經》來決定生活行為上何者可取，何者不可取。總而言之，《易經》可以視為一種語言，而且更有趣的是，它在形成當中，正好是中國文字形成的時候，而因為在龜殼上，占卜與刻寫甲骨文正好是平行進行的過程，它們同是一個來源，我們就看得出《易經》跟早期在發展中的中國語言具有更密切的關係。

讀者如果了解我說的《易經》基本性使用的方向，就可以更進一步考慮這一點：自從漢朝開始，兩千年以來的注解傳統，都是遵守《易經》所供應的語言，而發揮了《易經》本來有的「文法」和「語意」，雖然這樣能夠詳細敘述儒家思想與豐富人生觀，可是反而沒有解釋好《易經》的本身。因為這樣的缺陷，我才想用一種新方法，一種相當於西方結構語言學的方法，來分析《易經》的構造。大體上說，這種探討所針對的問題，就像怎麼解釋在《易經》的整體上，卦與卦的次序跟安排，為什麼某某卦被安置於某某地方？這種好像理所當然的問題，由於傳統注解凝滯於幾個主張使用法，而無法採取比較利於解釋這個古書原有的奧妙結構，傳統的注家沒有注意到《易經》整體的次序，連每一個卦在整體裡所占的數目是多少也不表出。久而久之《易經》本有的卦次序，除了一個不太有幫助的〈序卦〉篇以外，變成一個無人過問的事了。其實，這個問題才是最基本的。

因為這個問題已經脫離中國傳統，是注解裡幫不上忙來回答的，我們必須稍微停下來，小心翼翼地來決定將如何進行研究。我這樣說是因為《易經》常常給人拿來亂套數學或科學理論，以為能夠證明它是按照物理學或三角法等原則而構成的。這種作法很危險，而所產生的研究結果，大部分是牽強附會。為什麼呢？因為所謂科學不只是一些可以在圖書館找出來而跟古代比較的東西；科學是一種活動性的過程：也可以說是一種社會形態。中國上古社會形態與現代差別很多，傳統思想與現代科學以及數學，在概念上，不是那麼接近。目前的中國人太容易相信，中國古代的傑作能夠直接覆蓋一個「科學」的帽子，所以有種種的說法，認為《易經》有預示物理學的電子、質子或生物化學的基因密碼等等。我卻是覺得，如果要真正的欣賞中國古代的偉大天才，我們要放棄這些跟西方科學作過早比較的牽強附會，而專心的研究《易經》本身的結構。我們會發覺《易經》特別適合模擬的，並不是顯微鏡裡所視的分子或染色體，而是人類的社會、文化、思想與生活方面的事。

筆者已經花了十幾年在探討《易經》整體的組織。到現在，我的研究結果包括發展一個比較可靠的方法論，來證明《易經》全部都是經過仔細的設計，每一個卦和每一個象徵，都有系統性的理由屬於它目前所被安置的位置。不幸的只是，我在這篇文章裡，無法傳達給讀者體會這種組織複雜到什麼程度。其實，要妥當的深悉《易經》被設計的結構的話，恐怕會需要電腦的特別軟體。為什麼呢？因為《易經》結構上，內在關係很豐富，每一個單位與其他的單位都可能有相互關聯。因此，我不但不能詳細表達《易經》體系的密度，而且，雖然花了那麼久時間研究它，可是自己還不算十分了解，當時的人，怎麼有辦法去設計而完成它。

既然這個研究如此不十分完整，且超過一篇文章所能描寫的，為了讓讀者窺視這個構造的奧妙，我首先打算談談《易經》結構大體上顯出什麼樣的輪廓；在這段，筆者恕不一一描述。然後，我將要舉一些形式上的例子，仔細一點分析，也許能夠表明《易經》組織，三千年前，已經臻至相當發達的邏輯程度。

《易經》是周朝承繼自商朝資料所設計的「宇宙藍圖」，它在演化過程中一定是經過多人處理。雖然把《易經》目前的次序叫文王六十四重卦秩序，可是恐怕不只文王一個人參與它的編輯設計吧。早期西周大概用了幾代的人力，與很多朝廷裡的巫術專家們，來裝配這個青銅時期占卜知識的結晶。既然《易經》是他們的宇宙藍圖，那麼，我們可以預想找出來，分配在它本有的六十四卦次序內，各種人事過程的雛形。比方，有分別列出一年四季的循環，有一個典型儀式的前、中、後階段；還有一個社會的一層一層地位，而配合這個地位的分配，也有各人的生長過程在內。

這些論斷是根據什麼而定的呢？要確信這種結論的話，就要靠察勘有關象徵在整體的分布狀態。如果仔細用引得查，就知道這種分布並不是隨機排列。比方說，要是用引得查家畜類的話，就會發現這類的象徵分布最密的一段，是從第二十五（无妄卦）開始，到第三十五（晉卦），在別的位置出現者，則很少。這就算是研究的一小步驟結果，把各方面探討結果一次一次累積，把這些資料互相比較，還有，要參考經文裡描寫中國古代社會，就可以逐步的歸納《易經》文王次序的原來意義。譬如，既然我們已經注意到了，《易經》中段十個卦，提及家畜的占大多數，家畜是古代儀式裡所用的犧牲物，而第二十九與三十（坎、離卦）裡面也含有一些關於犧牲的線索（「坎」是犧牲時所挖的穴；離卦裡提出「折首」，可以指儀式犧牲），因此，我們可以說從第二十五到三十五卦，應該算跟犧牲特別有關。然後，我們要注意第二十卦（觀）裡面的一句：「盥而不薦」，「盥」的意思就是「灌」（注意「灌」與「觀」之關），就是儀式開始的時候，要倒液體，來引起神的注意。這樣累積線索，我們就會想起來，古代的儀式有固定的形式：先灌，然後屠殺犧牲物，而最後奉祀。我們已經知道第二十卦有實現一個「灌」的動作（而卦辭說：「還沒有奉獻」——經文的「不薦」二字，很多注解念為「未薦」），而中間的一段有成群的家畜出現，就為了屠殺；因此，《易經》應該稍後有一個地方出現關於奉上犧牲品的資料。果然，第五十卦，就是鼎卦，以儀式最典型的容器來代表這種事情。第五十卦左右也有資料關於典禮與儀式性的容器。因此，整段的《易經》，相當於一個儀式進行時候所經過的三個階段。

這種研究方法，反覆地進行，同樣能夠證明，《易經》的文王六十四重卦次序的卦、爻辭，含有一層一層的社會身分，以及個人的生長過程。這兩方面，在古代中國，大概沒有分得太清楚。就是說，到一個男人二十歲時，他已經受過一部分的教育，而他得過個冠禮，或成年的考驗儀式；到三十歲時，他應該結婚，開始養家；到四十歲時，他就開始正式為官；到五十歲就退休而享受老年的較高地位。這是古代社會的理想架構，個人生活應該這樣配合社會地位體系。《易經》是模擬古代社會，因此，我們能夠在《易經》卦、爻辭裡找到一條一條這種分布。如果不是《易經》的次序反映生長過程，為什麼頭五個卦的卦名，有「父母」卦乾坤，然後有「屯」、「蒙」、「需」？為什麼只有第十六卦（豫）提出「簪」字，即「笄」字，而古代插笄儀式是女子十五歲左右的成年象徵？同樣，所謂「束脩」（肉乾）是男子所贈給老師，為了二十歲時經過冠禮，也是結婚時所送的禮物（在理想上，女子應二十歲結婚），因此，第二十一卦（噬嗑）專門討論各種肉類，是《易經》唯一的地方提這種事情；而第二十二卦（賁）是唯一的地方提「束帛」：絲捲也是那種場合所用的禮品。還有，沒有到家人卦（第三十七）以前，在第三十一有咸卦，李敖曾建議這卦代表性交，他的說法很對，可是他忽略了兩方面：一為，咸卦位置在第三十一的意思是為了代表男子，在古代社會的理想上，三十歲才應該結婚，而另一方面是在古代思想，個人生活經過社會媒介，而嚴格配合宇宙，因此咸卦不但代表性交，也代表天地相交的思想。

這樣的分析下去，我們就知道，《易經》的文辭中，有一些關於個人生長的題目，順著一定的規律而發展，一直到第五十九卦（渙）的爻辭以及卦名，很像是形容一個人死亡時所經歷的最後一段經驗。而《易經》的結尾幾個卦是代表一個開關著，通天的「門」（古書叫那麼一個門「閶闔」）。這樣，死者通過這個「門口」以後，再從第一卦開始循環，好像是上古中國，在沒有接觸佛教以前，已經有一種輪迴說。

仔細一點考慮剛才舉的例子的話，我們可以開始注意《易經》形式上的安排。它最後兩個卦是既濟與未濟卦，把它們擺在最後，用意很深。因為既濟卦的陽位置——第一、三、五——都是陽爻，而陰位置是陰爻，所以漢朝《易經》學者「虞翻」認為既濟卦是全經最完美的，而其他的卦他看為漸漸的往這種平衡變遷。未濟卦擺最後，就像中國人上菜，最後上的是魚，表示有餘；這個的哲學性意義深刻，可是我們現在要討論的，是這兩卦結構上的意思。兩個卦都是由離和坎的三畫卦構成的，就是火跟水的卦象，擺得一個在上面一個在下面：這不是燃燒的水的象徵嗎？我聽說，美國發生過一次，因為一條河過於汙染，忽然燒起來了；既濟、未濟卦是不是文王當時預言了世界將骯髒到盡頭，到水燒起來的地步呢？大概不是這樣解釋的。我們可以想像，古代人們生活裡，對於火和對於水多麼重視而崇敬，甚至於可以說，火跟水算是任何古代民族思想上基本正典的座標。在傳統中國，水跟火是人世間最代表陰跟陽的實體；況且，是各種技術上最不可缺乏的原料。火跟水會合在一起，就是一種超過人間自然界限的現象。這種象徵，在古代文化當中，不算稀奇的，譬如墨西哥的阿茲特克人——一個在很多方面類似上古中國的文化——也非常崇拜「燃燒的水」（Atlatchinolli）的象徵，這個概念在他們思想裡有分成網眼的深刻含意，而在他們首都的同一個金字塔上，蓋了一座拜雨神的廟，和一座拜太陽神的廟，為了實現「燃燒的水」的另一方面的意思。

《易經》其實可以說是像一個金字塔形狀。它從乾坤卦開始演變，乾與坤是互相距離最遠的兩個卦，一點也沒有相同的成分；而後每十個卦左右，一層一層地發展當時社會結構的輪廓，一直到第二十九與三十卦，《易經》上經最後兩個卦，坎與離，就是水跟火的重卦，然後繼續演化到頂頭，既濟、未濟卦都是陰陽爻迭用的，就是說陰離陽距離最近的卦。這樣推想（見表一），從陰陽距離最遠的基礎到陰陽距離最密的結尾，《易經》的輪廓，應該是類似三角形的，而「燃燒的水」的象徵擺在頂頭上。我這種對《易經》三角形輪廓的意見，需要更加以詳細研探，可是在這裡，我們就要轉一個方向，而提既濟、未濟卦的變形作用。

像上面說的，虞翻的系統，曾經以既濟卦來綜合全經的進展。關於他這個所謂「旁通」的假說，因為他無法設計得齊全，所以最好存疑。不過，虞氏對這兩個卦有如此的興趣，也許因為他還有一點從上古繼承的模糊印象，關於這兩卦在整體《易經》的變形作用。我發覺，要是在既濟、未濟卦的十二個爻，一個一個把陽變陰或陰變陽，結果就像在此附上的表二；好比說，未濟卦六三爻如果變陽的話，就會變成第五十卦（鼎）；以此類推，所變出來的卦，並不是隨機的，而只有屬於三組的：第一組是第四十九和五十卦；第二組是第三、四、五、六卦；第三組是第三十五、三十六、三十七、三十八、三十九、四十卦，此第三組，一共是六個在《易經》中段的卦。這種證據使我們想想，《易經》的文王重卦次序，曾經經過很徹底的安排，才有這三組與最後兩個卦顯出那麼嚴密的關係。這個關係，在意義上很豐富；比方，我們曾經提過，既濟、未濟卦代表死亡之後，所經過的超自然的狀況，投入這個狀況之後，就回到《易經》開頭重新開始循環：既濟、未濟卦的變形作用中，包含第三、四、五、六卦，大概跟這個循環路線有關係吧。在這個變形作用，最小的組當中，有鼎卦；像我們已經看過，鼎卦在這位置，含有奉祀的象徵意義。我們來考慮一下，這個奉祀的儀式，跟既濟、未濟卦的變形作用，以及《易經》整體上的死亡與輪迴的路線，怎麼扯上關係。

我們說過，除了既濟、未濟這兩個有超自然界限的象徵性的卦以外，《易經》結尾也有一個開關著，通天的門，就是中孚與小過卦，我說這兩卦是「門」，主要的就是根據這兩卦的形狀而看的：中間先打門，而後關閉；這種通天的門神話，在全世界各文化中都有人想到，中國也不例外。除了形式上像一個門口的緣故以外，也憑另一方面的證據來支持這個假設。如果先分析第五十六卦（旅），我們就得知這段的卦，大多數都跟奉祀有關（另外說：五十歲以上的人，退休以後，地位高，才有資格奉祀）。旅卦大象是火在山上，而「旅」字在經文裡可以與「盧」或「黸」字通用；「盧」就與爐有關；「黸」是爐子裡的煙燻。因為在我算，第五十五，豐卦，所象徵的之一就是秋天的豐收（這點需要另外仔細討論），所以第五十六，旅卦，應該代表收穫以後的「嘗」祭，以燒穀子來謝神。旅卦裡果然有

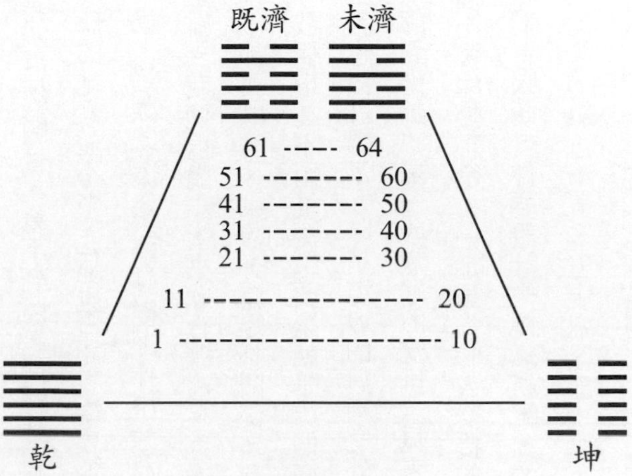

▲表一

	卦	既濟 63	未濟 64
爻	6	37	40
	5	36	6
	4	49	4
	3	3	50
	2	5	35
	1	39	38

▲表二

許多資料，可以證明它含有燒奉獻物的象徵性；最奇特的象徵就是上九爻的「鳥焚其巢」：如果要真正的了解這句，這需要牽涉到古代中國巫術上，燒巫師為了求雨（像《左傳・僖公廿一年》：「大旱、公欲焚巫尪。」），而全世界的巫術上，巫師用鳥類做譬喻，來說明他們飛上天空時候的心態變化。在這裡，我們不管這些背景，最要緊就是要記得，《易經》是一個整體設計，第五十五、五十六卦有這種象徵的話，在附近其他的地方也應出現有關的象徵。我們知道，在旅卦的那個高「山」（艮卦）上所燒的「火」（離卦），因為在《易經》的三角形裡已經是滿高的位置，所以冒上來的煙，應該很快就通到天上了。《易經》的藍圖的確設計了一種路線，來表示這種儀式性的作用（見表二）。旅卦的上九爻一「燒掉」，就是說變成陰爻，就變到小過卦；就是象徵被燒的穀物所冒出來的香味，經過中孚卦的那個打開的「門」，等到「門」關了以後，就在小過卦達到了目的。小過卦最顯著的象徵就是一隻「飛鳥」，這隻「飛鳥遺其音」（因為門已經關著，看不到鳥，只聽到牠的聲音），而「過其祖，遇其妣」（可見牠已經深入了蒼天）。因為《易經》裡提鳥的地方並不多，無可否認，這隻飛到天上的鳥，就是旅卦上九，在牠巢裡燒掉的鳥。

這樣分析下去，追蹤既濟、未濟卦變形作用一方面的底部體系，我們很容易忘記其他的底部體系；這是研究《易經》的一個大困難。我們退幾步，來欣賞既濟、未濟卦變形作用所產生的六個連續的卦吧。按照附上的表二，從第三十五到四十卦，都與既濟、未濟卦有變卦關係，就是說，都離這兩個結尾的卦只差一個爻的變化而已。這種結構所包含的意思，我們現在不用推測；要緊就是這個結構是相當的完美。設計《易經》的人，採用各種形式上對稱，連這種變數的對稱也設計過了。除了這段的對稱之外，《易經》的二進位邏輯還容納了幾種很漂亮的對稱，比方，從第七到十六卦（師到豫卦）是一段莊嚴的安排（見表四），如果中間泰、否卦當樞紐的話，其他的八個卦都是互相交錯的。這種構造不可能是巧合，一定是當時人安排的。問題就是，一次用過這些成分列出這種構造，以後再也就沒第二次機會用它們；因此，你要設計一個《易經》的話，並非是一件容易的事。不過，當時他們還能夠想出各種其他的對稱方法，比方，第五十五、五十六、五十九、六十、六十一，和六十二卦，也是一種比較不完美的對稱（見表五），雖然零碎一點，可是我們已經看過一部分這段裡的巧妙安排。

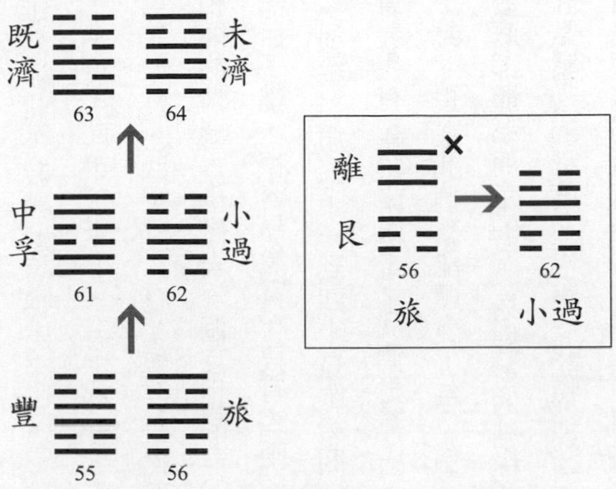

▲表三

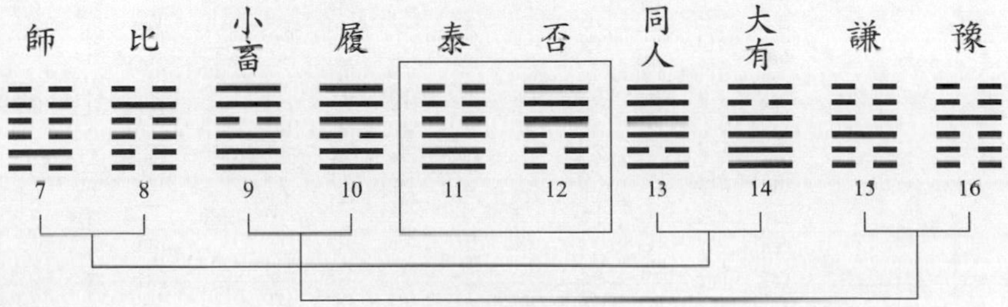

▲表四

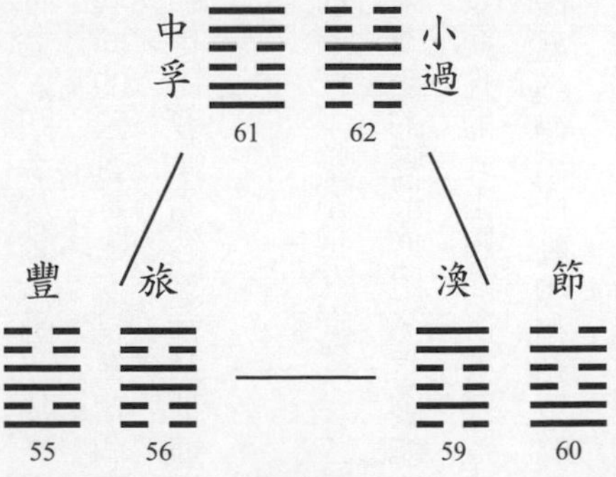

▲表五

《易經》六十四卦的文王次序另外有一段比較完整的形式構造，就是從第四十三到五十卦（夬到鼎卦）。為了方便起見，我就寫這八個卦裡的三畫卦名（見表六）。這樣看，這段也是非常整齊；這些卦由於兌與巽兩個不對稱的三畫卦一直迭用而構成的，另外，乾、坤、坎、離四個對稱的三畫卦，一個一個整整齊齊的列出來。還有，值得注意的是，第四十三到四十六卦，正好與第二十三到二十六卦（剝到大畜卦）相錯，這些卦相差的距離，正好是二十個卦。

這樣匆忙的過眼《易經》的整體秩序，我們已經開始體會，這個設計工作有一點不可思議。既然第四十三到四十六卦都屬於八個卦的級數，要這四個卦再去配合第二十三到二十六卦，就顯得更難以理解，誰能夠想得那麼複雜呢？不過，不只有這點複雜，第四十一到五十卦還有更妙的。如果把這段跟第三十一到四十卦比較（見表七），就會發現這兩段互相平行的特徵。尤其是第三十一、三十二卦（咸、恆）與第四十一、四十二卦（損、益）互相關聯最明顯，這四個卦是互相交錯的。第三十三、三十四卦（遯、大壯）與第四十三、四十四卦（夬、姤）在結構上相當的類似。其他的卦，從第三十五到第四十，都顯出與第四十五到第五十卦多多少少類似的趨勢；當然，設計《易經》的人，不可能十分的自由選擇成分，有的地方，他們必須妥協一個完整的形式結構，來配合他們的設計裡其他的底部體系。雖然如此，我們還看得出來，第三十五、三十六卦（晉、明夷）用坤的三畫卦，跟第四十五、四十六卦（萃、升）平行，而第三十七、三十八卦（家人、睽）用巽和兌，跟第四十七、四十八卦（困、井）用兌、巽三畫卦平行。第三十九、四十卦（蹇、解）雖然不跟第四十九、五十卦有任何共同的三畫卦，可是在這個安排中，連這種完全不相同的情形，也代表一個互相配合的對立。我的意思是說，如果這樣比較《易經》裡其他連續的兩段十個卦的話，一目了然，很容易證實，只有這兩段顯得那麼整齊的平行配合。

既然《易經》第三十一到四十是跟第四十一到五十卦平行構成的——而這件事情不但在形式上，卦、爻辭和卦的一般的意義也有配合之處——我們更難以了解，上一段所敘述的既濟、未濟卦的變形作用，怎麼能夠產生第三十五到第四十卦。現在我們就能體會，每一個爻與每一個象徵，不但有一個系統性的理由屬於所被安置的地方，常常也由好幾層底部體系而定的。《易經》的結構系統互相定位的組織特徵，好像已經過了什麼飽和點似的，所以它互相密合著到非常緊密的程度。再者，我雖然在這篇已經講了很久，可是所談的沒有提及《易經》裡資料的二十分之一。可見這個古代密碼的負荷能力真如浩瀚海洋。

因此我認為，這些研究結果不能算打破了上古《易經》的密碼，只證明了這個問題存在。我們要了解上古《易經》的話，這方面的問題是必須面對的。我個人的看法是，《易經》的整體構造所包含的祕密，需要懂得拓撲學或能用數學處理複雜對稱問題的人，去體會這種與他們現代習慣的，以數量為主的數學方式不太一樣的古物，所安排的設計，到底是怎麼形成的？

卦	卦名	對稱卦	不對稱卦
43 ䷪	夬	乾	兌
44 ䷫	姤	乾	巽
45 ䷬	萃	坤	兌
46 ䷭	升	坤	巽
47 ䷮	困	坎	兌
48 ䷯	井	坎	巽
49 ䷰	革	離	兌
50 ䷱	鼎	離	巽

▲表六

卦	卦名	對稱卦	不對稱卦	卦	卦名	對稱卦	不對稱卦
31 ䷞	咸		艮兌	41 ䷨	損		震巽
32 ䷟	恆		巽震	42 ䷩	益		兌艮
33 ䷠	遯	乾	艮	43 ䷪	夬	乾	兌
34 ䷡	大壯	乾	震	44 ䷫	姤	乾	巽
35 ䷢	晉	坤離		45 ䷬	萃	坤	兌
36 ䷣	明夷	坤離		46 ䷭	升	坤	巽
37 ䷤	家人	離	巽	47 ䷮	困	坎	兌
38 ䷥	睽	離	兌	48 ䷯	井	坎	巽
39 ䷦	蹇	坎	艮	49 ䷰	革	離	兌
40 ䷧	解	坎	震	50 ䷱	鼎	離	巽

▲表七

三千多年以來，《易經》是中國人所使用以分析人事的局執：這是《易經》的使用法，一個到現在還在應用的語言。如果加上一個相當於結構語言學的方法來針對整體的《易經》本身，結果它是一種很高級人類學性的模型，含有人生與社會種種制度的二進位性形式，不但如此，還用一種投影法，來互相綜合這些不同的制度。因為這個二進位系統具有變化能力的條件，所以內在所設計的路線，演出各成分的事變，以顯出人生和社會之間的活力與動態（比方，旅之小過，上九變成陰爻，而「通」往天上的例子）。這種閃閃發光的綜合法，結果有一點像現代雷射投影的「全像」。因此，懂得《易經》這方面整體組織的人，就好像有整個古代的社會擺在眼前，可以從它不同成員的不同觀點，來看那個社會是怎麼進行？怎麼生活的？我們目前很難了解，古人怎麼能夠設計如此濃縮密集的妙器：這是值得大加探討的問題。

戴思客

跋

把《周易六十四卦經傳通釋》最後一卦最上一爻寫完，已是民國一〇九年（二〇二〇）六月五日。距我〈周易乾卦釋義〉民國六十五年（一九七六）四月在臺北《孔孟學報》刊出已四十四年。與三民書局簽約更長達四十六年之久。武俠小說上說「十年磨一劍」表示其劍鋒利無比；但一本解釋古代經典的書寫了四十多年，卻不免有許多疵瑕：例如：前後體例不一和見解不同等等。

《四庫全書總目．卷一．經部總說》說到〈易類〉：「《易》之為書，推天道以明人事者也。《左傳》所記諸占，蓋猶太卜之遺法。漢儒言象數，去古未遠也。一變而為京、焦，入於機祥；再變而為陳、邵，務窮造化，《易》遂不切於民用。王弼盡黜象數，說以老莊；一變而胡瑗、程子，始闡明儒理；再變而李光、楊萬里，又參證史事。《易》遂日啟其論端，此兩派六宗已互相攻駁。」《四庫全書總目》是清乾隆皇帝詔開「四庫全書館」，集合當時飽學之士：翰林院編修、檢討、庶吉士，共百餘人，並由皇六子、皇八子、皇十一子擔任「正總裁」。取「中秘所藏」（歷代留傳的皇家圖書館藏書），更向民間徵求藏書，合計有三千四百六十種，分成經、史、子、集四部分，故稱「四庫」。《總目》首先提到《易經》有「兩派六宗」（「兩派」指象數派和義理派。象數派，包括「占筮」、「象數」、「機祥」三宗；義理派，包括「老莊」、「儒理」、「史事」三宗），這當然是當時飽學之士面對全國《易》學所有書籍，作歸納、分析的成果。這是不容置疑的。只是這兩派六宗已「互相攻駁」的現象，我很不以為然。「兩派六宗」同出一源，只是重點不同。可以互補，而用不著互相攻駁。

以我個人來說，早年比較喜歡新文藝，不太愛讀線裝書。所以唸大學時不曾選修《易經》。一直到讀研究所，規定要圈點十三經，才接觸到《易經》。後來碩士論文《史記漢書儒林傳研究》，就不得不把群經作粗淺的研究；寫博士論文《魏晉南北朝易學書考佚》時，才認真地「一頭栽進《周易》中」，在兩派六宗中打轉。

《四庫全書總目・經部總說》說到《易經》「兩派六宗已互相攻駁」，這當然是從《易》學書歸納出的「事實」。不過我個人是「死不悔改」的融合派、和平派。覺得「兩派六宗」固然是《周易》發展史上存在的現象，但是，不應「互相攻駁」，而要「互相連繫，互相補充」。我這本《通釋》之所以在《易經》部分，先於「卦名」、「爻名」下說「象數」大旨，「占筮」之法，原因在此。在這部分，我最重要的參考書是唐代李鼎祚的《周易集解》和清代李道平的《周易集解纂疏》。《集解》，我用的是臺北學生書局影印的「古經解彙函」本；《纂疏》我用的是臺北文鋒出版社影印的「光緒辛卯三餘草堂藏版」本。可惜於「機祥」，我一竅不通，只能從缺了。

至於義理，關乎老莊者，當然以魏王弼、韓康伯《注》為主。唐孔穎達主編《五經正義》，其中《周易正義》是以王、韓《注》為底本而成《疏》。雖說「疏不破注」，但孔穎達的《周易正義》多多少少已滲入一些儒家義理，並且時有象數的遺意，為李鼎祚《集解》所引用。《周易注疏》，我用的是臺灣藝文印書館影印清嘉慶二十一年（一八一六）南昌學堂重刊宋本。

義理派儒理宗，最重要的代表作，當為北宋程頤的《伊川易傳》、南宋朱熹的《周易本義》，以及明季王夫之的《船山易學》。這三本書我當然經常翻閱。而運用得最多的，一是清初納蘭成德所編的《大易集義粹言》，清同治十二年（一八七三）鍾謙鈞重刊，粵東書局印行的《通志堂經解》本，臺灣大通書局於民國五十八年（一九六九）影印出版。又一為清康熙由大學士李光地擔任「總裁」的《周易折中》，據原書〈御製周易折中序〉，此書於「康熙五十四年（一七一六）春告成而傳之天下」；我依據的本子是清同治六年（一八六七）十月浙江巡撫馬新貽摹刊本，民國六十年（一九七一）臺灣真善美出版社影印本，是臺師大同班好友吳怡送我的。吳怡當時逛真善美出版社，看到此書，已賣到只剩兩部了。於是全買了回來，一部自用，一部送給我。後來大陸也出版了此書簡體字版，承山東大學劉大鈞教授託臺大黃沛榮兄送給我一部。我心存感激，更為《易》學界朋友，每能互助互勉，以此為傲為榮。

現在要說史事《易》了。《四庫全書總目》特別提到李光、楊萬里。說來也巧，一九八八年高雄師院國文研究所研究生黃忠天寫的碩士論文《楊萬里易學之研究》，就是由我指導的。忠天對史事《易》大發興趣，後來博士論文專研史事《易》，由高師院國研所應裕康所長親自指導。獲得博士學位後，繼續留高師大任教，並為高師大經學研究所創所所長，治學興學，成就非凡。又一九九五年，臺灣師範大學國研所研究生林麗雯寫的碩士論文《李光史事易研究》，也請我為指導教授。麗雯胞姐林麗真是臺大中研所《易》學名教授。家學淵源，麗雯的碩論也是一流的。因此我這本《通釋》，言及史事的反不多，有忠天、麗雯之書在前，足堪閱讀故也。

寫到這裡，我忽然想起兩句說笑的話：「歷史的人名都是真的，但事情卻是假的；小說的人名都是假的，但事情都是真的。」文學之為語言藝術，其與歷史密切關係，於此可見。又亞里士多德曾說：「藝術模倣自然。」包括宇宙間所有事物的存在與運動，和人生的存在和活動。見其《詩學》一書，我在拙著《修辭學・摹況》章曾作簡要的解說，此不贅述。亞里士多德又有《超越自然科學》一書，日本和中國都把它譯為《形上學》，拙著《周易縱橫談》中有〈「形而上者謂之道，形而下者謂之器」析議〉一文，詳加討論，敬請讀者參閱，此亦不多說。既然文學之作為語言藝術，模倣著自然；哲學亦在自然科學之上，概括了自然。因而用文學所記錄的自然，作為概括自然的哲學的實證，可說是天經地義的。因而史事易是可以擴大到以文學為例證的地步。我在中學時代看過許多文學作品，到老年寫《易經通釋》時，文學作品中的故事早已忘得一乾二淨，雖然偶有筆及，但為數不多。這也很好，可以留給年輕者多一條路：用文學中的史詩、敘事散文、小說、戲劇來解說《周易》。

在此〈跋〉一開始，我曾提出《通釋》有前後體例不一和見解不同的缺憾。本想從頭再修訂一次。一位學生坦白對我說：「老師，你來不及了。就這樣也很好啊，可以從中獲知老師《易》學思想發展的歷程。」我覺得這位學生說的也很有道理（怪不得他姓名就叫「黃明理」）。所以我在《乾坤經傳通釋》根本未提過《周易集解》。這樣還有一個好處：《乾坤通釋》文字已很多，要是再加《集解》及其注釋，怕會把讀者嚇跑了。所以早年寫的幾卦多不提《集解》說，而後寫的逐漸詳釋之，而對「象數」也逐逐漸漸產生「了解之同情」。例如：不正之爻，皆當變而之正，以成既濟定。我後來覺得也可能有幾分必要。蘇東坡詞〈水調歌頭・中秋大醉，兼懷子由〉：「不應有恨，何事長向別時圓？人有悲歡離合，月有陰晴圓缺，此事古難全。」有些逆境，碰到了也就碰到了，設法改變就是了。又如「互體」，我想起遊黃山時，導遊再三提醒我們：「看山不走路，走路不看山。」原來黃山小路，多半一邊是懸崖，要是又看山又走路，很可能一步踩空，掉下懸崖去。而黃山每向前走一步，風景就全變了，這不正是「互體」麼：初二三是一格局，二三四又是一格局，三四五格局又變了，四五上格局更完全不同了。遊黃山固然如此，整個人生又何嘗有異！中學不同於小學，大學又不同於中學，再後就業又不同於就學，由基層幹部到領導階層也有不同標準。但總要認清目標，記取教訓；不忘初心，愛國愛家。「互體」：當如是觀，與生命發展歷程是一致的，並不矛盾衝突。

至於我於《通釋》全書，初未齒及《集解》象數說，而中途詳言之。就「學習心理學」上還有一層意思，當我把讀者引進《周易》的天地中，先欣賞《周易》花果莖葉之美，然後再追尋其根鬚的樣子。就像我們遊覽某些大型植物園，常見有塊巨大園地，泥土四周全是厚玻璃，外面還加一層鐵片遮蔽著，參觀時，掀起鐵片，於是清楚看到根鬚是怎樣的。《通釋》先談義理，再說象數，理由就是這樣。《文心雕龍・序志》云「振葉以尋根，觀瀾而索源」也。至於起先未講的象數，你在中間看了我講的之後，再回頭自己尋思，必能完全了解。我個人求學過程中，覺得良師啟發外，自己慎思明辨，是很必要的。

再說「象數」的「數」，可能是「數位」的意思。乾卦六爻，「九」是老陽之「數」；而初、二、三、四、五、上，便是「位」了。這是很明顯的例子。又如未濟上九，「九」是數；在「未濟」卦最「上」面，便是位了。「位」，不僅指在一卦的爻位，也包括「卦」在內。在此卦的上九，即不同於在彼卦的上九；都稱作「上九」，爻辭象占則不同，正因位處的卦不一樣了。

又「象數」，我覺得兩字顛倒一下，作「數象」更好。如乾卦六爻，先有「初九」之數，再有「潛龍」之象，最後才是「勿用」之占。三百八十四爻如此，六十四卦卦名亦然。總是先說某下某上，還是數位。所以我說《周易》是中國數本位哲學的巨著。

整部《周易六十四卦經傳通釋》寫好了。我再次與《周易注疏》核對一下：「經」部卦爻辭一字不漏，全注譯了；「傳」部〈彖傳〉、〈象傳〉、〈文言傳〉、〈說卦傳〉、〈序卦傳〉、〈雜卦傳〉，也全寫到了。〈繫辭傳〉大部分講的是《周易》的大道理，非單說某一卦某一爻，因而大部分未寫到。當年讀《易》，總覺得〈說卦傳〉前三章講窮理盡性，六畫成卦，六位成章，數往知來：義理性極高，與第四章以下只講八卦之象：如雷以動之，風以散之，乾為馬，坤為牛，絕不相同，百思不得其解，及後長沙馬王堆帛書《周易》出土，才發現今傳本〈說卦傳〉前三章與〈繫辭傳下〉部分文字都見於帛書本《易傳》〈衷〉中。而今傳本〈說卦傳〉第四章以下文字，帛書則無。這證明了〈說卦傳〉前三章與第四章以下，本來就不在同篇，故其言不同如此。

四十六年前我與三民書局簽約，今日總算履約。要是振強兄在世之時，我能交卷，那該多好！

◎新譯鶡冠子

趙鵬團／注譯

《鶡冠子》作為先秦道家著作，最早著錄於《漢書・藝文志》。《鶡冠子》較之早期道家學說，最為鮮明的一點，就是不惜篇幅地強調陰陽術數的運行機制和作用。今本《鶡冠子》保持了古書的面貌，特別是思想宗旨基本上因襲了舊文，十九篇文字，十二篇為專題文章，七篇為對話體，雖紛雜繁複，總體上仍本於道家以虛無為本、因循為用的宗旨。

◎新譯尸子讀本

水渭松／注譯　陳滿銘／校閱

尸子，是商鞅變法的得力顧問。商鞅作法自斃，促使尸子對法家思想進行反思，進而發現了其中的不足與弊害，遂起而破除學派壁壘，摒棄一家一派之偏見，以更高一層次的立場，宏觀而客觀公正地看待各家各派的長短曲直，以各家之長，融為一體，著成《尸子》一書。今本《尸子》殘缺，全貌已不可復睹，然所剩殘篇已足窺見其綜合各家所長之特色。本書考訂以得原文之真者為準，而不拘於一家，並力求注釋與語譯淺白易懂，以供讀者大眾參考研究之用。

◎新譯申鑒讀本

林家驪、周明初／注譯　周鳳五／校閱

《申鑒》一書是由東漢末年著名政論家、思想家和史學家荀悅所著，目的在「申述歷史的經驗教訓，以供皇帝借鑒」。書中全面而有系統地闡述了他的政治觀與社會觀，在歷史、思想及社會學上都有參考的價值。本書以四部叢刊影印本為底本，並參校其他善本，注譯簡明易讀，方便讀者研讀。

國家圖書館出版品預行編目資料

新譯周易六十四卦經傳通釋(下)／黃慶萱注譯.——
初版一刷.——臺北市：三民，2022
　面；　公分.——（古籍今注新譯叢書）

ISBN 978-957-14-7179-2（平裝）
1. 易經 2. 注釋

121.12　　110005726

古籍今注新譯叢書

新譯周易六十四卦經傳通釋（下）

注 譯 者｜黃慶萱
校　　對｜黃明理　曾守正
責任編輯｜邱文琪
美術設計｜李唯綸

發 行 人｜劉振強
出 版 者｜三民書局股份有限公司
地　　址｜臺北市復興北路 386 號（復北門市）
　　　　　臺北市重慶南路一段 61 號（重南門市）
電　　話｜(02)25006600
網　　址｜三民網路書店 https://www.sanmin.com.tw

出版日期｜初版一刷 2022 年 3 月
書籍編號｜S034520
I S B N｜978-957-14-7179-2